权力的迷宫

摩萨德前局长回忆录

（以）丹尼·亚托姆　著

蔡永良　颜丽娟　译

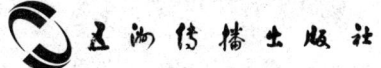

五洲传播出版社

图书在版编目（ＣＩＰ）数据

权力的迷宫：摩萨德前局长回忆录 /（以）丹尼·亚托姆著;蔡永良、颜丽娟译. --北京：五洲传播出版社，2017.8（2018.8重印）

ISBN 978-7-5085-3789-4

Ⅰ.①权… Ⅱ.①丹… ②蔡… ③颜… Ⅲ.①亚托姆(Yatom, Danny)－回忆录 ②中东问题 Ⅳ.①K833.827=6 ②D815.4

中国版本图书馆CIP数据核字(2017)第208315号

权力的迷宫：摩萨德前局长回忆录

著　　者：（以）丹尼·亚托姆

译　　者：蔡永良　颜丽娟

出 版 人：荆孝敏

责任编辑：高　磊

特邀编辑：里　戈

装帧设计：丰饶视觉

出版发行：五洲传播出版社

地　　址：北京市海淀区北三环中路31号生产力大楼B座6层

邮　　编：100088

发行电话：010-82005927，010-82007837

网　　址：http://www.cicc.org.cn，http://www.thatsbooks.com

印　　刷：中煤（北京）印务有限公司

开　　本：787×1092 1/16

印　　张：27.5

字　　数：450千

版　　次：2018年8月第1版第2次印刷

书　　号：ISBN 978-7-5085-3789-4

定　　价：56.00元

目录

致中国读者

我觉得，能与中国读者分享《权力的迷宫》，意义重大。

以色列与中国关系特别，两个国家具有许多共同的特点，历史古老久远，传统绵延至今。

我为以色列国防军、摩萨德、国防部、总理办公室以及后来的议会工作了许多年，在以色列国家安全方面积累了丰富的经验。

自1993年至2001年，我参与了以色列与约旦、叙利亚、黎巴嫩以及巴勒斯坦的和平谈判。

我决定把这些经历和经验记录下来出版这本书，是为了让以色列乃至世界各地的读者能够洞见政府以及领袖决策的过程。

我认为所有人，无论从事哪种行业，无论来自哪个国家，都应该有机会了解事关以色列命运的决策与行动的指导思想和运作结构。

这本书为读者提供了一个窗口，可以清晰地看到与中东和平进程相关的以色列安全问题。

《权力的迷宫》揭开了一层面纱，让读者了解大门后面的决策机制以及决策讨论期间无数难以确定的犹豫和彷徨。

此书以以色列社会的发展为线索展开，包括以色列总理伊扎克·拉宾遇刺身亡这一重创以色列社会、伤口永远无法痊愈的惨烈事件。

中国人民一向对以色列怀有极大的兴趣，渴望了解以色列在安全、经济、农业科技、医疗卫生以及科学技术方面的成就。

我真诚地希望中国读者能够在我与你们分享的经验与经历中获得裨益和愉悦，更多地了解以色列，了解她的发展，了解她仍在为与周边邻国缔结和平、结束地区流血冲突所作出的不懈努力。

丹尼·亚托姆
2017年7月

引言

我选择写这本书，旨在给以色列和海外的读者们提供独特的一瞥，洞见这个国家领导人和决策者的世界。

总理和政府各级层面，对以色列国家以及我们每一个人至关重要的问题进行决策。我认为，让普通民众了解这个决策过程，很有必要。

本书包括了以色列在政治军事领域所经历的最为重要的过程，即和平进程的详细描述。

各位可以从书中了解到决策者们在紧闭的大门后是如何随机应变，应对谈判期间出现的各种不确定因素，以及如何在不同的交叉路口作出各种决定的。

本书沿着以色列社会所发生的各种事件，最后导致总理兼国防部长伊扎克·拉宾遇刺身亡为主线展开。拉宾遭遇谋杀，使以色列卷入漩涡，留给我们无尽的痛苦，血腥的伤疤永远不会愈合。

本书各章涵盖了各种事件、事务和过程，但由于篇幅有限，我没有涉及近年来国家所经历的一切。

此外，你可以看到关于我现在的家庭和我成长的家的描述。这些描述是为了厘清在我的生命里和我的书里所诠释的世界观的基础，说明我行为模式的成因。把这些描述放到本书里面，我觉得很重要。

我已故的母亲和父亲——尼娜和西姆哈·亚托姆，愿他们安息吧！他们深深地影响了我的人格，他们灌输给我的核心价值观伴我至今。他们并不富裕，舍不得为自己花钱，却让我、我的弟弟埃胡德和莫仕奇、我的妹妹艾绨接受了最好的教育，使我们从不觉得缺乏什么东西。

他们精心地培育我们，使我们具有卓越的眼光，让我们爱同胞、爱人民、爱祖国，也让我们热爱以色列的传统。我们兄妹四人都为以色列国家服务多年，这一切并非偶然。我服务于以色列国防军、摩萨德、总理办公室、议会；埃胡德服务于国防军、辛贝特（以色列安全局）和议会；艾绨在国防部；莫仕奇在国防军。

我衷心感谢我的父母用那样的方式培养我，感谢他们给了我美妙的爱。

我由衷地感谢已故的伊扎克·拉宾。在他担任国防部长期间，我有幸被选中，成为他的军事秘书，后来一直到他担任总理兼国防部长。我从伊扎克那里学到了许多，和他一起工作的这段时间是一段极为独特和丰富的经历。伊扎克深深地影响了我的思维方式，改变了我对于军事事务、和平和治理国家的观念及方式。

我追随埃胡德·巴拉克40多年，他是我的导师，也是我真正的朋友。我从埃胡德身上也学到了很多东西。在敌后斗争和作战中，他以身作则，他的逻辑思维和长远的眼光为我树立了榜样。这一切都要感谢埃胡德。

我要感谢摩西·阿伦斯教授，在他担任国防部长期间，选择我作为他的军事秘书。摩西给我提供了难得的机会，让我参与国家层面的决策。从他那里，我学到了什么是知识分子的开明，什么是有组织、有系统的工作。

我要特别感谢西蒙·佩雷斯。西蒙任命我为摩萨德局长，他不走寻常路线，创造性地解决了各种复杂的问题，他的眼光和特殊才华是我的榜样。

最后，我要特别感谢我的家人。我的妻子托瓦，我的孩子欧麦、尼尔、通亚、罗伊、毅太，他们在生活旅程中鼓励我，在艰难时刻给我安慰，全身心地支持我，对我在人生的十字路口所作的选择和充当的角色表示理解。他们给予我无微不至的爱，并自始至终地鼓励和支持我写好这本书。

丹尼·亚托姆
2015年10月

第1章

暗杀失败，特工被扣

一位游客在宾馆的游泳池边休息，一位褐色皮肤的高个子女人在他耳边低语了几句。那位游客留有胡子，40多岁，虽然女人的出现意味着噩梦般的场景即将显现，但他尽力克制自己，面不改色。在她到来之前，他正忙着阅读英文版的《接球手》，他放下书，跟着她来到花园的一个隐蔽角落。

在还没有开口说话前，他就明白她出现在宾馆意味着什么。按规定，除非发生了一些可怕的事故，她是不允许出现在这种场合的。她的出现表示暗杀约旦境内哈马斯的政治事务局局长哈立德·马沙勒的行动失败了。

此后不久，有人要求我中断在以色列中部摩萨德总部办公室所主持的业务讨论。H是摩萨德行动部主管，他站在办公室外跟我说："约旦那边出事了，有几个特工被捕，无疑是约旦警察所为。其他人已与我联系，请求授权撤退到大使馆去。"H沮丧地建议我下达撤退命令。

那时，我确切地知道行动已告失败，并决定立刻前往约旦，努力减少损失。

矛盾的是，这次行动早在几个月之前就已启动，就在我和家人于1997年7月30日从约旦度假回来的时候。我和妻子托瓦以及三个儿子在埃拉特度假期间，侯赛因国王邀请我们前往约旦旅行。国王的皇家直升机在亚喀巴等我们，带我们飞去佩特拉旅游，然后，我们受邀来到一艘皇家游艇上，沿着约旦海岸线巡游，最后，我们在亚喀巴的皇家宫殿里用了晚餐。国王在我们访问期间并没有出现，他派人陪伴我们度过了美好的一天。我的儿子后来在收藏于家庭相册的那张当天的照片旁写道："约旦之旅，1997年夏，我觉得近期不会再有这样的旅行了。"即便后来情势如此，我和我的家人还是十分喜欢这次旅行。

回程途中，在埃拉特机场，我收到一条最新消息：耶路撒冷的马哈尼耶胡达市场发生了一起恐怖袭击。我的妻子和孩子们回家了，我立刻返回摩萨德总部。就在那天夜里，我参加了在内塔尼亚胡总理办公室举行的情况说明会。与会者包括国防部长伊扎克·莫迪凯、国防军总参谋长阿姆农·利普金—沙哈克和辛贝特负责人阿米·阿亚隆。爆炸导致16人死亡、200人受伤，哈马斯已经声称对此次事件负责。内塔尼亚胡指示，所有与会者向他复命时须提供所有可以攻击的哈马斯目标。

几个星期后的9月4日，哈马斯在耶路撒冷又实施了一次恐怖袭击。这一次，他们攻击了本耶胡达大街，爆炸造成4人死亡、200人受伤。由于这两次爆炸事件，总理和安全内阁方面迫切需要获得可攻击的哈马斯目标。国防军和辛贝特没有获得推荐目标，声称没有什么目标值得攻击。我带着位于各个国家的攻击目标名单，单独面见了总理。

这里，我要陈述一下我对防务行动系统职责的观点。防务行动系统由政治梯队和行动梯队构成，任务是打击恐怖主义、破坏敌对国获取非常规武器的企图。行动梯队有建议采取行动的职责，提出行动可能带来的裨益和风险。这些行动通常非常危险，可能会失败。但是行动梯队不能干坐在那里，借故推诿，没有目标，没有对象，真的什么也不做。政治梯队的作用是监督行动梯队，在每次授权行动之前，要整体广泛地考虑军事和政治影响。

我提出的目标清单既有其他方面的考量，也是基于此人在组织中的重要性、除掉他的紧迫性、接近他的困难程度，以及暗杀他的种种后果等。清单上列出了8个名字，只有最后几个在约旦。马沙勒排在第五位，下面是穆萨·阿布·马祖克。马祖克填补了之前马沙勒的角色。把马祖克排在马沙勒后面，是因为不久前美国人把他转移到了约旦。有人担心攻击他会引起与美国之间的麻烦。约旦境内的目标写在清单的底部，因为自从以色列与约旦签署了和平条约，无论在军事上还是政治上，大家都知道在约旦领土上采取行动是极为敏感的。

至于马沙勒，摩萨德的职业分析认为，暗杀本身不会达到既定目标，理由是那只会引起短期的震动，他很快就会被哈马斯领导层的某个人所取代。

呈给内塔尼亚胡总理的清单上，排在前面的哈马斯成员是各个国家哈马斯组织的核心人物。收集到的有关材料表明，他们这些人每天都在招募和管理恐怖活动，在他们所活动的国家的组织团体中，攻击他们中任何一个人都将阻碍他们的此类活动。哈马斯政治局制定恐怖主义政策，为恐怖主义行动提供资金，命令他人实施恐怖主义袭击，约旦境内的几个成员是他们的头目。考虑到在约旦境内采取行动的敏感性，以及马沙勒和与他相当的一些人的高级职衔，在顺序上将他们置于清单的后半部，因此，我向内塔尼亚胡总理推荐了一个在别的国家的哈马斯成员作为攻击目标。

对于我建议的行动，内塔尼亚胡总理给各种准备过程一路开绿灯，来自摩萨德相关单位的特工人员受命就位，开始收集情报。

然而，不久之后的一个星期五傍晚，我接到了一个电话，总理的军事秘书泽伊夫·莱文少将通知我任务有变。我感到十分惊讶，问他，为什么没有咨询我就改变了任务。莱文回答说，辛贝特局长阿米·阿亚隆和国防部长伊扎克·莫迪凯开了个会，然后就决定在约旦境内攻击哈马斯全球组织中的一个首脑人物（也许是马沙勒）。

我对此感到十分震惊。作为组织领导，我不明白怎么会要求摩萨德从事一项我没有参加讨论的任务呢。我试图与总理对话，但他不在。我试图进一步搜集细节情况，但只发现有人告知了辛贝特局长和国防部长此前摩萨德受命执行的那项任务。

随后，他们找到了总理，告诉他我最初建议的并得到他授权的任务并不够重要，不值得在该目标身上浪费摩萨德的特殊能力。他们说服了总理，建议将约旦境内的哈马斯首脑人物作为攻击目标。

最后，我和总理谈话时，我表示强烈反对作出这一决定的方式。我认为，我必须审视在约旦领土上采取行动的可行性。最终，我慢慢接受了将马沙勒或其他某个哈马斯首脑人物定为攻击目标的计划。

在和总理就此事展开第一次谈话时，我就提出了在约旦领土上采取行动的问题。到实施的那天，我已与他反复交流了好多次。

我担心约旦境内的行动计划，但我有更多的考虑——权衡维护与约旦之间的和平和打击恐怖主义袭击孰轻孰重。在佩雷斯执政时期，恐怖袭击已经迟滞了与约旦的和平进程，近期的几次恐怖事件也会阻碍与约旦的和平协议的签署。情报表明，所有的袭击事件都受位于安曼的哈马斯总部指挥。

我们不断请求约旦国王采取行动，中止哈马斯在约旦领土上的活动，但毫无结果。上一届政府期间，在哈代拉和阿富拉发生恐怖袭击事件后，拉宾总理当时就已经决定要求国王对哈马斯采取行动，中止他们在约旦的活动，因为他们是这些袭击的始作俑者。可是情况没有什么变化。约旦人解释说，他们宁愿与哈马斯总部保持密切联系，以便密切关注他们的行动。约旦人还声称哈马斯只是在他们境内从事一些宣传工作，而不是作战行动。然而，我们已经向他们证明，约旦的哈马斯正在给位于巴勒斯坦领土上的恐怖主义活动提供资金支持和物流保障，为他们谋划战略、指导战术以及提供武器等。因此，来自约旦境内哈马斯的大规模恐怖袭击有可能破坏以色列和约旦的关系，我们与巴勒斯坦人的和平进程也可能难以为继。哈马斯恐怖主义已经造成我们与巴勒斯坦民族权力机构之间的紧张局势，而我们同样指望他们会防止恐怖袭击。巴勒斯坦人对哈马斯的恐怖活动没有采取什么行动，这导致了以色列不得不在巴勒斯坦领土上采取行动，这大大破坏了我们与巴勒斯坦民族权力机构之间的关系，妨碍了和平进程的实质性进展。

应该指出，阿卜杜拉国王在父亲逝世后上台执政，他意识到了让哈马斯全球总部置身其首都的危害性。他采取了不同于他父亲的方法，迅速取缔了哈马斯在约旦的总部，同时也驱逐了哈立德·马沙勒、穆萨·阿布·马祖克、易卜拉欣·戈莎、穆罕默德·纳扎尔以及其他一些高级官员，而他们在阿萨德总统治下的大马士革受到了欢迎。

从个人层面上讲，我面临来自两个方面的左右为难：一方面，早在我担任拉宾总理的军事秘书时期，我已经是国王的朋友，这在很多方面都有重大意义。另一方面，我是摩萨德的首脑，与其他人一起共同为以色列的国家安全负责，摩萨德的主要任务之一就是预防恐怖主义。我十分详细地掌握约旦境内马沙勒领导的哈马斯恐怖主义活动，这是我的职责所在。因此，尽管在约旦领土上采取行动存在问题，我还是没有否定那个想法。

同时，根据评估，考虑到约旦和以色列关系的重要性，考虑到国王的性格，即使行动出了问题，那也不是无法挽回的。这样一份评估最后被证明是正确的。

我认为，摩萨德的主要目的是防止恐怖主义，阻止敌对国家获得非常规武器，而暗杀马沙勒也符合我的观点。摩萨德还有其他的作用，例如：收集军事、战略和政治方面的情报，与我们没有建立外交关系的国家建立联系，将犹太人带离他们遭到胁迫的国家（例如也门、叙利亚和埃塞俄比亚），与友好国家情报部门展开秘密合作。

穆萨·阿布·马祖克在美国被捕后，哈立德·马沙勒接替他的位置，头衔是哈马斯政治局局长。但是在哈马斯这样的恐怖主义组织中，军事和政治是不加区分的，因为政治局的主要活动是口授恐怖主义战略，下令展开恐怖袭击，为展开行动提供资金支持和物流保障。

根据我们掌握的情报，可以肯定，比起巴勒斯坦领土上的哈马斯指挥所，约旦境内的马沙勒和他的人马在恐怖主义政策方面更为极端。我们发现，由于担心以色列国防军反击，哈马斯在其他地区的指挥所曾请求减少恐怖主义活动的规模，但约旦总部拒绝了他们的请求。

所有这些事实都是与攻击目标有关的决策过程的一部分，一旦总理向我下达命令，要结果马沙勒，摩萨德就开始调查目标对象，研究行动的可行性。

我们选择了一个适当的行动方法，以免造成约旦和以色列之间的紧张态势。

在行动计划最后确定后，我和行动局局长H、行动局情报处负责人米什卡·本·大卫一起参加了在内塔尼亚胡办公室召开的会议。除我们之外，在场的还有军事秘书和速记员。我把计划交给内塔尼亚胡，强调说，鉴于在约旦领土上采取行动的敏感性，这次行动必须按严格的指令实施和完成。行动要在能够确保干净利落、毫无后患的情况下才能实施，否则，就得立即停止，即使在行动前的几秒钟内也要立刻中止行动。

讨论期间，我向情报部门主管委员会（瓦拉西）汇报了行动筹备情况，辛贝特局长阿米·阿亚隆和军事情报总局局长摩西·博吉·亚阿隆也在这个委员会。关于行动目标和地点，与会者都没有说什么，当然也没有人提出反对意见。自然，这也没有阻止他们在几天后宣称他们不知道这个计划的存在。

我向内塔尼亚胡总理汇报这次行动计划后，他让他的秘书打电话给国防部长伊扎克·莫迪凯，叫他到办公室来。部长走了进来，内塔尼亚胡叫他参加这次会议，但他说他急着要处理另外一件事情，不能留下来。内塔尼亚胡叫莫迪凯和我见个面，了解一下这几天所发生的情况，我们约好第二天中午见面。与内塔尼亚胡总理的会见结束时，有迹象表明他想要按照级别一个接一个地暗杀约旦境内的哈马斯领导人。他指示说，在处理掉目标人物马沙勒后，要调查约旦方面、哈马斯以及其他人对此项行动的整体反应，然后决定是否继续将其他哈马斯领导成员作为攻击目标。

次日，8月1日，星期五，中午时分，我和米什卡·本·大卫一起来到了国防部长办公室。我们在等待着见面，这时，门开了，情报局长博吉·亚阿隆从莫迪凯屋里走了出来。我将他领到一边，向他汇报了最近的行动准备情况。

紧接着，米什卡和我走进伊扎克·莫迪凯的办公室，发现他的军事秘书也在。我担任国防部长军事秘书时，并没有机会了解如此机密的事情，而这位军事秘书将要接触到这些机密，我提醒他注意，必须将此当作最高机密。这位军事秘书从头到尾参与了这次会议，忙着用笔做记录。我们和莫迪凯一起坐了一个小时左右，向他汇报了所有关于在约旦的哈马斯首脑人物的情报。就像上次与阿亚隆和亚阿隆的会议一样，关于对象选择和行动地点，这次会议也没有提出任何异议，没人试图中止准备工作或取消行动。后来，莫迪凯说他不知道这次行动，也没有那次会议的文字记录；但是，那个星期五的下午，我们离开时，他祝我和米什卡好运。

我给实地行动人员下达了清晰明了的指示：必须根据已经确定的严格要求采取行动，要完全确认他的身份，环境条件要适宜，特工们被捕的风险要最小化，这样才可以行动。根据不同情况，特工们可以做些什么、不能做什么，我们给他们详细精确地讲述了方案。他们要保证在马沙勒周围不能有其他人出现，不管是同伴、熟人、家人还是保镖、看守、约旦警察。我跟他们说得很清楚，这完全不是一次不计任何代价的行动，如果条件不成熟，完全可以下次再来完成任务。

尽管我当时一而再、再而三地强调了这一点，但我现在还是很难过。事与愿违，凡事都会出错，行动真的失败了。

受命执行此次任务的是摩萨德特别行动处最好的特工。他们都是以色列情报部门的精英，非常有经验的特工，大部分参加过相似或更错综复杂、更危险的行动。这些特工在以色列国防军特种部队中服过役，后来在世界各地的摩萨德接受了在某些层面上最专业的强化训练。准备工作完成后，一队特工出发前往约旦执行任务。

1997年9月25日早晨，应该是行动组在约旦的最后一天，侦察小分队向行动组通报，马沙勒在去办公室的路上，车上只有他和他的司机。小分队开始准备行动。此时，发生了第一次失误，侦察小分队没有发现马沙勒的两个孩子也在车上。

特工们按照计划，各就各位，等待马沙勒的出现。他到了，开始向大楼入口处走去，特工们靠近他，其中一人举起一只手准备击打马沙勒。

马沙勒的司机觉察到了那只伸向他后背的手，开始大声呼叫。马沙勒转过身，意识到情况不妙，尽管不完全清楚是什么，他拔腿就逃。

马沙勒向右拐了个弯，继续向前奔跑，特工们匆忙地向汽车靠拢。汽车停在胡同的拐角处，当他们赶到时，哈马斯总部一位名叫穆罕默德·阿布·西夫的信差到达了那个地方，手中有些文件要送到马沙勒的办公室。他听见了司机的叫喊，看到了向马沙勒围拢过去的那些人，也看到了马沙勒向另一个方向逃跑，两名特工紧随其后。他虽然不明白发生了什么，但意识到这两个人一定与马沙勒逃跑有关。他伸出腿，试图绊倒特工，阻止他们前进。特工们绕过他，上了汽车，草率地作了个决定——不按计划去宾馆，而是多转几个弯，潜伏下来。他们担心阿布·西夫会打电话报警，也担心如果他们开车回宾馆可能会被捕。在转了两个弯后，他们感觉安全了，下了车。驾驶员继续开车，在另外一个地方寻找停车地，扔掉汽车。这是两个特工的判断失误，因为即使那个信差记下了车牌号码，在警车接到消息前，他们还是有足够的时间远离该地区，没有必要将汽车丢弃在离那里只有200米远的地方。

后来有媒体报道称，阿布·西夫是参加过阿富汗战争的一名老兵，最近获得升迁，成为马沙勒的保镖，他一直在追赶这两名特工，而他们对此浑然不知。两名特工决定分开行动，在街道两边行走。就在那时，阿布·西夫发现了其中一人，抓住了他的衬衫，大声呼喊告知路人，此人想加害马沙勒。特工把他推开，另一个特工跑过去帮忙，把信差扔进附近的水沟，并击打他的头部。特工弯下腰，勒住阿布·西夫想把他弄昏。整个过程只有短短几秒钟，但足够让几百个人聚拢过来，庞杂又繁忙的阿拉伯城市街道就是这样。

看到两个外国人欺负一个阿拉伯人，暴力气氛开始膨胀起来。那时，两个特工已经松开了阿布·西夫，几百个人把他们团团围住。突然，一名当地警官从人群中走了出来。他将这两个人和人群分开，叫了辆出租车，将两人连同受伤的西夫一起推进车里，伤者正在流血，已经失去意识。他将这些人一起带到了最近的警察局。

特工估计，他们在前往警察局的路上采取暴力行动的话，会导致在安曼遭到追捕，而且，他们已经让阿布·西夫奄奄一息了。他们想，警察很快就会释放他们，他们会说就是他袭击了他们，警察也会相信的。

不管怎么样，他们到了警察局。这个时候，那位警察认为，他把他们带到那里去，是在履行警察的职责。他确信这两个人遭到了阿布·西夫的袭击，想要叫他们控告那个失去意识的信差。

非常不幸的是，阿布·西夫逐渐恢复了意识。醒来以后，他说，他认为这两个人试图加害马沙勒。由于说辞不同，而且又突然提到了马沙勒的名字，警察决定拘押阿布·西夫和两名特工，作进一步调查。

不久以后，H把我叫出了办公室，告诉我所发生的情况，并请求授权将一些特工撤离到大使馆。

由于我们担心约旦边境可能会封闭，通过机场或陆路过境可能也行不通，行动队队长建议让他和他的人撤离到以色列的大使馆去。

为了防止事态复杂化，我接受了行动队总指挥的建议。我认为，他在现场，了解所有的细节情况，所以我同意了他和其他的特工们撤退到大使馆的请求。和以往一样，逃到大使馆是最后一个选择，只有当其他所有手段都不可行时才能使用。我选择同意他们的请求，是因为我相信，撤离到大使馆可以预防事态进一步复杂化。如果发生特工们尝试逃跑这样的事情，侯赛因国王会感觉到我有更多的人马藏在其他什么地方，这是我不希望的。

正在约旦处理与以色列之间通信联络的米什卡受命将特工们转移到大使馆去。他联系了大使馆，开始将特工们转移到约定地点，再由其他人将他们带到大使馆。任务完成后，他回到了宾馆。

在此期间，情况已经十分明朗，行动已经结束，我必须向约旦人说明一切。关于行动过程，我收到了一份报告，觉得这次行动是一次重大失败，我立刻打电话给总理。

内塔尼亚胡在车里接了我的电话，他正在前往摩萨德总部参加新年庆祝酒会的路上。我向他汇报了这一不幸的消息，并约好，等他到达目的地后，继续向他汇报最新情况。当他到达摩萨德总部以后，我们进行了初步协商，我提议我立刻飞赴约旦会见侯赛因国王，在事态尚未发展到一发不可收拾之时，与他一起平息这一事件。总理同意并授权我立即动身。

摩萨德总部的形势与此如隔天壤。所有身在以色列的摩萨德雇员都在总部的一个大厅里等候着总理的到来。过道、楼梯、底楼，到处人头攒动，大家都在等待总理的新年致辞，没有一个人意识到幕后正在上演的大剧。内塔尼亚胡和我站在一个能够俯视整个大厅的包厢里面见大家。尽管承受着巨大压力，我们还是面带笑容，向大家致以节日的问候。而我此刻却思绪翻滚，考虑着国王可能会有的各种反应。我最大的担心是，在警察局，特工们接受调查时会暴露身份。因此，我建议内塔尼亚胡告诉国王所有的真相，以免由于警察调查过程中特工们可能会有自相矛盾的说辞而产生不必要的复杂情况。他同意了我的建议。

那时候，我最关心的并不是与约旦以及国王的关系，而是我怎样才能将我所有的人员安全地撤出并尽快带回以色列。我告诉自己，与约旦的关系可以稍后再处理。我知道，我必须自己去干这件令人不快的差事，去面对国王，告诉他发生了什么。行动的责任在我，因此，我要负责去处理因行动而产生的事故。

在我的办公室，内塔尼亚胡打了个电话给侯赛因国王，告知将派我去那里，有要事与他见面。国王立刻答应了，即使他一点都不清楚这个时候是为了什么事情。在我往外走的时候，内塔尼亚胡跟我说："告诉国王拯救马沙勒性命的办法。"

不久，我乘坐的私人飞机在约旦着陆，有人带我来到了王宫。

和往常一样，我受到了侯赛因国王的热烈欢迎。我的对手、约旦情报总局局长萨米·巴蒂赫也在场，另外还有国王事务局局长阿里·舒凯里将军。

"尊敬的国王陛下，感谢您的接见，"我说，然后又立刻补充道："我来找您是有急事。"

我对国王和其他几个在场的人说，几个小时前，我们试图在安曼暗杀哈立德·马沙勒。我告诉他们，在行动过程中，摩萨德的几个特工被捕了，他们在约旦的警察手里，在大使馆还有更多的特工。我说，我来参加这次会面是为了平静地结束这一事件。我补充说，哈马斯实施了几次袭击，我们才采取了这次行动，以色列并不想做一些有损约旦利益的事情。我答应试试看能否拯救马沙勒的性命。

我对国王说："我什么都讲了，没有任何隐瞒。每个人都在试图尽可能平静迅速地解决这个问题。发生了这种事情，我很抱歉，但诚如我所言，目的不是想要伤害您和您的人民，而是要打击那些采取行动伤害我们的恐怖分子。我不能不带我的人回以色列去，我请求您让我将他们全都带回去。"

会议室里鸦雀无声，一片寂静。

国王表情严肃。他深吸了一口气，立刻转身面对他的人，叫他们去看一下马沙勒的状况。不久，有人报告说，马沙勒病了，被送到医院去了。国王下令马上将他转移到皇家医院，他接受了我的建议，让我告诉约旦人拯救马沙勒的办法。他对我表示感谢，从我身边走开，热情地告诉我："剩下的，你跟我的人定吧。"然后离开了会议室。

后来，以色列人批评说我不该把所有的情况都告诉国王。然而，我必须告诉他一切，只有说出真相才能带我的人安全回家，防止以色列和约旦的关系破裂。对我来说，这一点很清楚。我相信，当国王感觉到他没有被蒙在鼓里时，我们才能重新获得他的信任。应当指出，我这样做，内塔尼亚胡是知道的，也是他授权给我的。

我和阿里·舒凯里一起待在王宫里，等待关于马沙勒的状态报告。我清楚，马沙勒的命运将决定进一步的行动：他的死亡将进一步使局势复杂化，他的康复会使补偿成为可能。因此，我发现我一天内为同一个人祈祷了两次，一次是要他死，一次是要他活。

葡萄牙作家、诺贝尔奖获得者若泽·萨拉马戈曾经说过，文学的魔力在于它能杀人，也能使人起死回生。我在约旦王宫里坐等的好几个小时里，希望那个人能康复；而几个小时前，我还派人去杀他。我禁不住感叹，现实生活真是频频超越文学想象啊。

　　几个小时后，在大使馆，我见到了已经抵达那里的特工们。气氛令人沮丧，我安慰他们。我看着他们每一个人，和他们一一握手。他们避开我的目光，如同枯萎的树叶和凋零的花瓣一样，毫无精神。必须明白，他们是摩萨德最出色的特工，任务的失败使他们背负着沉重的负疚感，他们似乎在和艰难的情绪抗争。在那个时候，他们中没有人担心是否能够离开约旦，是在媒体报道了这一事件之后，侯赛因国王才下令禁止他们离开。那时，他们关心的是行动的失败和被捕的同伴。

　　我告诉他们，我的使命是要把他们以及约旦警察手里的特工们带走，尽快将他们带回家。

　　到那个时候，我才听他们讲了关于这一事件的细节。

　　米什卡接到指令，叫他们次日坐普通航班离开约旦。他和身边的女人一起待在宾馆房间里，就是在那里，他们遇到了一天中第三件令人惊讶的事情。傍晚，他们打开电视，调到以色列一频道。使他们感到震惊和痛苦的是，他们待在约旦的宾馆里，没有掩护，身份已暴露，而这时，新闻主持人哈伊姆·雅文出现在屏幕上，向全世界宣布，根据外国媒体的报道，一群摩萨德特工试图暗杀哈立德·马沙勒，几个特工已经被捕，在约旦人控制之下。

　　这条新闻严重恶化了事态，因为特工们的妻子并不知道他们去哪里了。在新闻里听到这样一条报道，她们不知道谁的丈夫被捕了，谁的丈夫没有被抓住。米什卡的女伴拒绝乘坐普通航班离开：既然媒体已经揭露了这一事件，约旦情报网已经知道了她的身份，她害怕有可能被边境警察逮捕。因此，我叫她和米什卡到大使馆来见我，和我一起回家。

　　那一天漫长而又充满悬念。最后，侯赛因国王同意我、米什卡和他那位同伴一起回到以色列。几个特工待在大使馆，被捕的特工们被移送到约旦情报总局。我请求和大使馆的其他小组成员们一起飞回以色列，国王没有同意。

　　那天深夜，我们驱车前往机场，登上了那天早些时候带我去的那架飞机。航程很短，大家全都不说话。每个人都沉浸在各自的思绪里。我深感痛苦，我在大使馆对特工们作了最初的调查，从中得知本不该出错的一切事情就是那样做错了。

　　凌晨4点，我们降落在以色列，立刻驱车前往摩萨德总部。那里灯火通明，活动繁忙，仿佛是在正午。我去了办公室。把那些人留在约旦领土上让我很难过。我知道，我们的特工执行了一项我领导下的任务，接下来的几天，我将全身心地投入，完成让他们回家的任务。

　　总理领着一大群人在摩萨德总部等我讨论对该事件的进一步处理办法。虽然内塔尼亚胡对我的态度像往常一样公事公办，但他看起来很烦躁，也很担忧。我告诉自己，在这样的时刻，一个人必须冷静处事、头脑清晰，成败得失的评定可以留给未来。

　　摩萨德内部有一种不安的感觉。可怕的不安显而易见，忧虑混杂着失望。这在外勤人员中尤为明显，一方面，他们感到巨大的痛苦，十分担心留在那里的人；另一方面，他们给国家和国际关系带来了损害，悲伤和愤怒交织在一起。这次事件刺伤了他们的自尊心，他们觉得很难理解这样的事情是怎么发生在他们这些身手最好的人身上的。他们通常都会成功完成任务，有些任务甚至比马沙勒这次行动更加复杂、更加危险。值得庆幸的是，这些特工人员的失误非常少。20世纪70年代，在挪威利勒哈默尔，也发生过影响同样很大的一次失误。在那次事件中，因为误认身份，特工们暗杀了一个无辜的摩洛哥侍者，名字叫阿玛德·布威基。他们的本意是要结果恐怖组织"黑色九月"的阿里·哈桑·萨拉马——在慕尼黑奥运会上，11名以色列运动员死于恐怖袭击，他是这次袭击的领导者之一。后来，萨拉马在贝鲁特遇刺身亡。可是，参与利勒哈默尔行动的6名特工不仅没能完成任务，而且被挪威当局逮捕、审判和监禁。

　　在摩萨德的其他部门，有人批评特工，同时也关心着他们的命运。走廊里挤满了人，包括有着共同的挫折的人和聚拢起来的摩萨德的退休人员。就我个人而言，我既没有内省思过，也没有去梳理事先计划好的行动概念和方法。

第2章

与约旦的秘密交易

作为摩萨德的负责人，我的主要任务是让我的人回家，然后去修补与约旦的关系。我设法说服了总理和其他人，使他们相信拯救留在约旦国土上的特工十分重要。

所有摩萨德的行动都会给特工们带来潜在的危险。他们不得不经常从事非法行径，从窥探隐私到擅闯民宅，他们也会被指控从事间谍活动或企图伤害、杀害恐怖分子。他们在异国他乡执行任务，时时刻刻都有被捕和被指控违反当地法律的危险。

特工执行任务之前，要接受特殊的培训，训练如何克服障碍和摆脱困境。无论发生什么事情，每位特工都知道，组织不会遗弃他，有人正关注着他。以色列国家会以公开或秘密的手段支持他们。事情会得到处理，最后还有一张安全网，他会得到国家的眷顾。然而，就像出发参加战斗的士兵一样，执行任务的摩萨德特工也知道他是要冒风险的。

我坚持认为，我们必须保障执行任务的每一个特工的安全。如果出现什么差错——但愿不要出现——我们会关照他，竭尽全力解救他。特工为了国家去执行任务，国家也会保护特工。虽然这在以色列军事精神中是显而易见的，但应该指出，在摩萨德，由于工作的隐蔽性，有些时候，比如利勒哈默尔事件期间，特工们知道，如果在执行任务时出现问题被捕了，他们的命运将掌握在他们自己手里；国家会否认与他们有任何联系，他们得到的任何援助将在幕后进行。根据这种运作方式，国家需要优先于个人需要。如果承认并承担责任会损害国家利益，那么就会优先考虑保护国家，而不是特工个人。

事情已经败露，在我汇报完后，更大规模的行动随之展开。总理召开了很多次会议，与其他部门负责人以及任何可以帮助联系、提供经验的人一起分析评估事态、商量对策。行动失败后的那个星期五，我们决定将埃弗拉伊姆·哈勒维召回以色列，他以前是摩萨德成员，当时在布鲁塞尔任以色列驻欧盟大使。他与侯赛因国王的关系特殊而密切。

哈勒维来到了摩萨德总部。从那一刻起，我觉得他举止有点古怪，沉默寡言。了解他的人告诉我，他就是那个性子，他甚至不相信他自己。哈勒维给约旦和其他地方打了许多次电话进行交谈，总是小心翼翼地避开我。他排斥我，这一点让我感觉很奇怪，我是摩萨德的主管，承担一切责任，他应该听我的命令行事。哈勒维常常会退到一边通过电话与对方进行交谈，然后面无表情地回到原地，说"我已同他们说过了"，再无其他。我问他："你跟谁说话了？"他会说"无所谓"或"我有必要跟谁说就跟谁说"。有时候，他会回来，咕哝道："形势非常困难"、"相当复杂"或"问题很大"。在我看来，这让人感觉非常奇怪，令人十分不快。我终于忍无可忍，把他叫了过来，砰地关上门，告诉他，我不能原谅他这样做事情，我要求他向我汇报他希望采取的任何步骤和行动。通过这次艰苦的谈话，情况有所改善，哈勒维开始让我知道他在做些什么。当时迫在眉睫的是解救特工，让他们平安回家，我告诉我自己，重要的是，任何能帮得上忙的人都要去帮忙。

在我们所有的会议上，哈勒维把事态描绘得格外严峻。他认为，为了安抚国王，我们对他必须摆出非常慷慨的姿态。为此，哈勒维想到一个主意，答应国王从以色列牢房里释放哈马斯在加沙的领导人谢赫·艾哈迈德·亚辛。以色列试图伤害哈马斯的一个高级官员，因此解决方案应该跟哈马斯有关，这是提出这一想法的前提。我支持这一建议，所有能让特工平安回家的合理想法，我都支持。身陷囹圄的亚辛仍在向外发号施令，和他在加沙地带的人保持联系，扮演精神领袖的重要角色，我认为，释放他不会使恐怖态势恶化。我熟悉哈马斯的各种方法和决策过程，我相信，在释放他之前和之后发生的恐怖主义袭击，与其在狱中和狱外的加沙或外面什么地方没有关系。在他坐牢期间，哈马斯继续从事着种种可怕的恐怖主义行为。而且，哈马斯全球总部——最初在安曼，后来在大马士革和卡塔尔——才是一个决定该组织的恐怖主义政策的大本营，比起巴勒斯坦领土上的总部，总是更加极端，更加激进。哈马斯赢得巴勒斯坦选举时，当地领导人试图展现一种温和模式，他们针对的主要是其他巴勒斯坦政治组织，所以，释放亚辛不会造成重大问题。然而，在哈立德·马沙勒领导下，哈马斯全球总部尽一切力量要燃起熊熊大火。马沙勒指责法塔赫及其头目背叛哈马斯，与以色列合作，这让法塔赫领导人指控他煽动叛乱，试图借助内战颠覆巴勒斯坦民族权力机构。同样，哈马斯攻击了以色列国防军的凯里姆·沙洛姆哨所，并绑架了以色列士兵吉拉德·沙利特，马沙勒的手腕和他的极端主义一样显而易见。伊斯梅尔·哈尼亚领导下的巴勒斯坦政府的立场是，支持寻找快捷的办法解救士兵，而身在大马士革办公室的马沙勒态度坚决，设置种种障碍阻挠释放沙利特的任何努力。显然，凯里姆·沙洛姆哨所遭到袭击，幕后黑手也是他。

事实上，关于释放亚辛，过去我们也讨论过很多次，早在拉宾总理任期内，就有隐约担心：亚辛又老又病，或许会死在牢里，而以色列将要为他的死亡负责。

当时，侯赛因国王感觉局势对他十分不利，他明确表示，如果态势继续升级，那么，目前所有的困难将变得更为复杂，并扬言要采取严厉措施。他威胁要强行进入大使馆，抓捕躲在里面的特工，甚至考虑将原定最近和以色列签署和平条约的事推迟，以及采取可能导致严重外交危机的措施，如关闭大使馆，中止政治、军事、经济合作。国王补充说，如果马沙勒死了，他将不得不考虑处决他羁押的那两个特工，以便安抚民众和约旦境内的哈马斯首脑。同时，侯赛因国王将事态发展和他的计划告知了美国总统比尔·克林顿。

我们估计，国王是不会跟进实施他所威胁的做法的，那是给我们施压的一种手段。但在我看来，他的言辞揭示了约旦在其领土上与哈马斯的纠缠有多深，而他自己完全没有意识到这一点。

一整天，不断地开会、讨论、评估。许多人参与了这个过程，并试图根据他们的经验作出贡献。其中有摩萨德前任首领、部长和专家，我和总理几乎参加了每一次的讨论、头脑风暴交流，渴望想出办法防止事态的进一步升级和解决已经发生的事情。

最后，我们完全让步了，内塔尼亚胡决定，约旦人要什么就给什么。紧随其后，约旦人立即开始了对马沙勒的治疗，他开始康复。我收到消息时，真的松了一口气。那对我来说，意味着我们与约旦的关系开始康复。

9月27日午夜，一架直升机降落在安曼市中心，坐在里面的是本雅明·内塔尼亚胡总理、阿里埃勒·沙龙部长和伊扎克·莫迪凯部长，还有他们的随从。代表团到达了王宫，想要处理好这些事情，但气愤中的国王拒绝接见他们，而是派他的幕僚会见。

国王从来就不怎么喜欢内塔尼亚胡，对他总是态度冷漠，疏而远之。过去访问约旦时，我曾问过约旦情报总局局长萨米·巴蒂赫，为什么侯赛因拒绝接见，而且实际上几乎是在回避内塔尼亚胡。巴蒂赫告诉我，有一次国王在王宫接见内塔尼亚胡时，他坐在国王面前，跷起二郎腿，他的一只鞋底冲着国王的方向，因此，每当国王注视内塔尼亚胡时，就会看他的鞋底。在阿拉伯文化中，几乎没有哪种轻蔑和羞辱比这更过分了，这一举止让国王十分生气。巴蒂赫也告诉我，国王也不喜欢内塔尼亚胡在他面前表现得和蔼可亲、近乎"亲昵"的样子。当我回到以色列时，我告诉内塔尼亚胡国王生气是因他的鞋底，但是，内塔尼亚胡随便耸了耸肩作为回应。显然，内塔尼亚胡无意冒犯国王，但他也没有意识到国王敏感的天性。

就这样，内塔尼亚胡带领以色列代表团降落在安曼，时值马沙勒事件高危期，国王选择不接见他们，派他的兄弟哈桑王子代替他会见客人，随从有萨米·巴蒂赫和国王事务局局长阿里·舒凯里。会上讨论的主要问题是释放谢赫·艾哈迈德·亚辛。

第二天，星期日的早上，开始刺杀行动4天之后，埃弗拉伊姆·哈勒维抵达约旦王宫，说服国王释放了躲藏在大使馆的特工。一架专用直升机很快从以色列出动，他们和哈勒维一起回了家。

就在这时，与约旦王室的谈判仓促开始，讨论用在押的两个特工交换释放亚辛。一轮接一轮的谈判持续了8天，这些谈判由深受约旦首脑层信任和欣赏的以色列国家基础设施部部长阿里埃勒·沙龙负责，内塔尼亚胡总理要求他运用所有的能力和才智快速解决这个问题。约旦人要求在释放亚辛的同时，一起释放以色列羁押的20名约旦公民，沙龙与他们达成了协议。然而，就在协议将被付诸实施的那个夜晚，约旦人更改了决定，要求释放更多的囚犯。这是约旦人第四次试图更改协议，沙龙听到这个最新的要求时大发脾气，他对国王说："如果你坚持这样做，你就留着我的人吧，我们会切断你的供水，杀了马沙勒。"

这次愤怒的爆发十分奏效，约旦人意识到他们已经到达极限，协议就此确定下来。刺杀行动12天后，一架直升机带着亚辛降落在约旦，而另一架直升机载着那两名特工飞往以色列。

被约旦当局拘押12天之后，那两个特工确定可以平安回家，这对他们来说特别有意义。因为，在羁押期间，他们经常受到约旦人的审问，命运危在旦夕。

他们回来后，我在摩萨德总部见到了他们。他们对这次行动失败深感遗憾，对我努力让他们回来表示感谢。在他们被捕的整个期间，我与他们担惊受怕的家人始终保持着联系。

对我来说，作为一名指挥官，意味着对人的生命和命运承担着巨大的责任和压力。当我指挥的人被杀时，我这个指挥官日子最为艰难。我相信，这是一个指挥官必须处理的最困难的情感。如果我没能阻止我的手下失去他的生命，这将是一种彻底失败的感觉。我关注特工的安危，渴望将他们带回家，这些天，这些感觉一直伴随着我，看到他们回家，我感到无比的轻松和舒坦。

尽管这种解脱仍夹杂着失败的感觉，但是，他们回来了，我就能够抬起头来看他们的母亲，告诉她们，我完成了12天前我出发要去完成的任务：把我的特工们平安地带回家。他们受命前往异国他乡完成使命，以色列国也已经履行了对特工们的义务。

带特工们回家的种种努力让人伤透脑筋。在此期间，以及在此之后，我不得不应对第二阵线。摩萨德的各种行动，通常远离阳光，在虚假身份掩盖下绝密进行，并随时要应对突然被置于聚光灯下的陌生领域。

摩萨德，作为一个秘密组织，其工作和活动的性质总是像一片广袤而肥沃的土地，充满神话般的虚幻故事，引来持续不断的、似乎永不满足的好奇心。

因为这个原因，任何与摩萨德有关的出版物总是人们茶余饭后的话题，被认为是"媒体黄金"。摩萨德的行动数不胜数，几乎天天都有，发生在不同的国家，有一些是敌对国家。这类活动中的大部分都有可能变得极为复杂，并演变成危机。幸运的是，多年来，绝大多数这类活动取得了成功，随后依旧默默无闻。只有在事情败露的时候，一些秘密的裹尸布才会破裂，给媒体泄露一些信息，让其开始持续不断的狂欢，或曰"真相揭露"，或曰"意外发现"，或曰"博学高论"。然而，所有这些都与现实相距甚远。

在那个时期，把摩萨德成员描述得笨拙不堪已经"风靡一时"，这类出版物助长了这一观念。有些刊物上就有这样的例子，他们兴高采烈地将两个特工描写成被"一个身材魁梧的保镖、阿富汗战争的老兵"打败的失败者。实际上，"保镖"不过是哈马斯总部跑腿的小伙而已。一家德国报纸发表了阿布·西夫的访谈录，他提到了与两个特工接触的瞬间，他们是怎么将他打得半死，如何在几秒内将他击晕，证明他们非常精通以色列格斗术。然而，舆论媒介对穆罕默德·阿布·西夫的证词却视而不见。

我认为，内塔尼亚胡是一位有争议的总理，这一事实进一步激发了媒体的兴趣。他们趁机严厉批评他的行为，指责他又随随便便失败了一次。

就媒体而言，这场"狂欢"就是持续不断、无限延期以及几乎毫无法则的侮辱和丑化；就我而言，新的战斗已经开始，这次是为了我自己的名字、为了我领导指挥下的组织的威望。

具有讽刺意味的是，哈立德·马沙勒这个恐怖分子竟然活了过来，而且带着殉道的荣耀回到了以前的岗位上，而我不得不为了摩萨德的名誉和我的名字而战斗。

摩萨德隶属总理办公室管理，来自媒体的无尽的请愿和各种问题涌到了总理办公室。日复一日，关于谁知道、谁不知道、谁授权的、谁下达的各种命令，一连串的问题落在了总理的发言人身上。内塔尼亚胡叫我向一些主要的军事记者介绍这些情况。

我见到这些记者时，跟他们讲了我与瓦拉西论坛（情报部门主管委员会）、与辛贝特首脑和情报局长、与国防部长的几次会议，以及行动开始前这些人从我这里收到的报告和最新消息。我甚至描述了8月1日会议期间我是如何在行动部首席情报官米什卡·本·大卫的陪同下将航空照片和安曼地图展开放在国防部长莫迪凯的办公室的情形。

本次记者会结束后，记者们立刻联系了所有的相关人员，交叉核对信息。伊扎克·莫迪凯、博吉·亚阿隆和阿米·阿亚隆，不管私下协调与否，全都极力否认有人告诉过他们要在约旦采取行动、在安曼暗杀一个哈马斯官员的决定。媒体关注的焦点从那时起开始发酵，每过去一天，就有越来越多不同类型的信息，直到像雪球般越滚越大。媒体热衷于这只热气腾腾的土豆，直到几个月的公众调查结束后才冷却下来。

第3章

摩萨德面临考验

事件在媒体上曝光后，总理的压力持续增加，舆论要求他调查事情真相，一些人建议成立一个国家调查委员会。

内塔尼亚胡接受了这些要求，决定成立一个委员会。很快，关于任命问题，摩萨德成员和我发现了两个问题：首先，一旦命名为"约旦行动失败委员会"，我清楚地知道，任命它的内塔尼亚胡赋予了它这类权利，那就是预防把任何责任推到他身上，因为委员会不会研究他那个层面上的决策问题，而只会审查行动问题。其次，摩萨德的工作很复杂，行动方法、案例和反映各不相同；由于目标人物在不断移动，情报收集必须实时完成；由于周围情况不断变化，行动规划只有在行动地点才能完成。所有这些，这个委员会是无法弄清楚的，委员会成员的组成就十分清楚地说明了这一点。

在我看来，成立委员会的决定是错误的，因为问题仅仅是一次没有完成的行动。以色列国防军和辛贝特实施的很多其他行动有时也酿成大灾难，损兵折将。例如，一个小队在黎巴嫩安萨里亚遭到了伏击，这次行动被称作"海军突击队灾难"，政府一次也没有任命组织委员会调查行动经过。而这次行动和那些行动没有什么区别。通常情况下，一次行动失败后，由内部调查组处理行动失误问题，目的是找出所有的漏洞，修正缺点，如果有必要的话，对责任人进行问责。

我向内塔尼亚胡反映了我的意见。但是，由于他们把我当成通过阻挠任命这样一个委员会获得个人利益的人，那些天，我无法大声说话。我有些担心的事情，而我不想以这样的面目示人，我相信这种调查委员会会伤害到摩萨德，因为非常有可能从中泄露细节问题。我也很担心委员会会考虑不当，不够专业。很遗憾，从它活动的第一刻起，我所有的担心都被证明是正确的。

然而，尽管我有所保留，内塔尼亚胡一旦决定成立委员会，我就得与它完全合作，只是要求让以前的一个摩萨德高级官员成为其中的一员，他非常熟悉这个机构的工作。内塔尼亚胡接受了我的建议，任命前摩萨德主管纳胡姆·阿德莫尼担任委员会成员。然而，早些时候，阿德莫尼接受报纸采访，发表了一些声明，人们理解为他在支持摩萨德。所有的不满者立刻提出强烈抗议，他们声称，一个存在偏见的事先就支持摩萨德领袖的人成为委员会成员是不合理的。阿德莫尼被迫离开了委员会，内塔尼亚胡任命拉菲·佩雷德接替他的位子，此人当时是以色列电力公司的主管，过去是辛贝特的一员，当过以色列警察总署署长。以色列航空公司董事会主席约瑟夫·切哈诺沃担任委员会主席，委员会的另外一个成员是以色列前空军司令丹·托尔科夫斯基。

摩萨德的工作性质和以色列国防军、辛贝特以及以色列警察存在本质区别，因此，委员会成员们对摩萨德及其运作毫不了解。摩萨德在以色列境外活动，环境充满敌意，在当地通常是不合法的。以色列国防军的活动大部分是在西岸加沙地带，在国境内，即便踏出国境也能立刻撤回。辛贝特和警察通常在以色列有权限的责任区域活动。委员会主席切哈诺沃先生是个高级文官，与秘密活动总体相关的、特别是与摩萨德有关的一些问题，他一无所知。前空军司令也是委员会成员，他了解的是航空问题。同样，前警察总长的专长是警务和犯罪处理。因此，很明显，他们无法理解我们。因为我们是摩萨德成员，我们干的事情有违目标国法律，必须尽一切努力避免被警察和保安队抓住。一个人习惯了拥有权利，有法律作后盾；一个人靠坦克、飞机和导弹打仗，这样的人永远也无法理解摩萨德的特工。

特工通常独自工作，并且总是在暗中进行，经常东躲西藏。当他在目标国时，没办法使用武器自卫，举止行为也不合法律规定。他高超的专业能力、沉着冷静、谨慎小心、遵守预先制定的逃跑计划、按照任务报告行事以免出错——只有这些能让他摆脱困境。

摩萨德特工们秘密地工作，他们唯一的掩护是活动的隐蔽性。没人发现他们，他们就是安全的；如果出了差错，他们的违法活动被发现，不管他们是在敌国还是友邦，立刻就会给以色列带来外交危机。

对于这样的情况，摩萨德已经形成了自己的做法，永远无法从辛贝特、警察或军队里获得战斗法则。因此，我觉得，委员会的人员组成将限制其能力，使之不能准确评估发生的事情。

摩萨德里也有一些人担心拉菲·佩雷德。据透露，他曾经和几个高级警官在一家豪华酒店的按摩大浴缸里洗澡，之后被迫辞去警察总署署长的职务。值得关注的是，这种情况下被迫退休的官员，对于他的下级，尤其对曾经是他的上级来说，心底里很难容忍他们安然无恙。后来的事实证明，拉菲·佩雷德没有"辜负"我们，他印证了我们所有的担心。

尽管对我们如此不利，但我很清楚，我和被要求配合工作的所有摩萨德成员都会充分配合委员会。委员会任命妥当以后，我立刻给摩萨德的所有相关人员下达了书面和口头指令，要求他们按照指示出现在委员会面前，递交后者要求的任何材料。所有想要得到法律援助的人都有权获得援助，为此，我聘请了罗比（鲁文）·巴沙尔律师和兹维卡·巴尔·纳坦律师。同时，我们继续在两个不同的、要求很高的领域开展工作，没有哪个领域能阻碍另外一个领域。一方面，我要继续指挥摩萨德的活动，这里的特工一刻也没有停止开展各种大胆的行动来挫败恐怖主义和阻止敌对国家获得大规模杀伤性武器，另一方面，他们也没有停止收集情报，为我在委员会露面做准备。

这种状况造成了一些非常尴尬的局面：我的例行工作需要我接见很多涉及那次约旦行动的人，必须和他们讨论关于摩萨德正在进行的常规活动；而在同一时间，我被禁止和他们中的任何人讨论此事本身，以免被怀疑妨碍司法公正。

委员会开始工作，机密泄露、隐私揭发、真相"曝光"以及各种干扰持续不断，舆论界群情激荡，波澜迭起。从客厅的谈话到日报头条新闻，没人能保持无动于衷；对于发生了什么，每个人都有自己坚定的看法。

这些出版物和这样的氛围导致摩萨德精神黯淡，严重不安。我有一种感觉，摩萨德在当时已经成为国家的出气筒，有人想要我的脑袋。

他们经常问我为什么不肯辞职，要我一遍又一遍地解释为什么在委员会工作结束之前我没有辞去摩萨德局长之职。我解释说，虽然我要为发生的事情负责，但是在责任和犯罪之间存在巨大差异；而且，扪心自问，我没有犯罪。

我想，作为最了解发生了什么事情的人，在对事件有了更加深入的理解后，我能够修正暴露出来的缺点，会比任何一位将要重新任命的摩萨德首领做得好。摩萨德从成立一直到马沙勒事件，已经遭受了不止一次失败，但没有哪一次会导致摩萨德首领被弹劾。

约旦人也加入了要求我辞职的行列。除了这次事件导致的外交问题外，我和约旦王室关系密切，而我卷入了这件事情，这个事实在个人层面上得罪了他们。

在那些日子里，总部位于伦敦的沙特著名报纸《生活日报》刊登了一则对侯赛因国王的采访。国王措辞严谨，没有提到以色列和摩萨德，但是他说，他觉得自己是这样一个人，他"决定为一个完全陌生的人打开大门，以招待国王的礼仪招待他。但是，当主人转过身去的那一刻，他发现客人利用他的盛情款待，想要强奸庄园主夫人或他的女儿……"国王补充道，他感觉像是有人"在我脸上吐口水"。

约旦人和解的条件是我辞职，但我不同意这么做，我坚持等待委员会的结果来决定接下来的步骤。我曾经希望内塔尼亚胡也会拒绝这一点。

那些日子很艰难，令人深受煎熬，媒体炒作在摩萨德内部造成了裂痕。

一天傍晚，发生了这样一个极端的例子。我小儿子在卡法萨巴看电影，我去接他，当我从汽车里出来，向电影院门口走去，无意间碰到了一个《国土报》的记者，他随口问我："那么，亚托姆，将来会发生什么呢？"我回答道："我想一切都会好起来的。"对我来说，只不过是一个毫无意义的问题，记者得到了一个毫无意义的答案。次日早晨，我打开《国土报》，读到头条新闻，我震惊了，上面说"亚托姆指责他的下属所做的一切"。这当然是无稽之谈，但是，从"一切都会好起来的"这一句话里，这个记者推断出我"将会好起来"，所以一定会有人不好，因此，一个标题诞生了。

这个标题在摩萨德内部引起了骚动，有人认为我在抛弃我的人，这个想法让我难以接受。在摩萨德，有人这么说："在委员会公布结果之前，如果他就宣称他很冷静，镇定自若，那责任最终会落在采取行动的那些人身上。"他们还声称，如果情况就是那样的话，那就意味着我除了我自己谁也不在乎。

这类事件迫使我会见了特工们，安抚他们，向他们承诺我无意把他们变成替罪羊，我的意图仅仅是向委员会陈述事实。

委员会开始工作后不久，有一点我很清楚，消息像谷粒过筛子一般从中泄露了出来。有一次，我在电视新闻中惊恐地听到记者阿姆农·阿布莫维奇说，他每天收到从委员会泄露的材料，讲述从没有发生过的事情。这会严重伤害摩萨德。我被迫打电话给电视台，要求上电视直播，否定他说的话。

这种行为激怒了别人，也让自己生气，尤其是想到关于泄露的来源，我有可靠的依据在那儿。

有一个阶段，我与委员会取得联系，通过律师抗议拉菲·佩雷德的行为。他做的事情中有一桩我认为是"最后一根稻草"，那就是，参加那次行动的情报分部负责人米什卡·本·大卫在委员会作证几周后，有人打电话叫他再去一次委员会。他到达委员会集中的地方时，发现没人要求他出席委员会全会，而是叫他参加拉菲·佩雷德个人召集的会议。

佩雷德告诉他，委员会的工作已经结束，他正在撰写最终报告中与情报有关的那一章，因此，没有必要为了填写他所需要的细节重新召集委员会全体会议。

佩雷德对米什卡说："我只是要问一些问题，澄清一下。"那个时候，米什卡仍然认为一切都是正常的。然而，一开始询问"澄清问题"，米什卡就意识到，事实上，佩雷德在给他机会，以归咎他人作为交换，洗刷他自己的名誉。

佩雷德问了米什卡一些问题，例如：在行动准备期间，存在情报隔阂，你估量过吗，你的长官有没有告诉你，"我们没有时间消除隔阂，这对我们不要紧吧？"佩雷德说"你的长官"，他只可能指两个人：我和行动联队的负责人H。那时，米什卡对佩雷德说，现场只有他们两个人坐在那里，谈话也没有记录，这种情况似乎对他不太好，他感到不安。

米什卡要求中止会议。他对佩雷德表示，他打算把此事告知委员会其他委员，包括在此期间佩雷德问了些什么。米什卡最终并没有向我或摩萨德其他人汇报这件事，因为我们都收到严格指示，避免任何可能妨碍司法公正的行为。我第一次听说此事，是在委员会作出初步结论以后。他们发出一些函件，向那些在结论中可能遭受伤害的人详细说明情况。函件发出以后，收件人就有机会查看委员会收集的所有材料。此处要强调一点，委员会主席切哈诺沃跟我和其他人说得十分清楚，委员会不想发出警告信，只是一些他定义为"详细说明委员会结论"的信件，给那些可能遭到伤害的人详细说明情况。根据他的说法，这么做的理由是，委员会无意提出人员调动建议。我也是接到委员会信件的其中一人，我查阅了所有的材料，其中，我发现了米什卡所写的关于与佩雷德那次会见的报告。从中，我了解到佩雷德作为委员会的成员，竟然采取严重不当的方式，试图让证人在委员会正式工作流程外开口说话。

我恐怕不得不说，米什卡一例并不是我的律师和我在给我们的材料中发现的唯一令人恼怒的细节。我们在委员会的报告中发现了不少佩雷德引用不准确甚至由他人伪造的声明诱导证人的例子，目的是刺激证人，破坏其自信心，诱供证词。佩雷德从当警察起就非常熟悉这些方法，但是，在调查委员会的工作中，这些是难以接受的。

因为这些举动，总检察长艾亚基·鲁宾斯坦轻描淡写地批评了一下佩雷德，转眼就强调佩雷德的职位不会被取代。与此同时，泄密没有停止，这让我几近疯狂。因为这个问题，我联系了切哈诺沃，要求在委员会前作过保证的每一个当事人，从委员会成员到打字员再到秘书，一一接受测谎试验。我要求问一个问题："你是否泄露了委员会的细节？"

切哈诺沃说，这是个好主意，他要向核查委员会的其他成员核实。第二天，他带来令人难以置信而且十分无礼的答复："我们是委员会的成员，我们确信我们没有泄露任何信息。"又补充道："但我授权给你审查任何一个你想审查的摩萨德成员。"我向切哈诺沃先生解释说，我不需要他的授权就可以审查摩萨德的雇员，我也意识到泄密不会中止。

我确信，如果进行一次审查，本来可以发现泄密的源头，避免对摩萨德和以色列国家安全不必要的损伤。媒体报道的那些东西，无论是真是假，引起了全世界的关注，损害了以色列的国家安全，也损害了摩萨德特工们的士气。

然而，委员会工作及活动并没有停止，而我的不安却与日俱增，尤其是对泄密问题。虽然我应该把它看作一个权威机构，但在我的心里那种感觉已荡然无存。

在切哈诺沃委员会的整个调查期间，我的手下和我感到，切哈诺沃和托尔科夫斯基是在提问一些和调查切实有关联的问题，而佩雷德对待我们非常不真实，他羞怯，缺乏自信，甚至总是带有偏见。

这些甚至在他说话的语气中和刁难的问题里也有流露。他问了诸如此类的问题："如果出了问题，约旦是如何整理情报、组织安全部队的，你知道吗？他们在哪里设置路障？他们检查些什么人？"问这些问题，天经地义，关于约旦警方和情报部门的指挥问题，我们有充分的信息，佩雷德得到了所有的答案。然而，由于情况不断变化，每一个路障会放在哪里，我们并不可能预先知道，佩雷德不愿意接受我们这个回答。

事实上，后来回溯往事，即使是在出了差错以后，约旦人既没有设置任何路障，也没有试图在边境检查站检查车辆，包括在以色列边境上也没有。因此，这次行动的一条基本要求是，所有的条件均适合行动展开。万能的决心激励了特工，尽管从各方面看，行动的条件并不成熟，他们还是执行了任务。这是行动出了瑕疵而非架构出了问题。即便可以继续收集接近无限量的情报，还是达不到能够十分肯定地说"我掌握了所有一切"的状态。当米什卡对行动指挥机关主管H说，我们需要与行动相关的更多的信息时，H总会这样回答说，你可以无限制地收集信息，但最终采取行动的时候到了。军事长官习惯于行动前做好包括航拍照片和地图在内的计划和行动方案，但是一位普通的情报收集人员习惯于另外一种方式，事态瞬息万变，特工总是到现场后才能收集到最后的情报。

在我对委员会所作的所有证词里面，我感觉他们问了我一些无知的问题，曲解了摩萨德特工面对这种行动所处的独特情形。委员会工作结束以后，其他人和我分享了同样的感受。

委员会成员颇为执着于行动设计的方法，而事实上，主要的瑕疵在于执行过程。

由于我说了执行过程有瑕疵，有人指控我试图责备下属失败，这很荒谬。我们要知道，摩萨德的指挥系统和军队是一样的：部门指挥官从属于摩萨德局长，就像军事情报局长、地方司令官和分区司令官从属于以色列国防军总参谋长一样。处在金字塔顶部的这个人，身为指挥官，为发生的一切事情负责，但不是为指挥链下面的任何一个人的缺点负责。长官和士兵一样，在各个阶层履行义务和责任，确保尽其所能实施他们要承担的任务。

在切哈诺沃委员会开始调查大约三个星期后，隶属于安全外交事务议会委员会的秘密工作分委会也决定开始调查马沙勒事件。

委员会主席是国会议员乌兹·兰道，其他成员有国会议员埃胡德·巴拉克、奥里·奥、吉迪恩·埃兹拉、本尼·贝京和约西·萨里德。在那些日子里，这些人发现自己又一次在耶路撒冷莫拉莎路口和议会之间来回奔波。

议员委员会包括前总参谋长（巴拉克）、预备役少将（奥）、前辛贝特副局长（埃兹拉），以及与摩萨德没有个人恩怨的议会成员。所以，这个委员会比切哈诺沃委员会严谨，组织上也专业得多。

根据委员会的工作安排，从国防部长到辛贝特局长和军事情报局长这些国家安全部门的大佬们开始发布斩钉截铁的声明，说他们没有得到行动的通知，因此不可能同意其实施。我说他们无疑是知道的，但是我处于弱势位置，我要证明我是对的，他们三人是错的，举证责任在于我。

他们三人声称，关于这件事情摩萨德只是告诉了他们一个想法。我说，在约旦领土上采取行动，暗杀的目标人物是包括马沙勒在内的哈马斯首领，这是事实，也是原则，他们是预先知道的，行动的准备工作本来可以中止，也可以在开始时就取消。这三个人不仅一个也没有这么做，而且，也是因为伊扎克·莫迪凯和阿米·阿亚隆的倡议，摩萨德才决定在约旦实施行动，而不是在我推荐并已经开始计划行动的那个国家。

我不知道是什么导致这三位高级官员全体得了如此严重的健忘症。约旦境内的哈马斯首领之一有可能遭到暗杀，他们在行动前就已经掌握了这个信息。和以往一样，我不得不假设，没有人想要贴上失败的标签，胜者多助，败者寡助。

我从我那些服务于不同调查委员会的日子里学到了一些东西，其中之一是，你必须有书面证明，别人才会相信你；幸运的是，我有。我明白我有可能是正确的，但如果没有证据，就没什么用。我必须面对伊扎克·莫迪凯、阿米·阿亚隆和博吉·亚阿隆。他们咬定说"你没说真话，事先，我们不知道那次行动"。实际上，他们说的正好与事实相反。幸运的是，我有文件证明我的说法。我有米什卡·本·大卫的证词，在伊扎克·莫迪凯的办公室，他和我在一起，内塔尼亚胡的军事秘书泽伊夫·莱文少将在美国担任武官，行动时还把他叫了回来。我要求他出席委员会的会议，因为他的笔记本上有关于内塔尼亚胡、莫迪凯和阿亚隆那次会议的记录。会上，莫迪凯和阿亚隆建议派摩萨德去暗杀哈马斯的一个首脑。最后是关于内塔尼亚胡总理的证词，他也说他通报过莫迪凯最新消息。最后，他们接受了我的意见。小组委员会完全采纳了我的说法，认为是真实的，完全否定了伊扎克·莫迪凯、阿米·阿亚隆和博吉·亚阿隆的说辞。

那些天，又有人对摩萨德提出了一项新的指控。在暗杀马沙勒行动的前几天，哈马斯向以色列提出停火，指控声称这个消息在摩萨德那里耽搁了，没有及时送达总理，而暗杀行动继续进行。如果总理及时收到这个消息，也许暗杀以及随后的失败都可以避免。

实际情况并非如此。行动前两天，实施日期还不清楚，已经身处约旦的小组每天在那里重新评估不断变化的情况，负责摩萨德和约旦之间公开外交关系的D来到王宫。对于D而言，那只不过是无数常规访问中的一次而已。他与国王见面，讨论各种问题。除其他事项外，国王谈论了和平进程，批评了内塔尼亚胡和他的行为。会谈结束时，国王顺便告诉D，他从哈马斯得到信息说，他们的一位高级官员，显而易见是指穆萨·阿布·马祖克，有个还不成熟的想法，可能要与以色列停火（停战）。国王跟D强调说，他仍然不确定这个信息是否严肃可靠，他说他要进一步核实，要求我们在那个时候不要利用这个消息。

D回到以色列，把这次谈话告诉了我，并补充说，哈马斯可能只是拉大旗扯虎皮。D表述了他自己的印象，说国王自己也不确定这件事情是否严肃。

早在拉宾执政时期的5—10年间，以色列就已收到哈马斯无数关于停火的建议。作为承诺停火的回报，哈马斯愿意"适度"调整他们的要求。这些要求包括：西岸所有的犹太定居点全部撤离；从巴勒斯坦领土撤出所有以色列国防军部队并退回到1967年6月4日之前的边界处；释放所有关押在以色列监狱的恐怖分子；还有，以色列同意巴勒斯坦难民有权返回故里。

以色列经常收到各种各样的停火提议，渠道也不尽相同，有通过国会中的阿拉伯议员，也有来自欧洲的使者，还有通过驻西岸和加沙地区的民政部门以及合作者传递过来的。如上所述，拉宾总理任期内已经讨论过这个问题，在佩雷斯还有内塔尼亚胡的任期内，这个问题继续浮上水面。在所有这些情况下，全部的情报机构（以色列国防军、摩萨德和辛贝特）主管都会给总理提供评估报告，说明哈马斯不是认真的。理由是，哈马斯在压力之下要求停火是为了重整旗鼓，恢复元气。专家解释说，这种惯例源于伊斯兰教的历史和传统，每当他们发现自己处于弱势地位，交战双方就会提出停火，稍事休整，以便增强战斗实力。在这种情况下提出停火与停战，提出这种要求的一方——这次是哈马斯，随时可以自由随意地结束它。专业权威人士建议不必在意这些请求，尤其是考虑到以色列要为停火付出完全无法估量的"代价"。

尽管如此，在D告知了我国王的信息后，我立刻命令我办事处的负责人就此事准备一份报告递交给总理办公室。但因为一个错误，材料没有送出；而我对此一无所知。不管办事处负责人的报告情况如何，我本来打算在每星期例行的情况更新会议前遇到总理时提一下这件事情。会议定于次日召开。然而，因为内塔尼亚胡刚从国外回来，身心疲惫，会议在最后一刻推迟了。事情就这么发生了，我认为D的报告已经移交给总理，而且无论如何，我知道，第二天我还会见到内塔尼亚胡，他会到摩萨德总部来参加一年一度的新年庆祝会。第二天，内塔尼亚胡来到摩萨德总部，但为时已晚，行动已经展开，而且已经失败。不论如何，我应该说，我的确没有想到消息有那么重要，足以促使要取消那次行动；而我本想在后来取消的那次会议上向内塔尼亚胡汇报。

对我提出的指控是，如果这个消息让总理注意到了，也许他会阻止试图暗杀马沙勒的行动。然而，调查马沙勒事件的委员会复查了哈马斯停火提议的问题，军事情报局局长和辛贝特局长说，如果他们知道这个提议，他们会像从前一样对待它。内塔尼亚胡自己回想起来也只不过是听说过这个信息。他从来没有声称那会改变他的决定。尽管如此，直至今日，偶然想起这件已经过去多年的事情，我还会惊讶地发现，某些人有时喜欢掸掉"迟到的信息"这样老掉牙故事的尘土，用陈词滥调来强化对行动及其决策者的批评。

五花八门的故事、泄密和媒体炒作，此起彼伏，层出不穷，毫无停止的迹象。调查委员会完成了取证调查，开始审阅各种材料，作出结论，而我必须继续工作，全心专注于管理一个最重要的情报机构。这个国家几乎没有哪一天会平安无事。

第4章

持续23年的假情报

调查委员会忙着收集证据、得出结论，摩萨德内部气氛紧张压抑，而我不遗余力地传递一切如常的感觉。恐怖主义和试图用大规模杀伤性武器武装他们自己的敌对国，是不会根据以色列调查委员会的日程表进行活动的，所以，摩萨德继续采取各种行动，情报继续收集。与此同时，摩萨德还在指挥着从事不同任务的各路人马展开工作。

所有这些活动正常进行。有一天，间谍部负责人A来到我的办公室。他向我汇报了一项行动方案，要我批准和授权他组织一名资深间谍与他的摩萨德联络人见面，这位联络人叫耶胡达·基尔。

通常，当人们使用"摩萨德间谍"这个名称时，他们通常弄不清楚这一专业术语的真正含义。摩萨德间谍并不是摩萨德特工。间谍是被摩萨德员工招募到摩萨德行列中的人，摩萨德员工是间谍的联络人。间谍为摩萨德员工提供信息，他知道，根据他所在国家的法律，他是不能提供信息给摩萨德的；但交换信息让他们获得物质利益。有时，受聘的间谍是知道他在为某个情报机构工作的，有时则并不知情。

A告诉我，耶胡达·基尔是资深的摩萨德员工，他大概在23年前招募了这名间谍。从那天开始，这个间谍强烈拒绝与其他任何人见面，因此，尽管基尔已经退休，摩萨德继续聘用他负责这件事情。

A告诉我，基尔和这名间谍时不时地见个面，摩萨德称之为"情报定期更新和报告"。据A所言，这名间谍是他的国家中最重要的人才之一，他是一名陆军将领，有着广泛而特别的渠道，能够接触到高层决策者。谈话显示，似乎这个间谍以前曾经提供过关于那个国家军事、警戒水平和布防变化方面的高度有价值的情报。

"然而，"A对我说："关于这名间谍和他的联络人有些争议。我们以前也质疑和质问过这个间谍提供的信息是否可信。"

A接着告诉我，以前这个间谍提供的情报与后来发生的事情不符。他说，随着岁月的推移，以色列国防军和摩萨德情报局的分析师和情报人员之间发生了激烈的争论。军官们认为这些情报非常有价值，而摩萨德的官员有时会提出质疑，认为这些报告并不可信。然而，摩萨德官员仍旧视它们为重要报告，在准备情报总体评估时必须加以考虑。尽管存在种种疑虑，军事情报部门和摩萨德全体员工仍旧小心谨慎，不说这个间谍在欺骗我们，也不说他的报告毫无价值。

A继续说，这些年来，他们曾经尝试过用另外一名联络人来取代基尔。有一次，在他们会面时，摩萨德派遣了另一名特工陪伴基尔前去，以便把他引见给那个间谍。然而，基尔见到了那名间谍后，回头告诉替补，间谍公然拒绝改变联络人，甚至拒绝和替补见面。

A强调说，他们总是十分认真地考虑这名间谍的报告。

我问A："那么，你在怀疑什么呢？你建议我们做什么？"A回答说："没什么，我只不过是告诉你背景情况。"

我对于这个回答很难感到满意。我同A说，如果有不确定性，应该进行核查。A纠正我说，在我的前任沙巴泰·沙维特任内已经有人怀疑，要求基尔在其中一次见面时使用一个隐藏的录音机记录与间谍的谈话。基尔会面回来时，没有带回他们要求的录音，声称录音设备出了故障，但是带回了一份细致全面的书面报告，描述了会面的每一个细节。

从头至尾，摩萨德的官员们想要中止基尔和他的间谍之间的交往，在沙维特时期甚至真的一度中止过。然而，摩萨德很快就接到了来自军事情报部门的几封慷慨激昂的信件，说从没有听说过要中止与这样一个在以色列最大敌对国家、具有战略意义的间谍的联系。来自军事情报部门的压力很大，尤其是来自研究部主任的压力，他们要求立即恢复基尔和间谍之间的联系。

虽然军事情报部门内部存在一些分歧，但是，大家普遍认为这是一个珍贵的资源。基尔的报告在军事情报部门受到高度评价，早在上世纪80年代初梅纳赫姆·贝京担任总理期间，以色列国防军根据基尔的情报秘密召集了一定数量的预备役部队。

当时，叙利亚军队正在攻打黎巴嫩的基督徒，炮兵在轰炸阿什拉菲。作为回应，以色列空军曾在贝鲁特上空飞过。有一阶段，叙利亚人派遣军队进入贝卡谷地，这些地方以前他们从没进入过。叙利亚的意图不太明朗，有人担心叙利亚正在为更广泛的行动作准备。基尔受命去找他的间谍取回情报。他带着一份报告回来，说叙利亚军队正在通过贝卡谷地和巴蒂察谷地向加利利前进，这一系列的军事行动是叙利亚进攻以色列的前奏。事后证明，叙利亚没有这样的意图，但是召集预备役人员花费了国家的财富，而且还有可能恶化成军事冲突。

间谍的报告送到总理、国防部长和参谋长那里。我过去担任过总理和国防部长的军事秘书，我清楚这类报告的影响力——如果不准确的话会有多么危险。

那次谈话中，我从A那里收集了很多关于耶胡达·基尔的信息。我被告知他是联络人中的一个支柱，是一名著名的摩萨德情报采集员。有人认为基尔很有成就，尤其是他与高级特工关系密切。

我意识到，我正在与一个丰富多彩、魅力超群的人打交道，他一在场几乎就能催人入眠；他聪明伶俐、机智敏锐，即兴表演和角色转换能力极强，人们称他为"千面人"。他精通多种语言，包括英语、阿拉伯语、法语和意大利语，他几乎可以利用他令人难以置信个人魅力说服每一个人相信每一件事情。摩萨德内部传说，他甚至可以"让电线杆说话"。情报工作有一个专业术语叫"人力情报"，他被视为创造人力情报业界传奇的实地工作者。他装扮成欧洲人，掩盖他以色列的身份，能做到天衣无缝。从外表到内涵，他花力气打造假面具，能够轻松说服所有他想说服的人相信他不是耶胡达·基尔。他会改变头发颜色，他保养良好的胡须可以根据角色需要随时消失，也能随时再现。

他的部分个性表现在他永无止境地要让自己成为关注的中心，总是想要那种被人需要的感觉。自我是他个性的核心和驱动力。他设法使整个环境相应地对他有利：由于他的外表，每个人都发现他很迷人；从对手到盟友，他有能力团结身边的每一个人；他有良好的职业名声。

他被视为那类特别的情报收集官员中的一员，没有人会忽视他多姿多彩的报告，也没有人会怀疑他口头报告的叙述能力。他从间谍那里带回来的信息和他组织安排间谍们的报告给每一个人留下深刻印象。

他在摩萨德担任高级培训师，训练情报收集人员，培养了一代间谍联络人，学员们对他顶礼膜拜。他非比寻常的性格多姿多彩，摄人心魄，总是能够让人臣服。他非凡的演技加上他海外行动能力的传奇故事，就像给新员工施加了魔力。他用他精彩纷呈的故事使学生入迷，他用他魅力四射的性格使他们着魔，他们成为他忠实的崇拜者。

他的演讲扣人心弦，不同凡响。有一次，他走进教室，立即给他的学生们上演了心脏病发作的惊人一幕，学生们相信那一定是真的。在这样一门课程中，一个教员是不应该做这些的。他并不负责教授学生模仿艺术，他可以举例说明如何模仿，但不用亲自上阵。

A停了下来，我开始不安地抓挠我的脑袋，问自己：现在我们该做什么呢？有一件事我很清楚，现在我已明白，我不能忽视这件事情。

我同意基尔按计划出发去见间谍，再次要求他配备录音设备。

在摩萨德，确认耶胡达·基尔是否可靠需要组织工作高度严密和谨慎，因为在为这个组织工作了几十年后，他已经拥有很多朋友，他们可能会对他发出警告，提醒他已被怀疑。

在获准见面后，基尔前去会见那名间谍，根据我的要求，他又一次携带了录音设备。见完面，基尔带着一份报告回到了以色列，报告很长很详尽，是关于将军跟他说的事情。这份报告是关于叙利亚军事准备情况的，和以前所有的报告一样，但是，我们又一次听说他声称录音设备出了故障。

我要求把设备送去摩萨德技术部门检查，设备送回时结论是：运转正常，甚至记录下了街上的噪音和车辆的声音。

这件事让我疑虑倍增。

过了一段时间，摩萨德发布了一系列新的任命通知，我任命M为间谍部主任：面试了所有申请者，也看了其他一些人以后，我作出了与摩萨德内部有些人意见相反的决定，认为M是最适合这份工作的人。他将来会在摩萨德获得更高级别的职位。

从他就任新职后首次会面开始，我们立刻就讨论了这个部门要处理的主要问题，其中包括耶胡达·基尔的问题。尽管问题明显令人不快，M明确表示他和我的立场是一致的，必须测试基尔的可靠性。

M相信基尔很精明，在要求他带回和间谍见面的录音带之前，已经猜到了有人在审查他。M补充说，在沙维特时期要求他停止见面，后来应以色列国防军军事情报部门要求而恢复，他感觉那时基尔已经松了一口气。

R是M的第二指挥官，虽然这两个人都意识到了他们的话分量很重，但是他对于基尔的报告同样也感觉不安。情报收集员也有可能是个骗子，这个想法对组织的士气和声望产生了深远而严重的影响。如果23年来以色列的情报机构和政府部门根据他的虚假报告作出决定的话，那么摩萨德和以色列国内外的声誉将会遭到严重伤害。

M意识到，决定对基尔进行测试具有重要的道德和职业意义。他坦率地说，如果审查表明基尔是无辜的，他将辞去职务，因为这意味着他怀疑了一个情报人员的可信度，那是有违摩萨德遵从的每一项行为法则的。

不一会儿，M回来找我，向我报告基尔和间谍又见了一次面。基尔精于世故，但享乐至上，对美好生活深谙其道，后来我们发现了他一个特殊的弱点：特别钟爱不夜城。因此，他经常将见面安排在那里。为强调情调，他还会把见面安排在波希米亚区的一家著名咖啡馆里，以前这里住过哲学家、知识精英、作家和艺术家。

有一次谈话中，根据M的建议，我决定测试并破解材料可信度的奥秘。一个情报员不间断地掌控一个间谍长达23年，我们也想审查这种异常行为，弄明白一个间谍怎么样、为什么"坚持自己的立场"，拒绝和另外一个联络人见面。为了让他带回见面时的证据，我们让基尔携带了技术设备，可为什么他一到约定地点设备就神秘地停止运转？我们也想调查清楚。

对我，以及M和他的副手R来说，要作出这样一个决定是很难的：跟踪一个间谍联络人，一名摩萨德的资深特工，收集有关他行为的情报。

摩萨德已经很多年没有作出类似这样前所未有的深远决定了，这并非巧合。我们必须明白，在情报界的组织文化中，这是一个公认的信念：如果出了什么问题，必须审查那个间谍，而不是他的联络人。我们的一个"自己人"故意在做一些可能有损这个组织的事情，这是个不可思议的想法：联络人和间谍相互配合，由个人来完成摩萨德的大量的活动。

接受联络人与间谍见面所获得的情报，基础条件是组织和情报员之间绝对的信任，情报员实际上是在履行使命：他不过是在会见间谍，听他说话，并且尽可能把他所听到的准确地记录进书面报告。信任是摩萨德行动的重要基础。

然而，假设身份、伪装掩饰、诡计欺骗也往往是摩萨德特工实地活动和日常工作的一部分。这难免让人担心随着岁月的流逝，习惯成自然，界限会变得模糊。一方面，特工习惯于以虚假的身份生活，讲述的故事充斥着谎言，编造与现实毫无巧合相似的瞎话。另一方面，在向上级汇报时，相同的这些人必须重新设定他们的真实身份，坚持讲述绝对真实的事情。捏造事实和报告真相之间急剧过渡的性质让人十分担忧。因此，必须确定，尽管他们生活在这样分裂的世界，在身份和身份之间、现实和幻想之间进行频繁和极端的切换，往往在很短的时间间隔里使用或放弃一些形象，划清特工活动需要的撒谎捏造与汇报情报必需的真实可靠之间的界线。他们必须具备区分两者的能力。这就进一步要求他们在与摩萨德上司以及法律官员往来时保持透明，包括服从任何一个邻近的交通警察和基层税务官员的命令。毫无疑问，这些人需要一种特殊的人格来帮助他们成功地在两个世界之间切换，而不至于患上轻微的分裂症，不会忘记如何分辨是非，也不会忘记什么可以做、什么不可以做。

基尔接下来的一次表演让我坚信，他已经走得太远，于是，我要求M果断采取行动，创造性地解决这个问题。基尔递交了一份报告说，阿萨德总统厌倦了与以色列步履蹒跚的外交谈判，他将计划一次军事进攻。报告表明，阿萨德相信以色列在欺骗他，以色列拒绝任何妥协，要内塔尼亚胡政府作出让步显然没有任何机会。因此，阿萨德已经决定对以色列北方采取快速行动，叙利亚军队于军事演习结束后在戈兰高地发起地面进攻，攻击地点显然是黑门山。报告还表明，叙利亚人不打算发动全面战争，只是要在黑门山地区占领有限规模的领土。基尔报告了叙利亚军队在戈兰高地和贝卡谷地作出的新的部署。他说，如果戈兰高地开始下大雨，那会成为发动攻击的唯一障碍。在这种情况下，进攻将被推迟到春天。这些信息在国防部当权派中造成了极大的混乱，他们随即宣布北方进入高级战备状态，这也显著加剧了叙利亚方面的紧张态势。幸运的是，后来这件事情不了了之，但是北方日益紧张的局势也有可能会导致宣战。

这一事件过去之后，一切都已十分清晰明朗。这是一件何等重要的大事，它可能演变出的结局又是何等的可怕。

摩萨德立刻决定追踪耶胡达·基尔与他的间谍见面的情况，提取比他提供的更多的信息。在此之前，摩萨德从来没有作过这样的决定。然而，为消除我心中对基尔的重大怀疑，别无他法。

为了深入了解基尔的本性，我请他和我个人见个面。我们作为熟人见面，基尔表现得像个可靠、值得信赖的人，他告诉我关于他自己的一些不同的事情。我从他那里了解到了不少情况：从摩萨德退休后，他渴望得到一个有影响力的位置，为此，他在他居住的地方（盖代拉）参加了地方市政竞选。此后，他积极投身政治活动，加入"祖国运动"，和雷哈瓦姆·泽维（雅号为甘地）结为联盟，后被任命为这个政党的秘书长。他也成为盖代拉赫拉·卡迪莎协会（犹太宗教葬礼服务中心）成员，同时担任贝尔协会的主席，负责从定居点的水井运水到镇上较老的居民区。

我很清楚，他是一个对生活充满欲望的人，摩萨德的工作让他亢奋愉悦，而这些平凡的活动甚至给不了他1/8的快乐。我毫不怀疑，作为退休人员，继续工作对他很有价值。这种安排对基尔来说很舒服，适合他的生活方式。他仍然处于事务中心，除了要他转给间谍的那一笔笔钱之外，他的服务和在欧洲的开销给他带来不菲的回报，并且，和其他很多人一样，他很享受摩萨德的特权带给他的国外旅行便利，且不以为意。

在这一时间段，我遇到了摩萨德其中一个行动小队的负责人E，叫他准备一组特工监视基尔和间谍下一次的会面。

基尔和往常一样去与他的间谍会面，特工小队紧随其后出发。几天之后，他们回到以色列，报告说，他们看见基尔确实和某一个人见了面。特工试图靠得再近一点，听听两个人在说些什么，但没能做到。他们主要发现，大部分时间是基尔在说，能够看到他的嘴唇和身体在动，而他的伙伴坐在对面，专心聆听，偶尔点点头或简短地说些什么。和以往一样，所有的这一切并没有阻止基尔准备一份又长又详细的书面报告，记录间谍通过陈述告诉他的所有东西。基尔也报告说，会面持续了7个小时，而监察小队看见会面仅仅持续了40分钟。

这些细节为我们的猜疑提供了一些依据，或者至少可以初步怀疑基尔报告里的部分内容从来都不是间谍所提供的。我们最初的怀疑是，基尔在给他的报告"添油加醋"，而现在看来完全不止于此。

我向总理定期汇报我怀疑基尔以及对他采取行动的最新情况。在报告了最新发现之后，我们决定咨询总检察长艾亚基·鲁宾斯坦和首席检察官埃德娜·阿贝尔。经过协商，我们决定让辛贝特调查员参与调查此事，并决定请求授权搜查基尔的住宅。

1997年11月24日，我们决定逮捕基尔，将他拘押调查。在我的要求下，发布了禁言令，以免调查本身造成伤害，以及预防不必要的丑闻。

我们知道那一定会十分突然。我们邀请基尔在摩萨德总部他的办公室里和M见面，辛贝特的调查员坐在隔壁房间里。M要求我把基尔交给警察和检控方前再给他最后一个坦白的机会。我同意了，因为作为一个指挥官，我明白他的感受。M解释说，他觉得他必须给一个做错事情的特工一个机会说"我失败了"，否则，他将无法直视其他下属的眼睛。

基尔来到M的办公室，态度一如既往，一副若无其事、公事公办的样子。M和基尔不同，他知道将要发生什么事情，因此面对基尔的时候非常紧张，非常激动：这个人曾经是他的导师，他在摩萨德最初的日子里，这个人训导过他；他仰慕过这个人，曾如此地崇拜过这个人。

然而，M小心翼翼地保持镇静的表情，他对基尔说："耶胡达，我们有理由相信在操控间谍时，你越过了我们组织中的一些红线，你的举动违背了真诚可信的基本原则。"

基尔面无表情，十分平静地回答说："我不知道你在说些什么。"

M又说："耶胡达，你看，我在问你，在你回答我之前再考虑一下。我是有了确凿的证据才说的。我很在乎你，不希望你离开这个房间后陷入一系列不愉快的事件中。如果你不在这里说出全部真相，在另外一个房间，有人会不得不用其他办法对付你。"

基尔再一次完全漠不关心地回答道："我不知道你在说些什么。"

就在此刻，由"警长"领头，辛贝特的调查员们进入房间，将他带到了附近的一个房间。

两个小时之后，基尔签署了供认状。我们很难相信这么一个人仅仅两个小时后就屈服了，但是辛贝特的调查员们非常专业，他们知道如何使他缴械投降，让他在调查一开始就认罪：他和间谍见面的内容出自他丰富的想象力。

调查结束，结果是，早在23年前，基尔确实尝试过想要招募那名官员，但是他的努力终归徒劳。那个官员拒绝为任何间谍机构从事秘密工作。基尔担心他没能招募那个官员会有损他已经获得的全能光环以及他的名誉和晋升。因此，他就决定隐瞒这件事情。从那时起直到他被捕的那一天，23年来，他捏造故事，用虚假的敌国军事报告愚弄摩萨德和其他的情报部门。

在整个这段时间里，他一直与那个军官见面。对后者来说，这显然不过是个假期而已，去欧洲见一位慷慨大方、愿意支付他各种开销的老熟人。

基尔曾定期教授新人一门课程，名字是"说谎是一门艺术"，主要讲述说谎和欺骗的方法，将其作为达到目标的工具。他显然是想要完全一致地实践他所教的内容。

为了给他的报告可信度制造伪装，确保人们能够接受，他会利用从军事情报部门那里弄到的材料作为背景。在出发参加一轮见面前，军事情报部门员工会扼要地告诉他情况，引导他问些什么问题，他会老练地使用他出色的描述能力，使这些问题的答案与他收到的背景材料相一致，这样似乎验证了他从军事情报部门收到的评估。在叙利亚计划突袭戈兰高地这件事上，他同样如法炮制。关于叙利亚计划在20世纪80年代初宣战，他从军事情报研究员那里听说了所有情况，他们为他的见面做了准备工作。

另外一件事为他的虚假报告增加了可信度——他利用了有关叙利亚军事原则的信息，他对此做过认真研究。调查人员在搜查他家时发现了一个"图书馆"，藏书十分丰富，全是关于叙利亚、阿拉伯部队和苏联的军事期刊、书籍、研究论文，里面尽是叙利亚人所采用的军事理论或原则。这个人充满了好奇，阅读涉猎广泛，大部分的精力都用在研究这些事情上，他设法从这些材料中汲取了大量的知识，因而对这件事有了很好的把握。他会根据自己广泛而深刻的学识以及从情报部门得来的背景材料组织他的报告。由于与间谍可能合理汇报的东西相一致，他提供的情报让大部分的研究员信以为真。没人会想到，我们视为战略资产的这位间谍所提供的情报竟然是他的联络人一手捏造的谎言。摩萨德和军事情报部门组织系统的基本直觉想象不到基尔会撒谎，只是觉察到了那个间谍有些反常，他们以为如果有骗子的话，那也一定是那个间谍。

此外，基尔的报告符合现有的一些评估，对所有有牵连的人在某种程度上是有帮助的，因为，这些报告在某些方面是与军事情报部门提出的看法一致的。

在后来的阶段，人们开始意识到材料问题的根源在基尔，而不是间谍，于是决定采取某些限制措施，不让基尔接触情报，以免让他在报告中使用。然而，基尔精明老练，设法诱使那些人跟他扼要地说明情况，并且，由于他积聚了大量的知识，他总能设法问些正确的问题并收到后来对他报告有用的答案。

就这样，23年来，他一直向系统提供虚假报告，成功愚弄了很多情报专业人士。

的确，在摩萨德和军事情报部门，有些人在某些点上怀疑过报告的可信度。对于材料的真实性，摩萨德经常展开自查。他的情报也和其他的情报交叉核对过，但是没有人想象得出，基尔在采用现有的数据加以循环利用。既然审查只是考虑到内容的合理性，找到与基尔的内容相似的其他情报总是有可能的。所以，回想起来，所有的这些审查都是毫无价值的。

了解这种不同寻常的行为是有趣的。显然，这不是贪婪的问题。的确，经过了这么些年，基尔得到了一笔笔难以置信的钱款。这些钱名义上交给间谍以获取情报服务，事实上并没有转给间谍，而是留在了基尔的腰包里。基尔自己向调查员供出他有这笔钱，并把他们带到他屋子里的一个藏匿点，他们在那里发现了几万美金。他声称，那是他在那些年里要转给间谍的所有的钱。然而，根据摩萨德的相关评估，交给他让他转给不同的人的所有款项中还有15万美元不知所踪。

基尔显然成了自己的牺牲品。他个性外向而且有魅力，无法遏制冲动想要成为被关注的中心。他收到了所处环境的积极反馈，所有这些把他变成了自负的奴隶。这确实是膨胀无比的自负，使一个人堕落成自己的奴隶而无力自拔。

情报员的工作非常有个性，充满了竞争，自尊与自负在其中扮演重要角色。基尔的问题人格导致他丧失了分寸，幸好类似的情形很少发生在摩萨德的官员身上，这就是基尔的行为如此反常怪异的原因。

想到这样的事情可以持续23年，真是令人惊异不已。在整个时期内，摩萨德即使对基尔产生过怀疑，也没有采取必要的步骤揭露真相。尽管不祥之兆已经清楚显现，尽管我的前任们不是没有意识到，但是我们还是让基尔逍遥法外这么多年。

不知道什么时候，基尔被捕的消息泄露给了媒体。于是，指责的声音应时鹊起，说我就是制造这一事件然后又泄露出来的那个人，目的是为了将公众的注意力从马沙勒事件上移开——当时，马沙勒事件仍占据着新闻头条的位置。然而，出于对我个人利益以及为摩萨德和国家民族安全考虑，我要尽量保证不能让这个故事泄露出去，以使调查充分，减少或阻止对于国家安全的损害。所以，这种说法很荒谬。那就是为什么我要求对调查进行全面的媒体封锁，并发出禁言令。

虽然做了这么多，但我担心它们还不足以阻止恶意泄密。事实上，甚至在马沙勒事件发生之前很早，我就已经作出调查耶胡达·基尔行为的决定，而且已经采取了实际的步骤，开始弄清楚这件事情的真相。

行动出现事故是在考虑之中的事情，随时都会发生；但是在我们自己的队伍中发现一种极度不可靠的、实际类似于叛国的行为，是完全不能接受的。除了损害职业、安全和名誉，还有一种涉及每个摩萨德人的委屈和伤心：摩萨德的工作基础，最关键、最根本的要素遭到了背叛。摩萨德相信指挥官和特工会提供完整的信息，在任何情况下，甚至是令人尴尬和不快的情况下，都会说真话。每一个参与行动的摩萨德特工都知道，即使行动失败，随后的调查必须始终真实可信。

摩萨德的人被惊呆了。有一次，我和摩萨德的退休人员开会，其中一人转过头来问我，为什么不能在摩萨德内部处理基尔的问题。这个人认为，媒体的报告已经给我们带来了巨大的伤害，所有的问题应该在摩萨德内部处理。

这个人不理解基尔的错误有多么严重，他的举动已经违背了道德规范，为了追究他的刑事责任，给他应有的处罚，必然会牵涉到立法部门，这些程序在摩萨德内部无法进行。我在摩萨德指定成立的内部委员会可以为了洞察未来对行动和管理的方方面面进行审查，但是，基尔的过错如此严重，他损害了国家安全，他说谎、背信弃义和盗窃钱财，没有一个内部委员会有权惩罚他。

摩萨德不能将基尔绳之以法，但至少可以检查自己，吸取教训，预防这种事情在未来再次发生。

事实上，在这一被称为"虚假情报事件"的事情之后，摩萨德发生

了一些改变:

基尔的行为表明,他认为说谎的代价低于失败的代价。他以为,试图招募间谍失败后,如果他说谎,国家和摩萨德付出的代价会比他个人付出的代价低。因此,我们必须找到一个办法,让"不得说谎"这个原则深入人心,确保摩萨德只会雇佣那些在服务期间报告真相的人。过去,摩萨德倾向于雇佣各种各样的"特殊人员",由了解他们的其他"伙伴"将他们带来,他们非常擅长招募并操控间谍,但是,诚实守信的基本原则并没有给予优先考虑。内部委员会的结论之一是,不再继续招募此类人员,基本原则将是,所聘人员必须诚实可靠。

有一点是明确的,这一案例昭示了我们内部控制的失败,否则,就不会发生这样的失误。

我们同时作出决定,通过交叉核对不同团队的情报源是否可靠,强化对信息源的评估。这一程序一旦到位,类似基尔这样的案例就不会发生,因为,两种可能必有一种会被发现:要么信息源不可靠,要么他的联络人在编造材料。

我作出决定,今后若发现哪个人不可靠,或提供虚假报告,立刻就把他从摩萨德开除出去,即使这个人在其他方面很有天分。我下达命令:分析基尔的案例,作为不同的训练课程的一部分加以学习,昭示如何令行禁止,让"说谎的代价高于失败的代价"这一道理深入人心。

然而,我们必须谨记,"虚假情报事件"仅仅是一个个例,绝大部分的摩萨德员工是优秀、可靠、能干的职业人员,成就来自实际而非空想。

审判前一天,M去监狱里探望基尔。牢房破旧不堪,散发着煤酚皂溶液的恶臭,与他习惯的豪华酒店有天壤之别。基尔的情绪非常低落。M还是希望从他那里听到一些道歉或表示遗憾的话,又一次问他:"你为什么那么做?"然而,基尔明显很难接受他的新处境,他语无伦次地喃喃自语。像往常一样,他试图用他的言语技巧掩盖话中的匮乏与空洞。

基尔在特拉维夫地方法院受到了审判,他被指控提供虚假情报,企图损害国家安全、盗窃和诈骗,被判入狱五年。他试图向最高法院提起上诉,但被驳回。

M去法庭作证,两人再次相见。基尔的出现让M感到尴尬,很明显,他比基尔更觉得尴尬,他尽量避开基尔的目光。但是在作证结束,走过基尔身边时,他听见基尔和他打招呼:"M,怎么啦,你怎么连招呼都不打一个?"

游戏已结束,规则有了变化。但是,这个"千面人",至今令人难以接受。

基尔出生在利比亚，原姓"甘纳许"，在利比亚阿拉伯语中，那个词的意思是"鸟的翅膀"。"虚假情报事件"曝光后，他的一个朋友说："基尔试图飞翔一辈子。他是即兴演讲大师、谋略大师，对于他这么一个人来说，大多数的规则根本不适用。这一次他倒下了。"

如果没有抓住耶胡达·基尔，让他继续玩弄他的把戏，那么，对国家安全造成的损失可能会扩大10倍。

第5章

瑞士行动再失手

　　调查委员会早在5个月之前就展开工作，现已接近尾声。然而，从切哈诺沃委员会泄露出的信息继续给我造成太多的胁迫，使我完全不再信任这个委员会。负责监督军事情报部门、摩萨德和辛贝特活动的秘密机构分委会从来没有泄露过任何信息，而这个调查委员会的运作方法完全不同。

　　早期一次聚会期间，切哈诺沃当着委员会其他两名委员的面主动告诉我："尽管有权力这么做，我们的委员会不建议作出任何人员调动决定，所以，我们不会向你发出任何警告。"

　　有一阶段，委员会给我发了一份文件，其中包括有关行动性质、实施和准备工作情况的声明。这些声明附有一份明确的通知说，不要把那当成一份警告信，那只是一封意在可以让我对委员会的声明作出反应的信件。

　　在应对切哈诺沃的声明时，我的律师和我准备了整整一本小册子，表达我方的回答。然而，鉴于信息审查制度，我不能在那时公开其内容，而且，现在还是不能那么做。

　　事件背后，关于我的流言仍然不绝于耳，主要是我是否会辞职的问题。但是，我重申了我的立场，我必须等到委员会结束他们的工作以后才会考虑是否辞职。至少在外表上，内塔尼亚胡总理也持有相似的立场，说他要等到委员会的结果以后再决定下一步。然而，每一次我与他的工作会晤以后，他的办公室就会匿名向媒体透露说他正在找人代替我。这不是我期待的那种支持。当我和他对质时，内塔尼亚胡回答说他不知道谁背后泄露了秘密，并说他会采取行动阻止他们的。但是，他们并没有停止下来。

1998年2月13日，总理收到了秘密工作分委会的结论报告。三天后，他也收到了切哈诺沃委员会的报告。切哈诺沃委员会的报告差不多有300页纸那么长，其中大部分是保密的，只有大约15页曾经对外公开。

当然，公开的非机密摘要并不能让我满意，我要求获得委员会完整报告的复印本，但是遭到了拒绝。为了确切了解什么归因于我、严重到什么程度，以及要我在摩萨德作出什么改变，我应该阅读整份报告。有人告诉我，这份报告只送给了内塔尼亚胡，将由他发给我。我联系了总理办公室，但是报告毫无踪影，他们反而尴尬地回避答复我。我认为这并不是高风亮节之为，也不是善政之举。2月17日，结论发表一天后，在媒体的压力下，我才被叫到耶路撒冷的总理办公室，坐下来阅读那份包含数百页机密的完整报告。

报告详细描述了委员会成员认为出错的地方，有几处归咎于我。

秘密机构分委会确定了总理是批准行动之人，他就此事咨询过国防部长，国防部长没有提出反对意见。委员会进一步确认，行动开始前几周，曾引起过辛贝特局长阿米·阿亚隆、军事情报主管摩西·博吉·亚阿隆以及瓦拉西（情报部门管理委员会）机构成员的注意，他们同样也没有提出反对意见。尽管所有这些人，包括国防部长伊扎克·莫迪凯、博古·亚阿隆和阿米·阿亚隆全部声称他们事先并不知道这次行动，但情况就是这样。委员会进一步确认了决定采取行动时的各种考虑是正当和合理的，与过去的其他几次成功行动没有什么不同。委员会发现行动失败的原因在于计划和实施，但是指出，失败本身与已经存在多年的缺点及其深层原因也有关系。这个原因是，很多年来，以色列政府没有制定打击恐怖组织的全面政策——一个基于全面考虑、系统连贯、长期一致的政策。1996年3月建立的特别反恐办公室，同样也没能改变不良局面。对恐怖袭击零星分散的即时应急举措，非但没有被反对恐怖主义的系统原则与思想所替代，反而显得问题更加突出，起着适得其反的作用，就像在马沙勒事件中暴露出的那样。

委员会进一步指出，在行动失败后，媒体上充斥着包含行动细节的泄密新闻，这对保密系统和国家安全都是非常有害的。报告强调，泄露这些秘密的源头在几个高官所在的局里，并指出，这种现象是丑陋和危险的，必须作出特殊努力来消除它。委员会指出，他们在打击恐怖主义的政治和行动层面所发现的缺点已经存在很多年，没有被识别并加以处理。这导致委员会除萨里德议员以外的全体成员认为，对于任何一个与行动失败有关的人，不能作出人员调整的决议。而且，考虑到我的知识，他们相信我能够比任何其他人更好地修补缺点，建议让我留在原来的位置上。

萨里德议员是唯一一个坚持少数派意见的人，他认为应该终止我的角色。然而，尽管作出了这样的结论，萨里德还是小心地声称，我是出现在委员会面前的那些人中最值得相信的证人，他说我自始至终在证词中所说的每件事情，结果都是准确的。因此，其他人，包括国防部长伊扎克·莫迪凯、军事情报负责人博吉·亚阿隆和辛贝特局长阿米·阿亚隆，声称在行动开始前他们并不知情。这样的供述不完全准确，或者说没有陈述全部实情。

切哈诺沃委员会也决定不提任何关于人员调整的建议，然而，与先前的承诺不同，同时也不出所料，他们的报告还是包括了少数派拉菲·佩雷德要求我必须辞去摩萨德局长之职的意见。已经提前决定不会递交人员调整建议的切哈诺沃和托尔科夫斯基把这个皮球踢给了总理。

秘密工作分委会让我留在原来位置上的建议，加上切哈诺沃三人委员会中两名委员选择将决定权交给总理的决定，大大提高了我续任局长的可能性。负责这次行动的特别行动部主任H看到行动梯队有瑕疵的结论后，决定辞职。不久之前，H刚被任命为我的第二指挥官，取代我的前任沙巴泰·沙维特所任命的摩萨德副局长阿里扎·马根。我们商量后一致同意，马根应该结束她的工作，去进修深造。

从一开始，我就承认摩萨德最高长官的责任在我这里，但是，我把责任和过错区分开来。负责任的人并不总是有过错的人。我的观点是，我们严格按照专业标准做好行动准备工作，经历了所有必要的调查和授权程序，但是最终败于执行，而非计划，是行动小队犯了严重错误。基本条件没有满足就执行行动是错误的。尽管如此，行动分队还是对马沙勒发起了攻击。而且，在那个阶段，特工还是可以逃脱，他们本不会被逮捕，行动也不会暴露，可是特工又犯了一个错误：他们过早离开了汽车，根本没有按照计划行事，所以，在发生争吵后让那些追赶他们的人给逮住了。因此，由于特工判断失误，准备好的逃脱计划甚至从未检验过。

承担领导责任对我而言很重要。通常情况下，较低职位人员的行动由他们自己负责，而不是由较高职位人员来承担责任，我非常熟悉这种现象。然而，这次行动，特工知道并清楚的唯一条件——实施行动时不可协商的条件——没有得到满足。因此，用什么方式、在什么时间采取行动，都没有具备成熟的条件。我一直相信，我们为这次行动选择的方式，其优点在于根据现场的情况，如果在最后一刻决定取消行动，什么都不会发生，也不会造成损害，因为没有任何迹象表明马上就要发生这种事情。已故的兹维·马尔金是摩萨德特工中的传奇人物，曾参与过抓捕阿道夫·艾希曼的行动，他在提到马沙勒事件时说："有时在行动中最勇敢的行动就是停止行动，但是我们对这个概念不理解。"

我认为，行动失败的原因里面没有一点是由我这个长官失职所造成的，所以我的结论是，我要负责的不是因为行动过程犯错或我没有采取某些措施而导致行动失败。我的责任是长官负责代人受过，是我派遣特工前去执行任务的，但这是公事，而非私事。

两个调查委员会都发现，在约旦刺杀马沙勒是为保卫以色列国家而采取的必要行动，约旦无法得到豁免权而置身事外。委员会也发现，哈立德·马沙勒和他的同伙深陷损害以色列公民的恐怖活动，罪恶深重，难辞其咎。

人们对我"顽固心态"的指控让我想起梅厄·沙莱夫在切哈诺沃委员会发表报告后写的一些东西：我们抵达阿拉伯国家的首都，将一种物质注射入一个恐怖组织领导人的耳朵里，如果这是一种顽固心态的话，我们可以认为我们自己很幸运，摩萨德的人没有创意。

委员会的工作结束后，我心情好了许多，我的理解是允许我继续工作。我不仅经受住了考验，把特工带了回来，也经受住了委员会的严格审查，并获得批准留在原来的岗位上。

虽然调查委员会的报告让我很欣慰，但是我等待着内塔尼亚胡的决定。他早些时候宣布，他会在调查委员会提交结论报告后决定下一步骤。然而，总理这个角色明显占据了内塔尼亚胡大部分的时间，他读报告很慢。递交几天以后，他声称已经读了30页；十天以后，他还在读第200页。我想知道，内塔尼亚胡是否希望，当他读完的时候，别的什么人会为他做他想要做的工作。

同时，就我而言，调查委员会已作出结论，报告也已递交，五个月夜以继日、紧张不安、充满压力和挫折的忙碌终于宣告结束。我想把它看作一个旧时代的终结和一个新时代的开始，我决定短暂休息一天。经历了马沙勒事件的暴风骤雨之后，我想和我的家人放松一天。我想，对我来说，在回到摩萨德局长这个高要求的重要职位上之前，那也许会是最后的假期。除了少数几次短短的几个小时，我已经很长时间没有与家人一整天待在家里了，这次是个机会。

对于这次难得的假期，我没有什么特别的计划。时间定在2月19日，星期四。星期三晚上睡觉之前，我告诉我自己："只是静静地休息一下，大抵是一天什么也不做。"

第二天早上6点，一阵奇怪的出乎意料的敲门声把我从恬静的睡眠中唤醒，强迫我在半梦半醒中起床查看发生了什么事情。

当我下楼向门口走去的时候，我确信那是个想要结识房子里的住户的报童，或者是走错门的杂货店送货员。然而，我惊讶地发现站在门口的是我的邻居、摩萨德行动部的负责人A。

A显得激动不安，他告诉我：“昨天晚上我们在瑞士犯了个大错。”

我带着震惊的表情看着他，心想是否我还没有完全睡醒，或者是否我突然患了健忘症。但有一点很清楚，我不知道他在说什么。

我问道：“你在讲哪一次行动？”A回答说：“你的副手阿里扎授权采取的一次行动。那天，你不在摩萨德，去了耶路撒冷阅读切哈诺沃委员会的报告。”

就这么一次敲门把我梦寐以求的假期给毁了：本来计划和平安静地度过那一天，以及以后的日子，这样的计划一下子消失得无影无踪。

A告诉我说，这次行动是为了收集关于一个真主党特工的情报，他在瑞士的伯尔尼，曾经和黎巴嫩接触过。行动时，有一队特工被发现了。有人叫来了当地的警察，小队里的几个特工被逮捕，其他人的命运还不清楚。

A说完后，我心里想，从来没有片刻的消停。

有人向当地警察透露了消息，导致一队人马被捕——距离上次类似的事情确实已有一段时间，我已经开始不太去想它。然而，就在两天前，我才刚刚读完一个调查委员会的报告，没想到另一场灾难又叩响了我的门。

我立刻出发前往摩萨德总部，开始又一轮的夜以继日的工作。那些日子里，摩萨德的气氛十分紧张，令人难以忍受。每个人都觉得厄运缠身，每个人都感到无比困惑：平常运转得无懈可击的组织出了什么问题？

我立刻给总理拨打了电话，告诉他发生了什么。我听到了总理的话外音“哎呀”二字。就像我一样，内塔尼亚胡也认为这是我们最不希望发生的事情，尤其是在切哈诺沃委员会和秘密机构小组委员会递交报告的两天之后。

我能听出内塔尼亚胡非常难过。在那次谈话中，他说：“怎么会发生这种事情？”听起来更像是责备，表达了极度的不满。

我不可以说他的反应使我感到愤怒，但的确，有个认识由来已久：在支持、合作、责任共担方面，拉宾会为他的下属们提供些什么，内塔尼亚胡从来都不学学。

我感觉我是孤独的，而且局势很糟。

关于这次行动，有许多问题和不明朗的事情困扰着我，其中，主要的一个是：在我不知道更没有批准的情况下，这样一次与摩萨德原则完全背道而驰的行动是怎么计划并实施的呢？

我的调查揭示，从批准行动的那一刻起，也就是我在耶路撒冷的那一天，已经过去两天了，期间，我的副手马根和小队负责人A都没有想到要向我汇报情况。我曾多次试图了解那里发生了什么事情；为什么没有人向我汇报；为什么他们不等我从耶路撒冷回来，当时我距离以色列中部也许有那么一点距离，但仍然不是在国外；为什么发起这次行动，而我却一点也不知道。作为答复，我遇到的只有翻白眼、盯着地板看，相互推卸责任。

我感觉，那些负责人选择不告诉我那次行动，是因为他们担心我不会同意。回想起来，确实如此，既然我熟悉行动的每一个细节，我可以说，我十分怀疑自己会批准这次行动。我肯定会要求对行动的必要性、撤退路线以及万一出差错可能引起的各种反应以及成功的机会作更深入的调查。

而且，这次行动发生在马沙勒的灾难事件得出结论之后不久，所以，在马沙勒事件和瑞士行动之间的所有活动更加强调如何摆脱困境和克服灾难。

在那期间，每次行动前，我都要几乎把特工逼疯，要求他们做出精确而详尽的计划，精确估计可能引起的各种反应，详细计划撤退路线。

现在，我们面对同样的混乱，似乎没有从中得到教训，又一次被迫告诉当局我们在一片外国的领土上采取不合法的行动。我又一次发现自己在处理把特工们带回家，试图使伤害最小化的令人忧虑的事情。

我立刻向M求助。她是我们在欧洲的代表，由主管摩萨德与国外秘密组织及其他机构联络的部门派遣。她的职责包括沟通摩萨德与欧洲国家的秘密机构的联系。我叫她把所发生的事告诉瑞士情报局负责人里格利将军。我要求她告诉他有关真主党特工和行动目标的一切。我也要求她向他强调指出，以色列无意伤害任何人或做有损瑞士利益的事。

M告知里格利发生了什么事情，要求他将损害降至最低，释放被拘留的特工，以免矛盾升级，造成更多的不愉快。她承诺全力合作，并提议悄然结束此事，避免制造丑闻，就像以前在外国的间谍机构发生的很多事情那样。在电话里，我也和里格利沟通数次。他许诺，他会在他的能力范围里悄然做好每件事情，但也指出，他也只是在这种情况下提出建议，而且，他不是最终的决策者。

几个小时后，来了一份报告说，被抓的特工中有几个人成功摆脱了瑞士警察，正在逃离瑞士边界的途中。另外一个乐观的报告说，已经联系上了第一个消失不见的特工，其他几位也已经越过边界。因此，截至中午，只有一名特工仍被扣留着，我们必须紧急行动起来解救他。

后来，我发现了更多的细节，从中了解到，执行这个任务涉及用几个小时占领一栋建筑。特工占领那栋房子时，弄出了点声响。

大楼管理员那天晚上睡不着觉，听到了动静，灾祸就此开始。她去核查声音的来源，发现传出声响的那个地方已被封锁。

管理员回到她的房间打电话报警。特工小队没有意识到她会报警，但是当她试图靠近他们所在的位置时，他们就应该预知她会那么做的。

小队指挥官Y被迫作出一个戏剧性的决定：一种选择是立刻离开，防止小队人员被抓，但会在现场留下痕迹，明确显示任务的性质。第二种选择是尝试部分完成任务，这样可以让小队成员稍后回来继续完成任务。Y发现，警察有可能在10分钟内抵达，但是，如果没有人报警的话，任务是可以完成的。他考虑到房子的入口处有两名特工把守，如果警察来了，可以拖延时间并提醒里面的人。

现场的特工意见有分歧，两名说要立刻离开，但是Y决定至少尝试再完成一个阶段的任务，以免行动暴露。几分钟以后工作完成，他命那两个和他待在一起的特工到外面去。他决定自己留在里面完成最后的工作，就在此刻，警察来到现场。外面的两个特工没有成功地完成任务，然后决定逃离。警察遇上了另外两名朝他们的方向离开大楼的特工。这两个人耍了个躲避的花招，一下子就从警察的眼皮底下成功逃脱。可是，携带着完成任务所需全套工具的Y被警察逮住。

小队指挥官的判断是个典型的例子，他作出的决定可能导致胜利，也可能导致悲惨的后果。如果警察多耽搁两分钟，或者拦截小队再成功些，小队指挥官就会受到一片欢呼，赞扬他不畏种种风险，勇敢而坚定，成功地完成任务。然而，实际结果很悲惨。小队指挥官错误地留在了现场，因为他的决定不仅导致他被捕，也导致行动的性质和目标人物身份的暴露，最后造成更大的灾难。

这个案例和已经失败的暗杀马沙勒的行动相似。行动小队是专业的、经验丰富的，与单独一次失败的行动相比较，他们有着无数成功的记录。承担这个任务的行动小队经常参与全世界各种危险复杂的行动。

在七八十年代，欧洲是巴勒斯坦恐怖主义活动的主要基地，但经过各行动分队大约20年的紧张工作，欧洲已经不再是恐怖组织采取行动的理想区域。摩萨德行动组织所做的大部分工作是收集恐怖分子的情报，挫败他们的行动。或许是因为我们对他们采取的行动，或许是与其他国家的联合行动，我们的工作成功终止了欧洲境内的恐怖组织的活动。

如果没有大量类似在瑞士那样的行动，在欧洲消除巴勒斯坦恐怖主义的大规模密集的工作是不可能完成的。总而言之，我们的成功率几乎达到百分之百，任何一个认为可以达到更高比例的人应该不适合从事秘密行动，因为这是不可能的。

我已经从过去的经验中明白，在这种行动中，你只知道是怎么开始的，永远也不会知道怎么结束。因此，我又一次聘请了律师R。他处理完马沙勒事件后，仍在恢复之中。我们在摩萨德总部组织头脑风暴活动，在地图上标出了我们在瑞士的所有联系，并开始联络。我一度曾想要亲自去一趟瑞士，会见里格利将军，以图得到一个更快的解决方案，但是和他讨论此事后我们认为，这只会使问题更加复杂，应予避免。

我们在瑞士找到了一位名叫拉尔夫·兹洛克佐沃的犹太律师，他也是瑞士军队的预备役军官。我们让他代表被捕的特工，出面处理这一案子。

同时，M传来报告，原来，当我们正试图阻止事件通过瑞士安全部门逐步升级时，此案已经到了瑞士司法部长的办公桌上。我们要做好准备，事情有可能会泄露出去并公之于众。我们进一步发现，瑞士人正计划起诉Y非法侵入，并宣布通缉调查逃犯。然而，这还不是全部，我们也了解到，特工使用过的所有工具全部被瑞士当局截获。

既然我明白这将转变成两个国家之间的外交事件，我联系了外交部，希望能请总统埃泽尔·魏茨曼（2005年去世）出面做工作，他和瑞士联邦主席关系良好；我也联系了以色列总检察长艾亚基·鲁宾斯坦、国家检察官埃德娜·阿贝尔，以及以色列驻瑞士大使伊扎克·梅厄。

我还利用了所有我认为帮得上忙的世界各国领导人的关系。我联络了德国科尔政府情报部长施米德鲍尔，他同意接受我的请求前去瑞士帮助解决危机。

我对瑞士事件钻研得越深，就越感到震惊。我意识到，瑞士人可能在他们的调查过程中发现了越来越多的事情。从那一刻起，我开始专注于阻止特工调查牵扯另外的问题。

我们尽自己所能，提出一项建议：让被拘押的特工获得释放，允许他回到以色列等待审判，前提是他将来得回瑞士接受审判。我们告诉瑞士人，我们愿意支付保证金确保他回去。

局势开始稳定，在通过广泛努力设法将调查界定和限制在一定的范围之后，我们就开始通过外交努力保释被捕特工。

在进行这些谈判的同时，我们尽一切努力防止此事在以色列和瑞士公开。然而，由于各种泄密事件，以色列审查机构的压力变得越来越大。有一个阶段，为了防止此事公开化，征得内塔尼亚胡同意之后，我与特拉维夫索科洛夫新闻中心编辑委员会见了面。我向他们简单地介绍了这一事件的背景，把能告诉他们的都告诉了他们，但强调既不允许引用也不能发表。这一切都让他们明白，如果媒体发布了这件事，可能造成严重伤害。我一遍又一遍地向他们强调他们不应该发表和此事有关的任何东西，警告他们，这种报道会危及在瑞士的特工，瑞士人保释他的条件是这件事情不会被公开。

我天真地相信他们，认为我可以相信他们的承诺，避免泄露任何东西。但是，次日早上，其中一家报纸刊登了一篇关于这件事情的头条新闻，公布了所有细节。

正如预料的那样，疯狂接踵而至。瑞士方面立即表示，在这种情况下，此事将更加难以处理；由于那条新闻，已经有人在瑞士议会提出问题，议员抱怨说，有人向他们隐瞒了这件事。

在那些急着处理瑞士事件的忙乱的日子里，我得出结论，那就是我必须辞职。由我负责的组织接连出现两次失误，让我别无选择。

尽管当时对瑞士的行动一无所知，尽管没有批准授权执行此项行动，但是，我决定，鉴于这一系列的事件，我这个上级在责任承担方面必须有所表示。

我相信，我必须出于长官代人受过的责任采取行动。这完全是我的个人决定，和我分享这个想法的只有我的妻子托瓦、我的五个孩子和我的兄弟埃胡德。关于我辞职的决定，我的家庭成员观点各异，但是他们全都支持我。

我很清楚，如果不辞职，我会发现自己很难继续指挥摩萨德的行动，因为作为最高指挥官的权威将被削弱，进而传递给下属不祥的信息。我知道，如果我不那么做的话，我总是会受到挫败和不安的困扰。

我希望辞职能以体面的方式进行，并且符合正派行为的基本准则。我不想让新闻界知道，也不想让内塔尼亚胡总理从媒体那里了解此事。因此，考虑到这些日子里摩萨德的氛围，我决定手写辞职信，而不是打印。

我写信给内塔尼亚胡说，我担任摩萨德局长这个职务，摩萨德活动的所有责任，无论好坏，都由我承担。我补充说："鉴于约旦行动的失败和瑞士行动的灾难，本人特此递交辞呈。我不接受切哈诺沃委员会报告中有关我指挥失误的结论。他们所作出的那些结论与我递交给委员会的确凿证据截然相反。不过，我并不打算忽视那份报告。因此，鉴于这些结果和瑞士的事故，并且，作为摩萨德活动的最终责任承担者，我已经决定递交辞呈。大家都知道，除了这些灾难，摩萨德执行了一次次勇敢而又成功的行动，为国家安全作出了巨大贡献。然而，由于摩萨德的活动是秘密的，公众并不知道这些事情，最好所有人都不知道。"

2月24日，我会见了内塔尼亚胡总理，告诉他我的决定，并把辞职信交给他。

内塔尼亚胡接受了我的决定，他的回答很清楚，他把我的辞职看作一个他一直在期待的不可避免的步骤。

这让我想起了20世纪60年代美国拙劣地入侵古巴的猪湾事件，之后，美国总统肯尼迪邀请时任中央情报局局长艾伦·杜勒斯与他见面，告诉他说："在议会制的政府中，我会辞职。在这个政府中，总统不能也不会，因此，你……必须走人。"

我没有指望本雅明·内塔尼亚胡的反应会有任何不同。

他没有试图劝阻我，而是立刻发布了一份新闻稿称："总理遗憾地接受了摩萨德局长的决定。丹尼·亚托姆对于以色列国的安全作出了巨大的贡献，对此，总理表示极大的赞赏。总理说，多年来，丹尼·亚托姆总是执着地为以色列安全作出努力，具有奉献精神，牺牲个人利益，诚实正直。"

既然我已宣布辞职，我也希望把事情和约旦说清楚。我卷入马沙勒事件让侯赛因国王个人对我很不满，我和负责情报工作的巴蒂赫将军一起，一次又一次地向内塔尼亚胡和摩萨德的代表们陈述国王遭受的人身伤害，这些都让我十分悲伤。对我来说，这一切都很困难，尤其是考虑到我和国王已经形成的非常特殊的关系，我们在那些年里已经变得多么亲密。最终，我从一位国王的亲密伙伴变成了一个在约旦不受欢迎的人。

从暗杀马沙勒失败以后，自始至终，约旦人一直在发送信息，大意是，如果我离开我的岗位，他们会觉得好受一点。当然，造成国家之间的紧张局势，这个责任对我来说难以承受。因此，在我辞职以后，我立刻打电话给我的朋友埃坦·哈贝尔，在他的帮助下写了一封信给国王，告诉他，我无意伤害他，也不想伤害约旦王国，我所做的一切是为了打击恐怖主义及其发起人。我表达了我的歉意，以免国王认为我冒犯了他，我告诉他，我希望我们之间的私人关系会恢复到以前的状态。送出信后不久，我遇到了国王事务局的负责人阿里·舒凯里将军，他代表国王告诉我，国王原谅了我，会很高兴见到我。不幸的是，由于国王的故去，我们从此再也没有见过面。

第6章

"谢谢，就此别过"

身为摩萨德局长，我原想做很多的事情。我设法完成了一些，但不幸的是，不是所有的事情。

当我开始我的岗位工作时，我有大量的计划升级特工系统，重点在于强化摩萨德完成行动的能力。我把其中两项放在了我议程的首位：国际反恐和防止敌对国家获得大规模杀伤性武器（主要是伊拉克和伊朗）。

关于国际反恐，重点在于伊斯兰原教旨主义组织，主要是哈马斯、真主党和巴勒斯坦伊斯兰圣战组织。

这两项任务都很困难复杂，由于我们正在对付敌对国家和组织，渗透到这些国家和组织里面以及收集情报都很困难。恐怖主义的运作方式非常隐秘，条块分割，难以捉摸。他们受宗教热情或意识形态激情所驱使，像阿亚图拉设想的那样，要在全世界实现传播伊斯兰革命的目标。他们的方法之一，是攻击民主国家和温和的伊斯兰国家。

典型的行动路线是组建激进恐怖组织，吸收当地居民，例如黎巴嫩真主党和埃及穆斯林兄弟会。这些组织的目标是打击伊斯兰教的退让和萎缩。萨达特总统与以色列签署和平协议后，穆斯林兄弟会谋杀了他，而真主党把自己展现得像一个真正的黎巴嫩组织，目的是从以色列手里夺回黎巴嫩被征服的土地。

那个时候，我们对"基地"组织还很陌生，没有意识到它的国际活动，但是，关于类似伊斯兰圣战组织和哈马斯这样的组织之间联系和合作的情报已经很多。

从这个情报中，我们发现伊朗在幕后支持全球伊斯兰恐怖主义，为其提供宗教和思想支持、训练、指导和情报，以及财政和后勤援助。

在伊朗、萨达姆·侯赛因的伊拉克，以及叙利亚和利比亚这样的国家收集情报，其挑战在于距离遥远，以及这些国家的极权主义政权。由于这些因素，参与非常规武器这样的机密事项的秘密圈子非常小，而且刻意隐瞒信息，以免泄露给其他的国家。

在这样的国家，很难说服内部人员进行合作，因为他们受意识形态激情驱使，以及害怕作为一个通敌者被抓后遭到惩罚。

尽管困难重重，我们的特工冒着巨大的风险勇敢地在远离以色列国土的地方通过艰难复杂的间谍活动获取情报。

我的重点是强化各个行动单位，在资源配置和优先照顾方面向招聘外勤特工倾斜。

为了把人质和战斗中失踪的人员带回家，我特别重视寻找他们的工作。多年来，摩萨德执行了各种复杂而危险的行动，有一些远离以色列国土，为了完成这个重要使命须不惜代价。然而，我恐怕得说，我们所有的努力都没有达到我们希望的结果。直到今天，我们还没有找到罗恩·阿拉德、撒迦利亚·鲍梅尔、兹维·费尔德曼和耶胡达·卡茨。此后，以色列国防军士兵盖伊·赫弗加入了这张列表。经过17年多的努力，我们仍没能发现他的任何踪迹。

除了所有这些工作，摩萨德还有其他的作用。例如，收集外交和军事的战略情报，与我们没有建立外交关系的国家建立联系，将犹太人从动荡的国家带回到以色列，同友好国家情报部门展开合作。

在上任摩萨德局长之后，我立刻做的另外一件事是准备并且幸运地设法完成了一份多年的工作计划。由于我以前做过总理的军事秘书，当我履新这一职位时，我发觉，摩萨德没有这一类长远的工作计划。我相信，一年的短期计划不会让这种类型的组织恰当地处理其职责并实现目标。

这些进程涉及根据不同的优先事项重新配置资源、获得新的行动能力、招募和培训新员工以及其他事项，应该从长远的视角处理所有这一切。

当我谈论广阔而长期的战略眼光和十年后摩萨德会是什么模样的时候，摩萨德内部很多人扬起眉毛，表示惊讶和怀疑。有些人试图说服我，说情报问题一天天地变化不断，因此，即使制定一个单独一年的计划也会很难。

我在军队里"长大"，除了其他的角色外，我担任过总参计划部主任四年，提出过一个关于军事工作（包括军事情报工作）的多年工作计划。我相信，这样一个计划是有可能的，而且也是必要的。因此，在我的管理下，摩萨德自己肩负起了计划的准备工作。为了这个任务，我招募了一个非常特殊的女人来帮忙——已故的特希拉·萨德上校，愿她安息吧。她在以色列国防军担任的最后一个角色是总参谋部秘书，在我的领导下担任计划部主任，服务了很多年。期间，她在处理长期的战略工作计划中获得了大量独特的经验。

特希拉个性独特，有毅力，技术高超。她和其他人一起设法指挥总部的各种活动，在我担任局长一年后，她在摩萨德分部首脑以及代表论坛上提出了一个多年计划。

碰巧的是，摩萨德准备多年计划之时，切哈诺沃委员会和秘密机构分委会正在调查马沙勒事件。因此，当摩萨德的其他人和我自己正忙于处理马沙勒事件时，摩萨德对这个计划及其如何开始实施展开了多次讨论。

这些都是我处理的事情的一部分。连同这些，我还计划做很多其他的事情，但不幸的是，我没有时间那么做了。

我辞职的消息在摩萨德传播开来。我收到了很多来自摩萨德员工的书面和口头的请求，要我留下。很多人提到我的离去都很悲伤，讲述了他们在我的指挥下感觉有多好，和我在一起工作多么有挑战性。有几个男女同事，其中包括坚韧勇敢的特工，在私人聚会上和我一起流泪。所有这些聚会都很让我感动，但是没有改变我的决定。

这些反应和我当初到摩萨德时感觉到的一样，他们张开双臂接纳了我。摩萨德的前局长沙巴泰·沙维特给我做了专业、严格的入职培训，允许我见我要求的任何人员，把所有的摩萨德的活动展现在我面前，不吝时间、不吝精力、不吝经验，把我需要知道的所有事情都告诉我。

由于我不是来自于摩萨德内部，一路升迁至局长之位，对我的任命存在少数零星、无关紧要的反对声音。决定引进一位局外人担任最高指挥官，是因为摩萨德内部没有可以取代沙维特的人选。而且，不管怎么说，我也不是首开先例，在我之前，摩萨德的几位局长和前将军梅厄·阿米特、兹维·扎米尔和伊扎克·霍菲都是从局外引进的。2003年，梅尔·达甘获得任命，再一次延续了这一传统。

有一位部门负责人认为他适合填补摩萨德局长这个空缺，但在我到任时，他通知我他不想继续和我一起工作，事实上，他打算辞职。有些部门负责人需要更换，我必须处理这件事情，必须获得总理批准任命新的部门负责人。自然，这些变化也引起了不小的震动，招来不少闲言碎语和院外游说。熟悉局长这个职位体系和人员后，我实施了一系列新的任命，也遭到了没有获得任命的那些人的诟病。然而，虽然开除了其中一两个人，还是有挑剔的人留在摩萨德继续工作。

日常工作在短时间得到恢复。就像我以前担任的类似角色一样，摩萨德连一天的恩典也不会给你。担任这个职务后，我必须马上学习，熟悉成千上万的细节，同时，管理日常活动，处理形形色色的问题。

在日常工作中，我觉得所有的主管和下属都能充分合作。然而，随着时间的推移，一些人出于他们自己的利益考虑，小心翼翼地在我耳边窃窃私语，有一些呈交给我的事情是错误的，有一些报告是不准确的。我没有受到影响，尽管后来发现有些报告并不真实，比如马沙勒事件、瑞士事件和耶胡达·基尔事件中的一些报告。然而，我那时相信，并且现在仍旧相信，除了一些边缘事件，摩萨德是一个专业的、可信赖的组织。

1996年5月，我被任命为摩萨德局长，这从很多方面来讲，是我在长达33年的安全服务事业中所获得的最高成就。从第一天起，这个职位就引起了我巨大的兴趣。

西蒙·佩雷斯在伊扎克·拉宾谋杀案后获任命为总理，是他任命了我。佩雷斯确认我是最合适的人选，指定我担任摩萨德局长。我明确地告诉他，拉宾总理从来没有许诺要任命我担任那个职务，但是，他没有受以前有无承诺的束缚，也不管任何不成文的遗嘱。

任命后不久，我和我的前任沙巴泰·沙维特还在交接过程中，佩雷斯输掉了选举，本雅明·内塔尼亚胡取而代之当上了总理。然而，尽管在内塔尼亚胡就职前我的任命确定仅仅只有一个星期，尽管也不是由他确定任命的，但是，我没有意识到，他把我当作强迫让他给我任命的一个人。

我和内塔尼亚胡早在几年前就认识，我们当时是以色列国防军总参谋部侦察分队的年轻军官。然而，尽管多年来我一直在特种部队担任一个单位的副指挥官，参加过几十次敌后行动，我以前从来没有参加过一次摩萨德的行动。

我想，对我来说参加几次摩萨德的行动很重要，因为我认为树立个人榜样有很大意义。而且，从与特工们的谈话中我得知，我的榜样能够提高他们的士气，激励他们工作。

因为我不是来自摩萨德内部，我认为，不仅通过了解和批准几次行动，而且要通过个人经历熟悉它的业务活动，这很重要。我意识到，我自己正在承担万一出问题的风险，因此，我决定要参加那些风险相对小一点的行动。既然所有的这些活动都是隐蔽的和秘密的，既然我担任摩萨德局长的任命已经公开，我不得不采取相应的行动。我是第一位在任命后立刻在媒体上公开名字的摩萨德局长。以前的惯例是，摩萨德局长的名字要在他退休之后才会公开。

拉宾总理决定公开秘密机构负责人的身份，例如摩萨德和辛贝特，因为他的结论是，保守这些身份的秘密就无法通过以色列最高法院的考察。媒体将最高法院卷入此事，而且，总检察官也支持解除围绕这些部门首长的秘密，大多数西方民主国家也是这样做的。

这个决定给我带来了困难，迫使我在国外旅行中格外小心。

考虑到所有我在摩萨德的这些经历和同事对我的同情与关心，我给摩萨德所有的员工和特工送去了一封告别信，我写道："今天我要对你们说：谢谢你们，就此别过。我很遗憾在我任期结束之前不得不离开。这不是我想要的方式，然而，目前情况下，我别无选择，只能辞职。我不得不离开你们，我不想掩饰我的痛苦。约旦行动失败，瑞士行动出了问题，作为摩萨德局长，我决定辞职。我希望，也相信，对于摩萨德发生的所有的事情，不论好坏，我正在承担我的全部责任。我的教员、我的指挥官和我的长官就是这样教育我的。我也尝试这样来教育别人。"

"我内心十分痛苦，因为我从这样一个组织辞职，在以色列国家的眼睛里，这个组织是个宝贝，它的员工和特工们在负责国家安全的所有组织中都是卓越独特的。然而，出色的人员和宏伟的组织不可能永远保证成功。近来，出现了一些令人不安的迹象，摩萨德正在疏离它的核心价值观。在过去几年里，这些核心价值观引导这一安全部门——主要是我们自己，取得了令人难以置信的成就。我发现在摩萨德的活动中，有些问题需要改进和修缮，有一些需要全面、费力和持续地工作。你们知道在那些年里摩萨德已经积累了多少成就，以及近来无可比拟的成就。你们知道自己已经攀登上了什么样的高峰。以往和近来的成百上千次行动，你们投入了大量的精力，思考缜密、规划巧妙、执行果断。所有行动，除极个别几次，我们都能凯旋。我们在天涯海角成功地执行任务，我们在命悬一线中出色地完成使命。然而，只有我们知道这些伟大的成就。他们扩展了我们的胸怀，但对其必须三缄其口。另一方面，失败却众所周知，因此对我们真正的能力形成了一幅扭曲的图像，恶意地、虚假地和没有根据地泄露信息进一步扭曲着图像。至少部分信息泄露来自我们内部，意在破坏我个人的名誉。我觉得这令人遗憾。"

"我不接受调查委员会的结论，但是不能低估他们的道德风貌。侯赛因国王决定切断与我们的联系，从而损害了一些重要利益，这给我造成沉重的压力。这件事给我带来的痛苦是巨大的。我感到压力和痛苦的另外一个原因是，我是为与约旦签署和平条约最早付出努力的小组成员，当然，我为此感到骄傲。"

"在约旦犯下大错后，我不遗余力地和其他人一起把我们的特工带回了家，我们的努力确实卓有成效。自从瑞士出了差错后，我不知疲倦地工作，要把仍留在那里的特工平安带回。直到他尽快回家，我们不会休息，还将继续努力。勇士间的友谊不是神话故事。"

"放下武器的时候还没到。我们前面的道路还很漫长，还有许多事情需要做。在我们离开这个世界以后还有许多要做的事情，摩萨德过去是，将来也会是以色列国家伸向世界各地的长臂。以色列的人民正依赖着你们。"

"我也想通过你们感谢你们的家人：你们的丈夫和妻子、你们的母亲和父亲、你们的女儿和儿子，在困难时期，他们给你们提供帮助，协助你们完成重要任务。我要致以他们万分感谢。"

"我希望你们更加坚强，希望你们继续你们热爱的安全事业，沿着这条道路前行，你们为这个国家及其安全作出了巨大贡献，祝大家一切顺利，事事如意。为了我们的友谊，为了你们出色的工作，为了你们为保卫国家安全所作出的贡献，为了你们是摩萨德的特工，我衷心地感谢你们。"

当我离开摩萨德的时候，Y还被拘押在瑞士。然而，让我高兴的是，我连续几个星期的艰苦努力没有白费，我辞职一周后，他被保释，保释金为180万美元，以色列政府要求他将来要出庭受审。在被拘押64小时后，Y回到了以色列，直到两年半后，洛桑联邦法院开始审理他的案子。在审判结束时，他被判缓刑一年，五年里禁止进入瑞士。

Y回到以色列后，我的继任者埃弗拉伊姆·哈勒维在媒体上发表了一篇歌颂文章，大意是说，仅仅在一周之内，他就设法把那个特工带回了家。只有一个记者不厌其烦地指出，在一周里面要处理好这样一件事情是不可能的，释放Y是哈勒维到达摩萨德之前长期艰苦工作的结果。

我在摩萨德工作两年后结束了我的服务。我遗憾地说，我没有完成很多之前所做的计划。离开摩萨德，我没有失败感，只是感觉错失了一个机会，这种感觉很独特，也很糟糕。

就我而言，我生命中摩萨德的这一章结束了，但还没有完。

第7章

我的家族

我从摩萨德辞职标志着我在国家安全领域35年的服务工作宣告结束，其中包括33年在以色列国防军的服役经历。

当审视我在国家安全系统的个人旅途时，一位年轻的小伙子映入我的眼帘：我在出生地内坦亚市中央车站爬上一辆公共汽车前往招募办公室，当时我18岁。

然而，从很多其他方面而言，这次旅程的起因早在很多年前就已经种下。我家族中的男人们迈出了一步又一步，他们中绝大多数人我从未有机会见到过，但所有这些人都是我的家人。

在俄罗斯平原已经走出了这次旅程的最初几步，我的外祖父希蒙·西格尔从那里移民到了以色列，在提比利亚定居下来，他在那里遇到了后来成为我外祖母的那个女人——耶胡迪·派科夫。耶胡迪出生在提比利亚。她们家随第一轮阿利亚移民潮和秘鲁先驱们一起从俄罗斯来到这里，她是她们家在当地出生的第三代，是弗里德曼家族亨雅和亚伯拉罕·派科夫拉比的女儿。我的外曾祖父亚伯拉罕是提比利亚的首席拉比，出生于一个宗教家庭，他们是巴尔·谢姆·托夫的后人。他出生在提比利亚，父母属卡林·哈西德教派，他们在经历了一系列的战乱后，年轻时就从俄罗斯移民到了以色列。

亚伯拉罕·派科夫拉比和他的妻子亨雅在加利利地区非常有名，都是杰出人物。

亚伯拉罕富有个性，热爱生活，对宗教工作充满激情，同时喜欢作为奶牛场主需要完成的艰苦繁重的体力劳动。他是个敬畏神灵的哈西德派教徒，由于每天黎明时就要开始在牛棚辛苦劳动，不允许他和定期的祈祷班一起参加祷告，但他严格遵守要求，每天拂晓起床，在开始一天的劳动之前，披上祈祷披肩，系好经文护匣。虽然他为不能定期参加祈祷班活动而深感苦恼，但是他没有改变习惯，放弃对他饲养的牛群的初衷。

他大部分的时间都花在农场工作上，在完成每天的挤奶工作后，每天早上就会骑在他的骡子背上赶路，去市场上卖掉一壶壶的新鲜牛奶。

弗里德曼家族的亨雅出生在白俄罗斯明斯克一个以烤面包为生、贫困的哈西德家庭。那时，白俄罗斯人对犹太人的迫害越来越严重，开始绑架犹太儿童，强迫他们加入俄罗斯军队，这时，她的父母决定和他们的家人一起逃到巴勒斯坦，在提比利亚定居下来。亨雅很善良，也很温和。她大部分时间都致力于帮助别人，在犹太人和提比利亚的阿拉伯居民中都很受欢迎。亚伯拉罕和亨雅有4个女儿：肖莎娜、雷切尔、内阿马和我未来的外祖母耶胡迪。

我的外曾祖父亚伯拉罕在巴勒斯坦北部所有地区都有贸易往来，也和叙利亚商人做生意。有很多次，他坐火车前往大马士革和他们交易，而亨雅为了在大马士革市中心她最喜欢的市场购买东西，常会和他一起去。他们二人阿拉伯语都说得非常好，当他们和叙利亚首都大马士革熟悉的各路商人在一起时，他们感觉非常自在。

亚伯拉罕对卡林教派非常投入，但是同时也与农民开拓者保持密切联系，对他们感同身受。在卡林·哈西德教派中，他对开拓者们的热情态度引起了有些人的不满，在哈西德的教堂里，他将那些他们称作"头上戴着手帕的年轻人"加入祷告词中这一举措也引起了他们的反感。鉴于此，亚伯拉罕决定离开那间教堂，在提比利亚由布彦哈西德教徒管理的一家教堂里做祷告。

他家吸引了一些年轻的开拓者。有一次，一个星期六的晚上，他正在唱安息日的歌曲，他们前来敲门，告诉他，从他家传出的歌声让他们想起了家乡，让他们充满了思念。因此，这些年轻人，和定居地的看守米德格尔、密支佩和加里利一起，成为亚伯拉罕和亨雅·派科夫家的常客。

在奥斯曼时期，派科夫家族和其他很多农民家庭一样，财产多次遭到洗劫，收成落到土耳其军队手里。有一天，其中一个开拓者请求允许他把一麻袋绳子留在亚伯拉罕的院子里，直到他干活回来。亚伯拉罕把袋子放在他的院子里，但是那天晚些时候，土耳其军队再次来抢劫，他们看见了那个袋子，打开后发现了里面的武器。亚伯拉罕当场因非法持有枪械罪被判绞刑。

怒火燃遍了整个提比利亚，大家要求土耳其人放了我外曾祖父。为了营救他，他们筹钱贿赂了所有有必要贿赂的人。土耳其人把亚伯拉罕和一匹奔驰的马系在一起，一路拖着他到了加利利海（又称太巴列湖、基尼烈湖，以色列最大的淡水湖——编者注）北岸的提巴，之后，土耳其人才最终同意释放他。

提巴的一位德国圣殿骑士将亚伯拉罕从马上解下来，开始治疗他那血淋淋的身体。在此期间，派科夫家族的成员们相信亚伯拉罕已经在他被绑在马后遭受的痛苦旅程中过世，正在为他服丧。然而，在圣殿骑士的精心照料下，几个星期以后，亚伯拉罕恢复了体力，回到了家中。家人们无比惊奇和欢喜。过了一段时间，亚伯拉罕和亨雅·派科夫决定搬到哈代拉的定居点去，再后来又搬到了里雄莱锡安，但是他们非常想念加利利，最终还是回到了提比利亚。

我的外祖母耶胡迪是亚伯拉罕和亨雅的四个女儿当中的一个，也出生在提比利亚。她在那里遇到了希蒙·西格尔，他是几年前从俄罗斯移民到以色列的。

希蒙和耶胡迪结了婚。当时正值阿拉伯人迫害时期，我外祖父的一位阿拉伯朋友向他开了枪，子弹击中了他的腹部。在这些事件发生之前，他和那位阿拉伯人和平地生活在一起。这次受伤非常严重，我的外祖父与死神擦肩而过，过了很长时间才恢复。之后，他决定和我的外祖母耶胡迪一起，加入提比利亚的几个已经存在很久的家庭的行列——他们已经决定离开家园，前往帕德斯哈那建立定居点。

在帕德斯哈那，耶胡迪和希蒙生了七个孩子：最年长的是我的母亲尼娜，生于1925年，她的六个弟妹是雅科夫、利百加、莎拉、约瑟夫、米里亚姆和亚伯拉罕。

我的母亲在帕德斯哈那长大，成绩优异，运动出色。追求卓越是她的世界观的一个重要方面，也是她鼓励和教育我和我的兄弟们的一个核心内容。

因为出生于一个宗教家庭，我的母亲被送到耶路撒冷一个名叫"拜特雅阿克夫"的宗教中学学习。然而，由于经济拮据，她被迫辍学，回到家里帮着养家糊口。我外祖母的姐姐、她的姨妈雷切尔生活在内坦亚，于是，我的母亲来到那里开始做钻石抛光工。当时钻石业仍处于起步阶段，但是在接下来的几年中，以及将来的很多年，内坦亚成为以色列钻石加工与贸易的中心。我的父亲也是个抛光工，为当地的钻石加工行业工作。在那里，我的父母相遇，时间是1943年。

我的父亲出生于1918年，1936年与他的父母摩西和佩西亚·优西姆一起从比萨拉比亚的贝尔兹城来到以色列。贝尔兹城坐落在俄罗斯和罗马尼亚的边界上，当时由罗马尼亚人统治。优西姆是他的姓，显然源自用姓来描述一个人的职业或处境的习惯。很明显，我的家族成员中曾经有一位是孤儿，他们的意第绪语名字是"优西姆"，意思是"孤儿"，后来这个名字被改成了希伯来语的"亚托姆"。希伯来语中，"亚托姆"是孤儿的意思。

我祖父摩西的第一个妻子年轻时就死于疾病，留下两个孩子：多夫和迪娜。在她死后，摩西娶了她的侄女佩西亚。她比他年轻25岁。她很漂亮，长得有种异国情调，皮肤黝黑，蓝眼睛很有神，没有哪个男人会无动于衷。摩西和佩西亚在俄罗斯结婚，生下了西姆哈、什洛莫和莎拉。

也许从我祖父摩西·优西姆开始，参军服役成了我家族生活中几代相传的传统。我的祖父在俄罗斯军队服役，是唯一一位在俄国沙皇的宫廷里担任私人警卫队长的犹太人。摩西爷爷在沙皇的部队里是个循规蹈矩的士兵，但也是一个忠诚的犹太复国主义者。在某个阶段，他决定和他的所有家人一起移民到以色列，但是他明白如果他请求获准从俄罗斯军队离开，会遭到拒绝，他和他的家人会遭到迫害。因此，他决定以身体健康原因安排自己与军队"脱钩"。他用自己的双手把所有的牙齿都拔了出来，于是，他立刻就被放行。

摩西和佩西亚同他们的孩子迪娜、西姆哈、什洛莫以及莎拉一起移民到了以色列。他们最大的儿子多夫积极参加犹太青年复国组织，早在几年前就已经移民到了以色列，住在基布兹公社（指以色列混合共产主义和犹太复国主义的思想建立的一种乌托邦式的集体社区——译者注）里。

我的祖父摩西和祖母佩西亚也追随他们的儿子来到了公社，但是他们不喜欢基布兹的生活，很快带着孩子们搬到了附近的内坦亚市。他们在那里开了一家卖鱼店。

我的父亲西姆哈是摩西和佩西亚·亚托姆最小的儿子，在希伯来语中，"西姆哈"的意思是快乐。就像他的名字一样，我父亲是一个热情、乐观、快活的人。他总是讨人喜欢，总能看到事情好的一面。他开始以铺路为生，后来在黑费尔谷的果园工作。1937年，他被哈加纳招募，后来在"希伯来定居点警察"中担任了一名警卫。那支警察部队是当时在英国统治下唯一合法的以色列武装力量，事实上充当哈加纳组织的行政机构。在担任警卫这个角色时，我父亲负责安全保卫，晚上，他和他的同伴们一起暗中协助偷运在夜深人静时到来的非法犹太移民登上以色列海岸，并把他们迅速疏散到各个定居点。1942年，哈加纳派我的父亲去英国人成立的"海岸警察"服役。

1944年2月17日，在他们遇见大约一年后，我的父母在内坦亚拉比·沃纳家里结婚。那天晚上，他们在市里的里蒙咖啡馆举行了结婚舞会。他们将家建在内坦亚北部一个叫艾因海切雷特的地方。在那里，我的祖父母租了一块土地，租期99年。随着时间的推移，那块土地成为他们的私人财产。在我父母结婚后，祖父母在艾因海切雷特建了他们自己的家，有两个住处：一个他们住，另一个我父母住。在我小的时候，我和弟弟埃胡德还有妹妹艾绨住在一个单人房间里。等我上了七年级，我和埃胡德才有了独立房间。

我们兄妹三个的童年都是在艾因海切雷特那所房子度过的。我的父母一直住在那里，直到去世。在他们结婚一年后，1945年3月15日，我出生在佩塔提克瓦的贝林松医院。我的出生证上印着以色列土地上的巴勒斯坦政府印章。

当我出生的时候，这个国家还在英国人的统治之下。我不太记得那些日子，虽然我模模糊糊地记得小时候有英国军队在附近巡逻。

艾因海切雷特社区占据一块面积较大的土地，有一些附属建筑物和散落各处的低矮房子。那些附属建筑物相对比较大，是有些居民的主要收入来源，或者是有些居民的额外收入来源，比如一些小型农场。我们的一个邻居有一个牛棚，他出售奶牛用于屠宰，还出售乳制品，其他人有一些鸡舍。我的父母有一个小鸡舍，产蛋给家里人吃，偶尔为了家庭晚餐会牺牲其中的一只鸡。院子里种满了果树——柠檬树、橘子树、葡萄柚、无花果——还有绿色的草地，这些东西永远也满足不了家庭的消耗，只是作为贴补而已。

然而，我家院子里真正的国王是蓬皮杜。

蓬皮杜是一只公鸡，我用时任法国总统的名字来命名它。它风度翩翩，魅力超凡，总是鸡冠高耸，大摇大摆，统治着这个院子。

蓬皮杜来到我们身边的时候还是一只雏鸡，长大后成为鸡舍里唯一的一只公鸡，养成了盛气凌人的个性让每一个走进院子的陌生人感到畏惧。它会咕咕地叫，让不速之客望而却步。它偶尔逃到街上，我们立刻就会听到外面一片慌乱的呼叫。我们会看着它横穿街道，红色的鸡冠起伏不定，在它前面，邻居家的一个孩子没命地逃。每天出行之前，我们会在它脖子上绕一根绳子，像对其他宠物一样带着它溜一圈。

艾因海切雷特是个度过青春年少时期的理想地方。我们边上就是"和平绿洲"，是个老社区，居住着也门移民，还有20世纪50年代早期来以色列的欧洲移民和北非移民。因此，这一批在世纪之交时就已经来到以色列的年长移民，还有一些新移民，就在我们身边。

房屋和花园绿茵环绕，艾因海切雷特笼罩在一片绿色之中。一些街道没有铺沥青，满是沙子。大海近在咫尺，只要一有空闲我们就光着脚丫步行前往。我们与邻居们关系良好；大门总是敞开着，人们相互拜访，随时准备伸出援助之手。

20世纪50年代，一大波一大波的移民从北非涌到以色列，距离我家仅几百米的地方开始建起一个著名的移民营地——艾因海切雷特移民营，就是现在基利亚特桑兹的位置。

作为上一代就来到这里的移民，我们会去探望新来的移民，并以各种方式帮助他们。出于团结的深情厚意，也渴望能帮上忙，我们屋子里任何不需要的东西——毯子、烤箱、厨具和家具——统统都会送给他们。

家里充满了爱国主义的气氛。大家开口闭口总是说："本—古里安说了，……。"这是我们的国家，我们没有其他地方可去，这样的概念是我们成长过程中必不可少的一部分。从儿时起，我们就聚精会神地聆听父亲当警卫的人生故事，以及为了建立国家而奋斗的故事。对我们所有人来说，包括男孩女孩，在国家安全部门的前线单位服役是自然而然的事情。我们在旧以色列的氛围中长大，每个人都忠于相同的想法，致力于实现高于个人需要的一些东西。把我们抚养长大是为了帮助别人，我们看着父母默默付出。

我的母亲在我们很小的时候就给我们植入了另外一种思想，那就是追求卓越和成就，以及患难与共，相互扶持。这一思想所传递的信息是：我们总是一起面对整个世界。

那些年里，我的父亲是内坦亚圣可姆分支的头领。1948年，独立战争期间，他被招募到以色列国防军，在第7旅71团服役。这支队伍在加利利前线与法齐·卡吾吉为首的阿拉伯解放军作战。我的父亲是位班长，参加了征服阿拉伯村庄米亚尔和拿撒勒市的战斗。战争期间，我的弟弟埃胡德出生了。两天后，有人找到了我父亲，将他第二个儿子出生的消息告诉了他。在接下来的几年里，我的妹妹艾绨和小弟弟莫仕奇出世。

祖父摩西生病后，叫我的父亲到家里的卖鱼店里帮忙打理。随着时间的推移，父亲成了那个商店的主人，这给家庭菜肴增加了蛋白质。母亲知道如何料理各种各样的鱼，偶尔我们中有人拒绝吃鱼，她会小心提醒我们："你脑袋里所有的智慧都来自于鱼。"

那个时候，我父亲的商店是内坦亚唯一的卖鱼店，非常受欢迎。它让我们收入丰厚，并在未来的日子里，让我的父亲成为内坦亚工会主席。

商店坐落在镇中心，边上是伯科威茨家的鞋店。伯科威茨的儿子耶胡达后来成了演员耶胡达·巴坎，就像我一样，他偶尔也会来他父母的店里帮忙。每个星期六，父亲要求我去检查商店里鱼池的水是否在流动、鱼在里面是否安全，我就从艾因海切雷特骑四公里的自行车过去。

父亲一直在那家商店工作，直到力不从心干不动那些力气活的年龄，他转去管理附近的那家邮局，一直到退休。作为内坦亚的创始人之一，考虑到他一辈子都在为这个城市以及商人们的利益而工作，人们授予他"内坦亚荣誉市民"和"以色列中央工会荣誉成员"的奖牌。

我在艾因海切雷特工人城市幼儿教育系统中迈出了接受教育的第一步，上的是奥珐·马登拉特尔老师的幼儿园。

从那里开始，我接着上了比艾利学校。我是一个好学生、一名优秀的运动员，兴趣爱好是绘画。1959年6月，我在学校的绘画比赛中获胜，随后，内坦亚市将我送到了一个为耶路撒冷爱好艺术的学生举办的夏令营。在那个夏令营里，我遇到了来自以色列各地的孩子们，大部分来自比我富裕的家庭。我就是在那里第一次遇见臭仕奇·特奥米姆，他后来成为著名的广告专家，还有都铎·戈登伯格，他后来被称为都铎·托帕斯。

从小我就积极参加青年运动，开始是犹太青年复国组织和童子军，但是我大部分的活动是在哈诺尔哈奥维德，同时在内坦亚切尔尼乔夫斯基中学学习——我在那里学习科学和物理。

因为我是家里的老大，而且是相当好的学生，当我应征入伍时，母亲希望我加入学校的专业预科班，学习医学。我也想实现我一生的梦想，当个医生，但是我更希望完成正规的兵役，做一名正式的军人。当时，我是以色列农垦部队的一员，部队有一个小组驻扎在以色列北部的基布兹马阿扬巴鲁农场。我在中学的最后一年结束时参加了这一小组，在基布兹农场待了两个星期，了解了一些农垦兵的情况。两周的基布兹树林工作足以让我明白，当时所谓的"农垦采摘番茄"为军事服务不适合我，我便决定放弃农垦组，申请加入伞兵部队。

第8章

33年的军旅生涯

1963年8月8日，我应征入伍的日子到了。母亲为我装了一个小袋子，我告别父母离开了家，向最近的汽车站走去，去乘坐当地穿过内坦亚地区的公共汽车。我乘车来到内坦亚中央车站，在那里登上了一辆开往佩塔提克瓦征兵办公室的公共汽车。今天我们长大成人，碰上参军这样的大事，总期望和父母、朋友一起狂欢，有摄像机、手机，可是，那时什么也没有。在那些日子里，一切都比现在简单明了，言简意赅。

我到达征兵中心后，立刻就转身去了伞兵旅的小屋，自愿报名加入那支部队。

当我离开小屋时，在征兵中心的其中一条道路上，我遇到了我的邻居，也是我的朋友沙乌尔·利维。

他对我说："我正在找你。"

我知道沙乌尔是一名伞兵，我以前看见他穿着伞兵的制服回家过周末。作为一个好奇的年轻人，看着已经入伍参加作战部队的老兵，凝视的目光里融合着欣赏和倾慕。

我告诉沙乌尔，我已经自愿加入伞兵了，但是他说："我有更好的推荐给你——伞兵突击队。"我不知道他在说什么，但是听起来很有趣。我告诉他这个建议行。

所以，事实上，我被招募到了以色列总参侦察营突击部队。片刻之前，我甚至不知道它的存在，也不知道它的作用。当时，很少有人听说过这支部队，他们大多数来自基布兹，部队靠推荐招募成员。

沙乌尔·利维断定我是个非常合适的人选。随即，我就获准在帐篷里参加一场初步的面试，里面坐了三名军官：总参突击部队的缔造者和指挥官亚伯拉罕·阿南中校，他两边各坐着一位年轻的少尉。他们最明显的特征，除了红色贝雷帽，就是黝黑的肤色。他们是亚伯拉罕·穆赫达尔和阿姆农·布鲁奇埃尔，也被称为"布鲁奇"。他们问我，关于这支部队我知道些什么，我回答说"什么也不知道"。他们问我为什么要加入这支部队，我回答说沙乌尔告诉过我这是个"突击队"，我听起来觉得有趣。我告诉他们我的背景情况、期末成绩和我在青年运动中的活动。

通过所有面试后，我加入一群年轻的新兵中间，他们也通过了这个部队的初步面试，我们等待着下一阶段。然后，亚伯拉罕·阿南来到我面前，他告诉我："很抱歉，我们不能让你加入这支部队。"我问他为什么，他回答说："看看这里每个人的肤色，再看看你的，你就会明白了。"我皮肤白皙，一头红发，而其他每个人都皮肤黝黑。

当时，部队里普遍认为，有着深色皮肤、长相像中东人的那些人会更容易在部队的行动中融入阿拉伯人中间去。我没有感到十分失望，因为，我知道有些东西我不够条件，也没抱太多指望。我想，加入伞兵也很好。

然而，几个小时以后，在征兵中心，这支部队的几个代表又一次找到我，告诉我说他们最后接受了我。当我看着那天被选中的其他人时，我发现他们的皮肤也不是特别黑，但是相比之下我真的非常白，而且一头红发。布鲁奇和穆赫达尔那时刚被任命为排长，新兵被编入他们指挥的排里。

最初的训练结束之后不久，我们继续完成普通伞兵的基本新兵训练。伞兵基本训练结束后，连长乔拉·哈耶克找我谈话，跟我说："你为什么要去总参侦察营？留在伞兵部队和我们一起吧！"但是我拒绝了，虽然那时候我还不太清楚这一切是什么原因，也不清楚我到底该往哪里去。这支部队有很强的神秘性，我唯一清楚的一件事情是，这次服役会很有趣，这支部队的行动是在以色列边界之外。

在1963年8月招募的新兵中，大约30名左右新战士最终留在了这支部队——不是所有人都能成功地坚持到最后。每个排大约有14名战士。艾西·达扬是我们排的新兵之一，但是他被逐出了新兵训练营，回到了伞兵部队。排里的另外一名战士是个黑乎乎的家伙，名字叫梅尔·休伯曼，他常常拔出突击队的几把刀，从远处投掷，正中随机选中的原木或电线杆子（当时，这些都是用木头制作的）。我对此印象深刻，心里想着，我到了一个真正的"杀手"单位，在这样一个地方，也许我是没有机会生存的。在新兵训练营，梅尔·休伯曼也被淘汰，去了伞兵部队，但是随着时间的推移，他摇身一变，成了梅尔·达甘，后来被任命为摩萨德局长。

虽然开始我没有意识到自己到底在哪里，但随着时间一天天过去，我逐渐明白我来到了一个神奇的地方：在这里服役让我感到惊异，这是一段改变人生的经历，它深深影响着我未来的生活，帮助我养成我成人的个性。

服役的要求非常高，心理上的压力和生理上的挑战都非常大。不分白天黑夜，不管刮风下雨，我们每天背负重物，徒步横越几十公里，这样的训练让身体承受巨大的考验。许多时候真正考验的是你的意志，而不是体力，当你极度疲惫，双腿像灌了铅，迈不出半步时，唯一推动你前进的是你的意志和完成任务的决心。

我入伍几年后，弟弟埃胡德也加入了这支部队，但是我们在家从来没有明确提过我们服役的事情。母亲也从来没有问过，但是很明显，她知道正在发生些什么。无论我们什么时候回家，她总会清洗我们的制服。制服上面覆盖的污渍和泥浆胜过千言万语，只要看一眼就已明白我们在忙些什么。有些问题没必要问，她也不问，只会凝视着肮脏的制服，说："你们去过哪里都没有关系，我不想知道你们做了什么。重要的是，你们平安回来了。上帝会继续保佑你们的。"

从萨贝纳航空的飞机上解救人质那次行动（1972年5月）后，她在报纸上看见了我的照片：我穿着白色外套站在机翼上，旁边是（总参侦察营营长）埃胡德·巴拉克，我们的眼睛被用黑条涂盖起来，以保护我们的身份。几天后，当我回到家里，她问我那是否真的是我，我回答说是我，叫她不要告诉任何人。我知道我可以信赖她，她会保守秘密的。

在这支部队服役期间，我参加了很多次敌后行动，例如突袭贝鲁特机场（1968年12月）。当然，还有许多其他的秘密活动直到今天才可以说出来。

所有这些经历都塑造了我的个性，让我成为顶天立地的汉子。20岁那年，我就感到肩膀上的责任重大，虽然我那时还只是个少尉排长，也已经在以色列的边界之外指挥过几次行动。在那些时刻，在那些地方，距离以色列如此遥远，你得对受你指挥的官兵负责。在那些行动中，你独自一人在场，没人会帮助你，协助你疏散，或者给你建议。作为一名战斗员，我已经获得了丰富的经验，但作为一名指挥员，我没有经验。然而，不久，我在黎巴嫩指挥了第一次行动。在执行任务之前，我的指挥官给我的命令是："你是现场总指挥官。我们在后面的指挥中心，只能给你建议，最终决定要由你来做。"

我从1963年到1972年一直在这支部队服役，那些年，报复行动以及以色列边界外的行动十分频繁。当我完成我的排长角色，我指挥的士兵们退役后，我清楚，我已服役五年，这也是我该离开部队转向大学读书的时候。在耶路撒冷的希伯来大学学习数学、物理和计算机科学期间，我组建了总参侦察营的训练中队，并出任中队第一任指挥官。读完学士学位后，我回到了部队，在埃胡德·巴拉克手下担任副指挥官。1972年，我结束了在总参突击队的生涯，转而去了装甲兵部队。

我退伍转向大学学习之前大约六个月的时候——那时我还是位年轻的军官，一个周末，我回家度假，步行穿过内坦亚的主要街道赫茨尔街。"爸爸咖啡馆"是这个镇上比较繁华的地方，路过时我听见有人喊："丹尼，你好吗？"我扭过头去，看见我的小学同学兰尼·兰格和两个漂亮女孩坐在咖啡馆里。

兰尼把我介绍给她们。其中一人，托瓦·赖赫，刚刚从军队退役。我坐在她们边上，开始与托瓦说话。我立刻就喜欢上了她。我们坐在那张桌子边一直到次日清晨，聊天一直聊到了今天。1971年，偶然相遇大约三年后，我和托瓦喜结连理。我们有五个儿子——欧麦、尼尔、通亚、罗伊和毅太，还有六个孙子孙女——利奥尔、阿迪、塔米尔、他玛、多列夫和玛雅。

正如前面所说，1968年，为了攻读学士学位，我开始在耶路撒冷希伯来大学学习数学、物理和计算机科学。我从战友埃胡德·巴拉克那儿"继承"了课本。不久前，就在同一所学校，他完成了所有的学习。除那些书籍外，他的同学丽雅·鲁宾（她后来改名梅里多尔）也把她的书"让渡"给了我。埃胡德离开我们回部队时，留给丽雅一个任务，他吩咐说："丽雅，从现在开始，你负责丹尼。"他宣称她要负责让我获得成功。

第一学年之后，亚伯拉罕·阿南说服了我，让军方资助我剩下的学业，并且，一旦完成学业就回去服役。一开始，我不想答应，因为我感觉在部队待了五年以后，我已经达到我经历的顶峰，而且，在军人职业上，我没有看到进一步发展的前景。我非常渴望学习，但是一个学期之后，我开始想念部队，决定接受阿南的提议。我没有脱离军队，只不过是停薪留职。以色列国防军资助我的学习，同时，我组建了部队的训练中队，为不同单位特别行动人员提供战前培训。

每逢星期五，我回到部队，和排长们坐在一起，商量确定下一周的训练计划。因此，整个大学三年期间，作为训练中队的指挥官，我一直比较活跃，而且在必要的时候，我和部队一起参加突袭活动或其他行动。

我在突击部队的生涯让我和军队签署了长期的合约，并继续服役了很多年。这和我原先的计划完全背道而驰——我原计划服役结束后开始学习医学或一门精密的科学。

在突击部队服役是如此独特和神奇，它改变了我的人生历程，从18岁到27岁，让我在部队里度过了大约十年，包括大学学习那段时间。

我觉得，我的战友与同伴是一群了不起的人，他们素质极高，是一群经过精挑细选的人，作为其中一员，我有一种非常满意的感觉。训练过程和各种行动对我们的身体和精神都极具考验，但同时也很特别。训练如此特别，完全有别于其他部队。

繁重的训练任务和训练目标有直接的联系。作为一名年轻的士兵，我已经参加了各种行动，也多次深入敌后实施突然袭击。我有一种感觉，我们在训练中学到的东西，在不久以后的各种行动中就会派上用场。在跨境活动中，设置伏击或其他行动，外勤队的士兵们通常没有太多的经验，战争经验主要是在加沙、西岸和黎巴嫩的战争和反恐行动中获得的。在突击部队，突击行动十分频繁，包括一系列复杂危险的敌后任务。

我被任命为排长，在1965年8月入伍的新兵中招募我的战士。我的排里有：摩西·西博尼；已故的拉菲·巴列夫（后来成为坦克连连长）和巴鲁克·祖克曼（祖）（他是突击部队的后备战士），这两名士兵都在"赎罪日战争"（即第四次中东战争，1973年——编者注）中牺牲；还有什洛莫·盖尔伯、丹尼·斯尼尔（舒凯拉吉）、鲁文·科恩、哈南·吉鲁兹、伊奇克·戈宁和莫迪凯·拉哈明。另外，还有其他一些没有完成艰难繁重的训练过程而被淘汰的士兵。这些精锐士兵之间形成了一种特殊的纽带，他们共同经历了独特的时刻，其中有一些事件让他们的能力发挥到了极致。直到今天，我们仍旧保持着联系，不忘见面。

在这支部队服役对每个成员来说都是一种考验，考验他们的意志、个性和身体素质。训练非常艰苦，要求苛刻复杂，必须努力达到非凡成就。例如，我们学会了跨轴导航，航行几十公里而无须打开地图，也不会暴露行踪。

很多次，我们要靠自己完成艰难的单独任务。分队行动，我们不仅要克服身体上的艰辛，还要克服精神上的折磨。旅途的最后几公里，引导你向前的唯一动力是意志，因为其他的力量早已经消耗殆尽。

这些历练让我了解了我的能力和我自己，这是其他任何地方不可比拟的。我发现，我可以做那些我不知道我有能力做的事情。我明白有志者事竟成，这不仅仅是老生常谈，我收获了友谊和相互承诺的价值。

我们明白了承担使命、努力坚持以及坚定不移的意义。这支部队的战士对自己、对行动以及整个军事大局都获得了自信。两位总理（埃胡德·巴拉克和本雅明·内塔尼亚胡）、两位国防军总司令（埃胡德·巴拉克和博吉·亚阿隆）、一位辛贝特局长（艾维·狄希特）和两位摩萨德局长（沙巴泰·沙维特和我）均出自这支部队，这不是巧合。

1971年，在耶路撒冷完成学业后，我回到了部队，被任命为副指挥官，受埃胡德·巴拉克直接领导，然后晋升至指挥官。完成突击部队的使命后，我获得了一些非常有吸引力的任命，例如，指挥戈兰高地特种部队，但是我选择了装甲部队继续服役。

转到装甲部队以后，我经历了一段很长的事业改变过程。像每一个新兵一样，我在装甲部队学校学习装甲兵的知识。一开始是驾驶和炮术课程，参加装甲兵专题讨论会，在那里与技工、电工和技师们一起学习拆卸和重新组装坦克，接着作为一个正规生参加坦克指挥官培训，全程参加装甲部队指挥官培训和连长培训。准备工作花了整整一年时间，尽管在履行完总参侦察营副指挥的职责后，我已经是少校，但还是参与了培训。因为我相信，作为装甲部队的一员，如果我想熟悉错综复杂的工作，那么完成培训就很重要。因此，尽管我有指挥一个中队的经历和职级，我还是坚持了下来。

"赎罪日战争"前两周，我被任命为195营副指挥官，指挥官是尤兹·列夫楚尔。这个营隶属401旅，达恩·肖姆龙任旅长，他后来被任命为总参谋长。我们营的任务是取代阿姆农·雷谢夫指挥的营驻守苏伊士运河，但是由于局势日益紧张，以色列国防军上层首长推迟了换防行动。战争爆发时，雷谢夫的营还在我们打算布防的地方，而我们还在西奈边缘的贝尔加夫加法进行战前训练。

1973年10月4日，星期四，我回家去探望怀孕的妻子和大儿子。然而，星期五，传来马上就要开始打仗的警报，我被召唤归队。稍后，我们获悉，有消息称叙利亚人和埃及人会在10月6日星期六的下午5点发动攻击，但是，国际社会正在努力防止爆发敌对行动。完全出乎我们的预料，战争最终在星期六真的打响了。10月6日是"赎罪日"，下午2点前几分钟，我正和尤兹·列夫楚尔一起坐在营长办公室里，忙着为可能爆发的战争做准备工作。大部分的士兵在他们的住处，坦克分散在伪装网下，整装待发，但还没接到命令投入战斗。突然，埃及人的飞机开始轰炸。我说的第一句话真的很天真："伙计们，别担心，如果附近有埃及人的飞机，以色列的空军会对付他们的。"

尤兹和我立刻走出办公室，触发了营里的警报器，向坦克乘员发出信号，让他们离开住所，进入坦克。混乱中，我们向坦克跑过去，此刻，埃及人的飞机出现了，低空掠过轰炸我们。9名士兵死于这次轰炸。尤兹和我明白，我们不用再等战争已经爆发的官方通知，它已经开始。

我们立即开始向哈吉迪海峡区域移动，从第一天开始，直到我们穿越到运河的另一侧，我们一直不停地在战斗。我们一直到了阿达比亚，那是埃及人的军用港口，在红海的另一侧，运河的南面。在那里，我们接到命令，带领整个营，实际上是整个以色列国防军的武装力量，把他们带到第101公里处，那是宣布停火的地方。我们确保以色列国防军和埃及军队之间的停火谈判安全进行。当战争停歇下来，消耗战开始的时候，我在那里取代了尤兹·列夫楚尔成为营长。

作为营长，我带领大家离开埃及，去了塔沙集合点。

担任营长之后，我被派到西奈的252师——一个正规武装师，任高级参谋助理，后来又接到命令负责一个预备旅。31岁时，我已成为一名中校，装甲部队司令官穆萨·佩雷德建议我离开，和我的家人一起去美国继续学习。听到这个建议我很高兴，这给了我一个机会休息一下，和我的家人待在一起，同时也可以接触不同的文化。当时，我有三个年幼的儿子：四岁的欧麦、两岁的尼尔和一岁的通亚。我们去了德克萨斯的胡德堡，在这个地方，我成为美国人接收的第一位以色列军官。

胡德堡是美国最大的军事基地，是两个装甲师的永久性总部：第一装甲师和第二装甲师。第二装甲师的指挥官是乔治·史密斯·巴顿将军，他是第二次世界大战的传奇人物巴顿将军的儿子。美国当时唯一的武装直升机旅也驻在这里，这个地方还有一个兵团总部。我被分配到附近的一个叫西胡德堡的小基地，美国军队在这里计划和实施了第一批新的军事体系运行前的现场试验。基地的那些人接触到了美国军队中最先进的运作系统。

美国人花了很长时间才同意让一名以色列军官进入基地，很荣幸我是第一个获准的人。我们在美国待了一年零三个月，这段时间让我陶醉，让我和家人收获许多。我看到了不同的思维模式和不同的情感表达，第一次意识到也许以色列根本就不是世界的中心，世上有比我们更加强大的国家，还有同样出类拔萃的人。

我并不只是肩负学习使命，实际上，我被分配到项目团队中参与规划和执行不同的现场测试。我和每个美国军官一样工作。

我回到以色列以后，被任命为装甲兵部队的高级参谋助理。后来，我在约西·佩雷德和埃胡德·巴拉克旅长麾下，指挥第14正规装甲旅，巴拉克又成了我的指挥官。再后来，我被任命为装甲兵团总指挥；1982年获授准将军衔，被任命为以色列国防军研究和发展部主任。

我在这个职位上工作了6个月，然后被任命为国防部长摩西·阿伦斯的军事秘书。此前，基督教民兵在萨布拉和夏蒂拉的难民营对巴勒斯坦人实施了大屠杀，以色列对此次事件负责，卡亨委员会调查了这次事件并作出了决定。决定之一是，免去阿里埃勒·沙龙的国防部长之职，由阿伦斯取代。

在阿伦斯被任命为国防部长大约一年后，以色列大选如期而至，伊扎克·拉宾取代了阿伦斯。1985年，我请求离开国防部长办公室，然后被任命为正规装甲师师长，这个钢铁之师驻扎在约旦河谷上端的马阿里·埃弗拉伊姆地区。

1986年，我离开装甲师去特拉维夫大学攻读工商管理硕士。1987年，在我学习期间，总参谋长达恩·肖姆龙与我接洽，提出要任命我为计划部主任。在42岁那年，我被授予少将军衔，并正式上任，主要负责制定以色列国防军的运作计划，包括年度计划和长远规划。计划包含资源调拨、预算制定、战力开发以及人力资源管理等，其中包括以色列国防军的结构和组织调整、新的单位组编、现存单位拆解、武器装备发展、国防军组织及军队内部分配的责任，以及参与所有外交和战略事务应负的责任。这四年令人陶醉，让我有了重要见解和实施的平台。埃胡德·巴拉克将军是总参谋长达恩·肖姆龙的副手，因此我又一次在他身边工作。

1991年海湾战争期间，我负责协调美国武装力量，包括引进能够在伊拉克向以色列发射导弹时提供实时警报的卫星系统，引进"爱国者"导弹以及协调以色列国防军和美国武装力量之间的行动及情报事宜。

当时，我和国防部派来的哈南·阿隆博士一起被派往德国去会见科尔总理，试图说服总理资助以色列接近10亿马克用于建造两艘新的"海豚"级潜艇。经过一个令人筋疲力尽的谈判之夜，科尔总理同意给以色列8.8亿德国马克建造那两艘潜艇。

1991年的一天，我乘坐一艘导弹艇在远海深处视察海军演习时，收到副总参谋长埃胡德·巴拉克发来的电报："恭喜恭喜。你已经被任命为中央司令部司令。"海军司令米莎·拉姆立刻以海军的方式为我庆祝：他们打开了一瓶威士忌，恭喜我获得这项任命。

在第一次巴勒斯坦大起义的鼎盛时期，我取代了伊扎克·莫迪凯的位置——他被任命为北方司令部司令。阿姆拉姆·米茨纳将军取代我担任计划部主任。

在中央司令部辛苦工作接近两年时，伊扎克·拉宾当选为总理兼国防部长。我收到他的一个提议，要我做他的军事秘书。总理的军事秘书通常是位准将，但是，拉宾也担任国防部长的角色，他认为，他的军事秘书由将军担任比较合适。我告诉拉宾，我很高兴担任那一职务，但要等几个月，待我完成两年的中央司令部司令任期后，立刻前往复命。

1993年4月，我开始担任拉宾总理的军事秘书。在拉宾被谋杀以前，我一直在这个岗位工作。西蒙·佩雷斯取代拉宾成为总理兼国防部长后，我继续担任他的军事秘书，又工作了6个月。

1996年，在军队服役近33年后，在总理办公室的一次简单的仪式上我脱下军装，从以色列国防军退役。几天之后，我已担任摩萨德局长。

第9章

医生兼杀人犯

从事安全防卫工作以来，马沙勒事件调查委员会不是我事业中面对的第一个委员会。之前有另外一个调查委员会。1994年2月25日，星期五，一阵电话铃声打破了清晨的宁静，也为这个委员会播下了种子。

多年来，我对电话铃声有了一种特殊的感觉，尤其是那些在不寻常的时刻响起的铃声，比如清晨5点三刻。尽管我的经验是，在这样一个时段接到电话，听到好消息的可能性很小，但是，我还是没有想象到在接下来的几个小时里，灾难会发展到如此大的规模。

电话另一端是以色列国防部指挥部的情报官员阿姆农·索菲林上校。那天早晨，他在中央司令部值班。他初步报告，有人在麦比拉洞中听到了枪声。

是谁开的枪？谁遭到了射击？是否有人受伤？多少人？这些问题还无法回答。我脑海里掠过的第一种可能性是反犹太的阿拉伯人发起的恐怖袭击。尽管细节暂时模糊，但是有样东西在我心里已经明亮透彻：在麦比拉洞这样敏感的历史古迹开枪射击，是一个不祥之兆，事态极有可能变化发展，酿成非常严重的灾难。

不久之后，有人到我家来接我，我乘直升机抵达希伯伦。当我到达山洞的时候，事件已经结束，所有遇害的和受伤的人都已经被抬出以撒厅。那天早上，以撒厅举行了500位穆斯林男子的祷告会。我进入祷告大厅，面前是一片可怕的场景。虽然受害者已经不在那里，但是这个地方明显发生过一场大屠杀。大厅里到处是血，地上散落着几十枚空弹壳和医疗设备的残余部件。

当时还不知道确切的伤亡数字，但是大屠杀行凶者的身份变得越来越清楚。结果，与我在第一时刻的设想正相反，是犹太人袭击了阿拉伯人，恐怖分子的名字叫巴鲁克·戈登斯坦，一个预备役上尉、内科医生、基尔亚特阿尔巴居民。

后来收集到的信息显示，戈登斯坦38年前出生在美国，已婚，有四个孩子。1982年完成医学院的学习大概一年后，他移民到以色列，和其他当医生的移民一起入伍正常服役，在黎巴嫩、耶路撒冷和希伯伦当了三年军医。在人们心目中，戈登斯坦是一位责任心强、纪律严明的军医，手脚麻利，而且恪尽职守。

退伍以后，他在基尔亚特阿尔巴雷米特卫生维护组织担任家庭医生，也为一家医疗中心的非营利组织服务，同时还在犹太旅一个地方防御部队继续担任替补医生，上尉军衔。他是希伯伦山区负责紧急救护车辆的医务人员，为军民提供救援服务。因为这个地区多次发生恐怖袭击，他已经成了为受害者治疗创伤的专家，很受欢迎，人们认为他是个忠诚的医生，因此，雷米特卫生维护组织甚至给他颁了奖。

戈登斯坦持有极端民族主义观点。在美国，他已经积极参加梅尔·卡汉联盟的活动，移民到以色列后继续活动。在议会选举中，他是卡赫政党的候选人，甚至当选为代表，在基尔亚特阿尔巴的政务会工作。但是，1993年，他辞去了这份职务，让位给柏鲁克·马泽尔。他在宗教和政治思想方面的观点都十分极端。

在几次接受媒体采访露面时，戈登斯坦曾讲述他的观点，他认为与阿拉伯人和平共存是不可能的。他批评以色列社会，说这个社会对战斗已经厌倦，他指责以色列国防军虐待犹太定居者，禁止他们对于阿拉伯袭击事件采取报复行动。他相信如果我们不把阿拉伯人先赶出去，他们就会把我们从以色列驱赶出去，而且，他认为阿拉伯人是纳粹的继承人。鉴于戈登斯坦以政治理由破坏和平的言行，警察对他进行了多次调查。他有过一次阻碍士兵执行公务的记录；他将在穆斯林假日期间禁止穆斯林以外的人进入麦比拉洞的裁决撕成碎片；以撒厅是麦比拉洞内的穆斯林祈祷的大厅，他在那里把一柜子的古兰经翻得乱七八糟。而且，在黎巴嫩，他曾经拒绝为一名受伤的恐怖分子治疗；在希伯伦地区组织过对阿拉伯村庄的报复性袭击；1990年11月，在卡汉拉比遭谋杀之后，他发行了一本小册子，宣称"将会发生更多的报复行为"。

然而，尽管他对卡汉运动的极端观点抱有同情，但他并不是积极分子的暴力核心。而且，他的言论和基尔亚特阿尔巴的其他人并没有什么不同。戈登斯坦在他的生活环境中比较引人注目实际上因为他是一名医生和一位公共活动积极分子，他们把他当作一个安静、友好的人，天真、体面、理想主义、善良而且庄重。这个和蔼可亲的形象掩盖了他深藏于内心的意图，回想起来，这对他帮助很大，在灾难发生的当口使他轻易地蒙过保安进入洞穴。他的极端观点、宗教狂热，恐怖袭击带来的迫害感，行为法规和国家意志对其产生的挫败感，这些结合起来，构成了一种冲动，促使他采取极端而严厉的手段，实施骇人听闻的大屠杀，杀害了几十名正在祈祷的穆斯林。

在看了周边情况，作了简单调查后，由戈登斯坦实施的恐怖袭击的某些细节开始明朗。

目睹这些事件的官兵们说，5点30分之前不久，他们听到从麦比拉洞里传来枪声。洞里只有一名军官。他们想跑进去，但是没能进入以撒厅，因为有一大群人惊慌失措地向外奔逃。第一批士兵最终进入大厅，他们发现枪手已死，地上的情景令人毛骨悚然，几十个人在痛苦地呻吟，死者和伤者东倒西歪，一个压着一个，一片混乱。

麦比拉洞和周边地区的安全保卫由以色列国防军负责。那时，伊扎克·哈姆多特中尉指挥的正规装甲兵中队负责周边地区的安全工作。事发当天凌晨1点钟，安全部队换防，在罗特姆·利维夫带领下，12名士兵开始站岗值班。正门附近配置两名士兵，他们的任务是确保入口安全，检查进去的人员。另外两名士兵在山洞里的各个地方巡逻。凌晨4点30分，东门打开，门口有两名士兵把守。从那时开始，里面有六名安全保卫人员：两名在前门，两名在东门，中尉利维夫和下士梅尔尼克执行巡逻。按照朱迪亚和萨马拉师司令官沙乌勒·穆法兹少将的命令，早晨5点，三个边境警卫部队的援军将加入保安力量，共同保卫麦比拉洞的安全。其中两队驻守前门通向以撒厅的地方，另一队驻守亚伯拉罕厅。此外，根据我的指示，以色列警方指派一名警察加强早上5点开始那班岗的力量。

然而，那天早晨，边境警卫部队迟到，5点35分才抵达山洞，大约比枪击事件发生晚了五分钟。那天早上派去的警察也没有抵达那里上岗。从士兵的证词中，我们发现那个警察缺席了那天的早班。警察缺岗是常事，另外，本应该在洞里巡逻的其中一名士兵刚刚出去，所以，情况是这样的，本应该是十个人守护洞穴内部的安全，但是在那致命的几分钟里只有五个人在那里。

早上5点20分，戈登斯坦来到山洞，他穿着上尉军衔的以色列国防军制服，带着一把戈利龙步枪、一支手枪和一只手提包（后来发现，里面装了7个弹匣）。他们知道戈登斯坦经常去山洞，利维夫中尉和他说话，问他是否在服预备役。戈登斯坦说是的，转身去了雅各厅，他过去常常一个人在那里祈祷。他携带武器进入山洞没有引起怀疑，因为并非罕见也不受禁止。自从1980年贝特哈达沙发生谋杀事件以来，定居者被允许携带武器进入麦比拉洞。1982年，这条许可被撤销，但1986年又得到恢复。

显然，士兵们没有注意到，戈登斯坦穿过雅各厅来到以撒厅，穆斯林的礼拜者们在那里祷告。戈登斯坦经常来麦比拉洞祈祷，熟知正在进行的祷告程序，他正好利用了这些流程实施他的行动。

"六日战争"（即第三次中东战争，1967年——编者注）以后，时任国防部长摩西·达扬对麦比拉洞举行祷告的时间和地点作出安排，犹太人和穆斯林各得其所。尽管多年来巴勒斯坦人暴动不断，希伯伦的伊斯兰原教旨主义兴风作浪，但是没人要求当局改变山洞的现状。有时候犹太人和穆斯林在相同的时间但不同的房间或大厅举行祷告，这就使得犹太人和穆斯林都能够进入麦比拉洞。

根据安排，犹太人的假日和活动期间，会有大量的朝拜者，祷告也可以在正常时间以外于穆斯林祷告所使用的大厅里举行。

那天早晨，从4点起，犹太朝拜者陆续来到山洞。这是一群被称作"明扬凡提克因"的祈祷者，他们会在亚伯拉罕厅的曙光来临时祈祷。根据安排，在这个时间点，这个地方有犹太人，也有穆斯林，他们开始集中在洞里祈祷。对于穆斯林来说，这是个特别神圣的日子——星期五，斋月的第15天。由于这个时机很神圣，到早上5点30分，已经大约有800名穆斯林集中在山洞里：500个男人在以撒厅祈祷，300个女人在卡瓦利亚厅祈祷。

在以撒厅的祈祷者们列队紧挨在一起，面向南方。教长开始朗读萨嘉达的一段话，按祈祷习俗规定，祈祷者跪了下来，此刻，大厅里响起了阵阵枪声。祈祷者们正在下跪，他们背对着戈登斯坦，一排排紧挨着，导致他的射击特别致命。

90秒钟发射了108颗子弹之后，大厅的地上已经横七竖八倒下了29具尸首和125名伤员，戈登斯坦停止了射击，更换弹匣。其中一个祈祷者利用开火的短暂间隙扑向他，从他手中夺取了滚烫的自动步枪。此刻，另外几个祈祷者蜂拥而上，有的抢起灭火器，有的扛着以撒厅和亚伯拉罕厅中间用于支撑隔墙的铁柱子砸向戈登斯坦，顷刻就结果了他的性命。

希伯伦市中心耸立着两大宗教的圣地，犹太人和阿拉伯人之间的暴力冲突每天都在此上演，因此我立刻命令宣布市区戒严，以防止敌对人群之间的摩擦，使保安部队更好地控制局势。

我要求在该地区的部队采取行动，最大限度地限制枪支使用。我的指示是，只有确认真的危及生命的情况下才可以开枪射击，尽量减少使用"嫌犯拘捕协议"（应先大声警告："别动，否则我就开枪了！"）如果嫌犯继续行动，就向空中开枪示警，再警告一次。最后，如果嫌犯还是没有停下来，开枪向他的双腿射击）。所有这些，都是为了避免增加死亡人数，使葬礼能够在宵禁时就举行。

大屠杀的消息迅速传遍了希伯伦，人们开始聚集起来，巴勒斯坦的死伤者被送到了艾尔阿利医院，大部分人围在医院周围。与此同时，有消息开始传来，说以色列的汽车遭人投掷石块，道路被封锁，希伯伦地区阿拉伯人爆发了骚乱。那天一整天，阿拉伯抗议者和以色列安全部队之间发生了多次冲突，又有九名巴勒斯坦人死于冲突，受伤者有几十个。

正如预料的那样，这场可怕的大屠杀成了犹太—阿拉伯冲突中最为困难的时刻之一。它成为巨大的绊脚石，威胁到与巴勒斯坦的和平进程。

由于所有这些事件对政治、外交和安全造成了严重的影响和潜在危险，政府决定组成"关于希伯伦麦比拉洞大屠杀的全国调查委员会"。

总理兼国防部长伊扎克·拉宾并不赞成组成委员会，他认为那是个重大错误。他说："我们知道在希伯伦发生了什么事情，我们会改变那里的安排。委员会的程序会阻碍和平进程。调查会涉及军中的很多人，所有人都需要律师。但是政府成员有不同意见，所以，我是被迫决定成立调查委员会。"

委员会任命了五名成员，由当时的最高法院院长梅厄·珊迦法官领导。其他成员分别是艾利泽·戈德堡法官、阿卜杜勒·拉赫勒·佐阿比法官、梅纳赫姆·亚阿瑞教授和前总参谋长摩西·列维中将（已退役）。我发现自己第一次——不幸的是这不是最后一次——成为全国调查委员会的主要证人。

事实上，由于巧合，在大屠杀之前不久，我刚刚被重新任命为中央司令部司令。因为之前被任命为总理兼国防部长伊扎克·拉宾的军事秘书，10个月前我刚结束那份司令官的工作。

由于发生了特别悲惨的情况，我又被调回到中央司令部司令这个岗位上。我的职业生涯中发生过不少重大事件，每一事件总是始于早上或晚上一个尴尬的时间里打乱我家庭生活平静的电话铃声。这一次也不例外。

早在几个星期之前，1994年1月13日深夜，外面风雨大作，漆黑一片，我家的公务电话响了。我觉得它不会给我带来好消息，但是，万万没有想到电话线另一端传来的竟是如此糟糕的坏消息。给我电话的是行动联队的汇报员，他向我汇报了一起令人毛骨悚然的直升机失事事件，中央司令部司令内埃姆亚·塔迈里，我亲爱的朋友、一位获得勋章嘉奖的高级军官，在事故中失去了生命。

仅仅在10个月前，拉宾总理任命我为军事秘书，塔迈里取代我担任中央司令部司令。他短暂的生命旋律就在那个黑夜戛然而止，随他而去的还有他在以色列国防军漫长而丰富的服役生涯。

当时听到内埃姆亚会取代我成为司令，我非常高兴，因为我知道我把指挥棒传给了一个坚定忠诚的人，这是一个非常麻烦和紧要的职位。

内埃姆亚十分熟悉中央司令部司令这个职位，他在以前的任职期间，负责指挥系统的演练，所有的指挥系统在演练中都要进行测试，当时我担任司令，也要接受他的检测。通过操持演练，塔迈里见证了所有的联队和部队向中央司令部汇报的过程，这让他对司令部指挥系统的了解十分全面。

内埃姆亚是杜比克和谢伊·塔迈里的弟弟。塔迈里兄弟在伞兵和装甲兵部队服役多年，参加战斗，负责指挥。杜比克和谢伊在服役多年后退役，官至准将，年轻的内埃姆亚跟随他们的脚步，入伍当了伞兵，后来像他的大哥杜比克一样指挥总参侦察营。

在他服役的其他阶段，内埃姆亚指挥过一支伞兵预备旅（隶属96师）、正规农垦旅和正规伞兵旅（35旅）。内埃姆亚是唯一一位指挥过两个正规旅的军官，非常出色，深受赏识。然而，除了是一名战斗员和指挥官，他这个人给人印象深刻，他的出现总能给人带来欢乐。在以色列国防军，人们都认为他有一天会成为总参谋长。

不幸的是，那个冬夜我屋子里的电话铃声，把这一切美好的过往与未来都扼杀了。

那天夜里，内埃姆亚和他的办公室负责人以及他们乘坐的直升机的两名飞行员一起，在事故中丧生。几个小时之前，内埃姆亚要了一架直升机飞往正在实施行动的一个地点。回来的路上，直升机即将降落在耶路撒冷的指挥总部时，撞上了一根支撑高大的通信天线的金属线缆，落地坠毁，机内所有人员全部遇难。

这次可怕的事故之后，必须马上找到一个人取代内埃姆亚。那年的4月，事故发生大约三个月后，以色列国防军将要进行新一轮换岗任命。拉宾总理和总参谋长埃胡德·巴拉克不希望以色列国防军的高层指挥过早进入新一轮任命的旋风。而如果任命一位新的中央司令部司令，就可能会发生这样的情况。而且，并没有很多的军官自愿担当这个困难、复杂、高要求的职位。这就是为什么他们联系我，并要求我在未来的几个月回到我原先的岗位去的原因。事实上，有两个人比我领先几步。关于中央司令部的人员配置，我觉得左右为难。我决定推荐自己作为临时解决方案，直到永久任命出台。因为我想，国不可一日无君，家不可一日无主，在这样一个敏感的系统里，没有了指挥官，只剩下指挥部，这是前所未闻的。因此，我毫不含糊地答应了他们的要求。

回想起来，尽管这样紧张和巧合的境况让我回到了中央司令部司令这个岗位上，在这样一个多事之秋，对于恢复原职，我从来没有感到痛苦，从来没有问过自己为什么我要回来接手这个棘手的职务。当我问自己的时候，我会回答说，我确定我本应该答应完成总理和总参谋长给我的任务，和我是否后悔自己做的选择这个问题毫无关系。中央司令部的领导是清白的，在反恐战争中取得了巨大的成功，在这个困难复杂、问题成堆的时刻，我中止了自己原本的乐章，赴任中央司令部司令。

在离开中央司令部仅仅10个月后，我又回来了，我仍旧认识那些人，也知道需要处理的一些事情，并不需要入职流程，我很快就进入我的岗位工作中。

然而，熟悉责任领域及其种种复杂的问题并不能让我为1994年2月25日早晨在我眼前展开的希伯伦麦比拉洞以撒厅里的恐怖景象做好准备。

中央司令部司令这个角色要求办事谨慎细致，公正稳妥。一边是犹太定居者的需求和压力，他们要求采取更加强硬的立场打击巴勒斯坦人，另一边是公正的义务和责任，国防军有义务保护犹太人和阿拉伯居民的安全，维护他们的权利，两者必须兼顾；同时，要建立对两个群体都尽可能可持续的框架，需要将无辜的巴勒斯坦人和巴勒斯坦恐怖分子以及双方的不法分子区分开来。这是个复杂困难、严峻艰巨的任务，要求指挥部的长官经常参与指挥部的日常工作。

生活和工作在希伯伦、基尔亚特阿尔巴及其他一些地方的定居者，受救世主的热情所驱使，意识形态十分极端。这就要求犹太人和阿拉伯人的高层领导关系更加密切。

戈登斯坦的家人和朋友请求把戈登斯坦葬在希伯伦的犹太人墓地，然而，这不仅仅是安葬地址的简单问题，它所涉及的因素很多，所有的情况都要考虑周到。于是，我决定拒绝这个要求，因为我估计穿越希伯伦的葬礼将在犹太人和阿拉伯人之间点燃新的火焰，坟墓将成为两拨人之间不断产生冲突的摩擦点。

我同意将戈登斯坦安葬在基尔亚特阿尔巴，在一个根本没有阿拉伯人居住的犹太人的定居点。这个决定引发了右翼活动家的批评，包括威胁、反对和请求，直到惊动总理兼国防部长，但是我的决定得到了支持。

大屠杀事件之后，调查委员会的准备工作启动。和拉宾一样，以色列国防军的很多人对于组建委员会的决定感到很失望。高级官员们抱怨说，他们手头堆满了工作，他们还得雇佣律师，准备记录，还原事件经过。然而，一旦决定成立委员会，很显然，每个人都要与其合作。

正如他们的岗位要求他们的那样，指挥官们想发起行动，作出决定，而其结果可能会是失败。毫无疑问，大量的调查委员会，或者以色列国防部之外的其他的委员会，构成一个可以否定他们的意愿、意志和独立性的外部力量。军事生活和形势是块沃土，滋生出许多不确定的、令人意想不到的或是令人困惑的时刻，需要在短期里根据情报作出决定，那些情报只有在关键的一刻才显露出来，而且通常是片面的，甚至也许不完全准确。在这种情况下，没能作出决定的指挥官可能酿成大祸。我指的决定是，例如，什么时间开火，什么时候发起冲锋，是否继续跟挟持着人质的恐怖分子谈判，还是不顾救援队员和人质安危强行进攻，以及类似的情况。指挥官由于担心未来的调查委员会，可能在决策过程中将不相干的事情纳入考虑之中。出于害怕他们的决定结果可能需要他们出庭作证或接受调查，他们可能不会采取那些需要采取的行动。

解决方案是建立一个与民事司法系统脱钩的军事司法系统。问题是，两者的界限多次被逾越，应该在军事调查或侦察中处理的一些问题，却由以调查委员会、民事法庭或最高法院形式出现的民事审理委员会处理。当然，必须确保维持适当的行为规范，保证那些犯错违规之人被绳之以法。但这需要在行动框架内完成，因为军事生活的现实情况往往让官兵们处于只有在军事环境下才有的局面之中。

我们必须作出巨大努力，使各层级的军官们能够重新获得有人在支持他们行动的感觉，他们没必要随时带着律师进入战场，有些情况下他们要有能力作出决定并承担他们估算的风险，要避免他们在这种情境中作出妥协。

要打造一个更好的、经验更加丰富的指挥链，就得承认一个事实：不应该把婴儿连同洗澡水一同倒掉，就像应该了解英国和日本方法之间的区别一样。在日本人的传统中，一个错误导致剖腹自尽，而英国人相信要从错误和贯彻实施结论中吸取经验教训，疏忽大意或抗命行事除外。

调查委员会总是会在相关人员中间引起骚动，因为即使是牺牲上司、下属或同伴，每个人都试图提供不在场的证据。即使会使其他人受伤，也会有一种揭发隐私的气氛，因为这通常是咨询律师为他建议的方法。然而，我很高兴地说，在这件事情中，在旅长及以上高级军官中间，并没有出现这种现象。自高层开始，从国防部长和总参谋长，到中央司令部司令，一直往下，都有一种支持感。因此，这个专心致志、非常专业的委员会几乎没有火花飞出。

委员会将关注点集中在两个主要问题上：麦比拉洞的保安问题以及与此类事件有关的情报预警。3月8日，星期二，在耶路撒冷的最高法院，委员会开始听取我的证词，从早晨8点半开始，持续了四个小时。

我证词里的一个热点见解是：大屠杀本来是应该可以预防的。我认为，如果按照书面的材料实施麦比拉洞的保安计划，如果保卫周边地区的力量——应该包括了18个人——全部上岗的话，大屠杀本来是可以预防的，或者至少杀人犯会发现很难实施他的行动。而且，袭击发生时，在麦比拉洞内，与下达的命令相反，只有四名边防警卫兵和一名军官在场，而一半的武装力量，包括三名边防警卫兵、一名士兵和一名平民警察不见踪影。

我相信，排长或小队指挥官有责任履行职责，而且，我也相信我们绝不能让他们推脱责任。

如果这是一种系统性的问题，一种可适用到所有单位的模式，那么，指挥官也是有过错的。然而，如果这是独立的事件，调查委员会调查并发现发生这一事件是因为同一个早晨发生了悲惨的巧合，而且，在整体上并没有反映什么问题，那么，就不应该让指挥部较高职级的人承担责任。

在听证会快结束的时候，我被要求再一次证明我曾担任总理兼国防部长的军事秘书这一角色，要求我对辛贝特局长雅科夫·佩里和警察局长拉菲·佩雷德的证词发表评论。因为在他们的陈述中，提到了有一段时间我是军事秘书。在我的第一份证词中，我说，作为司令官，我没有接到警告说一个犹太定居者可能实施这种恐怖袭击，辛贝特没有发出这样的一个警告。在我的第二份证词中，我补充说，在我担任军事秘书期间，和辛贝特的局长一起参加了总理的会议，我也没有听说过这样的一个警告。

我要求闭门作证，因为我在讨论我作为军事秘书的角色和现身总理办公室的事情。在我的证词中，我讲述了两个主要问题：有关针对阿拉伯人的犹太恐怖主义，我是否有早期的信息或任何专门的警告，是否曾经讨论过这种可能性。

我说，在我担任中央司令部司令和军事秘书期间，从来都没有讨论过这种可能性。我告诉他们，情报从来都没有达到总体上会发生犹太恐怖袭击的警告水平，没有特别提到有关希伯伦目标的恐怖分子意图，当然，也没有提到麦比拉洞或除了圣殿山以外的其他圣地。

我说，我重新回到中央司令部司令岗位后，我知道辛贝特正在追踪出自极端民族主义右翼的暴力团伙，如果需要，辛贝特会采取行动防止犹太恐怖主义。

在大屠杀之前的一个月，我又一次拣起指挥工作，我遇到了基甸·埃兹拉几次，他是辛贝特在耶路撒冷和西岸地区的负责人，我也遇到了许多情报协调员。与这些人所有的会面、讨论、面对面谈话或电话交谈中，我一次也没有收到过关于针对阿拉伯人的犹太恐怖主义的任何种类的警告或情报。

我们根据情报、历史发展以及以色列国防部、民政部门、辛贝特和警察局的很多不同官员间的紧密联系，以及当地阿拉伯和犹太民众之间的联系，对形势作出了评估。由于这个地方由以色列国防军控制，从来没有人提到犹太恐怖主义的可能性，并且，27年来这种可能也是前所未有的。此外，犹太人对阿拉伯人犯下的罪行主要表现在破坏和平。因此，我相信，希伯伦的大屠杀是一个个人实施的疯狂行为，不可能预料得到，所以也极难预防和阻止。

作证期间，有人问我为什么没有规范以色列人行动的规则。我回答说，现实没有设定这样的要求；但是进一步强调说，我们同样也没有针对士兵和其他安全服务人员的行动规则。然而，如果一名士兵危及一些对他们自己没有威胁的士兵或平民的生命，他的同伴必须采取行动，甚至开枪，以防止犯罪事件发生。

犹太定居者非法使用枪支案件是按个人问题处理的，从1993年初开始，西岸大约有100名以色列人的枪支被没收。1991年，在几个不同的地区，包括麦比拉洞，我给一些以色列人颁布过禁枪令。

执法不实是妨碍消除犹太人针对阿拉伯人的暴力行为的另外一个重要问题。1991年12月，总检察官杜瑞特·贝尼举行了一次关于警察和军队处理犹太人在西岸犯罪问题的讨论。由于我们在处理这些定居者的时候遇到了麻烦，所以，我倡议举行这次讨论。有一种现象不断重演：可以提出指控，但不提；甚至裁决"有罪"，惩罚却荒谬不堪，所以调查根本就不是调查。

面对国防部长、警察部长和司法部长，贝尼要求他们把注意力转向这个地区的以色列警察，他们人员不足，状态也不好。他用这些话结束了讨论。贝尼写道，这种情况将迫切需要我们给警察补充人力以发挥其作用，维护法律和秩序，采取行动打击犹太和阿拉伯不法分子。我也认为，没有其他的办法，只能大规模地增加警力。我说过，军队经常被派来援助日益减少的警察部队。我要求通过对不法分子的判决提高威慑力。

1993年11月，我已经担任军事秘书，当时拉宾召集了一次讨论，主题是"警察和安全部队如何处理西岸的犹太定居者"。大部分讨论都致力于寻找对付阿拉伯人恐怖主义的方法，但是，当犹太暴乱分子做得太过分的时候，我们再也不能袖手旁观，我们需要找到方法结束犹太人对他们的阿拉伯邻居的袭击，他们自己也经常会找安全部队的麻烦。

许多时候，部长们和实际负责法律与秩序的不同部队的军官们只是说，在西岸地区对犹太人采取执法行动是件急不得的事情。

很多时候，定居者采取暴力行动，诅咒士兵，对保安部队进行人身攻击。我们开始使用摄像机记录犹太人或阿拉伯人爆发的骚乱，以便在法庭上有据可依。尽管警方会收集证据，士兵们也会将对违法居民的投诉归档，但是警方几乎没有真正调查过这类事件。在许多案子中，即便花了很长时间调查，出具了一份起诉书（如果有的话），但提出指控后，所给的惩罚十分可笑。结果，很难让定居者服从法律和秩序，因为他们觉得，是他们在左右局势。我发现，我们和定居者在各个山丘玩猫与老鼠的游戏。比如，早上来了一份报告，说在某个山冈上有辆大篷车，要求我们帮忙挪开，不要挡在别人的大门口；每天，士兵们都会开始类似的新一轮追逐。他们本应该致力于打击恐怖主义，却忙碌于越过一个个山冈去追赶非法的大篷车。

拉宾对这种现象感到愤怒，他不止一次冲出席政府工作会议的总检察长大发脾气，要求他彻底检查法律体系和警务人员，使西岸的行政和执法系统更加有力。

在政治和意识形态方面，关于犹太人所犯的错误，警察和法院的所作所为使以色列国防军和辛贝特在西岸的工作变得非常困难。我的态度过去是这样，现在还是这样。

这是令人非常沮丧的。例如，很多次，我试图颁布禁令，禁止莱维格拉比离开希伯伦，因为他到处挑衅。由于担心泄露这些材料的来源，辛贝特没有出示这些原本可以作为颁布禁令依据的材料，我没能成功地驱逐莱维格拉比。这是众多例子中的一个。

早在大屠杀之前的1989年，就已经开始调查犹太人的违法行为，99项调查还在进行当中；11项调查已经停止，理由是缺乏证据、公共利益缺失或停止进行诉讼；还有9人倍被宣布无罪。作出有罪判决的24例处罚均为罚款或有条件监狱服刑。在有条件监狱服刑的案例中，有一个案例的最终结果变成了罚款，而不是有条件监禁；只有6个案例的当事人最后真的入狱；另外两例连判决都没有，就在假释期终止了。

接受调查的案件多种多样：暴乱、打破窗户、在市场里掀翻商店的东西、对阿拉伯人采取暴力行为或挑衅、非法使用枪支、破坏和平、挑衅及攻击士兵和向阿拉伯人开火。

我相信，这样对待西岸的犹太不法分子，没有任何有意义的变化。直到今天，对他们采取的执法手段都是有问题的。

珊迦委员会指出，安全部队没有预料到在山洞里会发生大屠杀，不管怎样，没有发出马上就会发生屠杀的警告。1994年2月25日之前的一个阶段，关于在麦比拉洞对阿拉伯人的恐怖袭击，安全部队没有具体预测到，那没有错。因为，在任何情况下，要预防一个阿拉伯人或犹太人精心策划的恐怖袭击，概率非常低。

委员会声称，多年来，山洞的安全防卫已经得到加强：一支正规军替代了一个以色列国防军预备连队，一队边境警卫也已经起了加强作用。我也命令一位平民警察驻扎在山洞里，作为对周边安全部队的额外增援；而且，旅长已经下令白天在山洞外增加一辆巡逻车。

委员会得出结论，戈登斯坦是大屠杀的直接责任人，在大屠杀中有人员未在岗只不过是一个悲惨的巧合，其根源在于不同队伍之间协调不当，其中一些保安人员纪律水平低下。

委员会决定，必须公布明确的、可以理解的上岗规则，其措辞将比照以色列法律；对于在西岸充当法律卫士的士兵们，作出必要调整。对于任何违反法律的人，其执行必须有力、果断、公正。

为了避免两拨居民在这个地方接触，委员会建议改变麦比拉洞里的犹太人和阿拉伯人的祈祷安排。有人建议，将时间或地点岔开，以便犹太人和阿拉伯人能够各自祈祷，相互分开。

我建议将时间岔开。我想，我们不能依靠建筑内部的空间隔离，因为这很容易导致规则遭到破坏，人们会在现场发生接触。因此，我建议只分割时间，当阿拉伯人正在祈祷的时候，不允许犹太祈祷者们进入，反之亦然。

委员会进一步建议，让正规军事单位或预备部队承担洞外的安全保卫，而洞穴的内部和外部出口由一支将充当"洞穴卫士"的特种兵部队守护。他们建议，除特种兵部队外，严格禁止平民或士兵携带武器进入洞中。他们进一步建议安装监控和警报装置，对每一个人平等执法，同时，强调警方将承担这一责任，并建议增加警察的预算以及在此区域增加人力。

之后的短短数月，人们从可怕的大屠杀中获得了不少教训和建议。在制定了相应的措施后，洞穴又一次对祈祷者开放。

然而，这些变化和改进都不能赎回谋杀无辜人民的耻辱和恐怖：他们正跪着向造物主祈祷，背对着杀人犯，万分无助，悲剧就此发生。一个人竟能够造成如此大的伤害、痛苦和悲哀！不幸的是，事实证明，这不是最后一次。

第10章

拉宾之死

1995年11月4日，将近午夜，我走进特拉维夫爱奇洛夫医院创伤中心的手术室。已故的伊扎克·拉宾躺在房间中央。他的下半身盖着东西，身上没有明显的受伤迹象。他表情安详，脸色苍白。房间里异常安静。

我看着他的脸，我知道，直至我生命终结，拉宾遗体的景象将始终萦绕着我，同时还有一种感觉：他的死亡是个人的损失，也是国家的损失，在这个国家居民们的生活中，那将永远地标志着一个时代的终结。他把他全部的生命献给了他的人民，而在我的生命里，我跟随他度过了那些激动人心又性命攸关的年头。

拉宾是以色列最后一批伟大的一代人中的一位，他的逝世使以色列国家失去了一位伟人；我与拉宾相识多年，他的逝世使我失去了一位领导、一个朋友和一名导师。

1964年，在一次总参侦察营的行动中，我和伊扎克·拉宾第一次见面，当时我刚加入那支部队不久。在那些日子里，作为这支部队的一名士兵，我必须完成训练，我的任务是保卫前线指挥室，伊扎克·拉宾参谋长和其他高级军官们坐在里面。我从远处看见拉宾，当然，我们没有交流只言片语。我们之间有一整套职衔和位置的等级制度，我无法想象有一天我会有机会和这样一位身经百战、经验丰富的人一起工作，而这将成为我生命中最重要的经历之一。

后来，我成了一名合格的战士，在参加部队行动的时候经常遇到他。拉宾忠于职守，对士兵们负责，在部队开始行动之前，总是前来和大家告别，当他们返回的时候，也总是前去欢迎他回来。

我们之间的第一次个人会面很短暂，发生在我服役大约一年以后的军官课程结业典礼上。我以优异的成绩完成了课程，伊扎克·拉宾总参谋长给我颁发排长的徽章。在未来，他也会给我颁发参谋长的奖章，表彰我在敌后行动中的功劳。

在这之后，我成了总参突击部队里的分队指挥官，在带领我的士兵们去执行任务的时候，我们遇到过很多次。这些见面都是因为军事或是职业要求，没有个人的因素在里面。

达利亚·拉宾是伊扎克的女儿，当时和我在一个部队服役，通过她，我与拉宾开始产生一种不同类型的联系。达利亚和我过去是好朋友，现在还是。亚伯拉罕·本·阿奇是从这支部队出来的一名军官，达利亚嫁给了他。在他们的婚礼上，我第一次和拉宾以及更多他的家人产生了联系。

在"赎罪日战争"中，我担任坦克195营的副指挥官，在西奈进行战斗。营长是尤兹·列夫楚尔，旅长是达恩·肖姆龙（被称为"铁脚印旅"）。期间，有一次，战斗正在激烈地进行，通讯电台传来一声呼唤："丹尼，我是本·阿奇。"

本·阿奇完成了他在装甲部队的职业培训，征募了一个坦克排，有三辆坦克的装备。他的坦克排移动到了我营所在的战斗区域。我们伤亡惨重，急需坦克和人员支持。本·阿奇通过无线电报名加入了我们，我们张开双臂接受了他。从那时开始，他的排是营中不可分割的一部分，参加了各个阶段的战斗。

和埃及人在第101公里处签署停火协议后，尤兹·列夫楚尔被任命为162师的高级助理参谋长，我则取代他成为营长。本·阿奇在我指挥下的一个营里当连长，伊扎克的儿子尤瓦尔·拉宾在同一个营里当排长。

有很多次，我打电话到他们房间里去找本·阿奇连长或尤瓦尔·拉宾排长的时候，听到从电话线的另一端传来伊扎克·拉宾熟悉的声音，当时他已是总理。

1984年，民族团结政府形成之后，拉宾被任命为国防部长。很多年以后，我们开始一起工作，我们之间有了更深的了解。在那些日子里，我做过一年摩西·阿伦斯的军事秘书，他是拉宾之前的国防部长，拉宾实际上是从阿伦斯那儿"继承"了我。这就是为什么在他被任命为国防部长的消息一公布，我就打电话到他家去的原因。在恭喜他获得任命以后，我问他，如果我继续待在我的岗位上，他是否有意见。在那些年里，我们之间一直是直来直去、真诚相待。这个问题来自我的个人理解，对我来说，我并不确定他会把我留在那个岗位上，因为我是他的前任所挑选的人。我立刻就获得了一个确切的答复："我需要你留下来。"

在国防部，我们从1984年年中共事到1985年年中，工作非常紧张。在这一年里，和拉宾在一起的时间超过了我和妻儿在一起的时间，我们形成了非常紧密的联系，超越了代沟和经验差距。这帮助我们建立了共同的语言和高效、相互信赖的工作关系。

拉宾成为国防部长的时候准备充分、经验丰富。他是个真正的专业人士，记忆力惊人，忠实可靠，十分聪明，反应敏捷。同时，他非常明智，他的人生经历让他头脑冷静，他的出现让周围的人感受到一种威慑和平静。

一旦他来到国防部，那个地方就充满了一种感觉——一个不容置疑的军事专业权威人物已经到来。

对于他的下属来说，他是一位最高级别的军事、外交和安全方面的权威人物。从他指挥下的总参谋长摩西·利维再到达恩·肖姆龙和埃胡德·巴拉克，到最后的前线军官和士兵，对这一点都有强烈的印象。

以色列与黎巴嫩冲突不断，伤亡惨重，但拉宾是中流砥柱，每一个人都有那种感觉——他是一个可以依靠的人。从他工作的第一天起，他就深入研究大堆的情报资料，并在短时间内就掌握了情报、地形、部队和指挥官。除了他的专业和知识，拉宾还小心谨慎地开展关于黎巴嫩和西岸的无休止的深度讨论。这些都是非常复杂的事务，可以听到相关的各种各样不同的观点。他经常会询问和聆听，从不急于作出决定。他过去常常说："我们需要决定的时候会决定的，与此同时，我们将收集更多的信息。"

他会对每次讨论作出总结，下达明确并具体的指令，以便每个参与者都准确地知道自己必须做些什么，一直做到什么时候。

几年以后，在他总理兼国防部长的任期内，我担任他的军事秘书。他指挥下属的时候充满了威慑感，做事十分严谨，不留一点误解或曲解的空间，一次又一次给我留下了深刻的印象。

和阿伦斯一样，拉宾一到岗就立刻热情地投入黎巴嫩事务中去。他不得不在这一事务上投入大量的时间，因为各种事件、爆炸、恐怖袭击、针对以色列国防军或南黎巴嫩军队的报复行动接二连三。任何跨越以色列边界的行动或在安全区北面执行的行动都需要得到拉宾的批准，而他每走一步，方式都很独特。在审批行动的时候，他的指挥突出显示了他拥有丰富的军事经验，熟悉地理情况，审时度势，运筹帷幄。小到最细微的细节，从小队的疏散地点，到每一个观察哨的位置，他都加以操练。他的意图是确保计划得当，所有确保行动成功的因素都要考虑在内，要采取一切措施保证我们的队伍安全回家。士兵们安然无恙一直是他最关心的事情，对他来说也是最关键的问题。因此，在他身边，最困难的时刻是当他得知我们的队伍有伤亡的时候。

传递伤亡消息是我工作的一部分，有时是在深夜的电话里。汇报一场伤亡事件后，电话线的另一端会出现长时间的沉默，然后，他会要求我了解事件的详细情况。紧接着，他会立刻要求尽快前往出事地点。

当我不得不面对面地告诉他伤亡情况时，他获悉消息时十分伤心痛苦的表情清晰可见。他会点燃一支香烟，身体缩成一团，快速地紧抽几口，然后立刻急切地提出一连串的问题：这是怎么发生的？为什么？什么时间？怎么会这样？一如往常，他会立刻要求动身前往那个地方："因为我想去那里看看发生了什么！"

到达事发地点后，他会初步询问任务执行情况，期间，他想要知道他能够知道的每件事情：恐怖分子正躲藏在哪里，我们的军队在哪里，谁第一个开火，后来发生了什么，帮助撤离的队伍什么时候出现的，他们花了多长时间抵达，以及伤者是如何治疗的。

和参加战斗的士兵及指挥官们见面结束时，他总是和他们一一握手，拍拍他们的后背，说几句支持鼓励的话。

拉宾明白浴血奋战结束是什么滋味。他经历过失去亲人、失去战友的痛苦，深知士兵们和指挥官们的感受。然而，他不会听取肤浅的调查。他要求调查要严格、不加掩饰，那些被发现有不当行为的人要接受应得的惩罚。

我记得，有许多次他调查回来，沮丧地用手击打桌子，对我说："本来可以不是这个样子的！"

由于拉宾有个特别的弱点，他非常热爱士兵，以及安全部队的战士，所以在专业方面和个人方面也一样有很多挫折。他喜欢去观看现场，也常常会这么做。与战斗部队在一起，参加军事演习时，他的行为是最自然的、最放松的。我可以看出，那里是他真的感到自在的地方，与在国防部、政府部门和议会的各种讨论相比较，他发现他更喜欢这种时刻。

拉宾深受官兵爱戴。他对待他们像父亲一般，说话和蔼可亲，关心无微不至，从服役条件到行动准备工作，与他们相关的每一件事情他都感兴趣——他们是否有足够的食物，他们是否感到寒冷。他把安宁、和平和安全送到他们身边。

巨大的年龄差距并没有阻止他和士兵们平等交流，他能与他们长时间谈话。尽管他很腼腆，但他很容易与他们建立友好关系。年轻士兵们和他在一起感到很轻松安宁，和他说话可以说很长时间，他们问他各种各样的问题，他总是开诚布公地详细解答。

他还通过给被俘人员家属和在战斗中失踪人员的家庭、遇难者家属和受伤人员带去特殊的温暖，表达对部队的爱护和关心。拉宾经常会去医院探望伤员，与阵亡者家属及在战斗中失踪人员的家属见面。我甚至都不记得有一个这样的家庭，他们要求和他见面，但遭到拒绝。他知道以后，总是立刻安排时间接见他们。自然，与战俘家属和在战斗中失踪人员的家属见面，通常很困难、很复杂，家属们有很多抱怨的话，会埋怨政府为让他们的儿子回来做得还不够多。

即使有时不能安抚他们，不是每个问题都有答案，他也会耐心安慰他们，带给他们一种感觉：以色列国防军和安全部队正在尽一切可能去发现他们至爱的人发生了什么事情，并把他们带回家。

拉宾对每一位受命参战将士的生命和命运负责，为这个原因，他从未停止无限地耗用资源，不惜一切代价。拉宾的一些努力获得了成功：士兵何姿·沙伊在（黎巴嫩）苏丹雅各布的行动中失踪，但几年后他平安地回到了家；祖哈·利普希茨的尸体也送了回来；在黎巴嫩战争中被捕的八名农垦士兵也一样——根据贾布里勒协议，5000名恐怖分子获得释放，以换取八名士兵的自由，尽管受到公众的严厉批评，拉宾还是坚持执行这项协议。

然而，拉宾花费巨大努力要带回家的四名士兵还是没有回来：三名士兵在苏丹雅各布的战斗中失踪，他们是扎迦利·鲍梅尔、兹维·费尔德曼和耶胡达·卡茨。还有国际宇航联合会的领航员罗恩·阿拉德，他于1986年10月在黎巴嫩遭到逮捕。在以色列的一次空袭中，阿拉德的飞机飞抵黎巴嫩靠近祖尔的地方时被击中，他弃机跳伞，落入了阿迈勒运动组织的手里。他最后的生命迹象出现在1988年，根据以色列的说法，阿拉德后来被转移给了伊朗人。

拉宾尽一切努力获取情报，促成释放囚禁和失踪人员的谈判。1989年7月，在他担任国防部长的第一个任期内，谢赫·阿卜杜勒·卡里姆·欧贝得被总参侦察营在黎巴嫩绑架。谢赫·欧贝得是真主党策划袭击以色列的核心人物。他是黎巴嫩南部伊斯兰抵抗运动的指挥官，也是真主党什叶派神职人员革命理事会成员。欧贝得参与了针对以色列恐怖袭击的资金分配以及武器转运，参与策划恐怖行动，包庇恐怖袭击的肇事者。他在人们心目中是位富有魅力的宣教士，招募了很多支持者与以色列作斗争。他使真主党的恐怖主义合法化，把它当作宗教权威。拉宾下令抓捕欧贝得，作为让罗恩·阿拉德回来的谈判筹码。

1994年5月，在他总理和国防部长的第二个任期内，伊扎克·拉宾批准绑架穆斯塔法·迪拉尼。迪拉尼以前是（黎巴嫩）阿迈勒运动组织安全机构的负责人，他与亲伊朗的组织建立了联系，其中一个是真主党。阿迈勒运动领导人纳比·贝里反对这些联系，于是迪拉尼遭到了罢免。此后，迪拉尼和其他一些被开除出阿迈勒运动组织的官员一起，建立了一个名叫"相信抵抗"的组织。迪拉尼组织最初的行动之一是从阿迈勒运动组织的手里绑架罗恩·阿拉德。有一种说法，罗恩·阿拉德被迪拉尼转交给了伊朗人以换取赎金。另外一种说法是，罗恩·阿拉德被迪拉尼藏在巴贝克地区的巴尼希特村庄里，结果在那里被伊朗革命卫队绑架。就以色列而言，迪拉尼已经挟持了阿拉德一段时间，并负责以某种方式将他移送给了伊朗人。当时拉宾说，这次行动也是由总参侦察营实施，其目的是尽一切可能，采取一切措施，深入了解罗恩·阿拉德的状况。

处理诸如战俘和在战斗中失踪人员以及部队士兵的问题，反映了拉宾的人性和非常柔软的一面。尽管他年事已高、经验丰富，官至总参谋长、大使、议会成员、国防部长和总理，但是一直到生命终结，他都是个非常腼腆的人。不了解他的人会错误地认为他冷漠傲慢。

事实上，他的害羞让他出现在陌生人面前时感觉不舒服，但是与那些身边的人和亲密的人在一起的时候，他就放松下来。只有在家的时候，家人和好朋友环绕着他，你才可以看见他无拘无束地哈哈大笑。

外人很难进入拉宾的小圈子，其中只有几位已经获得他信任的亲密朋友。他生性多疑，要赢得他的信任不容易，如果有人辜负了他，又很容易失去他的信任。然而，一旦他相信某个人，他就会推心置腹，视为知己。

拉宾第一次登上国防部长这个位子时，有一群多年的同伴，包括埃坦·哈贝尔、西蒙·谢夫斯和尼瓦·拉尼尔。这群人积极维护其在拉宾圈子中的位置，使得进入这个核心圈更加不容易。虽然一开始我不是这个核心圈的成员，但是很快我就加入进去，从那以后，我们的关系逐渐紧密。

我和拉宾的关系变的紧密，大部分原因是因为疯狂的、不间断的工作和越来越广泛的共同经历，包括同甘共苦的经历。一天又一天、一夜又一夜，在各种紧迫和严峻的形势下，我们在一起工作，几乎需要24小时保持联系。

如此紧张的工作会导致相关人员进入极端状态，有的联系特别紧密，有的激烈争吵，有时甚至发生危机和分裂。我觉得我很幸运，拉宾对我另眼相看，给我的感觉是他完全信任我。

　　在我看来，拉宾对我的评估是，我过去总是告诉他我在想些什么，而不是在想他会喜欢听什么，我就是那样做的。他认为我是个忠诚的助手，一个正直而不爱耍手段的人。他相信我不是一个利用我与国防部长和总理的亲密关系来赢得个人功利的人，他总是凝神倾听我说话，对我在以色列国防军野战部队各种各样的战斗以及不同指挥岗位经历中所获得的各种知识大加赞赏。

　　拉宾担任国防部长期间，我当他的军事秘书将近十年。之后，1994年4月，我又回去填补了他身边军事秘书的空缺。但是这一次，我已经是少将，那是拉宾总理和国防部长的第二个任期。

　　我被任命为总理兼国防部长的军事秘书，这很独特，因为长期以来，获任命的军事秘书一直是准将级别的军官。拉宾觉得，由于他同时担任总理和国防部长，那么，他有必要有一个少将级别的军事秘书。由于身为总理同时也是国防部长，拉宾明白他将要应付动荡的时势和严峻的挑战，要全神贯注处理安全问题。这是个多事之秋：和平进程已经启动，南黎巴嫩前线没有片刻的安静，哈马斯和伊斯兰圣战组织并没有停止破坏和平进程的企图。最重要的是，作为总理兼国防部长，拉宾负责的国防工作范围非常大，包括以色列国防军、摩萨德、辛贝特、境内政府活动协调委员会、原子能委员会、国防部和国防工业。因此，拉宾决定，他身边应该要有一个在这些事情上可以帮助他的有用之人，这在我看来是有道理的。总参谋长埃胡德·巴拉克从大局出发，也希望参与到与军事相关的政治进程中，他意识到这些问题应该在总理办公室内妥善处理，这很重要。

　　事实上，我不是一个低级的军官，在这样一个动荡时期，我是中央司令部的司令，一名少将。我以前就认识拉宾，在我以前的岗位上，我已经获得了他的信任，这些是他特意找我的根本原因。

　　拉宾决定，我除了要负责军事和安全事务外，还将协调总理办公室所做的和平进程工作，以及和美国的关系；并且，就这些问题，我将与所有部委联系。在我的职责范围内，我参加了拉宾处理外交和安全问题的所有会议与会晤。

　　在我的建议下，从一开始我们就一致同意，除非发生特殊情况，总理不会独自与高级官员进行面对面的会谈，而是会当着我的面，并做好记录。过去发生了几次小插曲，总理和高级军官及高职官员碰面后发生了争执，往往还相当严重，这与他们在那里所说的话、所作的决定有关。随后我就和他讨论了这个问题。我要求拉宾确保我出席这些会议，同时，要把会议情况准确地记录下来。拉宾同意了我的建议。

　　大部分的程序都是机密的，归入秘密档案，评估依赖的大部分材料是由辛贝特、军事情报部门和摩萨德提供的情报资料。只有少数人接触到这些事情，拉宾了解我，知道我会酌情行事，我将参与这些讨论，这让他感到轻松。

　　对我来说，填补这个位置意义重大，因为我明白我在盼望着一个有趣的角色，参加以色列国最高层次的防御和外交决策过程，这个过程激动人心。我认为，如果我能为作出正确决定作出贡献，哪怕只是一点点，我将会是在履行一项非常重要的使命。

　　而且，我很高兴和拉宾一起工作。我欣赏他，非常喜欢他，我们已经成为亲密的朋友。我们彼此感到很自在。我知道拉宾是总理，也是国防部长，我很有信心，因为我想他是这份工作的最合适人选，我相信他的方法，我想要自始至终地协助他。

　　我觉得，与这个非常特殊的人一起工作，接触到总理处理关于和平进程以及外交和安全的其他问题，所有这一切开启了我生命中非常激动人心的一段旅程。情况确实如此。

　　多年前，他是国防部长的时候，我就认识到他的品质。作为总理，他展示了同样的品质。这一次，他的专业精神和政治经验与另外一个超越了安全问题的国家责任结合在一起，一个男人庄严地处在他生命中第七个十年里，身后有战争的累累伤痕，胸中有实现和平的坚定决心。

　　我参加了大部分的政府会议，还有一部分他和部长们的工作会议。我又一次开始认识到，他在政府内部的行为如何使他成为部长们心目中的权威人物——他是领导和知识的源泉，他们从来都没有质疑过这一事实。

　　按照他的习惯，拉宾很快就深入研究了各部委的各种问题，并获得了广泛的了解。

　　为了兑现选举中他作出的承诺，他把注意力集中转向促进和平以及彻底检修国家重点项目，就是把预算中的大部分资金用于教育、福利和在绿线以内的基础设施建设，减少朱迪亚、撒玛利亚和加沙地带的基础设施拨款，削减国防开支。

　　拉宾认为教育是以色列社会力量和未来成就的关键，他将最大的预算划拨给教育，甚至比国防预算还要大。他和住房部长本雅明·本—埃利泽一起，直奔长期遭到忽视的道路系统建设，在三年里几乎改变了整个国家的交通运输系统，建造了现代化的道路基础设施，缩短了边远地区和以色列中心城市之间的旅行时间。

　　在经济增长的背景下，与我们邻国的和平谈判取得了进展，与该地区的几个国家建立了新的联系，拉宾赢得了永恒的荣耀。与外国领导人的会晤中，人们给予他敬畏和赞赏，这经常让我感到震撼。

在这种情况下，最值得关注的是拉宾和美国总统比尔·克林顿建立的关系。两个人的关系非常奇妙，那种程度甚至让人认为，克林顿把拉宾看作他从未有过的父亲形象。看到自由世界的领袖、世界上最有权的一个人和中东地区的一个小国家的领导人谈话时，认真专注，洗耳恭听，这真的太令人惊异了。

那个世界领袖怀着真诚的兴趣和尊敬的情感仰望着拉宾，这种情景似乎出现在另外一个世界。但是，对我来说，这看起来完全是自然而然的，几近平淡无奇。很明显，在拉宾面前，即使是世界上最强大的人也不能漠视他所负载的分量、他的生命历程、他的政治和军事智慧，以及他的个性。

两个人形成了一种非常特殊的联系，甚至他们的肢体语言也表达了这种关系。我了解拉宾，我可以轻松地分辨出他是否感到自在。众所周知，拉宾是一个非常内向的人，不会公开表达自己的情感，但很明显，和克林顿在一起，他感到舒坦自在。他们见面时，有时好像拉宾是领袖，美国总统是他的下属。克林顿赞扬了拉宾的勇气和远见，总是说，自己从他身上、他的经验和领导才能中学到了很多东西。

我认为，在拉宾身上，克林顿看到了自己没有实现过的、持久致力于国家安全的英雄和军事领袖形象。克林顿也把拉宾看作一个经验丰富的、勇敢的、值得他学习的政治家。他欣赏拉宾的诚实真诚、直来直去的秉性——拉宾是个不拘礼节的总理，总是立刻就把事情摊在桌子上。克林顿也钦佩拉宾惊人的记忆力：他不会携带文件，除非十分有必要。他演讲起来总是井井有条、透彻深入。

拉宾倾向于主导谈话，大部分时间总是他在讲。在会面期间，他立刻就会在交谈中"掌握主动权并引导"谈话。有时候，我们会递给他一张便条，以提示他我们应该也听听对方的意见；然后，他会立刻记住便条上的内容，停止说话，让对方适当地讲一讲。克林顿非常欣赏拉宾，认为他是一个完全可以依赖的人，他知道，与拉宾的任何协议都会按计划实施。

可靠和诚实的品质在美国人的传统中占有很重要的分量。就他们而言，一旦发现你说了一次谎话，你就已经失去了所有的信誉。克林顿对拉宾的评价，混合着以美国为代表的国家对于犹太人民和以色列的存在及安全所抱有的至深的承诺，不仅是该国对以色列的政治责任，还包括宗教教育。克林顿相信犹太人民对人类历史作出的贡献和意义。

　　拉宾逐渐开始欣赏这位年轻的美国总统，欣赏他的正直、他的智慧、他对会议上所讨论问题的详细知识、他了解复杂的中东局势的能力，以及试图解决阿拉伯和以色列的冲突所投入的大量时间和精力。

　　从这个国家的第一天开始，直到本雅明·本—埃利泽的任期，哈伊姆·以色列一直担任历届国防部长的助理。在2002年夏天为他举办的告别聚会上，前总统伊扎克·纳冯发了言。发言中，纳冯提到了他和国防部长、第一任总理大卫·本—古里安一起工作，说他不像其他的领导人，越是接近他，就越发现他有个性。与伊扎克·拉宾一起工作，我觉得他同样如此，世界上很多人也有这样的感觉。

　　在他遇刺两周前，在纽约举行的纪念联合国成立50周年大会深刻地表明了世界各国对拉宾的钦佩。各国领导人从四面八方来到纽约参加这一盛会，一个奇观不可思议地出现在我们眼前——我们以前从未见过类似的场景。我们见证了世界最高领袖们和正在崛起的一些国家的统治者们前往拉宾的房间"朝圣"，寻求他的青睐，向他提出请求，这说明他对全世界的领导人影响巨大，特别是美国总统克林顿试图在拉宾紧张的时间表里挤进五分钟，我们通常被迫拒绝这些要求。这是在和平进程的巅峰期，拉宾被认为是世界五大领袖之一。每个人都赞赏和钦佩他的远见和勇气。

　　我们滞留纽约期间，拉宾受邀会晤了中华人民共和国主席江泽民。由于中国主席比以色列总理职位高，伊扎克·拉宾前往参加会晤。会晤安排在周末，为了避免违反安息日规定，我们步行前往江泽民下榻的酒店。

　　那是一个寒冷的冬日，天空下着雨，拉宾忘记带外套，他穿上了我的外套。我比他个子高，所以外套不合身，底边拖在纽约的人行道上。我们就这么走着，一大群外国人，被保镖包围着，中间是一个穿着长长的外套、正清扫着这个城市的成年男人。纽约人习惯了奇怪的景象，但即使他们也不能保持无动于衷。每一个人都认出了拉宾，冲他挥手，向他呼喊。拉宾挥手回应。我们毫不怀疑，如果一个更大更重要的国家的领导人走在他的位置上，可能不会受到路人同样的关注。

　　在和江泽民主席会晤之前，拉宾开始说："我是一个小国的总理，您是一个大国的主席。"江泽民做了个手势打断了拉宾的话——中国人通常是含蓄的、有耐心的，会非常有礼貌地等待对方说完话，但是江泽民想立即作出回应——他说："我以前的职位之一是中国电子工业部部长。那时我了解了以色列科技的力量，我必须告诉你，一个国家的实力不能用它的领土和居民数量来衡量，而是要用智力和技术实力来衡量。

在这个意义上，以色列比中国更具实力。"

听到这些话，拉宾的脸全变红了。在那些日子里，还有其他一些领导人把实力和影响归于以色列，这只是一个例子。

总统和总理们排着长队要见拉宾，他们认为拉宾在美国政府里是无所不能的。所有人都认为，比尔·克林顿对拉宾的每一个奇思妙想都会作出反应，或者至少代表他产生了作用。他们不停地向拉宾请求和美国政府一起帮助他们，想要和克林顿谈话，安排一次会晤，说些有利于他们获得美国好处的话，以便美国能对他们的不幸作出反应，并帮助他们。

印度尼西亚总统苏哈托要求拉宾帮忙联系葡萄牙，以便和他们一起解决有关东帝汶的问题。东帝汶曾是印度尼西亚的领土，但是葡萄牙对其控制权另有主张（最后东帝汶获得了独立）。

土耳其总理坦苏·奇莱尔请求拉宾帮忙，让欧洲市场接纳土耳其，缓和美国指控土耳其侵犯人权的态度。奇莱尔声称，在美国，有些人受到了强大的希腊游说团的鼓动，说土耳其利用战争来对付（阿卜杜拉·奥贾兰领导的）库尔德工人党。

对于如何解决与亚美尼亚的边界争端问题，阿塞拜疆总统试图借鉴拉宾的经验。他要求拉宾说服克林顿总统解除美国政府推行的禁运政策，改善美国与阿塞拜疆的关系——那时，在美国的亚美尼亚游说团正在破坏这种关系。

哥斯达黎加总统提到了一家叫作"奇吉塔"的美国公司，这家公司从哥斯达黎加出口香蕉。总统说："奇吉塔声称哥斯达黎加政府歧视它。因为这家公司支持多尔参议员，这个参议员在（美国）参议院给哥斯达黎加的利益带来了麻烦。"总统向拉宾求助，说："如果是这样的话，你能不能和多尔参议员说说，改变他对我们的立场。"

就此，求助者形成了一支一望无际的队伍，从中我们得知，拉宾被广泛认为是一位无所不能的领袖。

然而，结果证明，不是所有的人都欣赏拉宾，仰慕他的荣耀。

随着与巴勒斯坦的谈判的进行，以色列右翼煽动反对拉宾的闹剧愈演愈烈：示威、声明、广告牌，将拉宾描述为一个叛徒，日复一日。然而，对他的口诛笔伐中，值得关注的是两次极端事件。一次是在耶路撒冷锡安广场上的右翼游行事件，利库德集团的头目们参加了这次游行，拉宾的照片被描绘成穿着党卫军的制服。另外一次游行示威是在赖阿南纳集合点，反对派领袖、利库德集团主席本雅明·内塔尼亚胡参加了游行，其间，游行队伍前面抬着一口标志"奥斯陆协议"葬礼的棺材。这是反对拉宾合法性的活动可见的层面。第二层是隐秘的，在这个层面，拉比极端分子发布了针对拉宾的莫泽韦罗德夫（"叛国者和迫害者"）判决。他们指控他放弃了以色列的部分地区，因此，他们认为应该有人取他的性命。

就是在这样的氛围下，辛贝特越来越关注拉宾的安全，他们要求他避免和公众直接接触，在公共场合穿上防弹衣，乘坐防弹车辆出行。拉宾不喜欢这些建议，他拒绝穿防弹衣，不愿乘坐凯迪拉克防弹汽车出行，那让他感到奢侈和炫耀。而且，他说他必须和民众直接接触。他告诉辛贝特："我的安全是你们的事。"

对于反对派指控的那些问题，拉宾不想公开发表声明。但是，当我们一起出行时，我可以看见，他目睹了十字路口的抗议者和谴责他的横幅，这些使他深受伤害。

虽然这些景象冒犯了他，却从来没有减少他继续争取和平的动机。他从不担心他的个人安危，对于我们这些他身边的人来说，也从来没有想到他会受到伤害。犹太恐怖分子袭击他的可能性似乎完全是妄想。尽管很多信息在我们面前展现开来，但是似乎没有迹象表明马上会有危险降临。

在暗杀事件前几周，拉宾说，他理解阿拉伯领导人和我们和平相处的困难："他们可能遭到杀害，失去生命。对于我来说，会发生的最糟糕的事情是我失去议会的位置。"

11月3日，星期五，安息日前一天，在国防部漫长的工作日结束时，我与拉宾道别。那时，我无法想象这将是我最后一次见到他。

第二天，下午晚些时候，我收到了我的情报助理西蒙·沙皮罗上校的报告，说辛贝特已经发布了一个警报，一名恐怖分子正试图在迈尔基以色列广场展开袭击，那天晚上那里要举行和平集会。而关于一个犹太恐怖分子最终犯下恐怖罪行的可能性甚至从未被讨论过。收到这个报告，我告诉沙皮罗，要他要求辛贝特增加拉宾周围的保安措施。作为军事秘书，我没有权力给辛贝特下命令，但是因为那个特别警报，我决定介入。

随后，我立刻打电话给拉宾，他和妻子利亚已经上车前往广场。我告诉他有警报，他告诉我，他已经从他的私人警卫那里听说了。

这是一次非常平常的谈话，翔实、简短，事关重大。事实上，这是我们最后一次谈话，大约在暗杀前一个小时。

虽然我在很多活动中陪伴拉宾，但我还是谨慎地没有参加这次集会。当我是一名现役军官时，我就相信，军人应该远离政治，不应以涉足任何具有政治性质的事件为义务。

大约一个小时后，电话响了，另一端传来拉宾的媒体顾问阿里扎·戈伦歇斯底里的声音："丹尼，他们向他开了枪！丹尼，他们向他开了枪！"她对着话筒尖叫着。在我的余生里，这些话将一直在我的脑海中回荡。

我问她："他们向谁开了枪？"她回答说："他们向伊扎克开了枪！"我问他怎么样了，她回答说："我不知道，那里一团糟。"接着，电话断了。

我感觉血液从我的脸上喷涌出来。刹那间，我感觉自己被巨大的石头压着，透不过气来。我完全被震慑了。

几秒钟后，我打电话给儿子欧麦，告诉他拉宾遭到了枪击，叫他陪我出去。我没有时间打电话给我的司机。当我们到达那个地方的时候，我让欧麦留意我们的汽车，因为我很清楚，那里会有很多的骚动。几秒钟之内，我穿上我的制服，尽快驱车前往特拉维夫，儿子坐在我的边上。路上，有人告诉我，拉宾正被送往爱奇洛夫医院。尽管我非常紧张和不安，试图要集中精力开车，但我还是打开了收音机。

路上，我还打电话给我的朋友、爱奇洛夫医院的副主任伊扎克·夏皮罗医生。我试图打听拉宾的情况，却发现我是第一个告诉他暗杀事件的人，那时，他还在家里。夏皮罗医生立刻从医院收集了所有的信息，并给我回电。他说："情况非常糟糕。"直到那一刻我还抱有希望，因为在电台里，他们说，显然拉宾只是受了轻伤。

大约半个小时后，我抵达医院。在创伤中心的外科楼，我见到了拉宾的家人和埃泽尔·魏茨曼总统，几名部长，包括西蒙·佩雷斯、阿里扎·戈伦、埃坦·哈贝尔、西蒙·谢夫斯，以及阿姆农·利普金—沙哈克总参谋长和其他工作人员。时间一分一秒地过去，越来越多的人聚集起来。

在我到达以后不久，医院的主任加比·巴巴什教授走进了利亚·拉宾和她的孩子们、孙子孙女们坐着的那个房间。空气里弥漫着令人煎熬的希望与等待。利亚看起来很伤心，也很担心，她的脸白得像幽灵一般，止不住地哭泣着。

巴巴什教授来到她身边，说："我很遗憾，我们无法挽救总理。"第一反应是麻木与窒息；接着，每一个人都控制不住地放声痛哭起来。

埃坦·哈贝尔是拉宾办公室的负责人，也是他的密友之一，他走到站在外面的人群跟前，宣告了总理的逝世。

西蒙·佩雷斯看起来完全惊呆了，脸色苍白。他叫我，问道："现在该怎么办？"我告诉他，他应该立刻召集政府人员。

我打电话给内阁秘书霍兰德，问他这样的情况下要采用什么程序。他说必须由政府来选举一位总理，因为即使是短暂的一段时间，这个国家也不能没有一位总理。

政府特别会议的筹备工作正在进行中，我和一小群人走进手术室，和伊扎克·拉宾作了最后的道别。

看见他没有生命的身体，我深受打击。我意识到，这一刻将永远把国家层面的和平时期与希望、个人层面的亲密朋友，与可怕的损失和危机区分开来了。

凶手是一名虔诚的犹太教徒，他杀害了一位以色列总理，这使我们失去了我们的天真无邪，我们不再相信以色列和其他国家有何不同。我们从不相信凶手会出现在我们犹太人中间，不相信由于与总理的意见和行动不一致，一个人就会付诸杀害行动。我们原本相信这样的事情只会发生在其他国家，这使我们这个国家和所有的国家没有区别。据猜测，凶手受到一种意识形态的使命驱使，在我们内心撕开了一条深深的裂缝，一条我们用很多年试图去修复的裂缝。

离开医院以后，我继续自己驾驶汽车。我和阿里扎·戈伦以及我的儿子欧麦一起来到了特拉维夫的国防部，这里将召开不定期内阁会议。那个地方挤满了人，仿佛并不是一个周末的晚上。每个人都沉浸在忧郁与悲伤之中。每个房间都挤满了工作人员，有人在哭泣，有人深感震惊，在走廊里徘徊。特别内阁会议结束后，立刻就开始筹备葬礼，全世界几乎每一个角落都有领导人要来参加葬礼。这一国际团结景象和拉宾总理遇害的场景让我们想起几天前以色列所处的位置，以及拉宾希望实现但却无法实现的愿景。

参加葬礼的领导人中，有约旦的侯赛因国王。在和平进程期间，他已经和拉宾以及他周围的人形成了一种特殊的关系。葬礼结束后，我受邀和埃坦·哈贝尔一起去了耶路撒冷大卫王酒店国王的房间。国王含泪接见了我们，告诉我们说："你们失去了一个亲近你们的人、一个领导者，我失去了我最好的朋友。"

拉宾的时代已经结束，但是这个伟人和他的工作继续陪伴着我的左右。从那以后，无论我到哪里工作，他的肖像每天都从我办公室的墙上看着我。我摩萨德的办公室、我在巴拉克总理办公室附近的办公地点、议会办公室和我作为平民所处的每一处地方，都挂我和拉宾的合影，讲述着过去那个渗入心扉的遥远故事。

无论是在职业还是个人方面，和拉宾一起工作的这两个阶段是我公共事业生涯以及与安全相关的事业中最有吸引力的经历。

　　拉宾给我一种感觉，他是一个在军事和外交进程中充分合作的伙伴，这给我提供了很大的动力。从他看待事情的方式中，从他迅速区分安全及政治问题的琐碎和关键部分的能力中，我感觉我学到了许多东西。

　　很多时候，意识到他的精彩分析里面包含了深度和智慧，我发现我自己对这些东西充满了渴望和好奇。这些分析反映了每个学科的广阔视野和深刻认识。拉宾有能力在不丢失重要细节的情况下勾勒出一幅大致的画面，他可以看见森林，但也可以区分每一棵树木。

　　他提出的问题非常清晰，下达的命令也很明确，不会产生误解，会议也不会徒劳无果，这与各种政府机构工作人员所熟悉的模式不同。和他一起开会不会白白浪费时间，各种讨论最后总有决定，会给那些相关的人员布置明确的任务。

　　而且，拉宾作决定从来都不会鲁莽，都是在足够时间的、彻底的审议后才达成决议。他从不匆忙决定，他的方法是，如果你今天不必作决定，你可以等到明天，因为形势可能发生变化。拉宾会深思熟虑，错误的决定可能招致惨痛的代价，知道这一点让他感到悲痛，有时候你可以明显地看出来。但是，一旦他下了决心，他的决定非常明白，也非常精确，不像其他很多人的情况那样，可以用几种不同的方法进行诠释，充满矛盾。他下达的指令精确无误，因此，每一个人都确切了解需要自己做什么事情。任何人的压力都不会影响他，即使在事关国家安全的决定中，也可以看到他是如何拒绝向军队和总参谋长的压力屈服的。

　　和这样的人一起工作，让我充满自信。我感觉，领导这个国家的是一个圣人，一个既有担当又有经验的伟人，他确切地知道他正在做什么，他要往哪里去。和他在一起，我们的感觉是我们永远也不会迷路。

　　很显然，这样一个自信地领导着国家护航队的领导人，他的行为坦然自若，没有人工斧琢和勉强为之的痕迹，这有助于在他周围的人立刻就识别出他喜欢谁、不喜欢谁，他同意谁的观点、不同意谁的观点。即使是在与部长或高级官员们打交道的时候，这也足以让人从他细微的手势变化和面部表情中看出点什么，明白他对于说话者有什么想法。

　　让我非常佩服的是，拉宾能把想法转化成行动，作出判断，避免鲁莽行事。在我看来，这些特点，连同为下属提供支持和后盾，是一个领导者人格的基本要素。

　　拯救士兵纳赫雄·瓦赫斯曼的行动，是拉宾这些品质最突出的例子之一，这使我对这个人和他的领导能力无比钦佩。

　　1994年10月9日，瓦赫斯曼被哈马斯的一个小队绑架。

　　那些天，瓦赫斯曼的家人整日心惊胆战，度过了极其难熬的日子，政治和军事决策者和密切关注事态发展的以色列人民也是如此。绑架事件发生两天后，总理办公室收到了一盘录像带，显示居住在加沙谢赫拉德旺的居民萨拉赫·贾达勒（哈立德）——保安部队正在通缉他——手持瓦赫斯曼的身份证和折叠好的M16步枪出现在录像带里，他提出详细要求：释放谢赫·艾哈迈德·亚辛和其他的哈马斯囚犯，作为交换，他会释放被俘士兵。

那一周的星期三，公布了第二盘录像带，纳赫雄·瓦赫斯曼露面，身后站着蒙面绑匪。瓦赫斯曼面对镜头，眼帘低垂，以孩子般的声音说："哈马斯的几个家伙绑架了我。我求求你们尽你们所能让我活着离开这里……如果拉宾决定释放哈马斯囚犯，我希望回到你们身边。"这份录像带给人留下了深刻的印象，瓦赫斯曼的脸庞和他在蒙面绑匪劫持下乞求我们拯救他的性命的情景，将永远镌刻在我们大家的记忆中。

那一个星期，整个国家笼罩在压力、焦虑和无助之中。录像的公开使绑架案褪去了政治和国家安全的色彩，使之成为以色列大多数家庭的个人故事。

哈马斯设置的处决瓦赫斯曼的最后通牒时间是星期五的8点钟。那天，以色列首席拉比伊斯雷尔·劳在西墙举行了一次特别的祈祷，保佑瓦赫斯曼平安回家，几百个人参加了这次祈祷；按照纳赫雄母亲艾斯德尔·瓦赫斯曼的要求，在家乡周围点燃几千根安息日蜡烛，她通过电视直播向以色列所有的妇女求助。

情报官员们估计，被绑架的以色列士兵被关押在加沙。因此，拉宾宣布，阿拉法特要为瓦赫斯曼的生命负责。他明确表示，他认为阿拉法特有责任让瓦赫斯曼安全返回，并强调说，如果不这样做，后果将十分严重，这将给阿拉法特在其领土上的管辖权威带来质疑。拉宾向阿拉法特强调说："你必须对哈马斯采取行动。与以色列和平共处，还是与哈马斯和平共处，是时候作出选择了。"

当时，美国国务卿沃伦·克里斯托弗正在那个地区。他告诉阿拉法特，被绑架的以色列士兵也具有美国公民身份，如果他发生了什么事，美国将不得不作出回应。

既然最初的假设是瓦赫斯曼被关押在加沙，那么，拉宾试图争取时间，制订一个军事备选方案。他也想和阿拉法特明确，以色列以后会准备释放因安全问题而被捕的囚犯，包括哈马斯成员，但是拒绝将此举动和瓦赫斯曼的释放联系在一起。

拉宾下令，一旦发现那个士兵在加沙的确切藏匿位置，要做好采取军事行动拯救他的准备。他说："我们必须尽我们所能，在世界上任何一个地方拯救人质，当然，加沙也不例外。"

塔勒布·奥莎那议员和艾哈迈德·泰比博士试图斡旋促成与加沙哈马斯政治局成员的非正式谈判，但是没有成功，他们没有真正提出一份交换合同，绑匪那边没有作出任何反应。

拉宾的态度是，只要有另外一个释放人质的备选方案，就坚持不与绑架者谈判。因为，这将成为更多绑架案的先例。

因此，批评他的声音开始响起，人们质疑他1984年担任国防部长时，为何签署贾布里勒协议同意释放5000名恐怖分子以交换农垦士兵。拉宾解释说，在那种情况下，没有军事备选方案可以拯救人质，而且担心他们会在囚禁中死去。

阿拉法特的第一反应是完全不相信被绑架的以色列士兵藏于加沙，但事已至此，他也开始努力寻找被绑架士兵的下落。几百名巴勒斯坦警察参与了搜索、逮捕和审讯哈马斯成员，但他们一无所获。阿拉法特说："在你们参与搜索、逮捕和审讯哈马斯成员的区域的某个地方，那个士兵就在那里，去那里控制他，找他吧。"

在辛贝特副局长吉迪恩·埃兹拉的指挥下，耶路撒冷的辛贝特官员们整个星期孜孜不倦地工作，星期五早上，终于设法获得了被绑架士兵位置的确切情报。原来，瓦赫斯曼被关押在一个叫比尔拿巴拉的村庄的一栋别墅里，那里距离他耶路撒冷拉莫特社区的家只有大约一英里。

从那一刻起，拉宾清楚他只有一种选择：通过军事行动拯救被绑架的士兵。

拉宾自己作出了所有的决定，而没有咨询内阁或其他的部长们，这是一个独特的先例。后来，拉宾解释说，这样绝对的独断独行是担心泄露情报。

作为总理兼国防部长，拉宾批准总参侦察营执行这次军事行动。沙乌勒·穆法兹将军是朱迪亚和撒玛利亚师的师长，是他挑选了突击队来实施这一行动，因为他提出用他们推荐的行动方案，而不是特战队提出的方案。

除了穆法兹，战地指挥官还有中央司令部司令伊兰·布瑞恩和总参谋长埃胡德·巴拉克。

拉宾待在特拉维夫的国防部，他接受了他们的建议。他相信这些军官们的判断和评估，他们所有人都很老练，有丰富的战斗经验，但是，他显然很痛苦。他一支接一支地点燃香烟，一有人报告说行动正在进行中，他立刻就变得非常警觉，专注地期待着。

房间里的电视正在详细地播报着事件的进展。拉宾坐立不安，他表示希望行动会顺利进行。他说，即使有最好的战斗人员，他知道这类行动也有可能失败。

在最后通牒到期前1个小时15分钟，突击队冲进了关押瓦赫斯曼的别墅。突击队中有一名士兵短暂地耽搁了一下，导致了一连串的失误，致使期间绑架者很快意识到正在发生什么事情。与计划相反，房子里里外外全都是以色列士兵。枪林弹雨当中，9位士兵受伤，纳赫雄·瓦赫斯曼被绑匪开枪杀害。在交火中，突击队的指挥官尼尔·卜拉兹上尉也被杀害。两天以后，卜拉兹被葬在凯尔耶特沙乌尔的一小块军用土地上，旁边安葬着他的父亲毛兹·卜拉兹，一名在"赎罪日战争"中牺牲的飞行员。

行动结束后，连接野战部队总部的红色电话立刻就响了起来，秘书说，是埃胡德·巴拉克打来的。拉宾急切地向电话走了过去，我注视着他，祈祷埃胡德带来的是好消息。拉宾拿起了电话，我密切关注着他的表情。我听不到埃胡德在电话线的另一端说些什么，但是，根据拉宾的表情，我意识到有些事情出了问题。拉宾安静地、聚精会神地听着埃胡德的报告，然后坐在椅子里，缩成一团，轻轻地说："行动失败了。纳赫雄·瓦赫斯曼被杀，小队也有一人牺牲，多人受伤。"他又点燃了一支香烟。

过了一会儿，拉宾决定召开记者招待会。招待会一开始，他立刻就发了言。他面向观众，目光直视，毫不含糊地说："我负责。"没有歪曲事实，没有掩盖真相，也没有试图把责任推卸给下属，他在以色列国防军总参谋长和他所有的下属头上撑起了一把保护伞。他说："我作了所有的决定，我对后果负有责任。"

在那一刻，拉宾展示了他作为领导人的全部荣耀。他决心要为那个决定和那次行动承担责任，这种力量表明，他从来也没有想过要说行动是总参谋长推荐的，或者说是战地指挥官负责了这次行动。他确定了尝试营救行动的策略，从那一刻起，他就相信整个指挥链的判断足以决定如何执行那个计划。

后来，在我继续担任公职期间，我发现在其他的领导者或责任承担者中间很难找到与此相似的行为，这是拉宾所独有的。

即使是在那个时候，我和拉宾一起工作的那些日子里，我仍感觉，是这个非凡的特殊荣幸贯穿了我的道路，因为它，我特别幸运。

在我接下来多年担任其他不同角色的过程中，我不止一次地寻找某个可以咨询、依靠、聆听意见的人，这样的人却不复存在。在这样的时刻，包括其他很多时候，我非常怀念拉宾。有很多次，尤其是在担任摩萨德局长期间，我都会想，在这样的情景下或另外一种情景下，拉宾会做些什么呢？

他有一种非凡的能力，能给整个系统一种稳定感。与其他时期不同的是，我有点记不得了，有一次，他和总参谋长发生了冲突，他办公室的高级军官或官员很快就泄露了这件事情。之后，媒体发表了对拉宾的批评。

人们对他的尊敬是无所不包的，从国防系统到部长和政府高级官员，也包括那些总是持不同政见的人士。

在巴拉克总理和沙乌勒·穆法兹总参谋长之间，在本雅明·内塔尼亚胡总理和阿姆农·利普金—沙哈克总参谋长之间，在阿里埃勒·沙龙总理和摩西·亚阿隆总参谋长之间，这种行为并没有延续下去成为他们之间关系的特点。

我毫不怀疑，拉宾和他的下属之间存在的特殊关系是因为他的个性、他的经验，以及毋庸置疑，他是一个外交和国防方面的权威人物。几乎没有哪个以色列人有幸拥有与拉宾相似的履历，而且，给人同样深刻印象的是，虽然他是个谦虚的人，甚至有点害羞，不具进攻性，但这些都不妨碍他所有行为的照常发生。

在他之后出任他的那些角色的那些人，只是让人更加渴望和他在一起，且更彰显了因他离去而留下的空白。

第11章

和平之路

在以色列的历史上，对于犹太人民来说，拉宾遇刺是一件极其悲痛的事件。我毫不怀疑，如果他还活着，他已经带领这个国家与巴勒斯坦及叙利亚和平相处，我们目前的情况也肯定会有所不同。

朝拉宾开枪的杀手伊盖尔·阿米尔破坏了和平进程，扼杀了以色列在随后的几年里成为一个太平、繁荣、兴旺国家的前景。

就像他处理他职责范围内每一件事情一样，拉宾勇往直前，推进和平进程。正如他的做事方式，他决心坚定、充满信心、坚信不疑、目标明确。

多年来，在国家安全领域，他穿过血腥杀戮的战场踩踏出来一条道路。当一生中第二次成为以色列的总理时，他70岁，成熟老练、经验丰富、阅历广泛。

拉宾认为，他这一代人是这个国家和这支军队的先锋战士和创始人，历史赋予他们的使命之一是，为子孙后代结束流血冲突，给他们一个稳定的中东和一个更好的未来。作为国防部长，他感觉他有责任保障每一个公民的安全，并认为，他对以色列安全和面临的生存问题的认识程度使他能够权衡确定各种风险形成的全部因素。

从一名士兵到总参谋长和国防部长，领导着以色列国家战斗部队的这个男人开始意识到和平的种子永远也不会在战场上破土，而是在谈判桌上发芽。这一次，他想领导这支部队引领和平进程。他与约旦签署了和平条约，在和平道路上又一次取得了成功。他在签约后的美国国会演讲中说："只有一场战争是乐于参加的，那就是和平战争。"

然而，1992年夏天，距离上述的正式演讲还有很漫长的道路，高级别的会晤谈判及接待仍有许多，所有这一切仍旧困难重重。

1992年6月，拉宾入主总理办公室。这是1991年10月马德里会议之后大约六个月。参加马德里会议的叙利亚代表团由外交部长法鲁克·沙雷率领，他们同意和以色列代表团举行双边会晤，但拒绝加入多边会谈。从1991年12月到1992年4月，约西·本·阿哈龙率领的以色列代表团和穆法克·埃尔法率领的叙利亚代表团之间举行了四轮直接谈判。这几轮在华盛顿举行的谈判受到了美国的支持，主要特点是相互争吵，期间没有取得任何进展。随着以色列大选临近，谈判就此中断。

拉宾任期内举行的第一次谈判是在1992年8月，这是马德里会议召开以来的第六轮谈判。拉宾任命以色列驻美国大使伊塔玛·拉比诺维奇担任以色列代表团的领队，参加了1992年8月至1994年2月期间的八轮谈判。在麦比拉洞大屠杀后，他们遭到了叙利亚的拒绝。不管怎样，这几轮谈判给人留下的印象是，讨论的确正在进行，但是毫无进展。

伴随与巴勒斯坦、黎巴嫩、叙利亚和约旦代表的会谈，还有一个拉宾和前辈以及后来者必须要面对的问题：是否要列出一份确定先后顺序的清单，即先和谁谈。

在参加议会选举期间，作为他政策的主要步骤之一，拉宾提出和我们的邻国争取和平共处。在那些日子里，他的策略是和巴勒斯坦人一起开始。拉宾估计，在巴勒斯坦领域的进展可能会促成在六个月内安排自治。

这一思路是他估计的结果：与巴勒斯坦人达成协议将为与约旦人快速达成协议铺平道路，然后，与叙利亚谈判的时机就会到来。拉宾试图在行动计划的末尾单独处理与叙利亚的和平进程问题，部分原因是因为他看到，比起巴勒斯坦，叙利亚的问题不是那么急迫。他认为黎巴嫩问题是叙利亚问题的一部分，因为当时，黎巴嫩是由叙利亚赞助的国家。

由于长期以来北部边界紧张局势不断升级，"问责行动"推出。以色列国防军在黎巴嫩南部与真主党发生冲突，伤亡惨重，以色列北部居民被迫一次又一次地进入防空洞躲避火箭弹和迫击炮的攻击。以黎边界的生活变得危险而且令人难以忍受。

即使是在行动之前，拉宾和美国代表也举行了很多次会议。在所有的这些会议上，拉宾提出真主党恐怖活动的问题，明确表示，这种情况不能再继续。1993年7月10日，拉宾和白宫中东问题特使丹尼斯·罗斯见面。拉宾一开始就说："自从上次见面以来，我们可以看到真主党的敌对活动有所增加，还有艾哈迈德·贾布里勒组织和其他几个受叙利业影响的组织。甚至黎巴嫩军队偶尔也会在安全地带内向以色列士兵开火。我们不能忽视这些情况。我们知道，真主党使用的所有武器都是从伊朗空运到大马士革，再从那里用汽车运到真主党手里。叙利亚正在玩一场危险的游戏。一方面与我们举行和平会谈，另一方面又帮助真主党。"

拉宾要求美国人和叙利亚说清楚紧张局势升级的风险，强调说以色列希望和平，但是会捍卫其重要利益并保护其公民。

第二天，7月11日，总参谋长巴拉克介绍了以色列国防军建议在黎巴嫩采取一次行动的计划，行动旨在打击真主党，中止针对北方社区的火箭弹袭击。这个计划是基于这样的假设：如果对居住在安全区北部的人口施加压力，许多居民将逃往贝鲁特，那时，这些难民将对黎巴嫩政府产生压力；因而，黎巴嫩政府会向叙利亚求助，要求叙利亚采取行动来遏制真主党。

拉宾总结讨论说："已经发展起来的升级事件面广量大。主要问题是真主党企图剥夺我们的能力，使我们不能对安全地带北面的目标作出回应，因为任何这样的反应都会引来火箭弹向北部社区开火。"

如前所述，拉宾认为，把居民从黎巴嫩南部迁移到贝鲁特是我们抑制真主党、给他们施加压力的关键能力。以色列计划在行动中传递的信息是：只要在以色列北部没有正常的生活，那么，黎巴嫩南部也不会有正常的生活。

丹尼斯·罗斯和他的团队与阿萨德总统会晤结束后回来报告说，关于在黎巴嫩的冲突升级事件，叙利亚总统对拉宾的反应是常见的那种：他说，叙利亚没有兴趣与在黎巴嫩的真主党正面冲突。他声称，真主党是一个基层活动组织，在黎巴嫩南部已经比较受欢迎，目的是将以色列占据者从黎巴嫩驱逐出去。政治协商是唯一办法，必须依据安理会425号决议的实施情况加以解决。只能通过以色列和叙利亚的和平共处才能彻底解决这个问题。

7月14日，总理和总参谋长向安全内阁提出了"问责行动"计划，请求批准。在陈述中，以色列国防军明确表示，它的目的是仅仅使用火力来完成行动，并没有计划派遣安全部队进入安全地带北部。他们进一步说明，这次行动大约需要十天左右，在此期间，北方居民将必须待在庇护所。

拉宾总结说："我看到有三个选项。第一种是保持现状。每次我们在安全地带内或北部开枪射击时，会导致以色列北部遭到火箭弹袭击，因此，这是一个糟糕的选择。第二种是扩大安全地带。我反对这么做：这样不会解决问题，仅仅是接纳了更多的民众，让他们处于我们的控制之下。第三种是'问责行动'，我建议我们原则上批准这个行动。"

内阁给以色列国防军开了"绿灯"，让他们继续准备工作，同意再召开一次内阁会议，会上将批准行动的详细计划。

因此，7月23日，内阁召开会议听取有关行动计划的最新报告和其他相关信息。内阁批准了行动的前两个阶段，将从空中和陆地对贝卡谷地、黎巴嫩南部、安全地带北部的目标进行打击。

第三阶段计划的目的是发动居民从黎巴嫩南部向北迁徙。这将通过瞄准村庄附近使用炮火以及发送警告信息来实现，根据这些信息，居民们将离开他们的村庄以避免受到伤害。

他们决定，第三阶段和任何进一步的行动需要得到内阁和以色列政府批准。

"问责行动"从1993年7月25日开始，一直持续到7月31日，以色列国防军打击了多个目标。在获得政府批准后，又执行了第三阶段。大约30万黎巴嫩人离开了他们的家园，向贝鲁特迁移。

在行动期间，大约起飞了1000架次的战斗机和攻击直升机，发射了成千上万枚炮弹，大约击毙了50名恐怖分子，还有大约120名黎巴嫩平民丧生。真主党发射了272枚火箭弹，一半落在了黎巴嫩领土上。一名以色列士兵死于这次行动，两名平民在基里亚特谢莫纳被火箭弹击中死亡。

美国国务卿沃伦·克里斯托弗开始致力于停火事宜。

7月31日，以色列宣布了停火条件。以色列要求真主党在任何情况下，无论是现在还是将来，都不能向以色列境内发射火箭弹或使用其他武器。

以色列明确表示，以色列国防军和南黎巴嫩军队将采取行动保护安全地带，在安全地带北面打击恐怖分子。我们也明确说明，如果从安全地带北面的村庄发射火箭弹，我们将向射击处进行反击，在安全地带，我们会继续采取行动打击恐怖分子。美国人告诉我们，他们将尝试让黎巴嫩人对这些认识作出承诺，就像叙利亚承诺会采取行动，致力于遏制真主党，防止未来事件升级。

在美国人的帮助下，停火成功实现，并达成了若干谅解。主要有：双方将不再向平民目标开火；真主党将不能从村庄内开火；如果从村庄里发射火箭弹，以色列国防军将开火回击村庄里的发射点。

克里斯托弗和他的团队抵达以色列，与拉宾会晤，拉宾感谢美国国务卿为实现停火和谅解所做的种种努力。拉宾说，考验在于对谅解的贯彻与否。他补充说道，拉菲克·哈里里领导的黎巴嫩政府宣布准备在利塔尼南部部署黎巴嫩军队，并声称这可能给黎巴嫩局势带来巨大的利好变化。拉宾说："我愿意让黎巴嫩军队部署在安全地带的北部边界。如果它能设法让真主党六个月时间里不发动袭击，那么，以色列和黎巴嫩之间的局势将出现很多改善的可能性。"

拉宾稍后表示，如果黎巴嫩军队经受得住六个月的考验，他将愿意从黎巴嫩撤出国防军，并允许黎巴嫩军队部署在与以色列的边界上。

拉宾当选总理后，表面上看起来，他采取的办法是和有关各方举行平行会谈。然而，1993年9月，经过又一轮会谈后，拉宾和我分享了他关于和平谈判进程的深思熟虑的想法。那个时候，拉宾实际上主要考虑的是与叙利亚的和平谈判，但是他说，这不会妨碍与巴勒斯坦人的和平进程；而且，如果在巴勒斯坦这条路上有所突破，就会将与叙利亚的和平进程提前。

拉宾说："如果我们与叙利亚取得和平，我们将取消一个对以色列多余的战略威胁。"他补充说："直到最近，叙利亚也一直处于巴勒斯坦问题的前面，但是现在，巴勒斯坦人已经为他们自己承担了责任。"拉宾选择与巴勒斯坦人、叙利亚人和约旦人同时举行双边谈判，但是当对方是一群人时，他们代表的不只是一个阿拉伯人的派系，这时拉宾就会避免那么做。他声称，当同一个房间里有两个或两个以上的阿拉伯派系时，谈判将一事无成，因为温和派总是会和极端分子排成一队。拉宾将同时举行的会谈描述成三个半轨道——约旦、巴勒斯坦人和叙利亚，还有黎巴嫩。黎巴嫩被看作半条轨道，因为它的情况像是叙利亚的一颗卫星。

实际上，在中东地区，叙利亚仍然是以色列最接近、最迫在眉睫、最直接的威胁。所以，拉宾相信，通过与叙利亚签署和平协议，应该可以抵消这种威胁，因为倘若没有和平协议，就不会获得这个地区的稳定。

稳定中东局势，必须与叙利亚和巴勒斯坦人谈判，但两者之间孰轻孰重，拉宾认为，叙利亚问题要简单些。因为与叙利亚的谈判是在与一个已经存在的国家进行对话，主要围绕边界争端问题。他也似乎觉得，在戈兰高地作出让步比起在西岸和加沙作出让步，意义更为深远，最终说服以色列民众也会更容易。戈兰高地仅有5000名犹太居民，而西岸已经拥有超过114个定居点，那里犹太人口总数接近20万。另外，比起与戈兰的历史纽带关系，部分以色列人民与朱迪亚和撒玛利亚之间的历史联系紧密得多。拉宾估计，虽然很难同时在西岸和加沙以及戈兰高地作出让步，但是，还是有可能同时推进这两条线，并且在对叙利亚和巴勒斯坦作出让步的时机到来之际，说服以色列民众。

叙利亚有明确的谈判对象——哈菲兹·阿萨德总统。据估计，与阿萨德签署的协议会是叙利亚支持的稳定的协议，正如它曾经支持1974年以色列和叙利亚在戈兰高地隔离并停火的协议一样。

拉宾估计与叙利亚取得重大进展将加快与巴勒斯坦的和平进程，因为阿拉法特担心，如果以色列与各方都达成协议，巴勒斯坦将成为名单上的最后一位，其讨价还价的能力将大大降低。解决叙利亚问题还包括解决黎巴嫩问题，因为黎巴嫩是叙利亚的傀儡，未经叙利亚许可，黎巴嫩并不敢和以色列签署协议。拉宾非常希望和黎巴嫩达成和平协议，以黎边界事件不断，恐怖活动四起，真主党经常向北部社区发射火箭弹，成为以色列一个主要的安全问题。

阿萨德总是小心谨慎，似乎摒弃了与西方以及一切可能与以色列有关的事情（包括参加旨在完善和平条约的计划）的一切联系。拉宾想要了解他这么做的动机。拉宾说："我认为，阿萨德并不急于求成。我相信，他来到马德里90%的原因是跟他和美国的关系有关，他希望加强与他们之间的联系，而非有意与以色列讲和。"

我们估计，叙利亚拥有一系列复杂的国家利益。阿萨德加入和平进程的主要原因是需要维护他的政权稳定，维护阿拉维穆斯林少数派的统治地位。阿萨德也明白，苏联解体后，这个世界已经变成一个单极世界，美国成为唯一的领跑者。因此，阿萨德意识到，他必须改善与美国的关系。他知道，拒绝马德里会议的倡议对他来说是不明智的。此外，阿萨德另有所图——参与和谈可以让叙利亚继续控制黎巴嫩，这对他很重要。因为正如叙利亚所看到的那样，以色列可以从黎巴嫩发动攻击，而他认为，驻扎在黎巴嫩的叙利亚军队给以色列带来了压力，并阻止其发动攻击。黎巴嫩的重要性在于控制叙利亚的那些家庭的经济利益——有100万叙利亚人在黎巴嫩工作，他们每个月都会把工资寄回叙利亚。

阿萨德对重新获得戈兰高地也非常感兴趣，他知道，他不能依靠武力这么做。倘若阿萨德相信不需要与以色列和平共处，叙利亚就可以重新获得高地，他会宁愿那么做，因为阿萨德对于和平非常不安。他害怕任何可能导致叙利亚对西方更为开放的东西。"齐奥塞斯库综合征"让他望而生畏——向以色列打开一扇窗，西方就会刮起一阵强风吹到他的国家，这阵风会刮走他的政权。就阿萨德而言，叙利亚公民快速而广泛地接触那个自由世界可能会削弱其政权的生存能力。

伊塔玛·拉比诺维奇同样相信，阿萨德之所以前来参与谈判，是因为他和美国的关系。阿萨德与巴勒斯坦人不同，是否与以色列改善关系和平共处，他并没有现实压力。根据拉比诺维奇的看法，阿萨德在展望未来的五年，主要忙于选择他的接班人，以及考虑如何能够名垂青史，被人民永久怀念。

阿萨德极为关注自己的形象以及在这个地区人们如何看待他这个形

象，因此，对于和平进程，他拒绝采取任何额外的步骤，比如通过接受媒体采访、发送公开信息和建立信任措施来表达的公共外交。秘密外交在推进这一进程中起着核心作用，尤其是在早期阶段，阿萨德也很担心这一点。根据美国人的说法，叙利亚人反对它是因为害怕可能会泄露秘密会议及其内容。

在某一刻，为了进一步推进和谈，让阿萨德感到满意，有人建议通过美国人向叙利亚传递关于黎巴嫩的信件：以色列不会破坏叙利亚在黎巴嫩的地位，同意在与叙利亚达成协议之前，不会与黎巴嫩达成协议。作为交换，我们要求叙利亚人停止真主党在黎巴嫩南部的活动。这项建议没有得到叙利亚任何形式的积极回应。

在1993年夏天的那些日子里，美国国务卿沃伦·克里斯托弗开始访问这个地区，经常往返穿梭于大马士革和耶路撒冷之间。在他们会晤期间，拉宾还是会抱怨叙利亚违背关于黎巴嫩的相互谅解。拉宾提到，从黎巴嫩领土发起的对以色列的恐怖袭击有所增加，包括在黎巴嫩南部和以色列边境内的安全地带杀害以色列士兵和平民，以及向北部社区发射火箭弹。很明显，黎巴嫩这种爆炸性的局势也影响了拉宾优先尝试与叙利亚达成和平协议的动机。

1992年末、1993年初，拉宾经常会见试图为与叙利亚和平共处穿针引线的美国代表。他确定要提出以色列战俘和失踪人员的问题，包括罗恩·阿拉德和三名在苏丹雅各布失踪的人员，同时，拉宾总是表示要求把已故的伊莱·科恩的遗骸带回以色列安葬。

以色列估计叙利亚人掌握了这件事情的信息，因为罗恩·阿拉德被叙利亚的卫星国黎巴嫩所抓，而且，苏丹雅各布的战斗打击了叙利亚武装力量。对于这个问题，阿萨德一直回答美国人说，他没有新的这方面信息。

除了这件事情的人道主义问题，拉宾还向美国人强调说，在这样一个和人有关的敏感问题上，叙利亚缺乏合作精神，给以色列民众造成了不安与苦恼，不能很好地反映出叙利亚的可靠性及其与以色列共创和平的意愿。

叙利亚人和我们之间的差异在于我们对待和平进程的不同方法：我们将和平当作战略选择，而叙利亚人明确地指出，和平是他们在所有现存的选项中愿意选择的那一项。

美国人熟悉拉宾的方法，叙利亚是和平进程中一个关键国家，和他们和平共处将解决黎巴嫩问题，也会有助于和别的国家和平共处，这是引子。美国人认为，既然与叙利亚和平共处如此重要，是与整个阿拉伯世界和平共处的关键，就应该相应地为此付出可观的代价。然而，拉宾向美国人解释说，他正在处理一个更加复杂的方程。拉宾认为，一方面，叙利亚希望与他们达成和埃及相似的和平谈判结果，归还他们声称属于他们的包括最后一颗沙子在内的土地。但是，另一方面，叙利亚人甚至一点也不愿意做安瓦尔·萨达特总统所做的事情来作为交换：与公开外交一起，参加秘密外交渠道的活动，摆出姿态证明他们在争取和平，访问耶路撒冷，发送和平和建立信任的信息，阻止与叙利亚有直接接触的真主党的活动。拉宾说："我们正面临一种奇怪的局面。一方面，叙利亚人参与了和平进程，另一方面，他们帮助真主党对抗我们。"

阿萨德是个强硬的谈判者，他总是知道路线怎么走。他不希望放弃真主党这张牌，他认为可以利用这张牌让以色列作出让步，对其施加压力，并打消以色列民众的动力。他认为公共行动，例如教育、为与以色列和平共处制造舆论以及和解、和平的消息，都会危及阿拉维少数派在这个逊尼派占多数的国家的统治地位。

对于拉宾来说，与任何一个中东国家的和平进程，包括与叙利亚的和平进程，建立信任的措施和在一定时期内商定分批撤军都是重要步骤。此外，他还依赖于与埃及实施和平条约期间的经验。1977年11月，埃及总统安瓦尔·萨达特戏剧性地访问了耶路撒冷；1982年4月，以色列军队才从西奈完全撤出。在这两个日期之间的四年零五个月时间里，以色列继续控制整个西奈半岛长达两年零两个月。期间，与埃及保持正常关系的各种因素都受到了考验。

这些行动是在埃及人采取了许多步骤，显示了他们讲和的真诚意愿以后所实施的。因此，在叙利亚这里，对于以色列来说，核查这些正常化要素能否保持更为关键。阿萨德和萨达特不同，他三番五次地说他希望和平，但是拒绝说明他所指的关系正常化内容有哪些。

拉宾说，他愿意承诺撤军，但是不会用全部撤军来约束自己。从签订和平协议到完成全面撤军，他要求以十年为期，期间足以测试和平进程的严肃性和深度。他后来又把撤军期限定为五年。

拉宾要求勾勒出撤军的三个阶段。第一阶段包括少量的象征性的撤退，其中不会包括一个以色列定居点的撤离，在接下来的四年中，我们可以测试叙利亚人是否正在实现正常化的条件；在第二阶段，以色列将进一步撤出；第三个阶段，再次撤军，直至两个国家在谈判中确定的边界。

拉宾把大部分的注意力放在安全部署上。他要求一些领土成为完全非军事化区域，并在其他一些区域削减兵力部署。戈兰高地继续设置预警站，但迁出定居点和军事基地，以色列将接受来自美国的整套援助，其中包括经济援助、飞机和预警系统援助。

拉宾在解释安全部署的重要性时说："我们和叙利亚人有同等数量的装甲师，但不同的是，我们大部分的装甲师由预备役军人组成，而叙利亚人的装甲师全部都是正规军人。如果我们将要失去保证我们安全的这个地方，即戈兰高地的很大一部分，却得不到任何回报，这是我们不能接受的。我们真诚希望与叙利亚缔结和平，但是必须是保证我们安全的和平。"

拉宾高度重视安全部署，这一点和佩雷斯不同。佩雷斯认为，安全部署不太重要，因为和平本身是安全的重要组成部分。根据他的观点，和平带来安全。然而，对于拉宾来说，和平并非孤立的存在，必须包括安全部署，因为那能防止意外，保障我们的生存。

下一个问题是撤军的深度，这将决定以色列和叙利亚最终的边界位置，以及关系正常化的具体内容。

拉宾在和美国国务卿沃伦·克里斯托弗会晤时问道："阿萨德甚至不跟我个人谈话，我们怎么能和他讲和？"拉宾指出，如果推进和平事业需要，他登上飞机飞往大马士革没有问题。

克里斯托弗表示，他同意拉宾的观点，"可是，在此期间还是继续通过我们帮你们传递信息吧"。

在所有的会晤中，拉宾一再强调撤军的深度、边界线的设置、原定的撤军阶段、关系正常化的内容和安全部署——这些都将是与叙利亚和平进程中的重要部分。

1993年春天的那些日子里，一条对话通道开始在幕后发展起来，这条通道后来被称为"奥斯陆进程"。4月下旬，连同约西·贝林一起，亚伊尔·赫希菲尔德和罗恩·彭达克的名字首次出现在递交给拉宾的情报中，还提到了与巴勒斯坦人的个人接触。

拉宾认为，这是一个有趣的尝试，但成功的机会渺茫，他宁愿把它留给佩雷斯，因为，他正全力推进叙利亚问题。

1993年4月，伊塔玛·拉比诺维奇告诉我们，以色列和叙利亚代表团讨论的主要争议之一是撤军问题与和平的本质。关于我们愿意撤退到哪条线，叙利亚人不断努力想要得到一个确切的规定。他们提到拉宾的声明，就是"撤军的深度等于和平的深度"，并重申他们的立场：以色列必须撤退到1967年6月4日（"六日战争"前夕）的边界。与此同时，以色列代表团第一次试图理解叙利亚关于和平的本质和深度的概念。我们的立场是，叙利亚人如何理解和平的理念，他们所指的是什么样的和平，我们要了解了这些后再决定撤军的深度和广度。对于我们来说，和平意味着完全正常化、开放边界、立即建立外交关系、开放经济和旅游路线，以及能使和平立刻实现的、充满活力的、可以公开的一切。

拉宾和伊塔玛试图找到一个准则来界定撤军问题，以免导致误解，让叙利亚认为以色列愿意从戈兰高地完全撤军。

拉宾对伊塔玛说："我们正在讨论的是以色列在戈兰高地撤军，而不是从戈兰高地撤军，要准备从'六日战争'中占据的土地上撤军到安全、公认的边界。"

与此同时，包括沃伦·克里斯托弗国务卿和丹尼斯·罗斯在内的美国团队，有时只是罗斯和他的团队，不断奔走于以色列和叙利亚之间。美国人曾经精心策划了马德里会议和代表团之间的几轮会谈，并在以色列和叙利亚之间率先开始谈判，他们发现，有必要反复提到他们的重要作用和他们参与谈判的重大意义。

虽然拉宾不希望削弱美国参与谈判的重要性，他仍然小心谨慎地向他们强调："在某些事情上我们不能同意你们的意见，但是，基本上，我们认为美国作出的努力是积极的、有益的。以色列和阿拉伯第一份协议是在没有美国的参与和领导的情况下签署的，但之后，我记不得有哪项协议是在没有美国参与的情况下达成的。毫无疑问，如果没有美国的努力和付出，就没有马德里和平会议的召开。美国是和平进程中一个全心全意的伙伴，我们接受这一点，但是需要记住的是，它并不是一个仲裁者、调解人或代理人，而是一个在双方中间往来的信使。"

拉宾强调的是，他希望美国人不要给我们带来惊奇，不要向对方提出新的或未经我们许可的想法，除非事先跟我们协调过，否则，也不要提出他们自己的折中方案。

丹尼斯·罗斯告诉我们，1993年夏天他从大马士革回来以后，去耶路撒冷访问，阿萨德曾多次要求美国充当中间人。他还强调，阿萨德还曾四次提到亨利·基辛格在"赎罪日战争"后的活动，后者频繁穿梭于当时的以色列总理果尔达·梅厄、伊扎克·拉宾和他自己之间。阿萨德要求美国人继续往来于双方之间，以便在第一阶段达成原则协议，然后是详细协议。罗斯汇报说，阿萨德相信，一年里应该有所突破，他认为，达成原则协议必不可少的主要问题是和平的本质、安全部署、撤军的深度和时间表。

美国人把这理解为，当阿萨德表示同意这种类型的谈判时，他很清楚将不得不提出想法以推进和平进程。

然而，当我们通过罗斯向阿萨德提出要求在黎巴嫩遏制真主党针对以色列的恐怖活动时，阿萨德回应说，没有人希望在黎巴嫩形成对峙，但是带来和平的唯一办法是政治解决方案。阿萨德也很快给罗斯带去了一场关于真主党的学术演讲，声称那是一场反对外来占领，即反对以色列的民族解放运动，而不是一个恐怖组织。然而，阿萨德小心翼翼，不作具体步骤的承诺，例如阻止真主党的活动。

拉宾提议在他们和我们之间建立一个秘密的沟通渠道，对此，阿萨德选择响亮地回答"不"。丹尼斯·罗斯解释说，他认为，阿萨德将美国人在以色列和叙利亚之间的斡旋视为秘密渠道。

1994年5月，沃伦·克里斯托弗从大马士革过来，带来一个戏剧性的创举：他第一次带来叙利亚人的和平理念和他们的"一揽子和平计划"的组成部分。

尽管他的消息很重要，但是克里斯托弗开始指责我们。这位美国国务卿告诉拉宾，每次他到叙利亚陈述以色列的立场，他就会发现那已经上了新闻，这很具破坏性，严重阻碍了他的工作。

这些泄密事件也使拉宾失去了理智。拉宾是一个十分谨慎的人，他非常明白在这样敏感的事件中泄密所引起的伤害。出于这个原因，他只向领导人传达真正重要的信息，例如穆巴拉克、克林顿、侯赛因。克里斯托弗自己也只是在非常有限的几个论坛上传达信息。而当与这些人会晤涉及较多听众时，拉宾只是逢场作戏，履行一下义务，并没有说真正重要的事情。

指责和批评之后，克里斯托弗面向拉宾、佩雷斯和我，告诉我们，在这次会议上，阿萨德做了一些他以前从来没做过的事情：他看着稿子发言，而不是自由发挥。这意味着阿萨德对他所说的话十分重视，他有非常确切的希望，并且认真对待拉宾的想法。

所有与会者，包括拉宾、佩雷斯和我自己，抱着极大的期望，聚精会神、专心致志地聆听克里斯托弗说的话，因为他说的话非常重要，也因为你往往很难明白他的解释。他的英语很难懂。他有省略词汇的倾向，而且，他是一名职业律师，他用的语言本质上是法律语言。克里斯托弗往往从某一点开始说起，就像假设我们已经了解背景情况，而我们却无法理解这从何而来，那又属于什么。然而，最令人头疼的是，他并不总是完全意识到应关注的细节，至少不是在国务院和平谈话的领导者丹尼斯·罗斯这样的层面上应该了解的细节。罗斯是克里斯托弗的随从之一，他熟知细枝末节以及自马德里的那段日子之后的谈判历史，并且，由于他理解我们的困境，他会自发地礼貌地帮助我们，往往快速地抢在克里斯托弗之前回答我们向克里斯托弗提出的问题。

就像叙利亚人告诉他的那样，克里斯托弗开始陈述大马士革的立场。

阿萨德已经同意,安全部署必须确保下列情况:(1)防止突然袭击;(2)防止双方之间产生误解,那可能导致情况恶化,发生敌对行动。

阿萨德提到双方之间的担保,那将使他们能够实现自我防御的权利。他还接受这样一个观点:确立和平之后,建立一个叙利亚—以色列联合委员会来监督协议执行,双方之间设立紧急电话热线,沿边境线部署国际联合巡警,美国将参与其中。阿萨德也接受在一些疏散区域仅仅部署有限的军事力量的原则。

阿萨德意识到需要开展公共外交——在此期间,必须说服叙利亚和以色列民众接受和平的构成要素。但是他说,在此之前,和平进程需要取得重大进展。

阿萨德要求以色列从戈兰高地全部撤军,包括清除所有犹太人定居点。与拉宾的五年计划相比,他要求撤军在签署协议后六个月内完成。而且,他要求撤军仅用一步完成,而不是拉宾提出的三个阶段。

阿萨德表示,他对以色列关于互惠互利的安全部署方案表示满意,但他认为没有必要设立预警站。他希望和平建立在人民的友好关系基础上。

涉及和平关系正常化的组成,阿萨德说,双方将确定公开外交进程与秘密渠道进程平行一致。关于支持和平的声明,阿萨德说,他已经在这个问题上作出了很多声明,所有这些声明加在一起比以色列所作的声明分量更重。

阿萨德承诺,在签署和平协议之后,叙利亚将停止对以色列国的战争,尊重以色列的领土主权。此外,叙利亚将参加多边谈判,停止对以色列的二级抵制和三级抵制,但不是直接抵制——当以色列从戈兰高地全部撤军到1976年6月4日的边界以后,才会取消直接抵制。

克里斯托弗继续报告说,阿萨德已经同意,在完成所有这些步骤以后,双方将宣布建立外交关系。为了避免不利影响,将允许游客根据各自的法律和法规访问各个国家。

在以色列与叙利亚、约旦和黎巴嫩签署和平条约后,才会交换大使。那时,巴勒斯坦人已经决定独立推进和平进程,并且已经签署了原则声明,因此,阿萨德没有推进与巴勒斯坦的会谈,并以此作为一个条件。

克里斯托弗继续说,他已经提出了位于大马士革的恐怖组织行动指挥部的问题,以及真主党违反黎巴嫩谅解的问题。阿萨德说,叙利亚准备谈判达成一项协议,双方都不允许向另一方的居民社区开火。

克里斯托弗说,这次阿萨德能够看到谈判真正的开始;并指出,他是第一次听到叙利亚人详细讨论基本问题,而不是模糊的条款。

克里斯托弗估计，尽管以色列和叙利亚的立场有很大差距，但还是有一些灵活的区域可以加以利用，用来弥合这些差距。关于撤军的阶段，克里斯托弗认为，虽然阿萨德提到了一个阶段，我们是三个阶段，但还是可以达成协议。关于撤军时间表，克里斯托弗估计，尽管阿萨德提到了六个月，我们说是五年，但阿萨德明白半年的时间没有什么意义，他愿意在这一点上作出让步。

关于和平的具体内容，克里斯托弗在我们和叙利亚人之间发现了很多相似点，两种方案的主要差别在于在将来的时间里如何逐步实现这些内容。

克里斯托弗没有提及边境线附近的完全非军事化地带，仅提及在边界线后面的区域减少军事力量布防。但是他指出，阿萨德已经表明愿意限制一些区域，条件是，他们也将部署军队于以色列相应的边界线上。

第12章

拉宾的"保证金"

克里斯托弗从阿萨德那里带来的信息中，最重要的一点当然是归还戈兰高地。在他整个竞选活动中，拉宾提到需要在西岸作出痛苦的妥协，并明确表示，必须归还领土。然而，关于戈兰高地，他说，应该加强那里的定居地，一定不能放弃。拉宾暗示，可能在戈兰作出妥协，但不是深度和重大的妥协。然而，后来他开始意识到，如果以色列没有"在戈兰高地，而非从戈兰高地"大量撤军的话，就像他小心谨慎地指出的那样，是不可能实现和平的。他的方案是努力与叙利亚达成一项协议，其中，以色列国防军还将部署在戈兰高地的西部边缘。意思是，以色列国防军撤出戈兰的绝大部分地区，但是继续驻守西部区域。

起初，拉宾谈到了一些妥协，例如非军事区，但是，不从戈兰高地拔除以色列定居点。但是，后来他得出结论，与叙利亚的和平需要作出更大的领土让步。他从"六日战争"总参谋长的思维定式转变为总理和发言人的角度，我想，是这种变化让他改变了主意。他记得戈兰高地的重要军事意义，知道征服这块高地有多么重要。他现在得出的结论是，与叙利亚真正和平共处甚至值得以在戈兰高地深度撤军为代价。

狭隘的军事观点和宽广的政治观点之间存在差异，克里斯托弗和当时的总参谋长埃胡德·巴拉克的一次会面是可以让人看到观点差异的一个例子。后来成为以色列总理的巴拉克试图用他自己的方法推进与叙利亚的和平进程。在那些日子里，巴拉克还穿着军服，只为军事需要负责，他谨慎地建议将戈兰高地保持在以色列控制之下。

巴拉克对克里斯托弗说："我需要戈兰这块回旋余地来阻碍叙利亚的突然袭击，而且，万一情况发生恶化，作为一个支点，从那里可以实施反击。"

一旦这个观念改变逐渐渗透到拉宾的意识之中，他开始构想一个方案。他愿意在戈兰高地深度撤军，但不是完全撤离，他想继续让以色列国防力量部署在高地西部的顶端位置。拉宾相信，以色列在戈兰高地撤出的每一寸土地都必须成为非军事区，叙利亚军队也要撤离。

即使那块土地的主权将归还给叙利亚，拉宾甚至考虑到保持以色列社区不变的可能性，包括社区的居民。拉宾希望允许愿意那么做的以色列居民拿着以色列国籍继续居住在叙利亚主权之下的戈兰高地。然而，后来的谈判表明，无论是军人还是平民，叙利亚人断然拒绝在戈兰高地存在以色列人的想法。

自从参加选举活动以来，拉宾只是提到在西岸撤军，没有提到戈兰高地。而且，与叙利亚的谈判中，他清楚，倘若不是在整个戈兰高地，只是在较大的几块地方作出深度撤军，要与叙利亚人取得和平是不可能的。因此，拉宾宣布，如果要与叙利亚达成和平协议，需要通过公投的方式来获得批准。

拉宾认为领导者的可靠性具有重要意义，他有强烈的道义感。他觉得，如果要采取一个与竞选期间向公众承诺的相反的举动，必须取得他们的批准方可实施。

在同一时间，一些迹象开始显现，表明阿萨德也开始让他自己的人民为和平作好思想准备，例如可以在街道上看到各种横幅和声明。阿萨德意识到，如果不事先逐渐让民众作好准备，他不能完全改变他的人民对以色列人的看法。应该记住的是，多年来，叙利亚政权教导其臣民仇恨以色列国，将其展现为必须消灭的最终的敌人。现在，民意不得不习惯这个想法——叙利亚正在和可怕的敌人讨论和平共处。

阿萨德告诉美国代表，当他采取这些步骤时，他并没有打算回到过去。

拉宾认为阿萨德是位信守诺言的领导人，他遵守自己承担的义务，因此可以和他达成持久的协议。通过美国人传递彼此的信息，双方表达了这种互信的感觉，其中拉宾表示，他相信阿萨德是个可以信任的人；而阿萨德说，他欣赏拉宾，并认为拉宾是个勇敢的人。

丹尼斯·罗斯相信，拉宾对待和平进程的态度非常严肃，而阿萨德在他的人民中的活动是因为他注意到了这一点，促使他也作出严肃认真的反应。

然而，每次我们开始讨论细节问题，很明显，叙利亚和以色列之间在两个细节问题上的分歧还是非常大：撤军的深度和时间表。

拉宾告诉美国人，从签署协议的那一刻开始，一直到完全撤军的那一天，与埃及完成和平共处的过程持续了四年多。萨达特就是在此背景下访问了耶路撒冷，这次访问打破了以色列公众的心理壁垒，使他们不再害怕与埃及和平共处。阿萨德回应说，埃及模式完全不适合叙利亚，在他看来也不适合埃及，事实证明，萨达特没有妥善地让埃及民众作好和平的准备，随后就被杀害了。阿萨德解释说，他必须达成一项可以让叙利亚民众信服的协议。当我们谈到我们需要他做出些举动，以便我们可以在以色列准备好公共舆论时，阿萨德回答说，叙利亚也有公共舆论。

1994年1月，阿萨德在日内瓦和克林顿会晤期间宣布，愿意与以色列建立正常的和平关系。即使只是一个字面声明，事实证明，气氛由此而变暖。

在发布这个声明之后，美国人继续往返于大马士革和耶路撒冷之间，伊塔玛·拉比诺维奇大使率领的以色列代表团和穆法克·埃尔法大使率领的叙利亚代表团之间举行了几轮会谈，但期间几乎什么事情也没有发生。

拉宾希望给和平进程带来新的动力，开始强调直接会晤的重要性。他提出了两种可能：在阿萨德和他自己之间或者他们的代表之间建立秘密的直接的渠道，军事人员之间举行会议讨论安全部署。这个建议背后的想法是，目前我们可以通过讨论安全问题回避政治问题，例如边界线划在哪里、撤军的时间跨度，这些问题无论什么时候提出都会成为进程的绊脚石。我们有一种感觉，军事人员之间的会谈将给和平进程增加有意义的新动力，并估计，如果我们在军事会议期间取得突破，这将影响和平谈判的进程。

很长一段时间，阿萨德拒绝接受这些建议，要求以相同的模式继续进行。然而，在某个时刻，他同意派遣叙利亚总参谋长希克马特·谢哈比将军参加与他的以色列对手埃胡德·巴拉克的会议。在叙利亚统治集团内部，谢哈比不仅担任总参谋长，而且是叙利亚政府第二号人物。

拉宾决定，我将和总参谋长埃胡德·巴拉克一起参加与他的叙利亚对手的会议。我们两个人都开始为将在华盛顿举行的会议作准备。

布莱尔大厦是美国总统在华盛顿的官方招待所，是美国对外接待机构的精髓部分。这栋房子的每个角落都强调了这个机构对它自己和它的客人们有多么尊重。室内设计温馨迷人、富丽堂皇，屋内摆设着木制家具，沉稳端庄，墙上前领导人的画像肃穆辉煌。这一切都是政府的象征，温馨与富丽，珠辉玉映；优雅和尊严，相得益彰，不断提醒着来宾美国的辉煌历史及其崇高的义务。

以色列和叙利亚总参谋长之间的会晤计划定在1994年12月，但实际上早已启动，不过是在远离布莱尔大厦周围宁静风景的地方，在中东局势升温、行将爆发之际，发生于耶路撒冷伊扎克·拉宾总理办公室的木地板房间里。

在那漫长的时间里，阿萨德坚持叙利亚代表团和以色列代表团继续几轮徒劳无益的会谈。1994年接近年底的时候，克里斯托弗报告说，对于拉宾就叙利亚和平问题所作的公开声明，阿萨德对其中的部分内容作出了"积极回应"。

伊塔玛·拉比诺维奇、克里斯托弗和丹尼斯·罗斯也参加了拉宾办公室的那次会议。罗斯强调说，下次他和阿萨德见面，"一定要带点实质性的东西"。

克里斯托弗说："这是个自我封闭的独立循环，我们不断地走出去并回到原点。"他继续呼吁拉宾："你创造了一个新的表述：'撤军的深度等于和平的深度'；叙利亚人则坚持全部撤军。我想知道，是否我能告诉他们，在完全和平的情况下，撤军也将会是完全撤军呢？"

拉宾详细告诉了我这次会议的内容。他明白，当叙利亚人提到完全撤军的时候，他们的意思是撤军到1967年6月4日的边界，这意味着撤退到约旦河边和加利利海的东边，实际上是从整个戈兰高地撤出。

美国人给拉宾施加了无情的压力，试图理解"撤军"这个词汇最大的意义是什么，如果给他提供一份与叙利亚的"全面和平协议"，他最远会走到哪里。拉宾努力要达到这个目标，他决定向美国人摊牌。

拉宾开始向克里斯托弗强调说："我要告诉你一些事情，我不同意你将这些事情告诉叙利亚人。我相信你才告诉你这个消息。我把它告诉你，作为一种'保证金'，向你证明我的意图是严肃认真的。我将给你一张我愿意在其中采取行动的界限图。"

拉宾知道，领土这张牌就是说撤军的事情，是谈判中的底牌，考虑到叙利亚人，他希望将这张牌紧贴着胸口保存。在这个时候，他不希望让他们知道他愿意在得到任何合适的补偿之前考虑，甚至接近考虑叙利亚要求他们撤退到1967年那条边界线。因此，拉宾又对克里斯托弗说，他只打算把这些话说给美国人听。

然后，房间里的每一个人都听到了后来被称为"保证金"或"口袋"的话，因为克里斯托弗向拉宾发誓说，他会如以色列所愿，严格地把它保存在他的口袋里，在任何情况下都不会把这些话传递给叙利亚人。

拉宾继续说："如果在谈判中满足了以色列的所有需求，以色列会撤退到1967年6月4日的边界线的。"

拉宾宣布的这个消息非常具有戏剧性。发布这样一个消息，使拉宾事实上成了1967年以来第一位答应讨论北方地区撤军，尤其是愿意从整个戈兰地区撤军，直到1967年6月4日"六日战争"前夕的边界的以色列总理。

然而，拉宾谨慎地给这份声明增加了两个重要条款。第一个条款是，他的手中仍握有确定以色列需要的权力。第二个条款，向美国人小心地指出，这个信息只有他们听见。大家应该注意到拉宾在他所说的话中细心作出的本质区别，即"我愿意撤退"和"只要满足以色列的需要，我就愿意撤退"的区别。这些需求由以色列来确定，而且以色列将会确定他们的需求是否完全得到满足。拉宾是个非常谨慎并深思熟虑的人，他给了美国人一个非常有意义的重要的声明，但是立刻给这个声明捆上绳子、系上吊带。拉宾没有表示同意退出戈兰高地，但是明确了一个前提：只有以色列的需要得到充分满足，这种类型的撤军才有可能，如果没有，就不会撤军。当拉宾谈到以色列国家的需要时，他指的是安全需要、情报、水的需求、和平的本质和正常化、建立信任的措施、撤军与关系正常化相结合的时刻表。

拉宾为这件事情付出了大量的时间进行思索，一如既往地从每一个角度进行研究分析，经过了深思熟虑和咨询后才发表了这番言论。

这个说法的背景情况是，拉宾坚定了决心，要结束流血冲突。他很快就了解到，对于叙利亚人来说，与以色列和平共处的关键是以色列从戈兰高地撤军。拉宾曾仔细考虑过撤军的深度，也曾乐观地认为，让以色列国防军留在戈兰高地的西部悬崖是有可能的。但是，他从美国人那里得知，不把整个戈兰高地转移到叙利亚主权之下，阿萨德认为在任何情况下都会使这笔交易土崩瓦解。拉宾决定跨过这个障碍。

那些天，与约旦的谈判正在取得进展，与巴勒斯坦民族权力机构的谈判也在紧锣密鼓地进行。另一方面，真主党的恐怖活动在北方十分猖獗，他们不断袭击黎巴嫩境内的以色列部队和以色列境内的平民。在朱迪亚和撒玛利亚地区，哈马斯和伊斯兰圣战恐怖主义也很疯狂。我相信，所有这些在此背景下发生的事件让拉宾明白，他必须赶紧结束流血冲突，即使在戈兰高地、朱迪亚和撒玛利亚以及加沙付出痛苦的代价。因此，他愿意承担他认为估算过的风险，而不能是危险的赌博。

对于拉宾来说，这是一个渐进的过程，很难确定一个精确的转折点。这个问题他思考了很久。他咨询专家、研究从戈兰高地进行军事撤退的后果，也考虑了其他的选择。拉宾是一个非常谨慎的人，对于任何不需要作出迅速决定的事情，他总是不忙着作出决定。同时，拉宾是一个内向的人，因此，关于作出这个决定，大家可能不会注意到他有任何特殊的情感流露。在确定他的立场之前，他不会表达出来。埃胡德·巴拉克展开讨论前总是会说："我的意见是这样的，……"在说完了他的观点后，他会说："现在我想听听你的意见。"拉宾恰恰相反，开始讨论时，他总是陈述问题，然后立即让别人说话。他坐在那里聆听每一个人说话，他的耐心常常让我很感动。相比之下，巴拉克性子比较急，常常会催促人们结束谈话。

在那段时间，当我偶尔进入拉宾的房间时，我会发现他正坐在椅子上，思考着，不停地紧吸快吐地抽着香烟。这是一个信号，他正在经历某种令他不安、使他痛苦的过程。

即使在他的解释当中，我们可以看到他在通往"保证金"的道路上经历的步骤：首先，他说，撤军的深度将等同于和平的深度。然后，他开始讲述从戈兰高地撤军的事情，包括以非常深度的撤军交换全面和平的可能性，但是他不愿意说明以色列将把军队撤退到哪里的边界。拉宾总是坚持说，以色列和叙利亚之间的边界将由两个国家的领导人确定。在接下来的一个阶段，他向美国人和所有他遇到的外国领导人明确表示，国际社会只会承认一个边界，那就是在1923年英法两国签订的协议中各方力量所确定的国际边界（实为英法委任统治区的界线）。当时，英国人统治着巴勒斯坦，而法国人控制着叙利亚。这条线比1967年6月4日的那条线对以色列更加有利，因为这让约旦河东岸留在以色列的手里，而且，经过加利利海东北岸往东10米的地方，因此，整个加利利海都在以色列的主权之下。大约在1994年7月，克里斯托弗告诉拉宾，阿萨德绝对不会同意国际边界，而拉宾只是在以后的阶段才同意"从戈兰高地全部撤军"的说法也可能意味着撤退到1967年6月4日的边界。

我认为，既然"保证金"是有条件的，在我们从戈兰高地撤军之前，在正常化、时间表、安全部署、水资源等各个方面，我们的所有要求是否得到了回应，它保留了决定这些问题所有的自由度和灵活性。

事实上，"保证金"是一个有条件的意愿，而不是一个有条件的义务，它的目的是通过美国人试图理解如果以色列同意从戈兰高地撤军，那么阿萨德愿意做些什么，他会同意让步到什么地方。在任何情况下，很清楚，拉宾把它给了美国人，不是想要他们把它传递给阿萨德。他们只能把它当作在这种情况下美国人的一种试探，在任何情况下都不能当作拉宾所作出的声明。

然而，过了一段时间，我们开始意识到，克里斯托弗可能违背了他的诺言，没有把这个声明当作托付于他的"保证金"，而且是只给他一个人的。相反，他把这个声明变相地传递给了叙利亚人，他告诉他们，美国明白，如果满足了以色列国的所有要求，以色列将撤退到1967年的边界。

我们听说有一封克里斯托弗马上要送给阿萨德的信，我们还发现，除了讲述别的事情之外，信上说美国人相信，如果满足所有的需求，以色列将撤退到1967年的边界线。我们知道，如果阿萨德收到了这样一封信，他将意识到，如果没有事先从拉宾那里听说这一点，美国人不会得出这样的评价。

的确，在给出"保证金"后的一个阶段，随着克里斯托弗不断请求把"保证金"的内容以"美国人评估"的方式传递给叙利亚人，拉宾同意让他们把这个美国人的评估通知叙利亚人。这个评估的大意是，如果在安全部署和水资源以及和平共处的内容和正常化和时间表方面满足以色列人的要求，以色列会考虑将最终的边界线定在1967年6月4日的边界那里，也会考虑其他的内容。然而，如前所述，那不是克里斯托弗所做的事情。

当拉宾了解到克里斯托弗想要送出的信件时，他非常生气，怒气冲冲地给克里斯托弗打了一个电话，阻止了他把信送出去。后来，拉宾又打了一个电话，我听见他反复跟克里斯托弗说："我再次提醒你，我非常清楚地说了那些话。我并没有承诺撤退到1967年的边界，但是把它作为一个非常明确的条件，这并不是一个独立条件，而是取决于是否满足以色列所有需求的事实，在任何情况下，只是为了让你听到这些事情。"

然而，我们相信，即使克里斯托弗没有送出那封信，他也口头把信息传递给了阿萨德。回顾过去，考虑到哈菲兹·阿萨德，还有他的儿子、叙利亚总统的继任者巴沙尔·阿萨德，仍然经常提到"保证金"，我相信，与我们达成的协议相反，有人将这个信息传递给了叙利亚人。我更加相信，叙利亚人只接受了一半的说法，认为拉宾已经承诺从戈兰高地全部撤军，而忘记了那是有条件的。作为先决条件，为了撤军到1967年的边界线的可能性，他们要满足以色列的要求。叙利亚人认为，依其所述，拉宾曾承诺的边界是1967年6月4日的边界。从那时起，每次与我们见面，他们就要求把撤退到那条界线作为谈判的起点。

叙利亚的态度成了以色列和叙利亚之间争端的主要原因，这在拉宾的任期以及后来巴拉克的任期内造成了许多困难和问题。每次会面，叙利亚人都明确表示，以色列必须首先撤退到1967年的边界线，然后他们才愿讨论其他问题，例如安全部署、撤军时间表、关系正常化与和平的本质。

有鉴于此，拉宾让我和巴拉克准备好在华盛顿会见叙利亚人。他一再向我们强调，我们的任务只是讨论安全部署。

我想知道，如果拉宾看到边界和安全部署之间的联系，也就是说，如果边界线发生移动，安全部署是否有所变化。我的问题暗示了一种情况，假设边界会从中间通过戈兰高地，在这种情况下，其两侧将会是没有军事存在的非军事区。然而，倘若以色列从戈兰高地全部撤军，未来的边界将沿着约旦河的走向，双方非军事区的互惠性本质将成为问题。这是因为，以色列定居点位于约旦河以色列的一侧，军队应该保护他们，在他们和边界之间作为缓冲器。

对此，拉宾回答说："如果我们需要在会谈中为了说明而画一条界线，并就那条界线讨论安全部署，你将概述两个选项。一条界线通过戈兰高地，因此以色列国防军保留西部高原地区并控制戈兰高地悬崖，第二条界线没有确切说明，画在戈兰高地的山坡上。"

这似乎勉强算得上是一个声明，但在那一刻，拉宾全部的意思是，他不希望我们讨论边界的位置问题，他不想因处理这个问题而阻碍安全部署的讨论进一步发展，那是与叙利亚人的会议议程。拉宾找到的解决方案包含了叙利亚人的方案，将从戈兰高地撤军作为例证，而同时，我们将讨论从戈兰高地中间穿过的边界。

拉宾郑重告诫一定要保守所有这些事情的秘密，因为他不希望无事生非。拉宾很清楚他的措辞和"保证金"的条款，但是是否要公开，他犹豫不决，因为他希望断绝政治反对派断章取义的可能性，而不提他所设置的条件。即使没有透露"保证金"及其内容，他的对手也经常攻击他"撤军的深度将等同于和平的深度"的声明。

拉宾对此事守口如瓶。拉宾遇刺后，西蒙·佩雷斯被任命为总理，他是在从伊塔玛·拉比诺维奇和我这里收到的关于与叙利亚人谈判进展的概述中第一次发现了"保证金"一说。

佩雷斯从美国人那里了解了关于与叙利亚人谈判的最新情况，他们试图向他推销一个概念：事实上，以色列已经承诺撤退到1967年6月4日的边界，那也是叙利亚人的理解。然而，我一次又一次地明确表示，拉宾没有谈到协议或承诺，而是作为一个确凿无疑的条件，规定了如果没有满足所有的要求，以色列就不会同意从戈兰高地撤军。

巴拉克和我为与叙利亚总参谋长会面做着准备工作，此事同样十分机密。

为了确保会议秘密进行，拉宾要求我们化装，改头换面，秘密离开这个国家。会谈秘密进行是叙利亚要求的，他们威胁说，如果有人知道了会面的消息，他们就取消会面。然而，对于拉宾来说，保密也是非常重要的。他希望避免产生一个错误的印象——以色列和叙利亚马上就能够签署协议，当时，关于此事政治当局没有多少人是确定的。如果透露了有关会议的消息，可能会挫败任何推进以色列和叙利亚谈判的努力，因为预计在以色列民众中会引起讨论和争执。拉宾也希望让埃胡德·巴拉克总参谋长免于回答议会外交事务和防御委员会成员的各种问题，从而防止议会中的反对党拥有那些他不希望他们拥有的情报。

我们知道，如果有人在机场看见以色列总参谋长和总理的军事秘书在一起，并登上跨越大西洋的航班，那会引人侧目，消息会不胫而走，导致媒体发布不利新闻，可能会破坏预期的会议。回想起来，我们发现，尽管我们尽最大的努力掩盖我们的外表，并保守会议秘密，12月21日会议之后，还是立刻有人揭露了会议的消息：大马士革的叙利亚通讯社报道说叙利亚和以色列大使在华盛顿举行了会议，"军事专家"参加了这次会议。12月下旬，通讯社确认这些"专家"是巴拉克、亚托姆和谢哈比。

然而，叙利亚泄露情报前几天，在我们从以色列前往华盛顿的路上，我们仍然尽量避免暴露身份。我们精心打扮了一番，戴着假发和粗框眼镜离开这个国家。

戴上假发和眼镜之后，我第一次照镜子时，几乎认不出我自己。在我们颠覆性地改头换面后，巴拉克和我第一次看见对方，我们哈哈大笑。我笑是因为站在我面前的人不像是埃胡德·巴拉克，而是他的母亲以斯帖。埃胡德戴着假发，看上去非常像他的母亲！我们花了几个小时才平静下来，慢慢习惯了那个样子。然而，套在我们头上的假发并不是唯一的问题。不幸的是，做假发的材料让我体验了严重的过敏反应，从特拉维夫出发，在巴黎逗留后到达终点华盛顿，在整个漫长的旨在掩盖最终目的地的旅程中，我一直在流眼泪、流鼻涕，头皮也经常发痒。

从巴黎到华盛顿，"协和"飞机缩短了旅程的持续时间。我们在傍晚时分抵达华盛顿，伊塔玛·拉比诺维奇秘密加入进来。他开着他的汽车来接我们，把我们带到了华盛顿一个安静、简陋地段的一家宾馆里。旅程结束，我终于松了一口气，可以摘下那顶令我发痒的假发。我们都去了伊塔玛的房间，准备第二天举行的会议。会议分两个阶段：首次会议是在华盛顿，与叙利亚大使瓦利德·穆阿利姆（现任叙利亚副总理兼外长）会面，然后是与叙利亚总参谋长谢哈比会面。巴拉克和我安排了早上在宾馆的健身房见面，我们互道了晚安。

按照约定，早上6点，我穿着运动服、戴着假发来到健身房。我在跑步机上气喘吁吁地跑着步，汗流浃背，头上的假发在我身上肆虐着。我听见巴拉克熟悉的口哨声，他从走廊向我这里走过来。我看着他，心里咯噔一下：他没有戴假发！

我对他说："埃胡德，你疯了吗？一路上我们白白遭受痛苦折磨了，马上就会有人认出你来的。"巴拉克本来应该登上我旁边的跑步机，然而，他对我说："算了吧。这里有谁能认出我来？"在跑步机上跑完步后，他无忧无虑地继续欢快地跑向热水浴缸。

第13章

"寸土不让"

那天接近中午的时候，伊塔玛把我们带到了布莱尔大厦，看到我们的样子，丹尼斯·罗斯和马丁·因迪克忍不住大笑，半天停不下来。剥去头皮上的假发，才让我们平静下来。

所有的与会者都聚集在即将召开会议的房间里：以色列方面有驻华盛顿的大使伊塔玛·拉比诺维奇、总参谋长埃胡德·巴拉克和我。美国人有丹尼斯·罗斯和马丁·因迪克；叙利亚方面，荣耀登场的只有一位——拉比诺维奇的同行、叙利亚驻美国大使瓦利德·穆阿利姆。

巴拉克和我知道，我们正站在一个重要里程碑的关口，我们感受到肩上巨大的责任。我们意识到，会议可能的结局是，或者开始快速运行和平进程，或者就此结束和平进程。

我们心中充满好奇，又为无法确定叙利亚的反应而忐忑不安。第一次和一名叙利亚代表面对面坐在一起，我们不免感到兴奋和好奇。直到那一天之前，我都是通过军事望远镜看到叙利亚人的。和他们在同一个房间里参加会议，围坐在一张正式的、严肃的谈判桌上，我发现这一局面引人入胜，令人兴奋，也让人捉摸不定，感到挑战严峻。

穆阿利姆开始发言，说他很高兴看到两位才华横溢的将军打扮成外交官出现在他面前。穆阿利姆补充说："我希望这是一个好兆头，这会让你们像外交官一样思考。"如果他早几分钟看见我们还戴着假发的样子，我想知道他是否还会说那样的话。

穆阿利姆补充说："如果时间允许的话，也许我们会达成一项协议。阿萨德明确主张叙利亚把和平共处当作战略首选。阿萨德明白，对子孙后代来说，与你们和平共处是一项积极的发展，从战争到和平，我们想要改变局势。"

在那个房间里，有一种感觉，我们正处在一个历史性关头。我们知道，这次会议本质上是与叙利亚总参谋长谢哈比会晤的筹备会。在以色列和叙利亚的谈判历史上，这将是两位总参谋长之间的第一次会面。

我感觉，我们正在接近关键时刻，与叙利亚的谈判终于走上了轨道，我们可以认真研究我们之间的分歧程度以及弥合的机会。我觉得，阿萨德决定派他的总参谋长和我们见面，意味着他真的想要达成协议。谢哈比担任叙利亚军队的总参谋长已经有20年，有人认为他是继阿萨德之后叙利亚领导层第二重要的人物。

房间里，人们感觉到和平在望，同时，也理解这并非轻而易举。

从他的身体姿态和面部表情看，很明显，瓦利德·穆阿利姆紧张而又兴奋。他照着用阿拉伯语写成、由阿萨德私人翻译布赛娜·沙班翻译好的稿子发言。

穆阿利姆说，自从马德里那些日子开始就关注和平进程的人们可以看到，叙利亚已经走了很长一段道路。他说，和平协议必须处理四个问题：时间表、撤退线、安全部署和关系正常化。

穆阿利姆说："今天我们将重点讨论安全问题，也许我们可以从那里突破其他的问题。"

穆阿利姆继续说："安全部署应该预防决定部署在边界的叙利亚和以色列军队之间发生矛盾冲突，他们应该确保能预防一方对另一方实施突然袭击。安全部署应该尊重双方的主权，因此，必须是相互的、对等的。边界两侧的非军事区必须大小相同。"

很显然，即使穆阿利姆没有明确地说出来，但他主张以色列的撤退线将是1967年6月4日的边界线，这是他讨论的基础。

巴拉克开始回答，他顺着穆阿利姆的爱国主义精神说："我们非常尊重叙利亚人、叙利亚的士兵，欣赏叙利亚的指挥官还有他们的指挥才能。从普通排长到阿萨德总统，可以看出你们的领导水平、专业能力和战斗勇气。你们的总统在以色列受到高度赞赏，被认为是中东最重要的领导人之一。在战争中，他是个强硬的对手。我们已有思想准备，在谈判中，他也将会是个强硬的对手。我们认为阿萨德总统是个信守自己诺言的诚实的人。"巴拉克指出，由于有了叙利亚的承诺和信守承诺的领导人，戈兰高地的边界是以色列最为宁静的边界。他补充说，在以色列国防军提交给领导人的所有关于阿萨德的情报评估中，总是会提到这些情况。穆阿利姆记得巴拉克以前是军事情报局局长，他可以欣赏这些言辞。

巴拉克继续说："丹尼和我多年在部队里服役，我们已经投入大量的时间去思考如何在战场上击败叙利亚人。现在看来，在我们致力于安全和战争很多年以后，叙利亚人和我们之间作为勇敢者的和平共处时代已经到来。"

巴拉克说："我不知道我们是否能够、何时能够获得和平。这在很大程度上取决于今天坐在这张桌子旁的人。我们解决我们之间的细节问题并给我们的领导人提出建议，以此给决策过程施加重要影响。"他指出，如果不能与叙利亚和平共处，难以想象中东地区的稳定。

那天晚上会议结束，第二天早晨继续进行。这一次，巴拉克开始讨论并提到，重要的是将突然袭击的可能性降至零。巴拉克解释说，无论是在哪个季节，不管天气如何，不管白天黑夜，以色列需要48小时的警报召集预备役部队。他指出，那必须是精确的、高效的。

巴拉克的声明提到了以前叙利亚人对美国人说的话，大意是，在飞机和卫星时代，以色列不需要地面预警系统。我们经常用戈兰高地的天气情况进行抗辩，那里的天气总是令这些措施无法完全令人满意。

巴拉克解释说，做好安全部署很重要，即使没有突然袭击，但可以降低发动全面攻击或部分攻击的诱因。根据巴拉克的观点，稳定的非军事区会让军队远离彼此，阻止任何可能发生的摩擦，并减少引发冲突。巴拉克说："安全部署的目的是确保如果发生危机也不会导致攻击，预警站是为了预防发生任何种类的突然袭击或军事冲突。而且，我们必须避免让对方采取对抗步骤导致恶化的情况发生。例如，早在'六日战争'之前就发生过这样的事情，当时，埃及封锁了蒂朗海峡，宣布高度军事戒备，这迫使以色列调动军队。"

巴拉克解释说，我们的地面部队大部分都是由预备部队组成的，他们应征入伍会使这个国家的日常生活陷入瘫痪。他补充说，我们必须形成一种态势，一种不会出现紧张局势升温，以致尽管和平尚存，我们还是被迫召集预备部队的形势。

巴拉克说："即使不发射一颗子弹，这种局面也会导致危机出现。因此，你们的军队远离边界很重要，安全部署要足以消除我们所有的顾虑。"

除了非军事区，巴拉克讨论的另外一个问题是在边界两侧疏散叙利亚和以色列的军队。巴拉克提出的疏散是相互的，但不是相等的。这个设想源于以色列狭窄的地理格局。巴拉克解释说，倘若我们从戈兰高地撤军，叙利亚人将控制悬崖，那时，我们保护我们国家腹地的能力将受到明显削弱。因此，我们要求作出安全部署以补偿我们失去的战略资产。以色列将承担巨大的风险，必须确保它还能够抵御这些风险。

在预警这个问题上，我们的立场是以色列需要戈兰高地的预警站，至少必须保留黑门山上的那座。在利益互惠方面，我们提出交换，叙利亚人将他们自己的预警站放在加利利。

安全部署的另外一个组成部分是核查、检查和观察员问题。我们要求建立一个由叙利亚人、以色列人和美国代表组成的观察员团队，从事监督和控制。另外，我们要求成立一个美国观察员队伍，部署在两国部队之间，通过摄像机进行远程监视和观察。

那时，伊拉克和多国部队之间正在发生战斗，国际社会要求在伊拉克军事营地和其他设施中安置观察员、安装摄像机。根据这些情况，穆阿利姆插进来说："你们认为我们是伊拉克人，需要受到摄像机的监控吗？"

巴拉克解释说，他是在建议对安全部署作出详细说明，从中双方可以选择他们能够接受的条件。巴拉克的意思是，监管部署将可以立刻识别出其中哪一方违反了安全部署并且采取了可能使局势恶化的行动。

巴拉克估计，因为双方都不愿意接受破坏和平的指控，所以，能使国际社会监控局势的监管会可以防止情况恶化。

巴拉克阐述了一些建立信任的措施，那会给经过这么多年持续冲突的双方带来一种安全感，使人心情舒坦，并且缓解两国之间存在多年的疑虑。步骤包括：提前通知军事演习以避免双方发生误解，在以色列指挥官和叙利亚野战军官之间建立"热线"电话，双方中间部署观察员，组织以色列官员和叙利亚官员互访。

巴拉克也提出了黎巴嫩问题，强调说，以色列对黎巴嫩并没有领土要求。他补充说，我们把南黎巴嫩军队看作黎巴嫩的爱国者，在以色列和黎巴嫩的协议中，应该为他们找到一个适当的解决方案，把他们融入黎巴嫩居民整体，而不仅仅融入黎巴嫩南部居民。因为他们是爱国者，在饱受战争蹂躏的国家里，他们为保卫自己而战，从来也不反对黎巴嫩，所以我们也应该确保不会对他们采取惩罚性措施。

巴拉克提到恐怖主义问题时措辞温和，以免使坐在他面前的叙利亚人感到尴尬："即使你们不支持黎巴嫩和真主党的恐怖主义，你们对黎巴嫩政府的影响也是巨大的，有能力影响它并遏制这种活动。"

关于撤军时间表，巴拉克坦率、清楚地告诉穆阿利姆，我们向总理请求的时间比美国人向叙利亚人提出的时间更长一点。巴拉克说："我们花了几天时间征服了戈兰高地，但是花了好几年才在那里建立了防御线。"他补充说："我们不指望得到十年的时间来撤军，但是也许可以有其一半的时间。"

穆阿利姆专心聆听巴拉克的话，一言不发，以极快的速度记下了每一个字。然而，他的表情背叛了他的感情。巴拉克赞扬阿萨德的时候，他点头表示赞同和满意。当巴拉克谈到用探头监控应急军火库时，你可以看出他对这个主意非常不满意，甚至觉得冒犯了他。

巴拉克强调说，双方之间的对话应该在相互尊重、相互关心的氛围中进行。例如，巴拉克开始描述他和侯赛因国王会晤的情况，以及他们谈判所用的方式。但是穆阿利姆立刻阻止他，说："不要把我们和约旦人相比较。总的来说，叙利亚人不像其他的阿拉伯人。"

穆阿利姆继续指出："阿萨德尊敬并欣赏拉宾。事实上，阿萨德和拉宾性格相似，他渴望勇敢者的和平、人们致力于追求的和平、叙利亚人能从中受益并有兴趣维持的那种和平。"

此时此刻，巴拉克在房间里扔下了一枚"重磅炸弹"，他说他没有获得授权，不可以商谈最后的边界，这个问题要看政治家们的决定。他立刻继续对穆阿利姆说，自己对拉宾总理而言就是一个军事专业人士，他希望穆阿利姆同样以军人的身份审时度势。巴拉克说："我告诉拉宾，即使与叙利亚和平共处，我们希望边界从戈兰高地中间穿过，应该是一个最小的距离，约旦河和加利利海往东至少10公里的地方。"这里有必要加以说明的是，巴拉克这番声明早在与拉宾举行的筹备会议期间就已商定。

这个信息对叙利亚大使瓦利德·穆阿利姆明显产生了严重影响。穆阿利姆顿觉如鲠在喉，欲咽不能，欲吐不罢，连呼吸都很困难。

巴拉克全然不顾他的叙利亚对手脸上的戏剧性变化，继续平静地说："我建议即使在和平时期，我们的兵力也沿着这条边界部署。"

巴拉克解释说，在他看来，为了达到使突然袭击的概率为零，以色列国防军在戈兰高地撤出的区域和目前的停火线东面的其他地区应该解除武装。

巴拉克介绍关于边界的观点是因为我们认为把它作为起始点是对的。我们没有估计到，阿萨德听到以色列要求他把军队从现有位置撤回腹地，以免以色列遭受突然袭击这个想法后，大为震惊。我们也从未想到随后阿萨德会决定停止会谈。

下一次会议时，我们都有机会听到穆阿利姆对于巴拉克建议的详细观点。第二天（1994年11月3日）早晨，穆阿利姆抵达布莱尔大厦，他仍未摆脱前一天会议的影响，尤其是以色列总参谋长言辞的影响。

这一次，穆阿利姆在会上首先发言，他一开始就对巴拉克说："昨天的会议很重要。我感谢你们对和平作出的承诺，以及陈述安全部署时个人作出的努力；我欣赏你们准备此事的方式。但是，我要承认，昨天晚上我试图理解你们言辞中的逻辑，但那让我睡不着觉。"

穆阿利姆由此加入了一个庞大的受人尊敬者的行列，其中有以色列政客和来自世界各地的政治家。在他们的一生中，他们失去了许多宝贵的睡眠时间，试图理解巴拉克在说些什么。

穆阿利姆继续说道："关于叙利亚和以色列和平共处的机会，你会发现很难找到一个比我更乐观的人。但是，昨天你们说了那番话以后，我担心我的乐观主义会消失。叙利亚的立场和你们说的话相距甚远，我听到以后，我被迫问我自己，我们真的在协商从战争状态过渡到和平状态吗？"

穆阿利姆想要暗示，巴拉克提出的安全部署让叙利亚人感觉我们正在为战争状态作准备，而不是为两个国家之间的和平协议。

穆阿利姆补充说："关于阿萨德总统、谢哈比总参谋长、阿里·阿斯兰副总参谋长和叙利亚军队，我很感激你所说的话。这表明你对我们的军队和领导人这些主题有着非常深刻的理解。对于我们来说，只要阿萨德和拉宾这样的领导人在执政，和平的机会就很大。我再一次向你保证，如果达成和平协议，我们会信守承诺，按照协议处事。我们毫不怀疑拉宾也会这么做，无论成文与否，他会和我们一样信守诺言。"

后来，拉宾遭遇谋杀给和平进程带来了致命的打击，给地区造成了巨大的悲剧，穆阿利姆这一番话为此作了说明。拉宾受到了该地区领导人的极大尊敬，一次又一次地让我感到，如果拉宾还活着，在他的领导下，我们与叙利亚和巴勒斯坦已经达成和平协议，随后就是与许多阿拉伯和伊斯兰国家签署和平协议。

穆阿利姆接着说，叙利亚相信，和以色列的协议不需要躲躲藏藏，"当我们真的达成了协议，我们将捍卫它，我们会促进它、尊重它，我们会对任何企图阻碍它的国家和团体采取行动"。

穆阿利姆说完这些话后，立刻又发表了一番言论。对于他们来说，最重要的问题没有留下任何误解的余地。他说："对于我们在1967年6月4日时拥有的土地，即使只是一寸，我们也不能放弃。因此，我们认为以色列必须撤退到1967年6月4日的那条界线，我的理解是，这是我们谈判的基础。"

从这些话里我们可以明白，叙利亚人到华盛顿和我们就安全部署进行谈判之前，他们以为边界位置争议已经解决，认为我们理解并同意了边界将会是1967年6月4日的那条界线。显然，美国人传递的信息给他们的印象是，以色列已经接受了这一点。

穆阿利姆提到了巴拉克所作的声明，即那条界线需要从约旦河东面

6—8英里处通过，他再一次强调说："从你们的角度来看，我可以理解这一打算，但是就叙利亚而言，那条线就是1967年6月的界线。"

关于安全部署问题，穆阿利姆说出了叙利亚的观点。这个观点熟悉而陈旧，对我们来说，这是一个反反复复的说法而已，他们认为当和平得以实现就不需要安全部署，没有理由担心突然袭击。穆阿利姆解释说，这个世界上没有比平等更强大的法律，即使上帝也这么说过。穆阿利姆继续说："我们一定不能制造一种局面，一方的安全是以另一方的安全为代价。我承认防止突然袭击这个目标，但是安全部署没有必要，因为和平意味着不会有突然袭击。而且，我也承认按照惯例防止冲突和意外的目标。"

关于尊重一方的主权，穆阿利姆说："我尊重你们的主权和独立，我不希望安全部署和任何一方的主权发生冲突。"穆阿利姆在暗示，以色列撤退到1967年的边界后，不再控制叙利亚的一寸土地，然后以色列会发现叙利亚不再是一个威胁。在这种状况下，以色列从戈兰高地撤军后，战争的借口将不复存在，叙利亚将没有想要攻击以色列的理由。

关于时间表，穆阿利姆说他深信，作为军人，我们能够在有限的时间内完成任何任务，我们可以影响政治家们改进时间表。他解释说："叙利亚需要一个短时间的框架来维持和平的势头。阿萨德说他致力于与以色列建立和平关系，他就是这个意思。"

关于安全部署，穆阿利姆明确说，双方应该是相互平等的，只要两侧大小相当，他同意非军事区的原则。所有的区域将起始于1967年6月的边界，我们将从那里开始调查将给双方施加哪些限制措施，维护公平原则。

穆阿利姆强调说："阿拉伯联军过去对以色列发动攻击，这种事情再也不会发生。你们已经与埃及和约旦和平共处，也正处在和巴勒斯坦解放组织拟定协议的过程中。那么，你们和叙利亚以及黎巴嫩达成协议，阿拉伯联军的故事就会成为历史。因此，也不用对遭到这样的联军攻击的可能性作出安全部署。"

关于我们对预警站的要求，穆阿利姆强调说，叙利亚人提到"全面撤退"，他们的意思是，以色列士兵、居民或预警站都不能留在戈兰高地。他补充说，在和平状态中，在约旦河西面，他们不需要任何预警站，在东面，我们也不需要预警站。我们提出由美国负责我们的监控站，穆阿利姆也拒绝了这个可能性，说："在这点上，我们不能同意美国人在那里出没。"

他还说，如果阿萨德问他关于此事的看法，他的建议是推迟到叙利亚和美国的关系正常后再决定。

穆阿利姆补充说："我们不愿意内部讨论叙利亚和美国之间的双边关系，以免刺激以色列作出声明说，叙利亚主要将和平当作一个手段，目的是使叙利亚和美国之间的关系正常化。因此，我们要公开地讨论叙美双边关系，这样可以让说我们谈判的所有目标是改善我们与美国之间关系的所有以色列人释怀。"

应该指出的是，尽管穆阿利姆讲话的内容与前一天巴拉克的大部分言辞存在分歧，但房间里的气氛正式并得体，一点也不紧张。事实证明，穆阿利姆是个随和的人。他刚见到那些代表着以色列军队和国防机构最高级别的人时，表情呆板、神情紧张、身体僵硬。但是在他设法摆脱紧张之后，随着偶尔的微笑，气氛缓和了下来。瓦利德·穆阿利姆个子不高，又矮又胖，根据报道，他很友善有趣，也很有礼貌。几个小时过去了，他放松下来，恢复了镇静，你可以感觉到房间里的气氛又开始积极有效。

然而，轻松的气氛并没有妨碍穆阿利姆武断地反对巴拉克前一天的声明。穆阿利姆反对巴拉克提出的部署美国观察员的建议，辩解说叙利亚选择联合国观察员。穆阿利姆说："毕竟，你们知道美国国会对我们的态度是冷漠无情的。"他提到了美国国会指责叙利亚赞助恐怖主义，还有侵犯人权的问题。

穆阿利姆没有忽视拉宾喜欢美国观察员，他说："我不排除这种可能性，但是目前我不能同意，因为我们必须首先使美国和叙利亚的关系正常化。"他补充说："无论如何，我感觉在国际观察员问题上，我们会取得一致意见。"

关于这一点，巴拉克连忙问："我是不是可以这样理解，在其他所有的问题上，我们不会取得一致意见？"

穆阿利姆说："我阅读了很多关于您的材料。我知道你非常聪明，是一名正在寻求实现和平道路的战略家，这就是为什么我直接和你说话的原因。你和亚托姆将军与总理的关系都非常亲密，如果你们认为与叙利亚达成和平协议是十分重要的，我毫不怀疑你们能够影响你们的领导。"

关于两国边界上的军队规模，穆阿利姆解释说，虽然叙利亚军队士兵数量较多，但是以色列军队装备更加精良。他进一步补充说，叙利亚比以色列边界更长，"我们和几个邻国都有争议，因此我们需要一支庞大的军队。减少部队规模不会是和平协议的一部分。这只能由叙利亚单独作出决定"。

穆阿利姆讲述了建立信任的措施，他同意它们确实会减少双方的猜疑，但认为应放到以后再讨论。

关于黎巴嫩问题，以色列要求叙利亚阻止真主党反对以色列的活动，穆阿利姆摆出了众所周知的叙利亚观点——以色列和黎巴嫩的协议应该直接与黎巴嫩商谈。他补充说："我们能够帮忙，因为我们相信，以色列和叙利亚和平共处也会促进以色列和黎巴嫩的和平共处。"

关于恐怖主义问题，穆阿利姆坚决地说："我向你们保证，没有哪次恐怖活动是起源于叙利亚的。至于黎巴嫩，虽然我们把他们定义为自由战士，但是我们不鼓励不支持任何恐怖团体。"

巴拉克向穆阿利姆明确表示，叙利亚正在支持黎巴嫩的恐怖分子，以色列对此非常担忧。穆阿利姆解释说："我们估计，黎巴嫩人不能阻止真主党，这就是为什么我们如此渴望看到叙利亚—以色列和谈的进展。"

"我们不能在一条战线上讲和，在另一条战线上打仗。我们不会允许任何一个阿拉伯国家影响以色列和叙利亚的和平共处，我们会自豪地捍卫协议。"在他的讲话中，穆阿利姆强调了叙利亚非常重视在任何我们商定的安排中的平衡、互惠和平等。

巴拉克向穆阿利姆解释说，对以色列来说，叙利亚的这个要求是有问题的，就像他说的那样："你们的国家很大，而我们是个小国。"

为了说明这一点，巴拉克使用与埃及签署的和平条约作为例子。巴拉克说："整个西奈半岛作为埃及领土，是一片相当大的区域，那儿成了非军事区。"他继续说："而在我们这一侧只是一小片区域，沿着边界只有几英里解除了武装。我们和埃及人达成了相互的协议，但是不是平等的，因为事实上，埃及的领土比以色列大得多。"

丹尼斯·罗斯提出了一个解决方案，其中的安全部署在本质上是相互的、平等的。这意味着，其目的是，在部署不能平等的任何地方，例如因为地理和地形条件，必须找到另外一个协定来维持相关但不一定平等的关系。

会议结束时，穆阿利姆总结了他对我们方案的印象，说："我明白，你们同意我们大多数的原则，除了平等原则，除非表述为'本质上平等'，你们才会同意。至于其他的部分，我的印象是，你们愿意讨论叙利亚的立场、不同部分之间的关系，以及用某些部分补偿其他部分缺失的可能性。"

穆阿利姆说："最重要的是，两个国家有一个共同的目标，即：预防突然袭击。"他面对巴拉克说："你同意这个说法吗？"

巴拉克说："除了平等这件事情，我完全同意。不是说我们同意'本质上平等'，那会导致错误或误解，你的报告应该包括我们所提的立场。"

因此，我们是在与穆阿利姆的会议上讨论了关于需要将突然袭击的风险减少至零，消除攻击诱因，防止全面战争，以及防止日常骚乱等事项。我们进一步讨论了预防国家军事危机的可能性，例如单边行动造成的情况恶化（比如召集预备役人员），设置安全部署，确保明确识别未遂攻击以及确定重新布防的时间表。

叙利亚大使和我们之间的这一轮会谈就这样结束了。本次会议的真正目的是为了下一场会议，我们开始着手准备那个与叙利亚总参谋长希克马特·谢哈比的会议。

与谢哈比的会议也打算在布莱尔大厦举行，代表叙利亚的是谢哈比总参谋长、穆阿利姆大使和翻译布赛娜·沙班。以色列的代表有拉比诺维奇大使、巴拉克总参谋长，以及军事情报局局长乌利·萨各少将和我。

尽管与穆阿利姆大使的会谈气氛也很隆重，强调了场合的规模，很明显，与叙利亚总参谋长的会议将更加敏感，责任更加重大，更让人感觉以色列和叙利亚之间的对话正在催生重大的历史事件。以色列代表将会见这样一名在叙利亚统治集团内排名如此高的代表，这是第一次。那时，谢哈比已经担任总参谋长20年，而且，在那些年里，他在叙利亚已经获得了很强的政治地位，非常重要的是，他受到了阿萨德的高度赏识。所有这些都强调了这次会议在叙利亚人眼中的中心地位。在丹尼斯·罗斯和叙利亚总参谋长召开的推进会议上，后者说："事实上，我是叙利亚军队的总参谋长，是叙利亚最高政治领导层的成员。我在这里，表明我们很重视这次会议。"我们知道，如果谢哈比建议继续会谈，会谈就会继续。

会议开始时，气氛冰冷。谢哈比和我们一样穿着平民服装，西装加领带。要忽视他身上那股强烈的权威气息和冷漠的举止是不可能的，而他的情感却深藏不露。

以色列代表各就各位，围着长方形桌子，面对着叙利亚的代表，美国人坐在桌子的两端。巴拉克是出了名的手表迷，会议一开始，他就注意到谢哈比戴着一块价格非常昂贵的手表。为了缓和紧张气氛，巴拉克问谢哈比，他戴的是什么手表。谢哈比冷淡地回应说他不知道，只是一块"完全普通的"手表。我们估计那块手表值几万美元，而当时叙利亚人平均月工资不超过120美元。

在会议过程中，我注意到谢哈比聚精会神地专心聆听巴拉克说话，在很长一段时间里没有写下一条笔记。当他自己说话的时候，谢哈比不借助任何书面材料就流利地、清楚地说明了叙利亚的立场，这不能不给我留下深刻的印象。即使提到巴拉克提出的观点，他也只是使用记忆就能精确无误。

叙利亚人对待谢哈比的态度明显证明了后者的资历。瓦利德·穆阿利姆不像上次会议时那么独立自主。他俯身坐在椅子上，在谢哈比面前一句话都不敢说。很明显，叙利亚一方只有一位发言人。

另一方面，以色列这一方比较活跃：我们都时不时地插话加入讨论，有时也会把写有评论和要求的便条传递给巴拉克参与讨论。

虽然随着时间的流逝，和谢哈比的会议没有呈现出友好交流的气象，他始终与我们保持一段距离，但会议期间，气氛稍微缓和了一点，偶尔也有放松的时刻，甚至时不时地笑一笑。

事实上，穆阿利姆是一名外交官，一个从事对外服务的人，和他在一起，伊塔玛·拉比诺维奇有时可以说东道西，但是和谢哈比将军在一起，那是不可能的。

沃伦·克里斯托弗在会上首先发言说："我们有信心，推进和平进程的适当人选就在这个房间里。巴拉克和谢哈比可以带来创造性解决安全问题的方案，他们致力于和平共处。我们都有能力以务实的方式讨论原则和细节问题，以弥合现存的差距。"

巴拉克面对谢哈比说："从我当军事情报局局长开始，我已经关注您大约12年了。您是一名专业人士，一个有战略思维能力的人，对此我们非常欣赏。我们两个人都享有特权，可以为声望很高的领导者服务。通过我们在战场上的经历，我们已经学会了尊重叙利亚士兵和为目标奋斗的军官们的勇气、坚韧和决心。我们已经战斗了45年多，可以继续战斗；但是，我们到这里来，是要结束战争。"

在开幕词后，巴拉克立刻开始详细讲述对我们很重要的安全部署的部分，他强调说，在和平时代，我们的部队的前线应该是在戈兰高地，而不是在它下面。巴拉克迅速澄清："然而，这不是我这个军事专家的决定，而是政府的决定。政府怎么决定，我们这些军人会完全服从。"巴拉克解释说，由于"赎罪日战争"的痛苦记忆，预警能力对我们非常重要，是以色列领导人能够说服民众的重要方面，他们可以据此说正在采取必要措施确保安全。巴拉克说，以色列民众仍然把叙利亚当作重要的威胁，他们发现很难信任这个国家，"因此，有必要拿出行动让以色列民众相信叙利亚的真正意图"。

关于限制叙利亚的进攻力量（战斗序列），就像与穆阿利姆会谈时说的那样，巴拉克软化了我们的立场。这是因为拉宾理解叙利亚人在这里有一个问题，对于他们来说，这是以色列干涉叙利亚内部决定的一种形式。因此，在与穆阿利姆开完会后，他询问我们能否修正我们的立场，不要当作以色列的要求提出这个问题，而是要说，如果叙利亚决定减小部队规模，以色列会很高兴。

巴拉克说，为了在建设现代化部队、投资训练和有效使用预算之间取得平衡，这个决定让我们相当程度上限制了自己的军事战斗能力。

听到这一点，谢哈比开始发言。开始的时候，他不吝言词赞美巴拉克和以色列领导人，巴拉克对此表示感谢。他开始发言说："我相信，今天的会议是自马德里会议以来在和平进程中非常重要的一步。叙利亚愿意采取的战略选择是在该地区实现完全而真正的和平。我非常感谢你对我说的好话，但是……"这时他第一次笑了："你需要检查你信息来源的可靠性，因为他们谬赞我了。"

然后，谢哈比突然开始讲述以色列提出的安全部署。巴拉克试图营造一种建设性的氛围，在这一点上，与之相反，谢哈比开始重复熟悉的、陈腐的叙利亚咒语。他解释说，叙利亚需要比以色列更多的抵押和担保，因为叙利亚一直是以色列侵略的受害者；叙利亚的国土被以色列占据着，还遭受了许多的伤亡。谢哈比说："虽然叙利亚比以色列需要更多的安全部署，但是我相信，安全部署应该以共同的、坚定的方式服务于双方。在听了你的话以后，我想说，我们之间的差距很大。"

谢哈比重复着那些熟悉的言语，大意是，我们的安全部署给人的印象是，它不是为了和平共处而是为了未来的战争而设计出来的。他告诉巴拉克："你们的建议不能使我们达到和平。"

听到这席话，巴拉克忍不住了，打断他说："我们的目标很明确，例如阻止突然袭击。为了实现目标，我们需要足够的可依靠的安全部署。"

"然而，你正在朝相反的方向走：一开始，你的原则就是，例如，叙利亚不会同意以色列保留1967年占领的一寸国土，而且，你就是从那里得出安全部署的原则的！"

对于这番话，谢哈比断然回答说："讨论必须从初步的、基本的问题谈起，如果我们在这些上面观点不一致，讨论就毫无意义。"

谢哈比继续阐述说，叙利亚人不能接受他们的应急军火库受到视频监控，也不接受以色列在戈兰高地设置预警站，因为叙利亚的行动原则是，以色列从戈兰高地撤退后，不能在那里留下任何士兵或居民。

巴拉克回复谢哈比说："你们将这些讨论视为一系列的步骤，每次我们在一个步骤上达成一致，然后我们继续讨论下一步，就像一个人会去建造一堵砖墙一样，但是这个方法不正确。"

巴拉克的类比吸引了谢哈比，他回答说："这就像建筑：先是地基，然后是墙壁，然后是屋顶。"

于是，巴拉克就开始用他独有的方式清楚地解释说："至少在这个阶段，将进程当作一个画家在绘制一张图画比较好，而不是一个建筑师建造一栋房子。对画家而言，绘画过程是一种创造，其间你事先不知道最后会有什么结果。与建筑的蓝图不同，画家从一系列的色斑墨迹开始，然后再结合成一幅综合的画面。"

"这个过程是循环的，那就是，讨论一个主题，探索、返回并纠正，诸如此类。"

对于以色列关心的突然袭击，谢哈比在想象哪一种解决方案，巴拉克试图找到它。

谢哈比反复说："关于那一点，我们可以交换意见，可以讨论并评论。只有在我们同意了那些原则，确认了安全部署的性质之后，我们才可以在其他方面达成一致。如果我们不同意，那么，一切都将土崩瓦解。"

"安全部署必须从1967年6月4日的那条分界线开始谈起，必须对双方都是相互的、平等的，不能侵犯其中一方的主权。"

巴拉克想要说明，我们不认为安全部署是"平等的"，而是"本质上平等"。也就是说：我们接受互惠原则，不建议那些我们有而你们没有的东西，例如，在戈兰高地部署以色列预警站，在加利利部署叙利亚预警站。

然而，这没有给谢哈比留下印象，他继续坚持他的说法："就我们而言，所有的安全部署在地理维度和特征上必须是相等的。"

为了说明他的观点，证明叙利亚也有风险，谢哈比指出，从1967年6月4日的边界开始，到特拉维夫的距离要比到大马士革的距离远得多——在他看来，这对以色列是有利的。

关于这一点，我决定加入讨论，因为我已经得出结论：这样的意见交换正在让我们远离事情的实际本质。

我建议双方都提出自己的问题，另一方提出他们建议如何解决这些问题，这样我们可以缓解彼此的担忧和疑虑。

会议将要结束，谢哈比总结说，他的要求是平等的、相互的安全部署，并指出，他同意巴拉克的观点，安全部署的目标是为了预防突然袭击、意外和冲突，当然，也是为了预防全面战争。

丹尼斯·罗斯总结说，双方在安全部署的重要性上达成了一致意见，建议按照我的建议继续讨论。

会议结束后，双方代表各自离开会场，等待第二天会议的开场。

次日，与前日不同的是，谢哈比手里拿着文件，并小心地朗读着上面的内容。在他的开场白中，他提到丹尼斯·罗斯在前一天所作的总结说明，指出，罗斯没有提到进程应该从原则开始，通过那些原则继续商定目标。谢哈比发表言论的方式提示我们，叙利亚人在整个过程中一直都不喜欢罗斯。很明显，罗斯给他们留下的印象是，他是亲以派。

谢哈比重申，安全部署对叙利亚比对以色列更重要，因为根据他的观点，叙利亚是以色列侵略的受害者。听到他公开地说以色列比叙利亚更具已知和公认的军事优势，我非常惊讶。他还指出，以色列和美国之间的战略联盟使以色列更加强大，并对其军事优势作出了决定性的贡献。

谢哈比的言辞表明，这是整个阿拉伯世界对待以色列的看法。他们把以色列视为近乎恶魔的国家，认为它不需要任何特殊的安全部署来保护其切身利益，鉴于其军事实力如此之强大，应该担忧的是叙利亚和其他阿拉伯国家。

因此，根据谢哈比的观点，安全部署必须从1967年6月4日的边界开始。关于巴拉克建议的边界从戈兰高地中间穿过，谢哈比说，这样的一条边界不能确保安全。他再次强调说，安全部署应该是相互的、平等的，不能与任何一方的国家主权发生冲突。双方的非军事区和多国部队的存在会满足预防日常事件的需要。在疏散区，军事力量在规模上将是相等的。

一旦我们同意这些原则以及由此作出的安全部署，我们也可以就日常的政策达成一致，确保妥善处理各种意外和误解问题。

谢哈比提到了1949年以色列和叙利亚之间建立的停火委员会，有任何事件需要它的时候就会召集起来。他补充说："1966年到1967年，我是戈兰高地靠近贝诺特雅阿克夫大桥的中央地区的一个旅长，我参加了这些会议。"

谢哈比说："实现公正和全面的和平将确保不会发生突然袭击。"他补充说："不能确保各方权利和尊严的解决方案是不会持久的。如果我们签署你们留在戈兰高地的协议，那也不会持久，这是叙利亚的信念。"

我越来越认识到，就叙利亚人而言，如果以色列不从戈兰高地全部撤出，是没有机会实现和平的。

叙利亚的出发点是，从字面上来说，如果有和平就没有战争。然而，对我们来说，鉴于历史经验和在很多国家眼里我们出现在这个地区的问题本质，只有和平条约很难令人满意，如果和平崩溃，我们要致力于确保有能力保护我们自己。历史表明，受到和平条约束缚的国家之间爆发了很多次战争。

谢哈比的声明和他的陈述方式给我留下了深刻的印象。他意志坚定，受过良好教育，忠于原则，虽然时不时地重复一些熟悉的"咒语"，但他能言善辩，观点清晰。他似乎谨慎地摆明自己的立场，其方式很有逻辑性、组织性，也很流畅，不再是我过去所知道的阿拉伯代表的那种类型——凶猛，不讲道理，用"只是因为"回答每一个问题。

巴拉克说，以色列民众必须获得保证，确保以色列国即使作出巨大让步也能够自卫。巴拉克说："在和平进程起步阶段，安全部署是支持和鼓励和平进程的组成部分。"

他继续解释说，以色列的安全是基于一个组合，小规模正规部队为核心，加上较大的后备部队和有效预警。巴拉克总结说："正是根据这个看法，有人要求我们给出回答。"

谢哈比认为，在叙利亚领土上保留预警站就是保存占领的迹象，那会导致叙利亚一方更加敏感，这将被视同对叙利亚主权和尊严的侵犯。谢哈比也反对在境内联合巡逻。理解并领会巴拉克如何提出建议是件有趣的事情，例如联合巡逻、关于军事训练的早期警告、军官之间的热线，我们将其视为建立信任的措施，但在叙利亚人眼里似乎侵犯了其主权和尊严。

虽然很明显，双方需要更多的时间进行共同讨论，但是会议差不多已结束。所有的参会者从开会的地方去了白宫，去和克林顿总统、戈尔副总统会面。克林顿的参与标志着美国政府对推进以色列和叙利亚和平进程的重视。

会议中，谢哈比说，虽然还存在差距，但是与以色列代表团正在进行的会谈是坦率的、开诚布公的。他明确表示，他打算向阿萨德建议会谈继续进行。

然而，不幸的是，这并没有发生。回想起来，与穆阿利姆的会谈中已经提出了疏散和裁减军力问题，这些比我们曾经预料的要敏感得多。

和谢哈比会谈期间，他着重跟我们讲："这个问题是叙利亚内部的事情，我们不愿意和你们公开地或秘密地讨论这个问题。叙利亚部队的规模跟我们与以色列的关系无关，叙利亚还有其他的边界要保卫。"然而，正如我已经提到的，谢哈比说，他会向阿萨德建议会谈继续进行。我们相信阿萨德会接受这样一位密友的建议。

然而，当阿萨德读到穆阿利姆在与我们的会谈中撰写的副本，看见巴拉克在讨论安全部署的过程中所说的话，即需要叙利亚军队撤回至叙利亚领土腹地，而不仅仅是撤离以色列的前线，他非常生气。阿萨德说这些要求不合逻辑，他说，关于减少或疏散叙利亚军队的决定是叙利亚内部事务。巴拉克这番话激怒了阿萨德，他决定中止总参谋长的会谈。然而，会谈六个月后又恢复，那时，以色列国防军总参谋长的位置已经由阿姆农·利普金—沙哈克担任。阿萨德还将穆阿利姆紧急召回叙利亚,推迟了好几周才让他返回华盛顿,理由是让他在大马士革参加"讨论"。

由于这一轮会谈中断,沃伦·克里斯托弗和丹尼斯·罗斯开启了在以色列和叙利亚之间新一轮的穿梭外交,他们试图说服阿萨德继续就安全部署问题展开军事专家之间的讨论。美国人在谈判中非常具有创意,其中最突出的是丹尼斯·罗斯,他是推动新思想前进的倡导者。

由于阿萨德拒绝了以色列的要求,丹尼斯和拉宾一起构思了一个框架,称之为"安全部署的目的和原则"。这个框架旨在作为一个参考系,阿萨德会对此感觉好受并同意军事专家继续讨论。

在耶路撒冷、华盛顿和大马士革之间穿梭期间,框架或谅解备忘录开始形成,这些被称为"非正式文件"。非正式文件是从法律界借来的术语,指代表双方理解但未经签署的文件草案。

非正式文件是记录口头声明的文件,这是叙利亚人可以接受的,只要我们双方没有达成一致意见,他们希望避免双方出台官方文件。

正在形成的文件提出了一些原则,目的是确保安全部署的目标得以实现,巴拉克和谢哈比已经商定好,其中包括减少突然袭击的风险;防止平时的军事摩擦;在任何情况下,而不仅仅是在突然袭击事件中,消除全面战争的危险。

叙利亚继续坚持安全部署是"互惠的、相互的、平等的"这一基本原则。由于以色列和叙利亚的地理和地形条件有所区别,我们在平等上是有问题的:叙利亚有1600万人口,拥有正规军,不像以色列国防军,基本上是预备部队;叙利亚的领土比以色列的大,尤其是戈兰高地,幅员辽阔,给叙利亚带来了地形优势。

我们认为,戈兰高地在地形和战略上控制着以色列国的北部地区。因此,我们要求在平等原则下,有关地理地形方面的说明要指出,应考虑领土大小和地形状况的空间。而且,如果在谈判期间显然不可能实现某种安全部署的话,双方的专家们就要讨论这个问题,找到一个令人满意的解决方案。

尽管叙利亚人坚持平等,但是我们正在建立一个机制来处理对于这件事的不同意见,这就是我们取得的成就。另外,如果叙利亚人采纳这份文件,实际上意味着他们已经承认在地理平等问题上还有不同意见的空间,进而将会有一个机制来解决争端。因此,结果将是,一方面,地理平等是叙利亚人想要的"原则",另一方面,这并不是"字面意义上的原则",由于叙利亚人已经同意以色列认为的地理平等存在一定问题,所以,有必要建立一个解决问题的机制。

这份文件是一个很好的例子，获得了创造性的解决方案，其中每一方都觉得它得到了想要得到的东西，每一方都认为对方在他们的方向上迈出了一步。

在幕后，丹尼斯·罗斯多次飞越大西洋，与大马士革和特拉维夫打了无数次电话。大马士革和特拉维夫也一样，双方讨论并审议了文件中每一个单词的精确措辞，才创造了这份文件。

罗斯会从大马士革给我打电话，向我复述叙利亚人的评论，我会带着这些评论进入拉宾的房间，说出我的想法，等待他的决定。然后，我会给正在大马士革的罗斯答复，他会写下拉宾的意见，传达给阿萨德或者代表他的某个人，然后再回来。原文件包含了我的书面意见，该文件已于1994年5月完成。（原文件以英文写成，见附录一，第431页）

第14章

阿萨德："我是认真的。"

　　根据"非正式文件"，阿萨德同意了一个三步进程：第一步，由谢哈比总参谋长和阿姆农·利普金—沙哈克（他已经取代巴拉克的位置）会面；第二步，由丹尼斯·罗斯实施穿梭外交；第三步，军事专家召开会议，进一步讨论安全部署。

　　总参谋长会议的目的是恢复安全部署会谈，包括有关可能达成和平协议的各个军事方面。在以色列，建立了一个由我带领的团队，其中包括规划局的战略部主任兹维·斯陶贝尔准将、行动部主任加比·阿什肯纳兹将军、研究部主任雅各布·阿米德罗尔将军和行动部负责人丹·哈雷尔上校。团队经常见面并建立了广泛而全面的基础，作为与总参谋长讨论的根据，从那开始上至拉宾，连同他们的意见和决定，组成了在阿姆农·利普金—沙哈克和谢哈比会议期间提出我们的观点的基础。

　　关于与谢哈比的会议，拉宾给阿姆农·利普金—沙哈克作了简要说明。即使在内心深处他已经确定了这个方案，如果满足我们所有的需求，以色列会撤退到1967年6月4日的那条界线，但他没有把"保证金"一事告诉沙哈克。他仍旧告诉沙哈克，关于撤退线没有最终的答案，但是补充说，"那将是实质性的撤退"。

　　在与阿姆农·利普金—沙哈克和我举行的简要情况分享会上，拉宾告诉我们，既然我们打算讨论安全部署，而我们无权谈论边界的位置，那么，我们必须提议两个选项，以用作假设情景，围绕这两种情景建立安全部署：一种是，以色列仍在戈兰的西部悬崖地区；一种是，以色列从戈兰高地撤出。

　　在准备与叙利亚人的会议期间，我们制定了一份从美国获得一大揽子援助的请求。一揽子援助计划的目的是为了补偿我们万一撤退而受到的重要领土的损失。

我们向美国人提出的请求包括：情报和预警设施、远程作战飞机和精确制导的空对地、地对地导弹。另外，我们要求美国在和平时期不要向叙利亚提供进攻性武器（战斗机和坦克），并选择不会危及我们的防御性武器（例如通信手段）。

我们的观点是，既然撤退的结果是我们将失去依赖戈兰高地的防御能力，我们的战略态势更加糟糕，所以我们需要先进的进攻性武器。另一方面，叙利亚人将控制戈兰高地，如果他们打算攻击以色列的话，那明显改善了他们的态势。

对于阿姆农·利普金—沙哈克和谢哈比的会谈，由于阿萨德试图确定确切的参与者和会议的地址还有其他程序问题，这些在叙利亚人眼里很重要，因此，丹尼斯·罗斯屡次在叙利亚—以色列之间往返。罗斯让阿萨德决定这些事情，因为这让叙利亚总统感觉到他在控制着这个进程。对拉宾来说，所有这些事情都枯燥乏味，似乎毫无意义。

丹尼斯告诉我们，他发现与过去相比，阿萨德和谢哈比对于对话采取了更为实际、更加严肃的态度。

在出发前往美国参加会议之前，阿姆农·利普金—沙哈克和我与拉宾举行了最后的筹备会议，拉宾向我们强调，他对会谈的延续很感兴趣。因此，尤其是在诸如非军事化、疏散区和预警站的问题上，我们必须避免破裂。

叙利亚的方案是，对安全部署强加的所有限制，对叙利亚一方，只应用于戈兰高地以色列撤出区域中叙利亚那一侧的领土上，而对于以色列那一边，将应用于约旦河和萨法德市之间的区域。我必须在此提醒，安全部署包括非军事区和对军队规模和允许的武器类型采取限制措施的疏散区。

以色列的立场是，我们愿意将采取安全措施的区域范围扩大到萨法德市，但是叙利亚一方的范围应该到达大马士革（更加精确地说，是德拉—大马士革公路。德拉是叙利亚的一个小镇，坐落在与约旦的边界附近）我们的立场勾画了安全部署的相关区域，在叙利亚的范围要比以色列的范围更广一些。

1995年6月27日，阿姆农·利普金—沙哈克和谢哈比于坐落在河岸上的华盛顿麦克奈尔堡军事基地会面。就像在戴维营、怀伊种植园甚至是布莱尔大厦一样，我情不自禁地想，这个地方是多么的美丽，令人窒息的美景和大自然超凡的力量，让人感觉悠然自在，与世无争，而沉重的现实是，来自暗流涌动的中东地区的两个敌对国家的代表试图在这里达成和解，消除隔阂。

以色列一方出席的有阿姆农·利普金—沙哈克总参谋长、兹维·斯陶贝尔准将、伊塔玛·拉比诺维奇大使和我。

叙利亚代表团有希克马特·谢哈比总参谋长、瓦利德·穆阿利姆大使、军事情报局局长易卜拉欣·奥马尔将军、战地安全主任哈桑·哈利勒将军和一名翻译。

我们对尊严的问题非常敏感，我们知道叙利亚人也将其视为关键，一定要非常有礼貌。我们试图显得轻松些，这与叙利亚人狮身人面像式的表情形成了鲜明的对比，他们一定要坐得笔直，由于紧张或上级的命令而脸色阴沉。在会议开始前，叙利亚人甚至小心地回避了握手。

在阿姆农·利普金—沙哈克的开幕词中，为了消除这种紧张感，他赞扬了谢哈比和阿萨德。谈到这些荣誉，谢哈比说："谢谢你对我的表扬，你过奖了。"阿姆农·利普金—沙哈克立马回答说："下次我们会带上有关你的文件，看看我是否在夸大其词。"

叙利亚人非常正式而又冷淡，他们的举止揭示了谢哈比的资历不容置喙。没有一个叙利亚人敢于偷窥，只有谢哈比一个人在说话。只有在谢哈比面对他的时候，穆阿利姆才敢于说话。谢哈比说："大使先生，麻烦回答以色列的问题。"和以前一样，他们之间还是没有交换言语或便条。我们一方像以往一样，一直在交换便条，相视微笑，按照阿姆农·利普金—沙哈克的要求参加讨论，我们认为这些都是理所当然的。

然而，随着时间的推移，很明显，这次会议取得了进展，与之前巴拉克参加的会议相比较，更加富有成效。这一次，关于手头的各种事项双方进行了深入具体的讨论，更加精确地判定了双方之间的差距和协议要点，气氛也比以前的会议更加轻松。会议之后谢哈比对丹尼斯·罗斯所说的话在一定程度上是真实可信的，大意是，他感觉他可以和阿姆农·利普金—沙哈克"做生意"。看起来，和巴拉克的行为相比，他们认为沙哈克的行为不具威胁性。对于叙利亚人来说，巴拉克的分析解释更为复杂，而沙哈克的解释简单明了，更容易让人接受。

会议开始，克里斯托弗说，美国人使用三条标准来评估会议成功与否。第一，是否开诚布公交换意见以便双方理解另一方的需求；第二，是否每一方都作出努力创造性地满足另一方的需求；第三，是否有能力在安全部署的背景下达成协议要点。

在谢哈比和巴拉克的会议上，我已经提出了一条意见：我们在偏离讨论主要问题，谈判最重要的是，每一方提出自己的需求和关切，另一方尝试满足这些需求和关切。这次会议上，美国人采纳了这个意见。

关于这个问题，谢哈比说，如果会谈像以往一样失败，会对和平进程产生非常重大的负面后果。谢哈比说："我们的政策是基于我们的选择，和平是战略首选。我们的目标是根据联合国第242号和338号决议以及为了和平而达成的土地原则，达成一个全面而真实的和平。"

谢哈比朗读着笔记，根据非正式文件，开始陈述叙利亚关于安全部署的理念。

谢哈比说，他们要求，双方边境的两侧，除了民事警察外，将是没有军事存在的非军事区。在某些地区，国际部队将监督安全部署的实施情况。多国部队的规模和任务由政治层面决定。非军事区之外是疏散区，有军事力量部署，但是在规模上将有所限制。谢哈比说："疏散区的大小、军队的规模和武器的种类必须在军事层面上经过讨论和商定。"他补充说，为了协助国际部队，美国卫星每天都会对相关区域照相，监督安全部署情况，并每天给双方发送情报。

谢哈比说，他愿意采取建立信任的措施，例如召集预备部队时提前通知对方。上次他说，这是关系正常化的一部分，没有必要做报告，这就是一个变化。他也同意交换有关即将举行的军演信息。

谢哈比说："如果双方都拿出和平的态度，那就足够了。和平必须确保各国的稳定、尊严和主权。"

谢哈比指出，在这样的背景下，以色列在戈兰高地设立预警站会侵犯叙利亚的主权和尊严。

阿姆农·利普金—沙哈克表示对谢哈比的陈述很失望，他说，叙利亚部队总参谋长建议的构成要素不够充分，无法打消以色列的担忧。非军事区和疏散区很重要，但是它们的规模大小必须适中。

沙哈克说，由于以色列北部的防御需要以色列国防军出没于戈兰高地，所以以色列要求留在戈兰高地。关于安全部署，必须包括以下内容：以色列国防军撤出的地区作为非军事缓冲区，这里应该是叙利亚军队的禁区，只有民事警察队伍维护法律和秩序。在非军事区的后面是疏散区，会限制部队规模和允许的武器种类。以色列这一边，范围达到萨法德市，叙利亚那边的范围到达德拉—大马士革公路。沙哈克也提及向东和向北挪动叙利亚地面部队主力装甲师和机械师的位置。

沙哈克说，会令我们感到满意的警报措施将包括戈兰高地的三座预警站和由以色列、叙利亚双方实施的检查核实机制，以色列、叙利亚和美国的官员可以参与其中。以色列可以在叙利亚疏散区和非军事区进行检查，叙利亚人也可以在我们这边进行类似的检查。

　　阿姆农·利普金—沙哈克说，关于叙利亚在黎巴嫩部署军队，为了让他们保持在贝鲁特—大马士革公路的北面，以色列希望和叙利亚讨论有关协议的框架。对于这一点，谢哈比回答说，黎巴嫩是一个主权国家，叙利亚的军队是受到黎巴嫩邀请才驻守在那里的。他也说，他们不鼓励真主党活动，但是也没有阻止他们。他们没有给真主党提供武器，但是也没有解除他们的武装。事实上，那时和现在一样，叙利亚在军火和其他事项上一直支持真主党，似乎谢哈比是故意弄错的。

　　阿姆农·利普金—沙哈克说，以色列对黎巴嫩没有领土要求，只有安全担忧。他解释说，我们要求黎巴嫩军队解除真主党的武装，并且部署在黎巴嫩南部的安全区北部边界处，时间是6个月。在此期间，必须让我们相信黎巴嫩军队可以预防袭击，阻止恐怖分子进入安全区伤害我们。如果进展顺利，以色列承诺在3个月内全部撤出黎巴嫩，并与它签署和平协议。不得伤害南黎巴嫩军队，其人员将由黎巴嫩社会和军事、安全领域消化。

　　阿姆农·利普金—沙哈克继续提到在谈判期间，甚至在有关安全部署的问题上达成协议前需要采取的建立信任的措施。他建议叙利亚的军官开始陪同联合国官员们巡查戈兰高地，那是1974年脱离接触协议的一部分。

　　就像他不喜欢大部分的建议一样，谢哈比拒绝了这个想法，并断然拒绝了整个建议。他表示了他的不满，因为沙哈克没有提及以色列撤退到1967年边界的根本基础；以色列继续坚持在戈兰高地建立预警站（不接受卫星监督这一折中方案）；我们认为在叙利亚的"相关领土（非军事区和疏散区）"应该比在以色列的范围更大；以色列提出的叙利亚军队的控制范围和部署问题（阿姆农·利普金—沙哈克说，具有攻击性的叙利亚军队必须远离边界）。对于叙利亚人来说，这是个敏感问题，我们过去已经知道这一点。

　　接着开始讨论各种各样的安全问题，例如航空警报，那很有趣、很详细，也很专业。然而，和平进程上方明显笼罩着乌云。叙利亚人还是坚持说"全面和平将带来全面安全"，我们说安全部署很有必要，但他们用一些陈词滥调拒绝进行任何尝试。

　　会议结束后，我们回到宾馆，收到了来自以色列的消息：由于某篇文章（后来被称为"斯陶贝尔文件"）的发表，引起政治体系和舆论动荡不安。斯陶贝尔将军是我们的谈判团队成员之一，他准备了一份文件，分析会谈的非正式文件。斯陶贝尔分析批评了非正式文件中的部分内容，似乎当权派中有人收到了文件副本，并把它移交给当时的反对派领导人、利库德集团领导人本雅明·内塔尼亚胡。内塔尼亚胡接手这只"热气腾腾的土豆"后，在议员豁免权的保护下，在议会上朗读了部分内容。内塔尼亚胡错误地宣称，文件证明，拉宾已经让出了戈兰高地，并在此基础上正在和叙利亚人谈判。内塔尼亚胡又错误地宣称，文件证明，在关于非军事化幅员深浅不等问题、坚持在黑门山建立预警站以及坚持只能由以色列国防军部队护卫以色列方面，拉宾已经收回了先前所作的承诺。在行将打道回府之际听到这一席话，我们感到十分震惊：我们在刚刚结束的会谈中片刻不停地坚持和争论的不就是那些确切的问题吗？

文件泄露是非常严重的事情。我们对泄密展开了调查。我们团队中的所有成员，包括我自己，都接受了测谎检查，结果表明，所有人说的都是真话，我们不是泄密的源头。接触文件的其他人没有接受测谎检查，也没有发现泄密的日期。

在任何情况下，即使是在此事件之前，拉宾都是一个谨慎而又多疑的人。在文件公开后，他变得更为慎重，提出进一步减少知情者的数量——他的心腹朋友一开始就不多。

会谈第二天，阿姆农·利普金—沙哈克表示同意谢哈比的意见，认为卫星和飞机有助于预警机制，但是他解释说，空中预警价值有限。这是因为，如果地面上发生军事行动，只有在事件开始很长时间后，已经处于高级阶段时，卫星才能感知到，这可能为时已晚。

谢哈比说，大马士革比特拉维夫更靠近戈兰高地，因此，叙利亚的"相关领土"广度应该小于以色列。关于这一点，阿姆农·利普金—沙哈克说，这个比较是不相干的。这是因为，加利利狭长地带位于叙利亚边界沿线，是由于以色列的中间地带比较窄；如果叙利亚人要在加利利狭长地带的一次袭击中越过边界，他们通往地中海的道路将会又短又通畅。谢哈比说，以色列有着非凡的能力可以召集预备役人员、操控急救站（他和我们都不知道第二次黎巴嫩战争中会发现些什么），对此，阿姆农·利普金—沙哈克作出回应，提醒他说，在"赎罪日战争"中，叙利亚人曾试图用导弹破坏这些能力，这意味着他们可能再次这样做。

关于"相关区域"（将用于安全部署的区域），谢哈比改变了想法，接受了"平等"的非军事区和疏散区，并建议它们的比例为十比六，这让我们很惊讶。谢哈比说："关于地形和地理不平衡问题，我考虑了你们的评论，我们同意在库奈特拉和萨法德之间的相关区域设立非军事和疏散区，叙利亚这一侧的面积是1000平方公里，而以色列一侧只有600平方公里。"

　　阿姆农·利普金—沙哈克告诉谢哈比，我们在国内有另外一条战线要处理，必须努力左右以色列的民意，以利于和叙利亚和平共处。阿姆农·利普金—沙哈克对谢哈比说："今天我和您在一起，这不会让所有的以色列人都高兴。"他补充说："昨天，在我们会面的时候，反对和平进程的那些人正在我家门口示威。"

　　这次会议的闭幕会也是在克林顿总统的主持下于白宫召开的。

　　谢哈比说，与上次相比，这次的会议非常严肃，但是叙利亚的政治领导层必须决定如何继续下去。与上次不同，似乎这一次谢哈比更加谨慎地选择自己的言辞。上次会谈结束时，他宣布说，他会建议阿萨德继续会谈，但阿萨德拒绝了上述建议。

　　闭幕会仪式隆重，但实质东西匮乏。克林顿听取了双方的意见，他说他受到了鼓舞，计划派罗斯前往该地区，继续下一步行动，那将是军事专家会议的延续。

　　谢哈比和阿姆农·利普金—沙哈克之间的会议实际上是非正式文件形成书面文字后与阿萨德达成一致意见的三个阶段中的第一个阶段。第二个阶段是丹尼斯·罗斯在大马士革和耶路撒冷之间的穿梭外交，第三个阶段包括双方军事专家之间按照计划举行会议。然而，1995年7月，罗斯访问大马士革时，阿萨德突然表示，因为他得出的结论是与以色列的会晤损害了叙利亚的立场，而以色列却能从中受益，所以他不希望继续和以色列的代表们举行会议。

　　阿萨德声称，以色列继续要求在戈兰高地建立预警站，但在他的印象中，以色列已经放弃了这个要求，在这一点上，阿萨德表示不满。原来，他听谢哈比说，阿姆农·利普金—沙哈克已经同意通过飞机和卫星预警，于是留下了这个错误的印象，而沙哈克的意思是，他同意使用这些手段作为额外的警告，而不是取代预警站。

　　美国人试图提出一个折中的方案，大意是，继续召开大使级别的会议，军事专家偶尔加入他们的会议。然而，拉宾坚持说军事专家就是在那里讨论安全部署的那些人。

　　拉宾告诉罗斯，他还没有作好承认基本问题的准备，他认为预警站是一个本质问题。拉宾说："专家会议的目的是解决这些类型的问题。阿萨德要求的东西非常重要，作为交换，我们愿意提供一些程序性的东西。我们在军事专家会议上达成了一致意见，必须无条件兑现商定的内容。"

　　10月下旬，叙利亚人向罗斯建议，美国人准备第二份有关安全部署的非正式文件，讨论非军事区和疏散区，确定双方将同意的区域（"相关区域"），并处理预警问题。

然而，丹尼斯·罗斯向叙利亚人明确表示，关于这些问题，叙利亚人和以色列人必须直接展开会谈，如果不是这样，就不会有额外的"非正式文件"。最后，阿萨德作出让步，同意派遣军事专家参加另外一次会议。

1995年10月31日，丹尼斯·罗斯和马丁·因迪克直接打道安曼的经济会议，前来耶路撒冷与拉宾会晤。罗斯当着我的面向拉宾汇报说，他在安曼与阿萨德会面时，阿萨德说，他接受美国人将在安全部署问题上致力于完成一份新的"非正式文件"的打算。这将包括解决两个基本问题的建议——预警站和"相关区域"（用于安全部署的区域）的规模，为军事专家会议作好准备。罗斯还表示，阿萨德本意是认真的，他致力于这一进程，并希望达成和平协议，他愿意作出艰难的决定，并显示出安全部署细节方面的灵活性。然而，他强调说，他不能在安理会第242号和338号决议的原则上作出妥协。

罗斯认识阿萨德已有多年。他说，由于以色列也在会场，而且那个时候和巴勒斯坦人的和谈取得了进展，他预计在安曼会议上会看到一个更加古怪好斗的阿萨德。但是，罗斯强调说，和他的习惯正相反，阿萨德几乎没有什么抱怨。

于是，拉宾告诉了罗斯他近期的计划表：1996年1月之前，美国人为新的"非正式文件"做好基础准备工作，双方将在1月开始的直接会议上达成最终协议，然后，对相关事项作出重大决定。我想，拉宾当时已经准备好全面推进与叙利亚的和平进程，并愿意在短时间内与叙利亚达成和平协议。前提是，以色列答应从戈兰高地撤出，在所有需求得到满足的情况下撤退到1967年6月4日的界线。只有在接受这些条件之后，和平协议才会成为可能。

然而，不幸的是，命运另有安排。

四天之后，拉宾遭到谋杀。直到今天，和平进程，包括以色列国，再也没有回到以前的轨道上。

第15章

有眼光但也很天真的佩雷斯

在拉宾遭到谋杀后，西蒙·佩雷斯立刻承担了总理兼国防部长的角色，他决定像他的前任一样继续和平进程。

克林顿总统前来耶路撒冷参加拉宾的葬礼，向他表示最后的敬意。克林顿认为，拉宾是一位领导人、一个象征、一位模范，也是一位朋友。佩雷斯在会面时告诉克林顿："我忠于拉宾所承诺的一切。"

这次会面，克林顿的举止、体态和面部表情自始至终传达了这次谋杀让他感到震惊的程度。他拉长着脸，脸色苍白悲伤，很明显，他认为失去拉宾是个悲剧。拉宾的成熟、勇气、责任感和处理和平进程谈判的方式深深地影响了克林顿。克林顿，自由世界的领导人，权力至高无上，影响深远广泛，但年轻气盛；拉宾，一位中东小国的总理，年事已高但阅历丰富，经验老到，他们的关系包含了两者的组合。

克林顿将拉宾看作一个勇敢的斗士、一位已经成为和平勇士的战斗英雄，这一组合俘获了他的心。

毫无疑问，在那次会面时，就是因为这些克林顿才告诉佩雷斯，美国在与以色列的关系中获益良多。

在那次会议上，佩雷斯建议克林顿宣布一项美国计划，在2000年之前结束中东的战争，其中一部分是以色列和叙利亚达成和平协议。

对此，克林顿回答说："我需要时间考虑一下。"他补充说："让阿萨德脱去外壳很重要。他非常聪明，记忆力惊人，但是封闭在一个壳里面，我必须让他从里面出来。他的大脑很大，但被一些小事所占据。"

双方一致同意，克林顿给阿萨德打电话，并提议恢复谈判。

拉宾生命的最后几个月里，和平进程取得了进展，拉宾已经告诉了佩雷斯所有的进展和进程。两人之间的合作非常紧密，在那个时候达到顶峰，反映在他们之间一周一次的面对面的会议中。以前的争执和怨恨在当时并没有造成阻滞，他们之间的合作充满和谐。拉宾把佩雷斯视为同伴，在他的眼里，佩雷斯是可靠的，他信任佩雷斯。似乎这两位年长的绅士能够克服过去的分歧，为了实现同一个目标共同奋斗，他们都相信"和平"。

由于直到那时所有事情都是由拉宾处理的，佩雷斯不太熟悉，因此，在被任命为总理兼国防部长后，佩雷斯立刻开始了解与叙利亚谈判的细节情况。这与和巴勒斯坦人的谈判不同，佩雷斯积极参与了那次谈判。

我带领一组安全专业人士为佩雷斯审查了在谈判中要采取的步骤和取得的进展。阿姆农·利普金—沙哈克总参谋长和拉比诺维奇大使参加了我们讨论问题的简要说明会。在军事人员会议上，没有谈到"保证金"这个话题，因为这是机密问题，只有少数几个人知道——知道这一秘密的有沃伦·克里斯托弗、丹尼斯·罗斯、伊塔玛·拉比诺维奇和我。

佩雷斯上任后几天，报纸上出现了一则报道，大意是：佩雷斯得知拉宾已经同意在特定条件下撤退到1967年6月4日的边界，他感到很惊讶。

读到这个报道，我也感到非常惊讶，因为我认为，由于佩雷斯和拉宾的良好关系，由于他们和美国人召开过多次情况说明会，他应该已经知道这件事情的最新情况。我认为他已了解"保证金"的事情。

佩雷斯最先作出的决定之一是和叙利亚人推进会谈，他任命乌里·萨维尔为与叙利亚谈判的代表团的负责人，任命拉比诺维奇大使为代表团成员。

由于拉宾遭到谋杀后的气氛以及佩雷斯想要采取勇敢的步骤，叙利亚同意立刻重新开始谈判，12月，双方的代表在怀伊种植园见面。

佩雷斯的观点是，和平带来安全，在此驱动下，我们的代表团抵达了怀伊。根据他的陈述，我的印象是，佩雷斯不像拉宾那样重视安全部署，那不是使他感兴趣的主要东西。佩雷斯的注意力主要集中在和平和关系正常化上。这是因为两个人之间的天性和态度的差异：拉宾拒绝接受完全依赖对方愿意履行的和平协议，要求进行安全部署，万一失败，要确保以色列有能力保护自己。从某种意义上说，拉宾更像是这片土地的儿子，他非常了解中东地区，知道需要很多年来克服双方之间的相互怀疑、分歧和心理恐惧。因此，如果和平协议摇摇欲坠，那么建立安全网络，确保不会发生灾难，这对于他来说很重要。

然而，佩雷斯认为，和平本质上包含了安全。他问道："在和平时期，我们为什么需要安全部署呢？"在我看来，这个看法囊括了多个视角，但在相当程度上比较幼稚。佩雷斯的观点是基于以色列和叙利亚之间的经济合作以及会改善叙利亚经济的国际经济援助。根据他的观点，叙利亚人越是享受和平的果实，对它的承诺就越坚定。无论如何，当我们出发前往怀伊种植园参加会谈时，关于安全部署问题，虽然他远不及拉宾那样认为那很重要，但是他同意我们带着尝试计划离开，同意与叙利亚人达成一致意见。

关于边界问题，佩雷斯的观点是，1967年6月4日的分界线没有切实可行的可能性，因为那让叙利亚人控制了加利利海。佩雷斯愿意为了和平而走得更远，拒绝允许叙利亚控制这个湖泊的滨水区。佩雷斯说，1967年6月4日的那条线界定不明确，只是一个概念集合，对于不同的人来说，依靠他们手上掌握的地图，采取不同的立场意味着不同的界线。它不像以色列、叙利亚和黎巴嫩的国际边界那样，是由法国和英国确定的，1923年受到国际联盟的承认，在地面上用水泥柱子标出。佩雷斯说，1967年6月4日的界线以前从来都没有标记过。他补充说，叙利亚人提出的那条界线实际上是他们自己对那条界线所在之处的看法。因此，佩雷斯希望我们在怀伊种植园说，根据安理会第242号和338号决议，以色列愿意撤军。

佩雷斯也知道，以色列愿意撤退到1967年6月4日的界线或者是国际边界，这样明确的声明对于他选举获胜的机会是非常有害的。选举定于1996年10月进行（后来被前移到5月之前）。他会说："我既不想失去戈兰高地，也不想失去选举。"然而，如果佩雷斯相信，以撤军作为交换，他将获得完全的、公平的和安全的和平，他非常有可能会采取这样的步骤。正如他所说："如果我们打算在选举之前达成协议，我需要结束冲突的戏剧性效果。"佩雷斯所指的戏剧性会让按要求作出重大的让步相形见绌，给以色列民众带来重大的历史成就感。

丹尼斯·罗斯和佩雷斯在那个时候见了面，他说，美国估计，叙利亚人所理解的1967年6月的界线和国际边界之间不存在太大差别。以色列认为这个边界是个比较好的选择，因为这个边界在地图上可以识别，并将加利利海保留在以色列人的手里。此外，这条界线从湖岸线东北往东十米的地方通过，南面往东远离加利利海，因此，整个湖泊仍在以色列主权管辖之下。另一方面，叙利亚人认为，他们1967年6月4日之前一直定居在加利利海东北部分的湖滨地区。由于叙利亚人的土地观念，而且有例在先（埃及人与以色列签署的和平协议中，他们收回了全部土地，包括塔巴沙滩上的最后一颗沙粒），因此，回到那条界线对他们来说很重要。丹尼斯·罗斯告诉佩雷斯说，他相信阿萨德有一个坚定的信念，为了满足以色列国的所有要求和需要，作为交换，拉宾已准备撤退到1967年6月4日的边界。

就阿萨德而言，他无法承受较少的回报，因为那时叙利亚会出现这个问题，也是理所当然的问题：如果叙利亚愿意满足于获得较少的回报，它为什么要等那么长时间而没有在1977年就加入萨达特的和平倡议呢？

在谈判的早期阶段，美国人提出讨论是否有可能把戈兰高地的以色列定居点留给叙利亚管理。阿萨德回答说："我不明白，你们几年前要求我允许所有的犹太人离开叙利亚，现在，你们要求让犹太人回来，在叙利亚管辖之下生活。"

丹尼斯·罗斯说，对于阿萨德来说，重要的是一个公开的承诺——以色列愿意全军撤退，而对于他来说，这是在其余问题上达成一致意见的关键。

美国人估计，阿萨德对于佩雷斯入主总理办公室抱有很高的期望，因为他相信，佩雷斯会比拉宾更加灵活稳健。然而，罗斯的报告显示，拉宾的逝世让阿萨德对于和平进程不再那么确定。阿萨德认为拉宾是中流砥柱，深信拉宾会履行他承担的任何义务。罗斯还说，这次谋杀案严重动摇了阿萨德，他从来没有想到在以色列的民主政治中会发生这样的事情。在这方面，阿萨德和大多数的以色列人没什么不同。

佩雷斯派我们前往怀伊种植园讨论除边界以外的有关以色列—叙利亚冲突的各种问题。这件事情要在两国高层之间解决。佩雷斯认为，他能够达成框架协议，讨论冲突的原则和解决方案、撤退的几个阶段、时间表、和平关系的本质和正常化、经济合作和水的问题，以及这一切将如何影响到中东其他国家。

罗斯那些天的报告里有一条来自阿萨德的消息：他本意是认真的，他想要发动谈判，并迅速向前推进。他愿意讨论所有的组成部分，这有别于谋杀案之前他的立场，那时，他只是准备要讨论安全部署。

我相信，阿萨德态度的变化是因为拉宾谋杀案让他感到震惊，而且，阿萨德认为佩雷斯是和平的倡导者，他感觉，关于以前一直强烈坚持的几个问题，以色列方面不会再那么坚持了。

以色列方面参加怀伊种植园会谈的有乌里·萨维尔，他被任命为代表团团长，取代了以色列驻美国大使；伊塔玛·拉比诺维奇，他仍是代表团成员；规划局负责人乌兹·达扬少将；外交部法律顾问约埃尔·辛格律师；还有我。

叙利亚代表团有叙利亚驻美国大使瓦利德·穆阿利姆；叙利亚情报局长易卜拉欣·奥马尔将军；叙利亚外勤安全局局长哈桑·哈利勒将军，他被派来监视叙利亚代表团的同僚；外交部法律顾问利雅得·达乌迪；外交部长办公室的负责人米哈伊尔·瓦阿法（他后来成了叙利亚驻联合国大使）。

美国人有马丁·因迪克、丹尼斯·罗斯和马克·柏里斯、罗斯的副手亚伦·米勒，还有国务院的托尼·沃斯坦迪戈。

会谈开始，我们所有人坐在同一个房间里，气氛凝重。事实上，我们被"困"在这个地方，那里有几座绿色环绕的木屋。从华盛顿驱车两个小时，美丽的美国自然风光再一次给了我们片刻的宁静。

当地的条件决定了我们彼此更为接近。我们从早到晚都在一起，讨论、休息，叙利亚人和以色列人一起坐在圆桌旁共同进餐，直到那时，叙利亚人一直保持的严肃和正式的气氛开始慢慢地舒缓。显然，阿萨德是这一切的幕后指挥，后来态势向相反方向发展时，我们感觉也是阿萨德在幕后操纵。在巴拉克时代参加谢泼兹顿会议时，就是这些叙利亚人克制自己没有在正式讨论之外和我们说话，并拒绝和我们握手。

在讨论期间，瓦利德·穆阿利姆再次表示，叙利亚的起始点是，以色列必须撤退到1967年6月4日的界线。我们再次重申，我们没有获得授权，不能讨论这件事情，试图将谈判引导到讨论安全部署要点。

穆阿利姆反复坚持说："你们知道，你们已经承诺了1967年的界线，为什么克制自己不这么说呢？"我们回答说，我们什么也没有承诺。

在巴拉克总参谋长（后来是阿姆农·利普金—沙哈克）与谢哈比的会议上，穆阿利姆从来也不敢说一个字。这一次，他明显是获得了授权，在叙利亚方面处于领跑位置，压着将军们一头，使他们不敢说话。有一次共进晚餐时，易卜拉欣·奥马尔将军口若悬河地阐明了叙利亚的军事立场。穆阿利姆非常不喜欢和他的将军们进行非正式的谈话，赶紧澄清说，只有在正式大会上说的话才有约束力。

叙利亚将军们的沉默对于我来说似乎是个问题，因为在我的观点中，军事专家间展开直接对话是非常重要的。

讨论期间，穆阿利姆提出了一个特别理念：政治要素和安全部署之间存在联系。他重申他的主张——和平是安全的最佳保障，并提醒说，人们已经知道叙利亚人履行了他们的义务。

根据他的观点，正常化和外交联系会补偿安全部署的部分内容。穆阿利姆对我们说："不要夸大安全部署的重要性。毕竟，如果政治上决定要去打仗，没有什么威慑或警告能够阻止它。一旦我们接受和平，那么，政治上决定战争的可能性便已消除。那时，和平是最好的安全部署。"

和黎巴嫩人、巴勒斯坦人一样，穆阿利姆说最重要的东西是消除战争的动机，他们认为，我们占领戈兰高地就是战争的动机，停止占领戈兰高地，就不会再有战争的托词。

在阿拉伯人的世界观中，这一方式是一个新的革命性理念。直到1967年，战争的理由是以色列没有权利生存，因此必须把它摧毁。把"占领戈兰高地"说成战争的唯一原因，实际上是承认以色列的生存权，理解以色列是该地区的一部分，这决定了剩下要做的事情就是解决边界争端问题。观念上的突破性变化实际是从萨达特开始的，他承认了以色列的生存权。这一权利在1991年的马德里会议上继续得到承认。在大会期间，以色列和阿拉伯国家的代表团根据联合国安理会第242号和338号决议进行商谈，除了别的事情之外，这意味着承认以色列及其对安全边界的需要。

穆阿利姆说："与叙利亚和平共处比你们与埃及、约旦和平共处更加重要，因为它会在中东全面和平之前出现。"

提到关系正常化，穆阿利姆说，我们必须理解，在经过这么多年的仇恨以后，叙利亚人发现很难容忍以色列的旗帜飘扬在大马士革的以色列大使馆上空。他希望向我们说明，对于他们来说，那将是比我们能想象得到的更大的牺牲。

会议的直接结果是，叙利亚和以色列代表团第一次连续几天坐在一起，在不触及边界问题的情况下，处理各种各样的事务，不仅包括安全部署，也包括和平及其正常化的性质和实际内容。我们第一次讨论了诸如贸易、旅游、运输、飞机降落和船舶停靠等与两国之间关系正常发展有关的问题。

阿萨德第一次对经济问题表示出兴趣，表明他真心实意要促进和平，并开始理解叙利亚可以从和平中获得经济利益。

叙利亚人总是要求撤军快速迅捷，但要求关系正常化进程尽可能缓慢。他们担心，快速正常化的关系会打开一扇窗，让来自以色列和美国的西方之风吹进来，接着暴风骤雨会把整扇大门吹跑，让阿拉维派失去权力。我们的做法恰恰相反，我们想要缓慢撤退，快速推进关系正常化进程，那将加强我们对和平的信心，促进撤军。

同时，我们也第一次讨论了国际经济一揽子计划，美国同意帮助叙利亚发展经济。克里斯托弗告诉我们，阿萨德的经济思想非常落伍，他只对两样东西感兴趣：农业和建筑。

这些会议给人感觉有一种积极的势头，叙利亚人尽管拒绝改变他们在核心问题上的立场，但是在一定程度上比较坦率，愿意讨论新的想法。

与安全部署有关的问题得到了充实：叙利亚人反复坚称，将适用限制（非军事和疏散）的相关区域是在萨法德和库奈特拉之间。他们还强调，他们对大马士革的防务非常敏感，那里离戈兰高地不远（离以色列国防军部队目前部署的位置也不远）。我们提到以色列是多么狭窄之后，他们说，约旦河和大马士革之间短促的距离抵消和弥补了这一缺点。

早在6个月之前阿姆农·利普金—沙哈克和谢哈比的会议上，沙哈克已经说过，即使叙利亚人说过他们需要一支庞大的军队驻守在土耳其和伊拉克边界，但是当时，叙利亚大部分军队集中在和以色列的边界沿线。因此，沙哈克问道："和平时期会如何部署你们的部队？"对于这个问题，阿萨德回答美国人说，那是叙利亚内部的事情，阿萨德自己会根据谢哈比的建议作出决定。这个答案在怀伊种植园作了进一步说明。

由此我们了解到，叙利亚只有两个人能影响部队的部署：总统和总参谋长。此外，叙利亚内部有个处理这一问题的机制，这个机制可能也会导致作出其他的决定。在怀伊种植园，叙利亚人说的另外一件事情是，在他们达成和平协议后，原则上，就不会再有源自黎巴嫩的恐怖主义。

在怀伊种植园，两轮会谈结束，进步明显。

拉宾遇刺之后，提前举行大选的可能性被提出。佩雷斯不想被视为利用可怕的谋杀为自己的选举牟利，他拒绝了这个想法。但他最终决定在1996年5月提前举行选举，比指定日期——1996年10月提前了五个月。他觉得，他必须在选举中获得合法性，以便他可以领导重大的政治运动，从一个由人民选举出来的总理，而不是因为谋杀案而获得任命的总理的立场来从事这些事情。

与叙利亚开始进行第三轮会谈之前，佩雷斯非常乐观，表示有可能在1996年初达成解决方案。然而，阿萨德拒绝谴责当时以色列遭受的残忍的恐怖袭击，这一轮会谈中途崩溃。

1996年2月5日开始的这轮会谈期间，以色列遭受了几次严重的恐怖袭击。佩雷斯坚持要叙利亚人谴责袭击事件，但遭到他们的拒绝。

佩雷斯召回代表团，从那时开始，一直到巴拉克和阿尔·沙雷之间的会议之前，与叙利亚人再没有进行直接的对话。

3月，黎巴嫩的安全局势日益紧张，我们要求阿萨德遏制真主党。

对于黎巴嫩的恐怖袭击，阿萨德的观点是，因为伤害了以色列，所以对他有利。阿萨德相信，以色列的伤亡增加了其精神压力，那会导致以色列领导层作出让步。

当时，为了推动和平进程，试图解决黎巴嫩事件以及哈马斯和伊斯兰圣战组织的自杀式爆炸事件给以色列造成的不安，佩雷斯对美国提出的召开第二次马德里会议的想法持开放态度。

从1995年末开始，真主党和以色列国防军在黎巴嫩南部的紧张局势一直在上升。真主党违背了对"问责行动"的理解。与所商定的相反，真主党恐怖分子从村庄里面开火。我们作出回应，向黎巴嫩村庄中的火力点发起反击。真主党声称我们违反了协议，向平民社区开火，并向北部边界的以色列社区发射火箭弹。局势又一次变得令人难以忍受。总理兼国防部长西蒙·佩雷斯下令以色列国防军给他提供采取一系列行动的选择方案，阻止火箭弹的发射。

1996年3月21日，在佩雷斯的办公室举行了一次商讨会，大家同意准备采取类似于"问责行动"的行动。行动以"愤怒的葡萄"命名，基础是调动成百上千居住在安全区北面的黎巴嫩人前往首都贝鲁特。那会对黎巴嫩政府施加压力，相对于叙利亚也会起作用，让他们限制真主党并促使其停止开火。

在这次讨论中，我估计，比起根据"问责行动"达成双方谅解和理解，这样的一次行动不会取得更好的结果，最多会兑现先前的协议。我进一步认为，我们不应该满足于攻击真主党的目标，也应该攻击黎巴嫩政府至关重要的目标。

1996年4月11日发动的"愤怒的葡萄"行动，到27日结束。

4月15日，在发起行动四天后，美国大使马丁·因迪克和佩雷斯见了面，告诉他，美国已经开始致力于谅解备忘录，但是在将它交给叙利亚人之前，希望和佩雷斯进行协调。

马丁给佩雷斯提供了一个新消息：美国国务卿沃伦·克里斯托弗与叙利亚外交部长法鲁克·沙雷谈话时说，以色列克制自己没有指责叙利亚导致事件升级，说真主党在利用现存的协议进行挑衅。克里斯托弗说，新的协议必须清晰明确，它们必须确保以色列北部不会遭到攻击，在边界两侧的平民们不会受到袭击。这些协议旨在预防矛盾，使局势平静下来，但不会构成最终协议。马丁进一步讲述道，沙雷曾表示，他想要根据美国人发给他的书面文本检查措辞。

佩雷斯告诉大使，也有必要建立一个由以色列、黎巴嫩、叙利亚和美国代表组成的小组，监督协议的实施情况并处理违反协议的投诉。我补充说，协议必须包括一个段落，说明以色列将根据自卫权采取行动，如果以色列或安全区的以色列国防军目标遭到来自这些村庄的射击，即使恐怖分子的目标是在村庄里，也允许发动反击。

4月18日，行动仍在继续，佩雷斯召开了情况通报会。他询问要花多长时间结束喀秋莎火箭弹的发射，北方司令部司令回答说：三天。我插嘴说，我不接受这个回答，除非真主党受到严厉打击，喀秋莎火箭弹的发射不会停止；或者，如果黎巴嫩政府和叙利亚人随后施加巨大的压力，真主党领导层会决定停止攻击。

的确，直到达成停火协议，喀秋莎火箭弹持续不断地落在以色列国土上。

4月18日，以色列国防军炮兵对卡纳联合国营地附近的真主党火力点进行反击，一发偏离轨道的炮弹落在营地里，击中在那里寻求庇护的黎巴嫩平民，导致102名平民死亡、100人受伤。伤亡者中，有4人是联合国士兵。

当这一消息传到佩雷斯那儿时，他要求停止行动，因为他担心以色列会经不起巨大的批评浪潮并失去行动的合法性。行动的目的是阻止喀秋莎火箭弹向我们的平民百姓发射，而不是我们去袭击黎巴嫩平民。他打电话给阿姆农·利普金—沙哈克总参谋长，下令立刻停止行动。阿里扎·戈伦、阿维·吉尔和我与佩雷斯谈话，试图说服他，失误在所难免，但我们一定不能停止行动，因为那会使我们的处境恶化十倍。佩雷斯被说服了，打消了停止行动的意图。后来，他在记者招待会上说："我们很遗憾，但是我们不道歉。"

实现停火或完善协议的努力片刻也没有停止。法国外交部长沙雷特和俄罗斯外交部长普里马科夫也来到这个地区。克里斯托弗和丹尼斯·罗斯致力于耶路撒冷、贝鲁特和大马士革之间的穿梭外交，多次与佩雷斯会晤。

卡纳出事三天后，佩雷斯召开了情况通报会，该事件对他的影响非常明显。佩雷斯说："我们在卡纳犯了个重大失误，我不能不闻不问。毫无疑问，这让天平倾向于叙利亚人一边，使全世界都反对我们，局势彻底改变了。今天，我们怀着极大的诚意摆出一张人性化的面孔，而不是一张愤怒的脸。那些不理解这一点的人忽略了所发生的事情。"

佩雷斯当天会见了普里马科夫，后者刚结束贝鲁特的会议。俄罗斯外交部长说，黎巴嫩的局势令人担忧，可能导致和平进程中止。俄罗斯准备确保恢复平静，并希望参与其中。他说，黎巴嫩总理哈里里、总统赫拉维和不支持真主党的什叶派领导人纳班·贝里试图传递信息给佩雷斯，消息指出，如果以色列根据425号决议撤出黎巴嫩，黎巴嫩将对以色列撤出的领土内的安全负全部责任，并且，黎巴嫩军队将部署在边界沿线。几年以后，以色列军队撤出黎巴嫩，给黎巴嫩军队机会这样做，但据我们所知，他们甚至没有尝试占领这块领土。11年后的第二次黎巴嫩战争结束之后，在部署在黎巴嫩南部边界和利塔尼河之间的多国部队帮助下，根据联合国安理会1701号决议，黎巴嫩军队才向黎巴嫩南部进发，部署在以色列边界沿线。

俄罗斯愿意提供协助，佩雷斯表示欢迎，但是很快就向普里马科夫说明，他的努力必须和美国协调一致。佩雷斯补充说，在我们看来，伊朗精心策划了一次有组织的运动，真主党、伊斯兰圣战组织和哈马斯参与其中，目的是伤害以色列和佩雷斯本人。自以色列公布大选日期以来，这一运动来势凶猛。

在所有的程序中，佩雷斯强调，以色列不希望停留在安全区。但是，只要在黎巴嫩有两支军队——黎巴嫩政府军和真主党武装，只要真主党不解除武装，黎巴嫩政府将无法实现在边界沿线提供安全的意图。

与此同时，为了达成协议，美国人继续从事他们的外交活动。在穿梭外交中，克里斯托弗会见了阿萨德，两人共同逐字逐句地审查了一份谅解备忘录的草案。虽然阿萨德说，他更喜欢"更简单的想法"，但是实际上，叙利亚人并没有对文件作重大修改。

在佩雷斯和克里斯托弗的下一次会谈中，我们与美国人一起检查了谅解备忘录中的措辞。随着时间一天天过去，会面变得越来越频繁。有几天，我们每天都和美国人见几次面。在穿梭外交收尾阶段，美国人设法提出了一个叙利亚、黎巴嫩和以色列都接受的方案。

文件指出，负责实施谅解备忘录的两方是以色列和黎巴嫩，但是也提到了叙利亚，因为也咨询过他们的意见。对我们来说，提到叙利亚十分必要。虽然叙利亚拒绝成为签署这份备忘录的一方，但是，提到他们，也就明确表示，他们已经接受协议并促成了协议的达成。

1996年4月26日，谅解备忘录公布，也让"愤怒的葡萄"行动结束。那是基于对"问责行动"的理解，其中最重要的创新包括建立一个成员来自美国、法国、叙利亚、黎巴嫩和以色列的监测组。其使命是监督协议的实施，处理各方关于违反协议的投诉。

大家还一致同意，美国将组织一个由法国、欧盟、俄罗斯和其他有关各方组成的协商小组，以协助黎巴嫩的战后重建。

由于我们的需求，就像叙利亚和黎巴嫩所知道的那样，美国给以色列送来了补充协议。协议中说，如果以色列军队在安全区或以色列境内遭到射击，允许他们向对方火力点射击，即使在黎巴嫩村庄内部也可以。

与"问责行动"协议类似，"愤怒的葡萄"行动的协议也经常遭到亵渎，黎巴嫩南部地区继续冒泡沸腾了很多年。

在讨论停火期间，反对派毫不犹豫地发布毫无根据的新闻报道，大意是，这次行动是竞选活动的一部分，目的是强化佩雷斯在安全事务上的形象。在选举方面，毫无疑问，在阿拉伯区域选民中，卡纳事件是压在佩雷斯肩膀上的一个重担。

5月初，马丁·因迪克告诉我们，在选举前20天，叙利亚大使瓦利德·穆阿利姆想要和乌里·萨维尔举行一次非正式会晤。佩雷斯回答说，他没有看到这样做的必要性。

5月28日，以色列举行大选。与所有的预测和调查相反，本雅明·内塔尼亚胡当选为总理。佩雷斯担任总理兼国防部长的短暂阶段就此结束。

第16章

莫迪凯："看着我的眼睛！"

在选举前两个月，佩雷斯任命我为摩萨德局长，并且要求我在选举后立即上任。因此，关于我的任命，新任总理本雅明·内塔尼亚胡给予的聘任是由他的前任作出的决定。

经过33年服役，从总参突击队的一名普通士兵和排长这样令人着迷和富有意思的角色，最后一步步做到少将以至总理的军事秘书，而今我被指派负责摩萨德的工作。

第一天我没穿制服，就开始在摩萨德工作。我没有时间沉思冥想，或是坐在沙滩上回顾我33年来的个人历史，便一头扎进了摩萨德局长这一困难重重、令人着迷而又劳神费力的差使。

总理竞选期间，就像在整个军事生涯中一样，我小心翼翼地不以任何方式卷入政治纷争。我一直小心地明确区分我的总理办公室和国防部长身边的职位与在这些地方自然而然的政治活动中的角色。过去，军事秘书曾陪同总理参加政治会议，但对我来说这好像是错误的，也是不恰当的。

选举当天，我从家里的电视上关注着选举的进展，和其他许多人一样，我那天睡得很晚。民意调查显示佩雷斯遥遥领先，早上醒来却发现内塔尼亚胡已当选总理。

第二天，我去了总理府，气氛阴沉凝重，所有人为之震惊。这样的结果对佩雷斯来说难以接受，但他的面容不失尊严，情绪也很平和。当了解到佩雷斯的许多计划后，每个人都觉得错失了一个机会，这些计划会戛然而止。值得称赞的是，佩雷斯尊严地接受了这一结果，并立即有序地进行权力移交，当然包括移交有关和平进程的所有资料。

内塔尼亚胡担任总理之后，两次派我去与叙利亚人谨慎地进行"亲近"会谈。这些会议在华盛顿的酒店举行，我在那里会见了美国代表，其中包括负责国家安全委员会中东和非洲办公室的马丁·因迪克，以及丹尼斯·罗斯和马克·巴黎。

在这些会议上，我向美国人提供了与内塔尼亚胡提前商定的各种方案，目的是在其基础上尝试继续与叙利亚的谈判。美国人做了笔记，离开酒店穿过马路，去了另一家酒店。在那里，他们会见叙利亚驻美国大使瓦利德·穆阿勒姆，并把我的意见转告给他。收到他的意见后，他们再回到我这里。就这样，美国代表在叙利亚人和我之间来回穿梭。在这些会议上，美国人举棋不定，在同一个问题上左右摇摆，最终使这些会议无疾而终，没有带来任何进展。

在整个任期内，内塔尼亚胡都在试图与叙利亚重启直接谈判，但始终未能如愿。过去，叙利亚人一旦重启讨论，便认为以色列方面已经同意之前的"保证金"。他们并没有要求公开明确地说出来，而是同意像美国所承诺的那样在背地里解决。对他们来说，有必要知道内塔尼亚胡是否还同意"保证金"所暗示的谅解，在看到这些证据之前，他们拒绝进行直接谈判。此外，叙利亚人对内塔尼亚胡很不信任——内塔尼亚胡因强大的右翼选举运动而上台，该运动强调不会从戈兰撤军。按照叙利亚方面的说法，内塔尼亚胡上台并没有预示光明时期的到来，而且他们此前就假设，即使他们与内塔尼亚胡之间真的存在某种友谊，也不会从他那里得到太多的收获。

巴拉克取代内塔尼亚胡担任总理后，我出任巴拉克内阁的政治安全事务主任。内塔尼亚胡的外交顾问乌兹·阿拉德负责我的入职培训，期间他告诉我，事实上，内塔尼亚胡执政期间，所有以色列和叙利亚代表都没有直接接触过。

据阿拉德说，在内塔尼亚胡时期，与叙利亚的唯一接触是通过罗恩·劳德和欧盟中东问题特使米格尔·莫拉蒂诺斯等中间人进行的，而到1998年9月，甚至这些微小的努力也终止了。

阿拉德拒绝了我就劳德和莫拉蒂诺斯与叙利亚人会晤内容作报告的要求，他说他无权泄露这些信息，尽管他答应内塔尼亚胡可以向巴拉克透露。内塔尼亚胡确实给巴拉克口头简述了与叙利亚人会晤的内容，但这完全是大概的介绍，并没有透露多少信息。我没有拿到关于这件事的所有资料，就向丹尼斯·罗斯要求提供内塔尼亚胡执政期间美国与叙利亚和平谈判会议内容的总结。几个月后，我收到了他们的回复。

罗斯和其他人的证词以及我们手中的文件揭示了内塔尼亚胡的叙利

亚使者会议的真相，以及他们所传达的信息。

在总理办公室的拱顶上，我们发现了劳德使用过的两个文件。一个是1998年8月25日由他写的，其中包括劳德与阿萨德会晤时的讨论要点；另一个是1998年9月29日的一份单子，题为"以色列与叙利亚和平协议"的10项条款。我们了解到，根据劳德的倡议，内塔尼亚胡同意撤军至1967年6月4日的边界。

英国记者、哈菲兹·阿萨德的官方传记作家帕特里克·赛勒是巴拉克的好友和心腹。1999年8月25日，在巴拉克当选三个月后，赛勒前来与他会晤。乌利·萨各出席了会议，巴拉克打算让他带着我和谈判小组同叙利亚人进行谈判。他们会晤的地点是巴拉克在比特希勒尔的度假小屋。

赛勒刚结束与阿萨德的会晤，他向巴拉克透露了一个消息，其中提到了劳德使者以及他与叙利亚人交谈的内容。

赛勒告诉我们，在与阿萨德会晤时，法鲁克·沙雷也在场。阿萨德说他曾和罗恩·劳德会过面，并曾多次把后者称作"劳德大使"。

那次会议上，沙雷说，劳德已经致电叙利亚驻美国大使瓦利德·穆阿利姆，告知内塔尼亚胡已经授权他通报，作为和平条约的一部分，以色列将撤军至1967年6月4日的边界。据沙雷所说，劳德还补充道，如果阿萨德同意见面，内塔尼亚胡也愿意面呈其辞。随后，在这一说明的基础上，劳德来到叙利亚。

赛勒告诉我们，阿萨德对他说，"劳德与我会面，并陈述内塔尼亚胡同意完全撤至1967年6月4日的边界线。然而，劳德说，内塔尼亚胡无法公开说明，因为这有悖于他的竞选初衷与原则。"阿萨德继续说，"令我惊讶的是，我听劳德说，内塔尼亚胡认为有可能在15天之内与叙利亚达成协议，并希望尽早宣布一个完整的协议，让整个世界都为之惊讶。"

赛勒继续转达阿萨德的话，他还说道："劳德继续谈论其他事情，我意识到需要一张地图来确保我们在谈论同一件事。我向劳德提出一个要求，在我们的下一次会议上，要他从内塔尼亚胡那里带来一张地图，显示出1967年6月4日边界的线路，就像以色列所认为的那样。据我了解，内塔尼亚胡愿意给我们那张地图，但他没有给，所以谈判暂时搁置了。"

赛勒说，阿萨德提到他通过沃伦·克里斯托弗获悉拉宾意愿撤回到1967年6月的边界，以换取满足以色列的所有要求，并指出佩雷斯在拉宾被谋杀后立即对克林顿重申了这一承诺。

因此，在这次会议上，阿萨德让赛勒给巴拉克转达一条信息，说明恢复以色列和叙利亚谈判的基础是以色列承诺完全撤军至1967年6月4日的边界。

内塔尼亚胡授权劳德呈交给阿萨德的文件到了我们手中，确认了赛勒所说的一切。克林顿找到了劳德，并邀请他参加会议，要求他报告与叙利亚人在内塔尼亚胡执政期间的接触。

1999年11月12日，劳德给克林顿写了一封信，说他在审查笔录后试图澄清一些事情。他在信中指出，这些事情指的是1998年夏季和秋季的五次会议。劳德写道，谈判虽然取得了很大进展，但尚未完成，因为只要叙利亚没有收到以色列标出1967年6月4日边界线的地图，就不可能划定叙利亚和以色列之间的安全区。

劳德进一步写道，他在与叙利亚人举行的会议上就若干问题达成了协议："我认为，这些问题仍然需要通过界定边界两侧的安全区来最后确定。这些问题是双方在9月12日同意的。"这封信继续列出了各方都已经同意的要点，根据劳德的说法：

以色列和叙利亚决定两国之间缔结和平，以安全、平等，尊重主权、领土完整和两国政治独立为原则。双方同意以下规定：

一、以色列将根据安理会第242号和338号决议撤离1967年夺取的叙利亚领土，这两项决议确定了所有国家在"以土地换和平"的方式下获得和认可1967年6月4日边界的权利。撤军将分三个阶段实施，并持续18个月，第三阶段实现关系正常化。第一阶段撤军期间双方将共同宣布结束战争状态。

二、鉴于叙利亚和黎巴嫩之间现有的协议，与叙利亚和黎巴嫩两个方面的和平进程应同时进行，这样既有利于问题的解决，也利于叙利亚和以色列以及黎巴嫩和以色列和平协议的签署。

三、在和平进程的框架内，叙利亚和黎巴嫩与其他各方将讨论跨以色列边境的准军事活动，以找到适当的解决问题的方案。

四、以前谈判双方关于"安全秩序宗旨与原则"所通过的协议文件，包括以双方有限部队建立非军事区。

五、在迫切需要地面预警系统的情况下，双方同意：

1. 预警系统可以在完全撤军后继续在黑门山保留十年，暂时先确定五年；五年后，经过双方同意再延长五年，共十年期限；

2. 预警系统由美国和法国联合设置并由两国全权负责与管理。

六、和平的基础建立在外交妥协和两国关系正常化的基础上，包括开设大使馆和签订有关和平关系的各种合乎法律和法规的协议。

七、叙利亚和以色列将根据国际法和相关准则，解决水的问题，包括开发新的水资源。

八、叙利亚认为，实现公正和全面的和平将解决该地区的许多问题，其中首要的就是实现叙利亚与以色列之间真正和持久的和平。

（劳德于1999年11月12日发给克林顿总统的原始信件，原件见附录二，第432—434页）

在劳德的文件到我们手中之前，我已经和一个美国团队举行了一次情况更新会，与会者包括丹尼斯·罗斯、马丁·因迪克、亚伦·米勒和罗布·马利。

在那次会议上，我问罗斯，内塔尼亚胡执政期间以色列和叙利亚是否举行过谈判？如果是的话，他们谈论的内容是什么？

罗斯回答说，内塔尼亚胡告诉阿萨德，他承诺撤回到1967年6月4日的边界线。罗斯指出，内塔尼亚胡给出的条件比拉宾的要实在得多，因为内塔尼亚胡已经着手去实现承诺，而拉宾只给出一些有条件的承诺，唯有所有条件都能实现，他才会同意全面撤军。

罗斯说，他曾听两个人这样说过：叙利亚驻美国大使瓦利德·穆阿利姆告诉他，有一天，罗恩·劳德和丹尼尔·亚伯拉罕（犹太裔美国商人、百万富翁）来到他的办公室，要求转达内塔尼亚胡给阿萨德的信息。穆阿利姆对他们说，除非内塔尼亚胡承诺撤回到1967年6月的边界线，否则给阿萨德转达的信息没有任何意义。八个月后，丹尼尔·亚伯拉罕再次找到穆阿利姆并告诉他：我已经收到消息，内塔尼亚胡承诺撤回到1967年6月的边界线。

罗斯继续告诉我们，关于内塔尼亚胡愿意从戈兰退出的另一个消息源来自欧盟驻中东问题特使米格尔·莫拉蒂诺斯。莫拉蒂诺斯告诉罗斯一个最新消息：内塔尼亚胡已经向叙利亚人承诺撤至1967年6月的边界线，并正在准备一份文件批准落实此事。

这时，马丁·因迪克插话补充说，罗恩·劳德与阿萨德在大马士革举行了九次会议，阿萨德在最后一次会议上要求提供一份有内塔尼亚胡署名的地图，标出以色列承诺撤军所至的1967年6月4日的边界线路。因迪克补充说，以色列国防部长伊扎克·莫迪凯拒绝将这张地图交给叙利亚人，因为他对安全部署感到不满。他还表示，在前往怀伊种植园与阿拉法特会面前，内塔尼亚胡在旅途中特意绕行，以便与劳德会面，让他给穆阿利姆传递一个消息：内塔尼亚胡本人已经同意给阿萨德地图，并愿意为此前往大马士革。但阿萨德拒绝了这一提议。

因此，根据我们收到的文件和各种报告，以及劳德和其他人的说法，本雅明·内塔尼亚胡已经准备好撤离戈兰高地至1967年6月4日的边界线，甚至承诺在叙利亚人撤离之前就这样做。

所以，莫迪凯在电视节目现场直播中透露内塔尼亚胡事实上已经向叙利亚人承诺退出戈兰高地，但遭到内塔尼亚胡否认后，莫迪凯凝神看着内塔尼亚胡，对他说："看着我的眼睛！"那一瞬间，双方都清楚地知道莫迪凯指的是什么。

每当巴拉克说起三位总理（包括内塔尼亚胡）都答应退出戈兰高地时，他清楚他自己在说什么；当内塔尼亚胡回应称"这种事情从来都没有发生过"的时候，巴拉克知道，至少他的说法不准确。

第17章

巴拉克："问题是如何进入房间。"

在叙利亚要求内塔尼亚胡提供撤军路线的地图后不久，以色列进行了新一轮选举，埃胡德·巴拉克当选为下一任总理。

在竞选活动中，埃胡德·巴拉克提出了他对安全与外交方式的准确描述。他表示，他的政府将不遗余力推进和平进程，与叙利亚和巴勒斯坦缔结和平。巴拉克还表示，上任一年之内，作为协议的一部分，以色列国防军将撤出黎巴嫩。

竞选期间，巴拉克毫不犹豫地表示他愿意在戈兰高地的问题上作出重大让步，并高度评价了阿萨德。他说，阿萨德是一个勇敢的领导人，值得信任，他有信心，如果他与阿萨德达成协议，叙利亚一定会尊重这一协议。

在巴拉克忙于组建联合政府时，我会见了美国驻以色列大使内德·沃克，他递交给我一份报告，内容是1999年6月中旬阿萨德与老布什政府国务卿詹姆斯·贝克和美国前驻叙利亚和以色列大使埃德·杰雷吉安之间的会谈。贝克和杰雷吉安说，他们发现阿萨德是位冷静沉着、注意力集中的领导人。阿萨德说他一直渴望和平，也一直认为巴拉克和他一样希望和平，黎巴嫩在寻求和平方面比以往任何时候给予的支持都大。"但是，"他补充道，"叙利亚没有能力完全控制真主党。"

贝克强调，希望阿萨德不要提及黎巴嫩的问题，因为只要提到黎巴嫩问题，巴拉克必定会作出回应，以证明他有能力保护以色列的利益。贝克强调，叙利亚必须向媒体发表公开声明，体现政府在与以色列和平进程问题上的新姿态。

阿萨德说，巴拉克入土总理府是重新进行谈判的好时机，并指出，他对巴拉克选择围绕自己的同事感到鼓舞，因为他相信他们有能力为这一进程作出贡献。

他们与阿萨德的会面给双方都希望达成的和平带来了机遇，我们应该充分利用这次机遇。

巴拉克总理一上任就说，他不希望仅与叙利亚和巴勒斯坦中的一方推动和平进程，而是希望双管齐下，同步推进与叙利亚和巴勒斯坦两个方面的和平。

巴拉克政府建立后，认真地启动外交程序，很快计划前往华盛顿与克林顿会晤。

在我的建议下，访美之前，巴拉克与中东地区相关领导人进行了三次会晤：埃及总统穆巴拉克、约旦国王阿卜杜拉和身处埃雷兹的巴勒斯坦民族权力机构主席阿拉法特。这些会议的目的是为了表明双边谈判对实现和平的重要性，以及美国将继续在幕后提供援助。

阿卜杜拉国王在访问叙利亚回来之后与巴拉克会晤，他向巴拉克报告新的情况说：得知巴拉克致力于推动和平进程，阿萨德很高兴，他认为巴拉克和克林顿都是在为中东地区的利好发展着想。

阿卜杜拉解释说，阿萨德在黎巴嫩问题上非常矛盾：黎巴嫩曾经是叙利亚的财产以及以色列的负担，但现在也变成了叙利亚的负担，因为真主党时不时会破坏叙利亚的利益。

为了回应阿卜杜拉关于缓解黎巴嫩紧张局势的问题，阿萨德曾表示，以色列从黎巴嫩撤军对叙利亚来说可能是个问题，因为叙利亚是在《塔伊夫协定》的基础上驻军黎巴嫩的，黎巴嫩人请求叙利亚人援助他们进行防御。一旦以色列撤出黎巴嫩，叙利亚驻军黎巴嫩的官方理由将不复存在。

与阿萨德会面后出现的另一个问题是，国王假设阿萨德可能会任命一名心腹，在阿萨德与巴拉克之间协调，类似于在内塔尼亚胡和阿萨德之间协调的罗恩·劳德。巴拉克回答说，如果有人能证明他确实是阿萨德的使者，那么巴拉克就可以毫无顾虑地与他合作并接受他的协调。

巴拉克更相信直接外交，不喜欢依赖中间人，这是他为争取国际社会所作出努力的一贯做法。巴拉克这一行为方式在现代外交中越来越流行，其中有许多电话交谈以及领导人之间的直接会晤。拉宾也相信这种方法，他想澄清一些基本的和重要的事情时，就曾毫不犹豫地乘坐飞机在两天内访问了四个欧洲国家的首都。

巴拉克在他上任的头几个月里进行了一系列的访问，以改进他的方案，结束以色列和阿拉伯人与美国和欧洲等国家和地区领导人在观念上的冲突。

巴拉克与世界各国领导人的首度会晤之一是与俄罗斯总统鲍里斯·叶利钦的会见。当时盛传叶利钦身体状况不佳，经常喝酒，而且酗酒。与他的会面确实可以称得上有点奇怪。

叶利钦以一种奇怪的步态参加会晤，步伐沉重而僵硬。他坐得笔直且呆板，肢体形态看起来很不自然。

他身体动作僵硬，不像正常人那样柔软，脸上毫无表情。他说话的时候，好像是在发表演说而不是在与人交谈——他的整个表现给人的感觉像是牵线木偶。会后，当他站起来为会议结束合影留念时，需要两名助手的搀扶。当他开始走向巴拉克时，虽然没有障碍，但似乎有一瞬间险些在巴拉克面前倒下。他的助手迅速扶住他，才使得他没有跌倒。

巴拉克所会见的世界各国领导人中，有些人还会见过阿萨德，他们多次告知巴拉克，叙利亚人相信他愿意并决心同叙利亚以及巴勒斯坦人达成和平协议。此外，叙利亚多次要求以色列从戈兰高地全部撤出以换取和平。

巴拉克最重要的访问是在他刚上任之际，会晤一个比叶利钦总统精力充沛又积极健康的人——美国总统克林顿。

在访美之前，以色列就与美国团队在苏黎世进行了初步会谈，其中包括白宫中东问题特使丹尼斯·罗斯及其助理亚伦·米勒、国家安全委员会的马丁·因迪克和罗布·马利，以及以色列代表兹维·斯陶贝尔和我。

会上，我们得到了阿拉伯代表听到的美国人对叙利亚问题的最新消息。阿卜杜拉国王对美国人说，听到巴拉克选举期间接受以色列加扎尼扎尔哈尔广播电台拉齐·巴凯采访中所说的话后，阿萨德非常高兴，以色列和叙利亚很可能重启佩雷斯执政期间在怀伊种植园陷于停滞的和平谈判。

阿卜杜拉说，阿萨德希望提前得知撤至1967年6月4日边界的问题不会在谈判期间继续讨论。阿卜杜拉强调，让阿萨德满意的是谅解而不是承诺，即便是间接的谅解——那个时候，美国、以色列、叙利亚三方之间达成的谅解也会让他满意。

阿萨德打算从他们上次讨论终止的地方公开地继续谈判，并秘密地达成共同谅解，即撤军界线将按1967年6月4日的边界执行。阿萨德进一步补充道，根据阿卜杜拉国王的意见，在这种情况下他将在安全部署方面表现出灵活性，并可在四个月内达成协议。

美方还报道说，埃及的情报声称以色列人一直在巴黎与叙利亚进行秘密会谈。当然，这根本就是子虚乌有的幻想。

诸如此类的报道都是由于各种信息通过不同的方式传递，并以不同的方式理解而产生的，这些信息在传递过程中往往会发生变化或是被扭曲。这也进一步表明，最有效和最快捷的方法是直接谈判。

在那次会议上，双方同意美国将向叙利亚传达信息，指出美国认为以色列的立场和叙利亚的要求之间的差距不大，但以色列人认为，在涉及叙利亚满足以色列的要求时，有很大差距。鉴于此，美国将为叙利亚代表和以色列之间的私下谈判提供渠道，使两国之间的谈判不会就此正式恢复，这样做是为了提高双方之间的信任程度。

巴拉克试图在“劳德文件”的基础上重新谈判，对我们来说，劳德文件是一份有益的文件，因为文件中提到黑门山上预警站的存在。文件还指出，内塔尼亚胡已经承诺撤军至1967年的边界，巴拉克认为，当戈兰高地撤军的问题进入公开讨论时，这一事实可以在很大程度上帮助他抵消右翼在国内政治中的反对势力。

巴拉克非常重视与克林顿的会晤，因为这是向美国总统充分介绍安全和外交方面事务的第一次机会，他将试图获得总统的支持。

巴拉克为华盛顿之行作了充足的准备。他静坐了数个小时，为自己做笔记。我是唯一一个与他分享其感受和想法的人。

与此同时，他和克林顿之间已经进行了多次通话，此后这也成了两人之间的常规活动。在这些谈话中，巴拉克已经开始提出他的想法，从克林顿的反应来看，很明显他开始接受和同情起这些想法了。

巴拉克希望说服总统采取果断行动，以促进外交进程，这可能是筹划与叙利亚和巴勒斯坦良好关系的有利时机，也可以提升与美国的关系，引领未来在中东以及中东以外地区局势的变化。

按照美国政府的惯例，在与总统会面之前，要与总统的助手以及国务卿及其助手进行许多长时间的会晤，只有在这些准备工作完成之后，才是重头戏——与总统的个人会面。巴拉克一如既往，把外交礼仪规则分解开来，并执意按照自己的需要和喜好重新组合。他坚持要求与总统进行许多面对面的私人会晤，甚至设法改变会议的顺序，以便他立即直接与总统举行一连串的个人会晤。在这些会议上，巴拉克努力让美国总统全力支持以色列的立场，因为他认为，把美国拉到我方将会提高以色列在与邻国谈判过程中的影响力。

巴拉克坚持直接向克林顿表达自己的看法，而不是首先向美国高级官员介绍，包括国务卿。由于这样有违惯例，使得美国人极为恼怒。然而，巴拉克以其非凡的说服力，劝说克林顿认为这样才是正确的做法。

巴拉克想要的不仅仅是表达自己的想法，同时也听取克林顿的建议，并在他们之间建立对话，通过这个对话来确定他与巴勒斯坦和叙利亚进行谈判的详细计划。

巴拉克成功打乱美国政府的议程，在美国官员之间引发了批评和愤慨。当巴拉克在会见总统的路上越过他们时，这些人被冒犯了。他们不喜欢人们干涉他们的工作，因为几百年来他们已习惯了这一程序。他们尤其不喜欢这个中东小国的领导人改变他们历史悠久的传统。

巴拉克在与克林顿的会晤中提出了三个问题：首先，提出他与巴勒斯坦和平谈判的新思路，即在以色列撤军的第三个也是最后一个阶段之前，正如双方在"奥斯陆协议"中已经同意的那样，各方应就永久解决争端而达成框架协议，该协议将勾勒解决以下问题的基本原则：难民（返回权利）、边界、耶路撒冷、犹太定居点、安全部署和巴勒斯坦建国性质等。

与叙利亚的和平进程方面，巴拉克表示会竭尽全力实现与叙利亚的和平，并愿意就戈兰高地作出重大且痛苦的让步。巴拉克很小心地避免使用类似完全撤军这样的表达。他明确表示，虽然我们不撤回拉宾的"保证金"，没有将其取消，但他还没有准备好批准，也就是说，没有准备采取拉宾的方案。

巴拉克与克林顿讨论的第三个问题是美以关系和关系升级的必要性。

他们二人同意设立一个高级美以协商小组，每年召开两次会议，讨论战略和其他各种问题，以形成协调一致的共同目标。他们谈到有必要确保美国在与阿拉伯人进行谈判方面不会让以色列感到惊讶，阿拉伯人也不会突然听到没有实现与以色列协商的美国立场。双方同意美国将继续确保以色列在该地区的实质性优势，使以色列本身能够自力更生，保家卫国。

巴拉克对克林顿说，他打算同时推进叙利亚和巴勒斯坦两方面的和平进程，不让彼此受到妨碍，但指出，他在第一阶段将暂时把大部分的努力和精力投入叙利亚方面。

我认为，巴拉克正确地估计到，相比以色列和巴勒斯坦之间的矛盾，叙利亚的问题就显得没有那么复杂，也较容易解决。我们认为，阿萨德总统是可以作出决定和重要决议的人，不像阿拉法特，经常拐弯抹角、见风使舵、拿不定主意，犹豫不决。此外，巴拉克也明白，与叙利亚达成协议将阻止黎巴嫩境内的流血冲突，并且对叙利亚从黎巴嫩撤军也大有益处。巴拉克还认为，与叙利亚达成协议的附带成果之一，甚至可能促使谈判取得重大进展，也将加速与巴勒斯坦的谈判，而其他阿拉伯和伊斯兰国家也会加入和平进程。

巴拉克带着他的"三个悖论"去与克林顿总统会晤。

根据巴拉克设计的这一理论,第一个悖论是"怀伊悖论",即本雅明·内塔尼亚胡承诺将西岸和加沙地带13%的领土转让给巴勒斯坦人。

巴拉克认为,这次的领土转让将增加巴勒斯坦和以色列人民之间的摩擦,使以色列难以确保其公民的安全,并在巴勒斯坦和以色列领土之间造成混乱。

这个悖论在于,"怀伊协定"旨在促进以色列和巴勒斯坦人之间的和平,但实际上将领土转由巴勒斯坦负责只会增加双方之间的摩擦,并增加暴力冲突的风险,从而加深双方的猜疑和对抗。

第二个悖论是"黎巴嫩悖论"。巴拉克认为,与过去不同,真主党不仅仅是以色列的负担,也成了套在叙利亚人脖子上的磨盘。这是因为真主党对以色列和叙利亚之间的谈判有非正式的否决权,它可以通过增加恐怖活动来阻挠和平进程。巴拉克说,他不能也不愿意在黎巴嫩境内恐怖主义活动猖獗的情况下同叙利亚谈判。

第三个悖论是"戈兰高地悖论"。巴拉克相信,如果我们直接与叙利亚人会面,我们将会带着一份协议离开。不过,阿萨德拒绝在以色列没有提前宣布讨论的结果之前进入会议室,而这个结果就是以色列从戈兰高地撤出到1967年6月4日的界线。

巴拉克说:"我收到了加强以色列安全的要求,如果我提前宣布我方在安全问题最重要的因素上作出让步,我无法进入谈判。"

在这里,巴拉克将实质与过程联系起来,因为他认为,以色列如果在谈判开始之前就同意叙利亚的要求撤回到1967年的界线,就会被邻近的国家视为软弱的表现。访问期间,巴拉克和克林顿之间的大部分对话都是亲密的,会晤只在他们两人之间进行,但是回来以后,巴拉克会把两人谈话的内容口述给我,以确保这不仅仅是他的记忆。

克林顿把中东和平进程当作自己义不容辞的使命,投入了大量时间。**克林顿**将其在白宫8年任期内的7年时间都致力于中东事务,因为中东地区的冲突对全球稳定产生了不利影响,而不仅仅是区域稳定。克林顿对国际事务的态度是,应该像在科索沃一样解决世界的冲突,包括使用武力。他在解决中东冲突中还另有抱负,这源于他的使命感、他的宗教信仰和他对以色列的价值观念及其悠久历史的一种特殊的情感。

会晤期间,克林顿问巴拉克:"阿萨德会问到拉宾的'保证金'问题,我该怎么说?"巴拉克回答说:"我还不清楚叙利亚人在加利利海岸边的情况,还想向你介绍预警站对黑门山的重要性。关于'保证金',告诉阿萨德我不会取消它,也没有要求撤回它。"但是,巴拉克拒绝叙利亚以及美国批准拉宾的"保证金"。

从会议记录中可以看出，巴拉克怀疑叙利亚人给他设了一个陷阱。

克林顿要求巴拉克给他写信，告诉他与叙利亚建立和平之后的设想，巴拉克描述了全面和平的局面：两国关系将实现真正的正常化。而且，在这种情况下，如果有办法解决黎巴嫩境内的问题，将会杜绝恐怖主义，真主党将被解除武装，叙利亚将停止支持恐怖主义，并将废除大马士革所有的恐怖组织总部。叙利亚不再继续留在加利利海和约旦山上，也不再继续与我们的水源直接接触，并且将在协议执行的第一阶段开设大使馆。

克林顿对巴拉克说，他将鼎力相助，并帮助减少以色列作为叙利亚和巴勒斯坦和平条约的一部分而承担的风险，维持以色列与阿拉伯国家相比而言的实质性优势，以及展开广泛和深入的情报合作。

双方同意在克林顿和巴拉克之间设立固定的加密通话线，并且同意奥尔布赖特访问该地区以推动和平进程。

与克林顿的副总统阿尔·戈尔等人的会谈中，巴拉克表示打算同时推进与叙利亚和巴勒斯坦的和平进程，承诺一方不得以某种方式扰乱或破坏另一方的进展。

排在这个议程上的有奥尔布赖特访问中东地区，对此巴拉克其实并不欢迎。巴拉克担心奥尔布赖特在中东地区的穿梭外交可能导致一系列消息走漏，造成叙利亚和以色列之间不必要的紧张气氛。

巴拉克不断试图找到最好和最有效的方式接近阿萨德，包括他与阿萨德的亲信、传记作家帕特里克·赛勒的会面。在比特希勒尔的度假住所，他重申道："我和阿萨德的差距仅有几百码。我觉得如果克林顿、阿萨德和我坐在一个房间里，我们会解决所有问题，比人们想象的还快。我作出让步的能力取决于我不必一开始就公开宣布。发展过程有两种可能性：一种是在我们信任的代表之间进行秘密会谈，另一种是将劳德文件作为进一步谈判的基础。"

赛勒说，加利利海的水域问题对阿萨德而言非常重要，他强调阿萨德必须得到这片水域，即便面积有限。

有权利用加利利海的水域在阿萨德的眼中具有非常重要的象征意义，因为叙利亚人知道在1967年加利利海的湖岸由叙利亚控制，当时那里已经有若干渔村。这就是为什么叙利亚认为，如果没有回到实际的水域界线，那么就不是真正回到1967年的边界。

当巴拉克谈到两国关系正常化以及安全防务的构成要素时，从赛勒的表述来看，他对此感到不快。赛勒说，阿萨德不会接受在黑门山上设立一个地面预警站。

在整个谈话中，巴拉克和赛勒就可以恢复谈判的不同方式交换了意见。巴拉克说，我们需要在私下里达成一个既能满足阿萨德，又不同于公众的说法。

巴拉克要求赛勒向阿萨德询问有关他对劳德文件的看法，以及由克林顿邀请，阿萨德、克林顿和他本人在日内瓦会晤的想法。他建议先让克林顿和阿萨德进行会晤，当克林顿认为时机成熟后，再邀请巴拉克加入。

关于阿萨德的健康状况，赛勒说道："和阿萨德，你只有几个月的时间了。"

与此同时，巴拉克在与克林顿进行的电话交谈中继续试图找到能使阿萨德恢复谈判的措辞。巴拉克感到被困在这件事上，因为阿萨德要求巴拉克提前同意退出戈兰高地，作为恢复谈判的条件，这样的要求对巴拉克来说是不可能的。当巴拉克相信一旦各方坐在一起，问题将迎刃而解，所有这一切都将变得十分明朗。

巴拉克说，这个荒谬的说法是："如果我们进入房间，我们一定会找到一个解决方案；问题是如何进入房间。"

长时间以来，我和巴拉克坐在一起试图找到可以转交给美国人的方案，这样可以把叙利亚人重新带回谈判桌。

终于，在克林顿和阿萨德进行电话交谈后，阿萨德同意派自己的代表到欧洲的一次会议上，在美国代表出席的情况下与巴拉克的代表会面。

叙利亚人认为这些会谈是谈判，而我们看到的是他们在澄清和试探，试图建立一个谈判的跳板。巴拉克认为，只有两个代表进行这样的关键谈判是不可能的。

巴拉克打算任命乌利·萨各担任这个职务，我表示赞同。

巴拉克与萨各的关系在他们的军事生涯中有不少起伏。他们之间最大的危机发生在"泽艾利姆灾难"（1992年的一场军事训练事故，导致五名士兵死亡——编者注）之后，此外，萨各对巴拉克没有积极地任命他为副总参谋长感到失望。在他的《雾中的灯光》一书中，萨各严厉批评巴拉克，这并没有改善他们之间的尴尬关系。然而，在最后的关键时刻，巴拉克摒弃了所有的个人恩怨，因为他认为萨各是与叙利亚人接触的最好人选。

萨各担任军事情报主管时，专门负责叙利亚问题，投入了很多时间和精力。即使在那个时候，萨各估计叙利亚是可以接受谈判的，并且有兴趣和以色列和解。对于巴拉克来说，重要的是与叙利亚人的会晤由一个对以色列和叙利亚问题有深刻了解的人士参加，他们要相信谈判有可能取得成功。

因此，为了能够在瑞士的会谈期间实时咨询萨各，总理办公室设立了机密的加密通信系统，并且还有一名负责所需通信设备的联络人陪同。

巴拉克在与叙利亚人会晤之前向萨各面授机宜，强调这次会议的目标是要恢复谈判，而不必撤回到1967年的界线。

巴拉克要求强调以色列在黑门山上的存在、执行协议的时间为3—5年、安全部署、关系正常化细则、停止黎巴嫩的恐怖活动、解除真主党武装，以及解决以色列与黎巴嫩之间争端等问题。另一个问题是寻求解决水源问题的区域解决方案：沿着海岸线建立海水淡化厂，向以色列、约旦和巴勒斯坦供水，以及与土耳其在水源问题上的合作。这涉及从土耳其将水输送到叙利亚作为弥补，因为叙利亚人声称，加利利海也应该为他们提供水源。

巴拉克强调，要求以色列撤至1967年的界线和叙利亚前进到加利利海岸边是有问题的，因为这一要求就等于不允许以色列维持唯一可靠的淡水水源。巴拉克说，以色列必须维持对加利利海以东那片土地的主权，以确保对水域的完全控制。他还明确表示，退出戈兰的问题在以色列是一个非常敏感的公众问题和政治问题。

巴拉克要求叙利亚人组建三个讨论小组：第一个讨论水源、边界、关系正常化和时间表的问题，第二个将重点讨论安全部署，第三个讨论黎巴嫩问题。

巴拉克要求萨各向叙利亚人传达这样的信息：巴拉克将有八年的总理任期，而且只有他才会成为叙利亚必须尝试与之实现和平的人，不管他们喜不喜欢。

巴拉克认为，一些决定只能通过领导人之间的直接会谈才能作出。此外，他认为，要使以色列公众更容易接受戈兰高地问题上的重大让步，就必须将它纳入一揽子协议，其中包括叙利亚向以色列提供足够补偿，并且只有在由克林顿、阿萨德和巴拉克出席的三边高峰会议上才能达成。

在双方代表举行会议之前，我代表巴拉克向美方传递的信息是，巴拉克没有重新发明任何内容，但也没有撤回拉宾的"保证金"。这是因为他认为我们必须先尝试建立信心，相信我们可以解决冲突，而不用在初始阶段就作出有约束力的承诺，这也是巴拉克目前无法做好的事情。我进一步补充说，我们并没有忽视拉宾和内塔尼亚胡执政期间所发生的事情——即劳德文件。巴拉克在与叙利亚谈判的情境下小心翼翼地提及内塔尼亚胡，以便到时候说服公众同意他认为必须要作出的让步时能更容易一些。

此外，我不得不向美国人说清楚，正如克林顿认为的那样，冲突无法在一个星期内得到解决，而且需要理解以色列和叙利亚代表之间的会谈并不意味着取代和平谈判，只是为重新启动谈判作准备。

巴拉克强调，心理、政治和公众反应将产生重大影响，必须花时间来解决这些问题。因此，他希望围绕由克林顿主持的首脑会议制造戏剧性的时刻，这次会议达成的历史性和平协议将会解决叙利亚和以色列之间的冲突。

巴拉克知道阿萨德想要以色列公开或秘密地承诺撤回到1967年界线。巴拉克声称，他给出的条件将远远超过阿萨德从拉宾那里得到的，因为拉宾的"保证金"不是一个承诺，而是一个有条件的声明。拉宾并没有承诺撤回到1967年6月4日的界线，而是表示以色列只有在其要求得到满足的情况下才愿意撤至这条界线。

巴拉克认为，如同叙利亚人所认为的那样，重新回到1967年的边界是错误的，因为以色列必须对水源保持不容置疑的主权：从约旦河上游山脉直至加利利海的所有水源，包括加利利海本身。因此，巴拉克希望以色列和叙利亚之间的边界通过约旦河和加利利海以东。

在与克林顿的电话交谈中，巴拉克说道："你可以告诉阿萨德，跟我打交道，他不用像以前和劳德打交道那样承担风险，因为这次有你在，而且你记得那个'保证金'。"巴拉克暗示了与劳德交谈是在没有美国赞助或参与的情况下发生的，所以没有"印鉴管理员"或历史记录员在场。

巴拉克对克林顿说，他认为他们正在采取历史性的举动，克林顿回答说："你可以做前人没有做过的事情：与叙利亚实现和平。"

在萨各与叙利亚外交部法律顾问利雅得·达乌迪（此人后来曾和奥尔默特的总理办公室主任一起参与过叙利亚与以色列通过土耳其进行的间接对话）会晤之前，巴拉克向他简要通报了情况。巴拉克说，劳德一直以来给人的印象是，在这个问题上阿萨德愿意讨论在1967年边界的基础上考虑几百码（1码约等于0.9144米）的让步。

巴拉克要求萨各会谈保密，不作任何官方和有约束力的记录，只需要领导人批准。

如果会谈取得成功，巴拉克说，前进方向有三个选择。第一个是将和平进程从秘密谈判转为公开谈判，然后举行一次能够促成和平的首脑会议。第二个是进程将继续保密，并直接达成与克林顿和阿萨德举行的首脑峰会，届时将敲定解决一些突出问题的关键要素，随后将转化为一份详细的协议。第三种可能性是，在秘密进程之后，将举行首脑会议，根据其原则，公开谈判将继续下去，并促成和平。第二种和第三种选择之间的区别是，第三种方式中，首脑会议只需确定一些原则，不需要进一步谈判。

劳德的叙利亚之行由黎巴嫩的基督教公民乔治·纳德陪同。纳德曾在美国居住多年，曾担任《中东观察》杂志的编辑，且多年来一直以不同的方式帮助推动和平进程。纳德是一位颇受叙利亚欢迎的客人，早在拉宾时代，他就给我们带来不同的消息，我们也曾多次见面。

纳德此前参加了劳德与阿萨德的会谈，并仔细记录了他们谈话的内容，其中包括叙利亚的回应。

因此，巴拉克想见他，从而得知叙利亚对内塔尼亚胡提议的答复。

纳德与巴拉克的会面持续了两个小时，他把自己知道的劳德和阿萨德交谈的一切都告诉了我们。

纳德说，阿萨德和劳德还有他本人的会晤，出发点是以色列将接受撤军至1967年界线的原则，并与叙利亚一起划定边界。这是因为各方对1967年的界线都有自己的设定，而阿萨德则认为双方可以达成一致。据纳德所说，阿萨德想要在没有美国干预的情况下达成协议，并让他们大吃一惊。依阿萨德之见，美国的参与可能会毁掉所有事情。

阿萨德在丹尼斯·罗斯领导的美国国务院内部看到一些倾向于以色列方面的言论。他认为，美方出席谈判会导致消息泄露，而且有证据指出，拉宾和佩雷斯时期的接触并没有促成任何结果。

纳德说，他曾到叙利亚访问过12次，其中与罗恩·劳德合作的有9次。他说，这些会议从1998年6月初持续到1998年9月6日，期间，阿萨德要求拿到地图。

纳德强调，所有这些对话都被记录下来，至今仍保存在叙利亚的宫殿里。他还说，在第一次会议上，阿萨德已经要求（以色列）全面撤至1967年的界线，而劳德回应说，原则上他的答案是肯定的，而且这条界线本身也需要后续加以界定。

纳德说，他曾好几次会见过内塔尼亚胡的外交顾问乌兹·阿拉德，并从他那里得到多次确认，就是说以色列将完全撤回到1967年6月4日的界线。纳德指出，他没有听内塔尼亚胡提到过这一点，但是强调说，劳德从内塔尼亚胡那里听到并且向他和叙利亚人复述了这件事。

纳德还说，乌兹·阿拉德曾经在巴黎打电话给他和劳德，并通知他们，阿萨德要求的确定撤军路线的地图已经准备好。"我们随即上了飞机来到以色列，但是并没有收到地图，"纳德说道。

劳德曾问叙利亚人是否需要一幅1967年的叙利亚地图或者以色列地图，因为两个版本的地图所显示的界线不同。叙利亚人要求提供以色列地图。

纳德说，内塔尼亚胡愿意提供地图，而且他和劳德两次都被要求过来取地图。纳德说，有一次，国防部长伊扎克·莫迪凯表示愿意提供地图，但随后又改变了主意。

纳德说："这两次，都是在我们到了之后告诉我们地图还没有准备好。"

"有一次，乌兹·阿拉德甚至在贵宾室等着我们，当我们到达时，他却说：'抱歉，地图还没有准备好。'"

我的印象是，内塔尼亚胡已经打算向叙利亚人提供1967年6月4日界线的地图，但是由于伊扎克·莫迪凯和阿里埃勒·沙龙的反对，这个地图才没有转交。

纳德还告诉我们，8月下旬，内塔尼亚胡明白莫迪凯不愿意提供地图，便让阿里埃勒·沙龙也参与了进来。

"沙龙说，他愿意自己去叙利亚与阿萨德见面，也愿意在这种情况下把地图交给他，"纳德继续说道，"内塔尼亚胡的答案是'我会带着地图去见阿萨德的'。沙龙不赞成这样做，于是他们商定，如果决定转交地图，那么由内塔尼亚胡、莫迪凯和沙龙三人一起将地图交给阿萨德。"

纳德说，他和劳德看到的是，内塔尼亚胡拿出地图这一举动并没有得到莫迪凯和沙龙的支持。

纳德继续说，在其中一次会晤中，阿萨德曾经告诉他们，他将接受以色列对加利利海享有主权，但强调叙利亚人必须有权在海岸线上出没。

听说这一点后，巴拉克问纳德，阿萨德是否有可能会同意以色列在加利利海以东几百米的某块领土也保留主权。纳德回答说："这很难实现。"

纳德的报告、叙利亚同意瑞士会议，以及为萨各的访问作准备，让我们觉得跟叙利亚可能会有进展。我们很高兴没有走漏任何消息，而且我们都觉得正在为谈判奠定基础，能够继续双方的对话，这很有可能促成与叙利亚人的历史性和解。

巴拉克与丹尼斯·罗斯进行了电话交谈。罗斯已经抵达伯尔尼，等待充当达乌迪和萨各之间的"伴郎"。

丹尼斯·罗斯对巴拉克说："我们的目标是找到一种方案，能够让奥尔布赖特宣布恢复谈判。"

巴拉克向罗斯通报了关于劳德"十条规定"文件的最新情况，以及我们与纳德的会面和我们从他那里获得的情况。巴拉克告诉罗斯，在与劳德和纳德会见之后，他开始明白阿萨德为什么会有那样的反应，他为什么要求在萨各和达乌迪举行会谈之前，作为任何正式谈判开始的条件，希望得到以色列在撤回到1967年界线的问题上的一个承诺，就算是一个秘密的承诺也好。"现在我明白了，"巴拉克说，"正如阿萨德认为的那样，与内塔尼亚胡答应他的撤至1967年6月4日界线相比，我是在原路折回，取消承诺。"

丹尼斯·罗斯指出，他所熟悉的纳德，直言不讳，小心谨慎，一丝不苟。罗斯说："他所报告的是他所理解到的情况，而且是真实地报告。"

萨各来到瑞士，在他和达乌迪第一次会谈后立即向巴拉克反馈道："达乌迪说他想要达成一个快速的方案，并且愿意听取我们的不便之处。"

巴拉克让萨各代表他自己（而不是代表巴拉克）告诉达乌迪说，他认为巴拉克愿意和叙利亚签署和平条约，然后再与巴勒斯坦人签署协议。这是因为叙利亚人的问题比较简单，而所有事情到了巴勒斯坦这里，就都变得复杂和困难，甚至是在情感方面——以色列公众对朱迪亚和撒玛利亚地区有一种特殊的感情。

萨各和达乌迪之间的会谈持续了两天，最终未能达成协议，也没能找到什么补救的方案。

在叙利亚之行几天后，丹尼斯·罗斯访问了以色列，并告诉我们，这是他两年内第一次见到阿萨德，后者似乎苍老了许多，头脑也不像以前那样灵敏。罗斯报告说，阿萨德曾表示担心"保证金"会离他而去，并同意罗斯在双方之间往返穿梭，以确立可以恢复谈判的方案。

罗斯说，叙利亚人对达乌迪—萨各会谈很感兴趣，并希望两天后到华盛顿立即开始工作。

在巴拉克和我与萨各和阿姆农·利普金—沙哈克会面时，巴拉克指示萨各，此次会谈必须保密，并且不记录在案。这是为了让双方能够审查上一轮会议讨论问题的灵活性，并达成一个以色列、叙利亚和美国都可以接受的方案——一个可以让谈判继续的方案。

巴拉克向萨各重申，要坚定我们在水域边界问题上的立场。这里的水域边界指的是约旦河上游山脉和加利利海以东几百米处，虽然叙利亚人声称他们在1967年前就曾在加利利海岸边活动，但以色列对这片水域仍将拥有主权。

在与罗斯会谈时，巴拉克说，如果作为签署的协定的一部分，我们在加利利海以东整个地带获得主权，我们愿意考虑允许叙利亚公民通过这片地带进入加利利海。这将使叙利亚人能够在以色列享有主权的情况下进入湖泊的水域，他们将能够在此航行、游泳和垂钓。

巴拉克坚持会议要包括内塔尼亚胡时期举行的会谈的内容，因为根据劳德所说，叙利亚同意在美国和法国的控制下，保留黑门山上的地面预警站十年。根据劳德的说法，这意味着美法控制也可以非正式地包括以色列专家在场，而且出于内部的政治原因，巴拉克有必要利用内塔尼亚胡同意撤回1967年6月4日的界线这一事实。

与叙利亚人举行的筹备会议上，美国人发现，以色列对加利利海东北部地带享有主权的要求，让叙利亚人十分愤怒。然而，巴拉克坚持认为，一切都将取决于对所有水资源的控制问题。

美国人后来宣布，他们觉得与达乌迪和沙雷已经没有什么好谈的了，于是决定和阿萨德会面。

这个决定使我们感到十分恐慌，让我们觉得再次尝试恢复与叙利亚的和平谈判已告失败。

克林顿给阿萨德发了一封信，称我们已经到了最后的关键时刻。"我发现双方的要求都可以实现。关键问题是控制水源与边界之间的关系以及预警问题，"克林顿写道，"双方直接会面是不可避免的，我担心，除非我们进入政治层面，否则我们就会错失良机。如果我认为这些问题无法解决，我不会给出这样的建议。拉宾委托给我的'保证金'我会继续保存，并没有被收回。我也提议巴拉克来参加一场政治层面的会议。"

英国首相中东问题特使迈克尔·利维与沙雷和阿萨德举行了几次会晤，并报道说叙利亚希望和平，阿萨德对所有问题都灵活处理，除了以色列不得不回到1967年界线的边界问题。阿萨德还说，他不相信巴拉克会单方面从黎巴嫩撤军。

巴拉克一直说，如果有超出拉宾"保证金"之外的机密或公开声明，他无法与叙利亚人进行谈判，但强调他可以为表示愿意批准"保证金"这一立场辩护。

收到克林顿的信后，阿萨德同意从中断的地方开始恢复高级别的谈判。阿萨德的代表将是叙利亚外交部长法鲁克·沙雷。

美国接受了巴拉克要求举行的两次会议：一个短会，旨在形成一个谈判框架，并制定一个议程；第二次会议将更加重要，将一直持续到达成协议为止。这类似于在戴维营时贝京和萨达特谈判的过程，双方在美方在场的情况下坐在一起，直到有突破性的进展。

克林顿和巴拉克的会谈中出现的一个问题是，巴勒斯坦人可能担心以色列与叙利亚人取得的进展可能会损害到他们。克林顿答应与阿拉法特交谈，以向他保证，与叙利亚人的谈判不会让他吃亏。

罗斯告诉巴拉克，即使赶上斋月，叙利亚人也愿意来，这表明他们非常重视这个问题。叙利亚人当然不会在会谈期间饮食，而罗斯说："他们说如果以色列人要求一个小时的休息时间里吃饭，他们也会理解的……"

午餐时间不是唯一的休息时间。沙雷想要在两轮谈判之间休息一下以重新组织一下想法。双方同意，除美国人外，各方不得发表任何新闻稿。而且，在白宫的开幕式要简短，且只能包括克林顿的声明。

叙利亚人不喜欢第一次会议上绕过必要条件。在假设双方已经同意并理解以色列将撤回到1967年界线这一前提下，沙雷愿意讨论除撤军问题之外的所有问题。

阿萨德告诉美国人，为了达成最终协议，他明白由巴拉克、克林顿和他本人举行的三方首脑会议在所难免。在这一点上，巴拉克和沙雷之间不会握手言和。我们发现叙利亚的态度令人捉摸不透，但我们没有异议，因为我们更加重视会议的举行，没有理由坚持停留在握手言和之上，这种坚持有可能推迟或取消会议。此外，坚持一些没有实际意义，最多也不过是象征性的东西，后来再作出让步的话，会让我们看起来荒唐可笑。

谈判中，你必须分清轻重缓急。因为一方面，明确的是，各方在公开场合都会表明一些立场，以坚定他们在谈判初期的立场。然而另一方面，各方都应该明确，最后的立场与初期的立场会不同，因此在谈判中必须作出让步。

所以，应当在至关重要的问题上有所坚持，而不是坚持那些在谈判过程中极具变数的事项。一旦对以前所宣布的立场作出让步，你就成了一名"交易让步者"，就会让对方明白，给对方压力越大，就可以让对方作出更多的让步。

罗斯告诉我们，阿萨德想要一个简单的协议，而不是像"奥斯陆协议"那样复杂的行不通的协议。

巴拉克向罗斯更新了信息：如果与叙利亚人达成协议，他需要得到政府和议会的批准，然后再由公众举行全民投票通过。

巴拉克认为，与叙利亚的和平协议将促使与其他阿拉伯国家和伊斯兰国家达成和平协议。巴拉克非常清楚，以色列将在戈兰高地的问题上付出惨痛的代价。因此，在天平的另一端，不仅必须与叙利亚达成和平，而且要与其他阿拉伯和伊斯兰国家，特别是北非和波斯湾的伊斯兰国家达成和平，与黎巴嫩达成协议并完全遏制恐怖主义。同时，还需要美国的大力援助来加强以色列国家的安全，并就其失去对戈兰高地的控制作出补偿。

巴拉克认为，面对这样一个和平与援助的一揽子计划，以色列议会成员和公众会更容易接受退出戈兰的沉重代价，并明白这是有益的。以色列获得的补偿越大，公众就越容易接受退出戈兰这一灾难之举。

美国人完全同意这个立场，并开始在阿拉伯和伊斯兰国家采取代理行动，以促进一个更广泛的和平进程，从而促成以色列与其他国家的和平协议。美国人从沙特阿拉伯、海湾国家和北非国家收到的答复是，当以色列与叙利亚和黎巴嫩达成协议时，他们也将加入与以色列的和平进程。

美国国务卿奥尔布赖特在访问叙利亚之后访问了以色列，她对巴拉克说，沙雷陪同她到机场，并告诉她，他与巴拉克会晤返回时，必须达成谅解，以色列撤军至1967年的界线。

巴拉克答复奥尔布赖特道："我不能对他作出如此承诺，这会毁了整个谈判。叙利亚人应当对我没有撤回拉宾的'保证金'感到满足，他们想要1967年的边界，我要对加利利海的绝对主权。我想我们可以弥合这两个愿望之间的差距。"

那些天，巴拉克的做法在我看来似乎非常谨慎，尽管叙利亚的声明只是把和平协议建立在以色列撤离至1967年界线这一条件之上，并强调他们不会放弃一寸戈兰高地的土地。当时，我认为叙利亚坚信他们要接受整个戈兰高地，并以由双方协议确定为"1967年6月4日界线"的那条线为基础确定边界。

我想澄清一点，我方1967年6月4日的界线与叙利亚的界线不同，因为这条线从未在地图上标记过。

由于在"六日战争"之前发生的许多事件，各方对其控制的领土有不同的定义。以色列和叙利亚的哨所之间的地区，双方都称对其享有控制权。例如，为了确保对加利利海的更大的控制权和宣誓主权，以色列海军试图尽可能靠近加利利海东北湖岸进行巡逻。在叙利亚人认为对方离湖东岸过近时，他们对以色列船只开火，以此作为回应。另一方面，每当叙利亚人试图进入加利利海并展示这种控制的时候，我们便开火阻止他们进入。类似的这些例子导致我们声称对整个加利利海拥有主权，而他们声称当时可直接进入这片水域。

在与沙雷进行会谈的日子里，我们的说法是在地图上没有明确标记1967年边界。鉴于这一点，如果以色列向叙利亚提供在叙利亚人眼中非常接近1967年界线的边界，连同"六日战争"之前无可争辩地在以色列主权之下的一小块土地，那么很有可能叙利亚人会同意。

后来，叙利亚人毫不含糊地明确表示没有什么可讨论的，他们坚持认为只能是1967年6月4日的界线，别无其他，所以选择结束谈判。此后，我意识到这是叙利亚人将来也不愿意越过的"底线"。我也意识到，如果提供充分的安排来确保以色列对加利利海的绝对主权，以及满足以色列国对所有安全部署的需要，以色列则必须在原则上同意1967年6月4日的界线。同时，以色列在谈判中必须将界线向东移动，作为对其确切位置讨论的一部分，正如之前所提到的那样，1967年6月4日那条界线从未有过明确的定义或标记。

我两岁时与父母尼娜和西姆哈的合影

我与父母、弟弟埃胡德（左二）和莫仕奇在妹妹艾绨的成人仪式上。

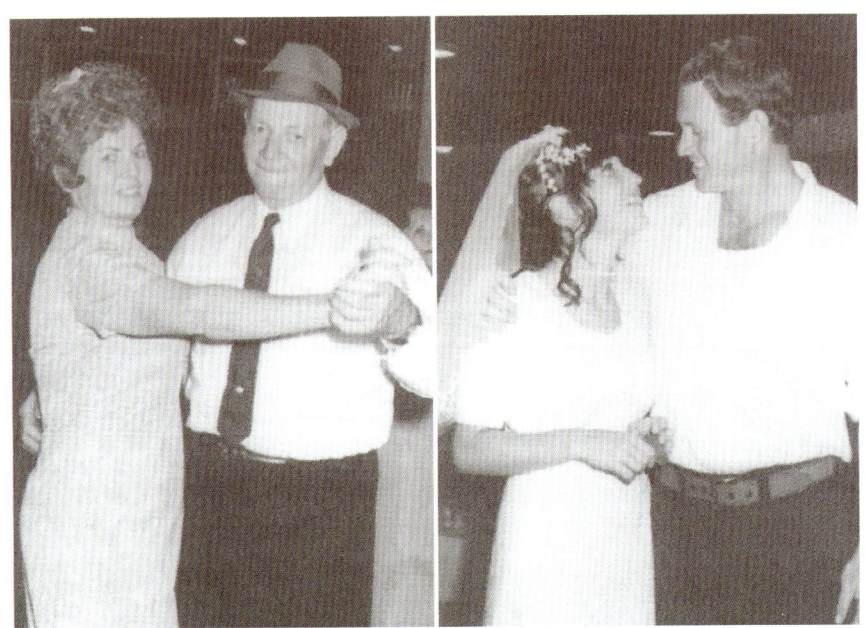

父母在我们的婚礼上跳舞庆祝。　　　1971年，我和妻子托瓦在婚礼上。

1987年，在担任国防军总参计划部主任的就职典礼上，我和妻子托瓦及孩子们（右起：欧麦、罗伊、毅太、通亚、尼尔）在一起。（照片由以色列国防军发言人提供）

我和长子欧麦一起，在他的成人礼
之前佩戴经匣。

妻子托瓦在欧麦的婚礼上。

欧麦完成了他在伞兵旅的基本训练。他边上是尼尔（左）和通亚，前排
是罗伊和毅太。

1999年，我和托瓦在长子欧麦的婚礼上。

妻子托瓦参加我在巴拉克总理办
公室的生日聚会。（照片由政府
新闻办公室提供）

1964年，我作为总参侦察营的一名士兵参加海训。

1965年，我以优异成绩完成了军官课程，国防军总参谋长拉宾授予我排长的别针。右边是军官学校指挥官梅厄·拜尔上校。

在总参侦察营，我担任"丹尼小队"的指挥官。

在一次航海远征期间，我和总参侦察营小队的士兵们在内盖夫休息。

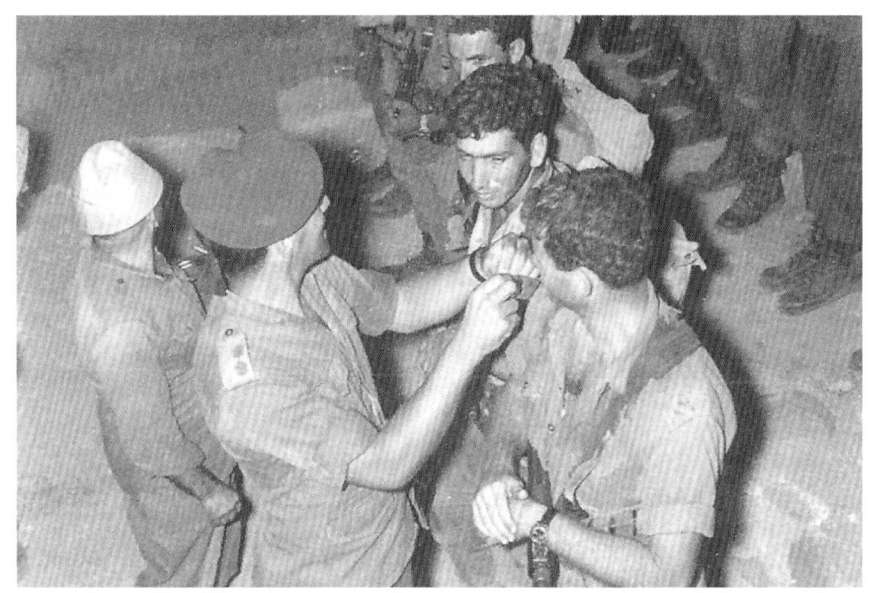

经过艰苦的训练，总参侦察营指挥官杜比克·塔玛利授予我中尉军衔。

"六日战争"结束时，我在
苏伊士运河边担任总参侦察
营的小队指挥官。

"丹尼小队"，站立者右起：我、哈南·吉鲁兹、什洛莫·盖尔伯、丹尼·斯尼尔、伊奇克·戈宁、巴鲁克·祖克曼（愿他安息），前排蹲者右起：摩西·西博尼、拉菲·巴列夫（愿他安息）。

1972年5月，总参侦察营成功解救被劫持的萨贝纳航空571航班。我身着白色连衣裤站在梯子上端，准备走下飞机。

埃胡德·巴拉克（右）和我身着白色连衣裤，站在机翼上指挥突击队员护送获救的乘客下机。（照片由罗恩·宜兰提供）

我和国防部长拉宾在一起，他正在观摩当时我指挥的那个师的演习。
（照片由以色列国防军发言人提供）

1986年，担任装甲162师师长任期结束时，欧麦和通亚来看我。

和国防部长摩西·阿伦斯在一起。当时我担任他的军事秘书。（照片由
以色列国防军发言人提供）

国防部长交接，拉宾（右）取代阿伦斯。我继续担任拉宾的军事秘书。
（照片由以色列国防军发言人提供）

在黎巴嫩前线考察期间，和国防部长拉宾、辛贝特局长亚伯拉罕·沙洛姆在一起。（照片由以色列国防军发言人提供）

博吉·亚阿隆（中坐者）指挥伞兵旅训练时，总参谋长巴拉克来访。当时，我担任中央司令部司令。巴拉克后面是舒姆里克·阿拉德少将。（照片由以色列国防军发言人提供）

和总理兼国防部长拉宾一起访问国防军中央司令部。（照片由以色列国防军发言人提供）

在飞往美国的飞机上，与拉宾总理、总理办公室负责人西蒙·谢夫斯在一起的轻松时刻。（照片由政府新闻办公室提供）

以中央司令部司令身份视察伞
兵训练。（照片由以色列国防
军发言人提供）

在一次追捕恐怖分子的过程中，身为中央司令部司令的我与朱迪亚和撒
玛利亚师师长雅阿克夫（"曼迪"）·奥准将在一起。我后面是埃亚
勒·米斯基托少校。（照片由以色列国防军发言人提供）

在希伯伦发生恐怖袭击事件后，巴拉克总参谋长到现场询问行动执行情况。我当时是中央司令部司令。后排右起：亚阿隆准将、舒姆里克·阿拉德少将、加迪·祖哈准将。（照片由以色列国防军发言人提供）

我和阿曼苏丹卡布斯握手。

我和埃及国防部长坦塔维将军在一起。（照片由政府新闻办公室提供）

在与印度尼西亚总统苏哈托的历史性会晤之前，我和拉宾在一起。中间是印尼国务部长穆迪奥诺。

我和美国总统克林顿握手，中间是拉宾总理办公室主任埃坦·哈贝尔。
（照片由政府新闻办公室提供）

拉宾总理将我介绍给约旦国王侯赛因。

与约旦签署和平条约的仪式后，我和约旦努尔王后交谈。

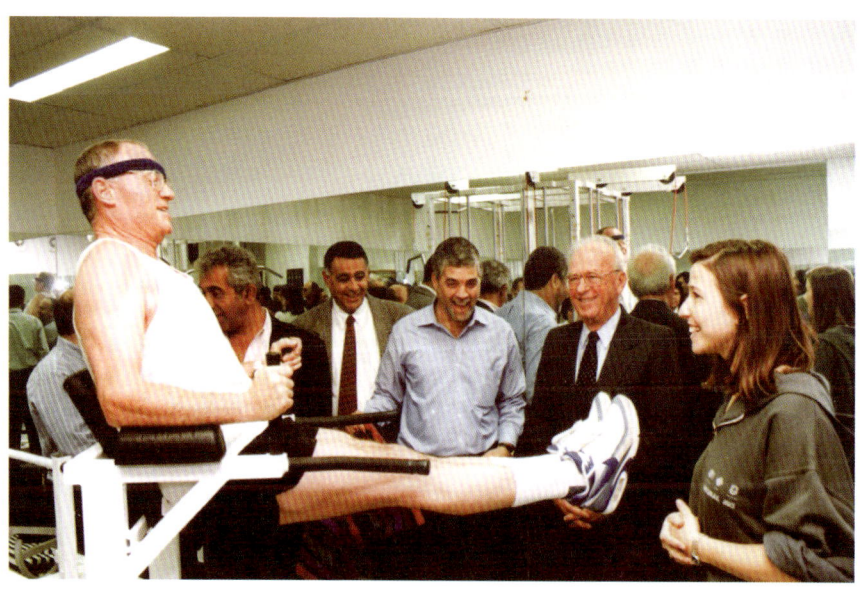

在总理办公室健身房举行的就职仪式。到贺者有拉宾总理，总理办公室主任谢夫斯、副主任米兹拉希和拉宾的司机耶切兹克·沙拉比。（照片由政府新闻办公室提供）

我在总理办公室庆祝51岁生日，总理兼国防部长西蒙·佩雷斯和美国国务卿沃伦·克里斯托弗出席。其他官员还有：伊塔玛·拉比诺维奇大使、媒体顾问阿里扎·戈伦，以及情报局官员（以色列国防军发言人）阿维·贝纳雅胡。

1996年3月，与总理兼国防部长佩雷斯一起在沙姆沙伊赫着陆，准备参加在这里举行的国际反恐怖主义委员会会议。（照片由政府新闻办公室提供）

1996年，总理兼国防部长佩雷斯任命我为摩萨德局长。

与本雅明·内塔尼亚胡总理在摩萨德总部的一场庆祝犹太新年的仪式上。

作为摩萨德局长与美国中央情报局局长乔治·特尼特在一起。

作为摩萨德局长，为情报界逝去的成员敬献花圈，以示纪念。（照片由以色列国防军发言人提供）

作为总理兼国防部长巴拉克的政治安全事务主任参加与土耳其总统苏莱曼·德米雷尔的会见。（照片由政府新闻办公室提供）

陪同巴拉克总理会见时任约旦王储、侯赛因国王的弟弟哈桑王子。（照片由政府新闻办公室提供）

与约旦国王阿卜杜拉二世握手。我右边是农业部长哈伊姆·奥龙、贸工部长让·科恩、通讯部长本—埃利泽。（照片由政府新闻办公室提供）

在巴拉克总理和南非总统纳尔逊·曼德拉的会见中。（照片由政府新闻办公室提供）

在巴拉克总理和德国总理格哈特·施罗德的会晤中。（照片由政府新闻办公室提供）

在耶路撒冷总理府接待来访的美国第一夫人（后曾任国务卿）希拉里·克林顿。（照片由政府新闻办公室提供）

2000年7月，戴维营，以巴首脑会议期间，巴拉克总理和克林顿总统在总统小屋的阳台上交谈。

2000年7月，与克林顿总统的国家安全顾问桑迪·伯格在戴维营。

在华盛顿布莱尔大厦会见叙利亚总参谋长希克马特·谢哈比之前，戴着假发留影。

拉宾遇害前两周，我们在希伯伦山南部观摩伞兵营训练。（罗比·卡斯特罗摄）

"三线图"

紫线：克林顿总统与巴拉克总理协调一致的界线，于2000年3月在日内瓦的会晤中展示给阿萨德总统。

橙线（霍夫线）：美国陆军上校霍夫根据其研究画出的1967年6月4日的边界线。

黄线（国际边界）：我画出了这条线，后来得到克林顿总统与美国驻以色列大使马丁·因迪克的一致推荐。可以清楚地看到2000年3月在加利利海岸边的五个叙利亚渔村所在的位置，它们将处于叙利亚的主权之下。

这条线在一定程度上满足了阿萨德希望恢复1967年6月4日边界的要求，而以色列也将保留对整个加利利海及其东面狭长地带的主权。

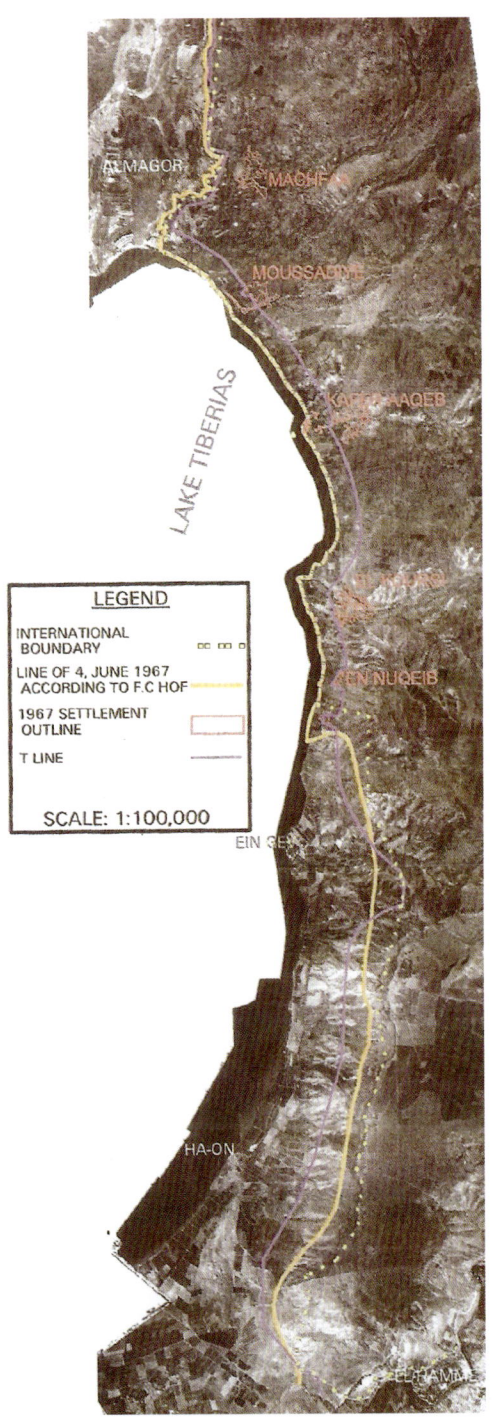

第18章

收获与代价

巴拉克因决定参与沙雷会谈而受到严厉批评。有人声称，决定以色列与叙利亚外交部长谈判的代表为总理本人的话，谈判进程中巴拉克就不再有回旋余地，无法调动更高级别的人士参与谈判。

很明显，阿萨德不会参与双方的谈判，除了最后阶段。只有在大部分工作已经完成之后，到了解决必要问题，如边界以及以色列在黑门山上的预警站的问题的时候，阿萨德才可能会露面。

巴拉克的做法是为了最大限度地创造机会为首脑会议铺平道路，没有更合理的选择，只能派最高级的人来决定以色列必须作出决定的问题，而且这些应当是在首脑会议之前就应作出的决定。

巴拉克认为，如果派出以色列外交部长大卫·利维与沙雷谈判，很快就会发生同样的争议，事实上，后来在沙雷和巴拉克的会谈中确实出现了同样的争议。到时候又会发生什么呢？毕竟这些问题必须由巴拉克决定，会谈可能中止，这将浪费宝贵的时间，并可能导致失去动力。

如果是这样的话，那么就有理由说，由于巴拉克没有出席与沙雷的会谈，以色列失去了一个推进与叙利亚和平进程的极为难得的机会。因为如果以色列外交部长和叙利亚之间的会谈已经到了一个死胡同，阿萨德就不会参加"更高级别"的会谈。

此外，很明显，阿萨德尚未准备参加会议与巴拉克本人进行讨论，但是派出了负责叙利亚外交关系的资深人士参与会谈，此人被认为是叙利亚政权的最高官员之一。

我们认为，这是一个千载难逢的机会，一旦错过，就很难再有第二次，因此不应该错这次机会。

　　我们抵达华盛顿，在克林顿、巴拉克和沙雷三位领导人的短暂会谈后，他们离开白宫南草坪参加一个简短的正式仪式。

　　此次会谈的重要性让我非常激动。我觉得，这次会谈会成功，我们正面临一个历史性的突破，这将改变中东的面貌，开辟一个新的时代，结束战争。

　　因为之前的会议，我已经认识了一些叙利亚的代表。我会见过叙利亚驻华盛顿大使瓦利德·穆阿利姆，他曾与叙利亚总参谋长希克马特·谢哈比参与了我们的讨论，之后在佩雷斯执政期间他又率领叙利亚代表团参加了怀伊种植园的会议。我认识易卜拉欣·奥马尔将军，在怀伊种植园遇到过他，而他是叙利亚情报部门的负责人。奥马尔在离开陆军后作为预备役将军和军事专家，与巴拉克一同参与了会谈。在怀伊谈判期间，我还认识了沙雷外长办公室主任米哈伊尔·瓦阿法，但这一次，他们似乎都非常紧张，只是在远处与我们点头示意，谨慎地不与我们有只言片语的交谈，也不与我们握手问好。

　　在克林顿、巴拉克和沙雷之间的简短会议上，各方都同意只有克林顿才能发言，讲话热烈简短，而另外两位领导人只说一两句简单的问候语。

　　克林顿上台完成自己的角色，发表了充满希望的开幕词，随后轮到沙雷。令我们惊奇的是，在前往讲台的路上，一位叙利亚代表团成员与他碰了头，并递给他一份预先写好的演讲稿。沙雷照着稿子发言，言辞激烈，肆无忌惮地指责以色列，从目前的局势到1967年以前的事件，以及指责以色列要为逃离戈兰高地而成为难民的50万叙利亚人负责。演讲持续了很长时间，远远超过计划，与早些时候在克林顿办公室达成的意见相反。

　　值得赞扬的是，巴拉克没有跳进这个挑衅的陷阱，没有沿着沙雷那条咄咄逼人的轨道继续把水搞浑。巴拉克在发言中只是说以色列拒绝这些说法，而且我们有自己的真理，但强调最重要的是期望解决问题，因为现在是一个千载难逢的机会。

　　当沙雷说话的时候，可以注意到美国人有些尴尬。他们注视沙雷的眼光，明确表示简直不敢相信他们的耳朵。他们显然很生气，我们也是如此。

　　接下来的谈话表达了这种愤怒。

　　活动一结束，克林顿与巴拉克就进行了会晤。出席会议的其他人还有：以色列方面由我出席，美国方面是布鲁斯·里德尔的助理罗布·马利，他是美国国家安全委员会负责中东和非洲事务的官员。

巴拉克开始就说，我们现在正处在一个历史时刻，感觉如履薄冰，暗流涌动。

巴拉克说，叙利亚问题可以利用的主要杠杆源于美国能为"更大的一揽子计划"作出哪些贡献。这不仅意味着弥合叙利亚和以色列之间的分歧，而且还要把沙特阿拉伯、北非、海湾国家和黎巴嫩增加到和平圈里，并撬动叙利亚采取行动制止恐怖主义。

巴拉克强调："真主党的恐怖主义针对我们的同时，我无法在这里参与和平谈判。这让我很不高兴。"

巴拉克补充说，我方需要提高军事能力，作为放弃戈兰高地领土的补偿，这也将减少来自以色列内部反对在戈兰地区作出让步的抵制。他指出，以色列和叙利亚的谈判进程建立信任十分重要，同时指出，我们需要克林顿支持我们的"底线"，这些底线包括：（1）以色列享有加利利海的主权，包括沿湖东边的一片土地的主权；（2）以色列能够驻守黑门山预警站，即便它是美法共有；（3）立即开始全面正常化，以换取第一阶段撤军。

从戈兰大部分地区撤出，包括撤离定居点，只能在时间表的最后阶段进行。这个想法是为了"接受"很多前期的正常化，最后"给予"很多撤离。

巴拉克举出与埃及的和平进程为例，以色列在西奈半岛的所有领土和定居点撤离几年之前，两国就已经在彼此的领土上开放了大使馆。

我们很清楚，沙雷不会独自作出决定，而是转向阿萨德——他会愿意考虑以色列和叙利亚相反的要求。但是，只有当阿萨德看到整个计划，而且明白，围绕他的政权生存和阿拉维派对叙利亚的继续统治，他能从以色列获得什么，得到什么好处，这才有可能。他得相信，在与以色列签署和平条约之后，阿拉维派在他去世后不会失去政权，而由他的儿子随后掌权。对他来说，同样重要的是要了解叙利亚能从美国获得哪些财政援助，以及和平将如何影响叙利亚在黎巴嫩和中东的地位。

只有当阿萨德意识到这些事情有可能发生时，他才会愿意以更具同情心的方式来审视以色列的要求。

克拉顿问巴拉克，当时沙雷对以色列的要求是什么？他打算怎么回答？因为很明显，如果巴拉克直接答复，谈判可能会早早进入死胡同。

巴拉克说，他不会直接回答，而是会引导谈话，例如什么时候举行下一次会议，如何建立议程，在哪里召开会议，哪些工作组需要在会议之前组成。他说，这是因为处理一切问题的正确方法是着眼全局，了解各方面之间要有"取舍"。"我们不会撒谎，也不会玩弄叙利亚人，"

巴拉克说，"我们希望叙利亚人也这样做。"

克林顿指出，沙雷意识到他在上午的讲话中犯了一些错误，并建议以方也与沙雷谈一谈。

巴拉克说，与叙利亚的协议将改变整个中东的面貌。

显然，巴拉克认为这一协议是达成其他协议的重要杠杆，并且真正值得关心的是，考虑到有可能在戈兰高地的问题上作出让步，那么在全民投票中批准协议很有可能存在问题。他不断思考一些理由，以便帮助这样一个协议赢得议会和以色列人民的投票支持。

在与叙利亚人会面之前，巴拉克也与奥尔布赖特进行了会面。奥尔布赖特说，她曾经告诉沙雷，他的发言是一个很大的错误。巴拉克回应说，在这个令人尴尬的事情发生前两分钟，沙雷和巴拉克答应克林顿只作简短的问候。巴拉克说："如果他只用两分钟的时间就违背了对美国总统的承诺，那么叙利亚许下的其他的远比这更加意义深远的承诺，其命运又会怎样呢？"

奥尔布赖特回答说，沙雷对此的解释是，他认为叙利亚人在没有收到以色列承诺撤出1967年的界线这一基本条件的情况下前来参与谈判，已经算是作出了重大让步。他认为，鉴于这一重大让步，他需要提及以色列的罪行和叙利亚的主张，以平衡这一态势。1999年9月15日上午，以色列和叙利亚代表团的首次会议在美国总统的官方招待厅、白宫对面的布莱尔大厦举行。两国代表团坐在一个长方形的桌子上，一边是叙利亚的代表：外交部长沙雷、阿萨德最喜欢的翻译布赛娜·沙班、沙雷外长办公室主任和未来的叙利亚驻联合国大使米哈伊尔·瓦阿法、奥马尔·苏莱曼将军、叙利亚外交部法律总顾问利雅得·达乌迪、叙利亚驻美国大使瓦利德·穆阿利姆。另一边的以色列代表团除了巴拉克，还包括外交部长大卫·利维、乌里·萨各、总检察长鲁宾斯坦和我。桌子的两边都有美国代表：马德琳·奥尔布赖特、马丁·因迪克、丹尼斯·罗斯等人。

房间里气氛紧张，混合着历史的凝重感，但没有任何仪式。

巴拉克主持会议开幕式，他说，我们非常重视这次会议，希望能够带来勇敢者的和平。巴拉克说："我们会听你说的话，并试着理解你的要求，我方会介绍我们的方案，也希望你们能够尝试去理解我们的方案。"

"我和代表团的所有成员感受到我们肩负的责任重大。放弃战争、建立和平的时候已到。与叙利亚和平是通往完全和平的道路，我建议我们今天集中讨论如何继续和平谈判，我们必须处理什么问题、组成哪些工作组，这些工作组将处理什么样的问题、旨在达成什么样的协议等问题。是否要完成一份全面详尽的和平文件，还是商定一个包括地图和文件的核心原则协议。"

巴拉克继续说，"我上台时，曾宣布我将竭尽全力恢复与叙利亚的谈判，同时继续与巴勒斯坦人进行谈判。我很明确地表示绝不在双方之间玩弄伎俩，而且我也对你说过，沙雷先生：我们的做法是每一方都保持独立，但是我们会努力让双方都取得进展。"

沙雷回答说："我要感谢克林顿总统在一个月前似乎不可能成功的情况下取得进展。我们是来要一个结果，不讨论程序问题。我们讨厌在媒体上看到叙利亚由美国牵着鼻子走。虽然我们与美国保持良好的关系很重要，但我们在这里试图与以色列实现和平，而不是用以色列来跟美国套近乎。"

以色列媒体的评论认为叙利亚致力于推动和平进程是因为需要与美国拉近关系，与以色列的和平不是他们会优先考虑的事情。沙雷的这番话是对这一评论的回应。很多人的观点与媒体的观点相悖，包括我自己，认为叙利亚相信只有通过和平才能拿回戈兰高地。叙利亚人有几个利益所在，其中一个是与以色列达成和平，其他还有，比如维护阿拉维派政权、继续控制黎巴嫩、改善与美国的关系。

沙雷继续说："阿萨德当选总统以来，一直在争取和平，并试图说服叙利亚公众和平道路是可取的。我知道今天上午我说的话听起来并不愉快，但是我是为了引起你们的注意，以及美国人的注意，因为叙利亚不接受媒体通常描述的冲突，只为以色列说好话，我希望平衡这一点。"

"把以色列和叙利亚之间的冲突描述为一种客观存在是一个错误，因为那样的话冲突将永远持续下去，任何一方都不会在任何事情上有所让步。"

沙雷的最后一句话批评了以色列官员把冲突描述为对以色列的安全存在威胁。沙雷想强调，这是一个边界争端，而不是存在性冲突，因此它是可以解决的。

沙雷继续说道："但是，你无法在取得和平的同时又占据哪怕一平方英寸的戈兰高地。如果我们这样做，叙利亚人民就会反对他们的领导人。据我所知，戈兰高地并不是一个圣地，而且你们的祖先与之没有什么特别的联系。"

沙雷正在暗示对西岸问题的立场以及与巴勒斯坦人的冲突。

"和平必须是公平的，其实现应建立在叙利亚将会得到它所有的土地，并将向以色列敞开大门的基础上。在与叙利亚取得和平之后，"沙雷说，并转向巴拉克，"你能够访问中东每一个国家的首都。你当选时阿萨德非常高兴,他过去对以色列的任何领导人都不曾有过对你这样的公开评价。和平是叙利亚的战略选择,我们愿意走得很远,努力实现和平。"

"我们想强调,"沙雷补充道,"我们不希望控制黎巴嫩,但另一方面,我们不会接受它成为一个敌视我们的国家,我们会努力不让这样的事情发生。"

这里,沙雷暗示叙利亚在黎巴嫩存在利益关系,他们希望保护这些利益,但不希望控制这个国家。

沙雷继续说道:"对新闻界走漏风声严重影响双方取得进展,我想坦白地跟你说:如果你方不完全撤回到1967年6月4日的界线,我们的谈判不会前进一步。1993年8月,那时拉宾同意从戈兰高地撤出。一个月后,"奥斯陆协议"签署,这使我们非常紧张。我们确信在巴勒斯坦方面拉宾已经给出这些"保证金"来中立叙利亚,所以当时我们要求通过美国方面得到两个问题的答案:拉宾是指,在和平协定签署后,所有1967年之前的叙利亚土地将还给叙利亚?答案是肯定的。第二个问题是:拉宾是否声称对1967年前夕的叙利亚领土的任何部分享有任何权利?这个问题的答案是否定的。

"我们已经作好准备实现全面的和平,以换取全面撤军。美国人说,这将与以色列对安全问题的要求相悖,对此我们表示同意。如果你尊重拉宾的条款,那么关于边界的事情就没有什么需要进一步讨论的了,因为事实上各方已经同意,叙利亚就是这样从他们已经取得进展的地方来解释继续谈判的。"

从沙雷的这些陈述中,我们意识到叙利亚人是抱着这样一种假设来到布莱尔大厦的,即他们已经得到了1967年的边界,剩下的只是谈论其他问题了。

"其实真的没有所谓的1967年边界线这一说,"沙雷说道,"这将由双方的专家来界定。但是,在各方都同意的情况下,我们将对和平协议的其他部分灵活处理。如果我说了太长时间,我很抱歉,但是我想让事情变得清楚,因为歧义有可能导致混乱,我们希望避免这种情况,实现和平。"

现在轮到巴拉克回复:"你今天上午的讲话使我感到非常困惑,不仅是因为它的内容,还因为就在几分钟前,我们已经就完全不同的事情达成了一致。"

"有几方面可以与历史事件联系在一起。以色列对发生的事情有不同的看法,但是我觉得现在不是讨论历史的时候。我现在可以表明的立场是,我国政府没有作出任何事先承诺。另一方面,我们也没有抹掉过去,否认你们与拉宾的谈判，否认与佩雷斯的谈判，甚至也不否认与内塔尼亚胡的谈判。除了边界问题，我方还有其他重要的需求，如果不能满足这些要求，那么不太容易达成协议，这种情况需要双方高度的负责。"

奥尔布赖特和巴拉克在同一天晚些时候进行了会晤。国务卿提到她对沙雷很生气。"他在讲话中违反了所有外交规范和行为准则，"她补充道，"违背了几分钟前对克林顿作出的承诺，他侮辱了总统还有我。"

当我们开始谈论建立工作组时，巴拉克提议推迟成立边界工作组，工作组应首先讨论安全部署和关系正常化的问题。至于水和边界问题，巴拉克要求推迟到其他问题之后，以确保在一些重要的代表我方需求的问题上取得进展。推动这个概念的是拉宾的构想："如果能满足我们所有的需求，我们就撤离。"

在巴拉克看来，水源问题和边界问题是相互联系的，因为我们需要对加利利海和约旦河上游山脉享有充分的主权——是哈萨巴尼河、巴尼亚斯河和丹河共同哺育了这片山脉，也是它们最后流入加利利海。

巴拉克对奥尔布赖特说："如果我们在边界问题上前进，这对我来说会非常尴尬。我之前就说过，只有在我们得知叙利亚人在安全部署和关系正常化方面愿意提供什么，之后才能界定边界。"

第二天，在与叙利亚人的会议上，双方就最终达成的协议的技术性问题进行了讨论。沙雷说，它应该是一个完整的和平协议，而不是临时协议或原则声明。他表示阿萨德想要尽可能地达成一个全面的和平协议。

美国人问黎巴嫩谈判何时开始，因为黎巴嫩问题是巴拉克概述的一揽子计划的一部分，有人指出，在与叙利亚开始谈判时，与黎巴嫩的谈判也会开始——这将有助于平息北方战线，并帮助巴拉克说服以色列公众与叙利亚达成和平的必要性及其所需的让步。

令我们吃惊的是，沙雷说，叙利亚支持黎巴嫩尽快加入谈判。不过，他下一句话很快就给我们泼了一盆冷水。他说道："一旦我们的讨论持续取得进展，黎巴嫩人也会加入进来。"

奥尔布赖特提醒沙雷注意限制真主党和防止黎巴嫩情况恶化的重要性，这可能会破坏以色列和叙利亚之间的谈判。

沙雷立即回答道，叙利亚人并没有控制真主党，尽管对他们有影响。他强调："跟他们打交道，你需要劝说而非武力。15年前我们就试图对他们施压，最终还是徒劳。"

沙雷建议下一轮谈判的讨论议题包括从戈兰高地撤出、双方的安全部署、和平的本质即正常化，以及执行时间表。沙雷补充说："这是拉宾定义的四条腿，而关于水源问题，将会有一个附录。"

这里，你可以看到双方的分歧：巴拉克看到了水问题与边界问题之间的联系，并告诉沙雷，水是协议核心的一部分，而不是附录。此外，巴拉克还试图在安全问题和关系正常化问题开始讨论之后逐渐讨论边界问题，以确保叙利亚人打算在这些领域满足以色列的要求，而沙雷要求同时讨论所有问题。

沙雷同意把水源问题和边界问题联系到一起，并提出在第二周早些时候召集水源和边界问题工作组，以便开始工作。叙利亚的立场是，边界工作组应当在地图上勾画出1967年6月4日的边界线，因为对他们来说这是唯一可能的边界。

相反，以色列的立场是，边界小组将讨论并界定边界及其组成部分，但现在不会。

在讨论过程中，当巴拉克说工作组应该确定边界时，沙雷就会立即反驳并纠正他："这个工作组将处理划定边界的问题。"

沙雷建议在一个星期后立即开始对边界和水源问题的讨论，巴拉克表示拒绝，并要求把这个问题推迟到下一轮谈判。巴拉克说："也许我们应该把边界的谈判推迟一段时间，这样可以看到其他工作组的工作结果，从而得出总体情况。"

这表明巴拉克并没有对任何人（包括叙利亚在内），在水源和边界问题上有所保留，这些问题最终将是讨论的重点，而他的做法是把这些问题交给阿萨德决定。因为这些问题非常敏感，与其他问题同时讨论很快就会导致基本的分歧，以致谈判破裂。但是，如果这个讨论被推迟，那么在其他问题上将会取得进展，如关系正常化和安全部署的问题上双方达成一致，那么阿萨德就会更容易考虑以色列对边界问题的立场。

根据巴拉克的计划，阿萨德届时将看到全球如何联合起来将戈兰变成自由贸易区，美国如何在经济方面帮助他，而跨国公司也准备在戈兰高地投资。巴拉克认为，整个安排可以让阿萨德善意地考虑这样一个立场，即这个边界与1967年6月4日边界线的全长不一致，而是1967年边界的"修订版"。

据叙利亚人所说，1967年的边界线穿过整个约旦河，叙利亚和约旦坐落在加利利海东北部的岸边，或按以色列所喜欢的说法："把脚浸泡在加利利海里。"

在与叙利亚谈判的这个阶段，如果告诉他们说，以色列的观点是以色列无法坐落在湖边，不能控制约旦河上游山脉，将是一个严重的错误。这样的事情可能会阻止和平进程，因为叙利亚人会拒绝考虑哪怕是一丁点的可能性。

回想起来，据称巴拉克最后回绝了叙利亚的撤军要求，拒绝签署和平条约，民意调查显示，以色列公众不支持签署这项协议，因为该协议要求以色列在加利利海东部的控制权上作出让步。类似的表述并不真实。从巴拉克处理谈判的方式来看，显然他正在谈论关于以色列继续控制加利利海以东地区，并把它作为必要的先决条件。

巴拉克对与叙利亚实现和平非常感兴趣，他也意识到阿萨德很难接受我们的建议。因此，他不断努力，使阿萨德充分了解，作为与以色列达成和平协议的一部分，叙利亚将获得哪些利益。这是因为，巴拉克认为，只有这样，阿萨德才会明白，如果他不认可"修订版"的1967年6月4日界线而拒绝协议，他将失去叙利亚根据协议将获得的一切利益和优势。巴拉克没有想到，这样一个方案会被叙利亚人拒之门外，因为他认为叙利亚会明白此举会令他们失去很多东西。这对叙利亚来说是一个巨大的变化，他们需要作的仅仅是立场上的让步，主要是边界问题上的立场，当然也包括其他一些问题，比如关系正常化、时间表和安全部署等。

第19章

谢泼兹顿谈判：巴拉克坚持不懈

以色列代表团与叙利亚人会谈后返回以色列，他们觉得，沙雷对会谈不满意，但他相信下一轮会进行实质性的讨论，所以在返回叙利亚后，他会建议阿萨德总统继续谈判。

因此，我们立即开始为重新谈判作准备，并成立了工作组，同时也成立了与黎巴嫩进行谈判的工作组，以备万一黎巴嫩也加入谈判。乌里·萨各将军（退役）被任命为叙利亚谈判组负责人；梅纳赫姆·以南少将（退役）被任命为黎巴嫩谈判组负责人；鲁宾斯坦被任命为法律组负责人。我作为总理的高级政治顾问继续协调所有团队的活动。此外，我还受命领导一个小组，负责与美国方面协调减少附带损害以及美方将给予以色列的援助，以防我们将来在安全问题上被迫妥协而遭受伤害。

边界和水源问题让巴拉克一刻不得放松。我们就这个问题进行了多次谈话，有一次他告诉我，对这些问题的实质性讨论将在以色列和叙利亚签署协议的一轮谈判中进行。

巴拉克的设想是由于他认为这些问题需要双方作出戏剧性和实质性的让步：我方须在戈兰高地问题上作出让步，而叙利亚则须在加利利海的问题上作出让步。由于这些争论性的问题具有潜在的爆炸性，有人担心，这些问题一旦搬上桌面，谈判将就此终止，然后各方代表回国进行磋商，有关各方是否愿意作出让步也会泄露出去，因而导致谈判崩溃。由于这些问题太过敏感，巴拉克认为应该留到最后讨论并确定，然后紧接着就是和平协议的签署。

同时，各方决定，以色列和叙利亚的下一轮谈判将在谢泼兹顿举行，并开始了紧张的预备磋商。

巴拉克忙于决定他想要实现的目标。对他来说，下一轮谈判的主要内容是关系正常化，他的想法是尽早"取得"很多方面的正常化，并且只能在最后才"提供"绝大部分的撤离。就他而言，关系正常化意味着在下列问题解决之后即刻互派大使，这些问题包括：签署协议、开放边界、允许公民自由活动、结束对以色列的抵制、恢复经济和商业关系、连接道路网等。

他认为其他必不可少的问题包括：对水源的实质性控制和（约旦河上游山脉和整个加利利海）主权、以色列驻守黑门山预警站和撤离定居点。这些事项只有在关系正常化开始以后才会执行。

在水源问题上，巴拉克向美国人介绍了一个区域水资源设施的方案：由国际援助在地中海沿岸建立若干海水淡化厂，这些淡化厂将为以色列、巴勒斯坦和约旦生产淡水，而土耳其则向叙利亚提供充足的水源。

在前往华盛顿的路上，巴拉克考虑了与土耳其总统德米雷尔会晤的可能性，以便亲自向他提出水源问题的解决方案。不过，丹尼斯·罗斯认为这不是个好主意，他说："阿萨德有可能认为这是一个阴谋，似乎你在前往谈判的路上正在协调立场针对他。"

巴拉克觉得罗斯说得有道理，于是派我前去和土耳其总统讨论这个问题。在会谈中，德米雷尔对我说："完全没问题。我们准备为叙利亚人提供无限的水，但不是免费的，一公升都不行。"

巴拉克与丹尼斯·罗斯讨论了新一轮谈判的悖论。巴拉克解释说："在接下来的一轮谈判中，我们无法确定边界，因为如果我们在全面解决其他问题（如关系正常化和安全部署）之前讨论边界问题，就会泄露消息。这就会造成这样一种局面，从一开始，甚至在我们还没知道叙利亚愿意拿什么与我们进行交换之前，就清楚表明以色列将为此付出的代价。"他继续说，"所以可以将讨论延长十天以上，完成所有的商谈。第二种可能性是，作为总理我不能离开国家太久，所以我必须在团队继续工作的时候返回以色列，稍后再回来。第三个选择是避免处理水源和边界问题，而开始讨论其他事项，只在谈判结束时才回来讨论这些问题。"巴拉克解释说："那时候，在我对以色列从叙利亚那里得到实质性的赔偿感到满意后，我们可以开始谈这两个敏感问题——边界和水源问题，并说服以色列公众，我们从叙利亚那里得到的补偿值得我们付出这样的代价。"

在与美国方面进行的初步谈判中，巴拉克试图推动一个概念，把高地转变为自由贸易区，并通过克林顿总统争取让世界银行行长赞同此事，让世界银行投资该项目。此举目的在于使戈兰高地处在叙利亚的主权之下，成为一个非军事化的自由贸易区——在国际投资的帮助下建立国际领先企业的工厂，为叙利亚人提供许多工作机会，其产品将免税出口世界各国。

丹尼斯·罗斯向巴拉克汇报了最新进展：沙雷的目标是与以色列进行下一轮会谈，但以色列必须承诺撤至1967年的边界。

巴拉克向罗斯重申，他认为关于安全部署和关系正常化的讨论应该放在讨论撤军问题之前进行。当巴拉克认为事情至关重要且真实无误，他就会坚持到底，这就是一个例子。在这些情况下，他非常努力地说服他们，首先是美国方面，通过与克林顿的数十次电话，希望以他提议背后的理由说服美国，然后是叙利亚方面，希望他们能跟进。尽管估计叙利亚方面被说服的可能性不大——这可能导致谈判长期推迟，也可能导致破裂——他还是初衷不改，愿意不惜代价与叙利亚达成协议。尽管在其他问题上他愿意作出让步，但他不愿意在他所认为的至关重要的问题上妥协。

巴拉克是第一位完全明确地表达了自己想法的总理。不像拉宾，他曾说撤军的深度等于和平的深度，给了美国方面一个有条件的陈述，让事情变得模糊不定。巴拉克向美国人明确了自己可以灵活处理的极限：包括加利利海东北侧几百米宽的一条狭长地带，我们对所有水域拥有实质控制权和绝对主权，对所有约旦河上游山脉拥有充分主权，这是我们从戈兰高地全面撤离的基本条件，也是以色列能够作出的最大让步。然而，巴拉克在安全部署、关系正常化、撤军时间表和黑门山预警站等问题上也有具体要求，而如果这些要求无法实现，他就不准备退出戈兰高地。

作为筹备谢泼兹顿谈判工作的一部分，巴拉克不断向美国强调恢复与黎巴嫩谈判的重要性，其中包括以色列国防军撤出黎巴嫩、解除真主党武装、停止黎巴嫩的恐怖袭击。巴拉克说，这一发展将鼓励以色列公众支持与叙利亚的和平进程，帮助他们对付其反对者："当以色列公众认为双方正在进行认真的谈判时，我能够更加灵活行事。"

巴拉克意识到，以色列公众已经对国防军驻扎黎巴嫩境内不满。他认为与叙利亚谈判，同时开展与黎巴嫩的谈判，会让以色列公众信服，认为对叙利亚作出于其有利的这些让步合情合理。

现在的两难是，如何在筹备此次会议的同时，不让叙利亚人由于对边界问题感到失望而导致阿萨德压根就不来谈判；另一方面，又得避免因在边界和水源问题上进展太快而泄露消息，致使这一进程失败。

我所领导的协调以色列和美国关系的小组，筹备工作侧重于以色列和美国宣布成为彼此战略伙伴的目标。这意味着美国将给以色列提供那些他们原来不愿意转让的武器系统和军事技术，如我们很感兴趣的"战斧"导弹，并承认对以色列的非常规攻击也是对美国的非常规袭击。我们还列出了一份新的武器清单，获得这些武器是为了提高以色列撤出戈兰高地后的自卫能力。这个想法主要是为了得到F-22战斗机，这是当时美国人正在研发的未来战机。我们还要求获得大量财政援助，以及深化情报、行动和外交合作，目的是确保以色列对邻国的军事和外交方面的定性优势。扩大以色列与其邻国的定性差距应该是和平进程的成就之一。

通过国防部、外交部、军事官员和财政部的联合工作制定了要求清单后，我们向总理提交了这份清单，经总理批准后递交给美国国家安全委员会。

美国国家安全委员会对以色列的要求表示同情，接受了这些要求，并开始广泛必要的游说活动，劝说国会同意这些要求——国会根据白宫的建议决定是否转让这些武器和技术。美国国家安全委员会提前告诉我们，我们得到"战斧"导弹的机会很小。"战斧"导弹是一种远程巡航导弹，最大巡航范围为2500公里。它有两种类型：核弹头和常规弹头。我们要求得到常规弹头的导弹。

"战斧"巡航导弹的飞行路径可以预先设置和编程，根据预设路径，导弹自行导航到目标区域，通过存储器中预设的目标图像和实际的目标图像进行比较，导弹"知道"如何击中设定的确切目标。例如，我们敌人的首都德黑兰距离以色列有1500公里，一枚远程"战斧"导弹在需要的时候可能对我们非常有用。

在与丹尼斯·罗斯、桑迪·伯格和美国驻以色列大使马丁·因迪克等美方人士的多次对话中，我试图让他们说服叙利亚采取建立信任的措施。我再三地举出萨达特的例子：他来到耶路撒冷，因而打破了心理壁垒，这给和平进程带来了巨大的动力。

显然，阿萨德不会重复这样戏剧性的一步，但我们试图寻找其他方式来增加以色列和叙利亚之间的信任，并向以色列公众灌输这份信任——他们多年来一直对叙利亚人保持警惕，这些全新的感受能够帮助他们克服这种担心。

我们当时提出的一些建立信任的措施包括：阻止黎巴嫩的恐怖主义，以色列国会议员访问叙利亚，以色列学者访问叙利亚，邀请叙利亚军方访问戈兰高地。但是，所有的提议都被叙利亚人拒绝。他们的观点是，目前没有必要，我们提出的一切步骤都是正常关系的一部分，在两国关系恢复和平后自然而然就会发生。

巴拉克当时认为，叙利亚人最终会同意以色列撤出戈兰高地的概念，包括在加利利海附近对边界进行一些"修正"。我认为，叙利亚人在撤离的问题上不会表现出灵活性，军情局的立场也表示叙利亚人不会放弃对撤军至1967年6月4日界线的要求。

如上所述，1967年的界线并不是指一条"线"，它既无法在地面上也无法在地图上划定。每一方都有"自己的"1967年界线，所以实际上它更像是一个概念，在这个概念中，我们认为可以有灵活处理的余地，让叙利亚人和我们一起界定这条"线"。理解了这一点，叙利亚人同意在稍后的阶段由双方专家共同划定一个我们双方都同意的1967年界线，但要求明确承诺以色列将撤至1967年6月4日的边界线。一旦得到这个承诺，专家便会开始工作。

我以为既然叙利亚人称1967年以前他们在加利利海的岸边有村庄，他们就不会在这个问题上表现出灵活性，但我同意进行尝试，所以我支持巴拉克的方案，我们必须努力维护以色列在沿加利利海的那一段狭长地带的主权。

1月初，我们前往美国与叙利亚人见面。飞机降落在华盛顿已经是深夜，我们驱车前往谢泼兹顿。窗外雾气蒙蒙，车队在漫长漆黑的路上缓缓前进，我不禁思绪翻动，许多念头和担心涌上心头。

大约是凌晨2点钟，巴拉克一到就与前一天抵达的乌里·萨各会面，了解更新的细节。萨各报告说，在与美国人进行的初步谈判中，他得知美方赞同巴拉克将水源和边界问题的谈判推迟到最后阶段的打算，但叙利亚在这个问题上的立场尚未明确。巴拉克在当晚的会议中告诉我们，如果在安全和关系正常化问题上取得进展，这一轮谈判将是一次成功的谈判，这也可以避免在边界问题上的实质性讨论。

当我们到达时，叙利亚人和美国人都已经入住，记者也已经到达，他们被安置在外面。对于巴拉克来说，与媒体完全隔绝非常重要，并且要尽可能确保不会通过电话或来访客人走漏消息。很明显，走漏消息可能会彻底破坏为和平作出的努力。

谢泼兹顿会谈第一天集中于双方的内部讨论和双方与美国人之间的会谈。

像以前的会议一样，叙利亚官员再次刻意表现出冷静和有所保留。

这些代表团被安置在不同的楼层，餐厅相邻，但彼此隔开。美国人和以色列人在大餐厅就餐，随时欢迎叙利亚人加入。在去餐厅的路上，我们看到了叙利亚人，但没有和他们说话。他们在遇到前几轮谈判中认识的人时，会点头示意，以示礼貌。很明显，他们竭尽全力避免与我们发生眼神接触，并保持冷漠的表情。

叙利亚人试图通过他们的表现传达的信息是，在会谈取得进展之前，他们不会作出任何姿态，即使是最小的和最具象征意义的姿态，例如握手。很明显，他们是在叙利亚领导层指示之下如此行事的。

后来，在各个团队讨论的房间里，有人握手，也有人在走廊上聊天。

在巴拉克与克林顿会晤之前，以色列代表团的高级官员召开了会议。其中包括巴拉克、外交部长大卫·利维、旅游部长阿姆农·利普金—沙哈克、乌里·萨各、艾亚基·鲁宾斯坦和我。在这次会议上，巴拉克要求鲁宾斯坦与丹尼斯·罗斯会晤，并开始考虑制定以色列和叙利亚之间的协议草案。

巴拉克在与克林顿会晤时说："我、利普金—沙哈克和利维在这里，表明以色列方面的认真态度和意愿。不过，我们也没有心存幻想，我们知道三大问题的困难：有效驻守预警站、首先实现正常化以及以色列在加利利海附近的主权。"

"所有这些问题，"巴拉克继续说，"只能由阿萨德决定，而沙雷无权在这些问题上作出任何让步。所以，我们永远没办法知道我们所做的这一切是否能实现和平，除非在这个过程结束的时候与阿萨德进行一次会晤。"

阿萨德只打算在和平协议签署仪式上与以色列方面首次见面。但是，巴拉克希望谈判过程结束之际与阿萨德会面，以便就最后一个仍然有争议的问题达成协议，和平条约只在这一进程结束时才会签署。

阿萨德认为，不同于其他国家，如约旦和埃及——双方领导人面对面参与和谈，他只需要以色列作出承诺撤回到1967年的边界线，然后就没什么要讨论的了。从那时起，阿萨德认为，谈判团有可能完成所有其他事项，即使一两件事情没有定论，他会前来完成需要完成的事情并签署和平条约。

巴拉克向克林顿解释说，在与阿萨德举行会晤之前，必须有所进展，双方可以看到是否签署和平条约给他们带来的利益和损失。巴拉克强调，美国和以色列在每个阶段都必须保持一致，他们将密切协调；以色列和美国将保持彼此之间的透明、公开和信任。"我不会以任何立场来让你措手不及，我希望你也如此，"巴拉克对克林顿说。

"我准备达成一项协议，但是是有条件的，"他补充说："如果以色列无权驻守黑门山，叙利亚在关系正常化的问题上完成他们的义务之前会要求以色列撤离戈兰高地的大部分地区，这样的协议我们无法接受。以色列方面正在冒重大的政治和安全风险，我们正在走钢丝，重要的是别让叙利亚方面使我们从钢丝上掉下来。"

巴拉克非常清楚这一过程的复杂性，他希望避免提前讨论边界问题，以防以色列在不知道叙利亚人愿意付出什么代价的情况下，就开始讨论对叙利亚来说最重要的问题。他不想在这个问题上进展太快，因为担心这会大大缩小他在谈判和处理国内政治局势方面的余地。另一方面，他不想因为拒绝对边界问题进行实质性的讨论而引起叙利亚的愤怒或进一步怀疑，这可能对将来的谈判构成威胁。

显然，巴拉克希望克林顿帮助他解决这个问题。

巴拉克在与克林顿的谈话中强调，对他而言，至关重要的是，叙利亚人必须在下列三个问题上表现出灵活性：一是水源问题，即以色列对加利利海的控制，这片水域提供了以色列1/3的饮用水；二是黑门山预警站问题，以色列方面要有效驻守黑门山预警站；三是关系正常化先于撤军。

巴拉克向克林顿引用了几天前发表的阿莫斯·奥兹的一篇文章。奥兹写道：他不会接受一份让叙利亚人到达加利利海，而他收到的唯一回应是一份传真文件的和平。

巴拉克对克林顿说："如果我对叙利亚人的开放态度将是以色列社区和工厂保留在叙利亚主权下的戈兰高地30年，你可别大吃一惊。"因此，他暗示这不应该被视为以色列的立场，而只是一个起点，因为即使那时以色列便有非正式的意愿撤离戈兰高地的所有定居者，并保持定居点完好无损供叙利亚使用，这与西奈半岛定居点连根拔起的先例截然不同。

巴拉克在谈到以色列公众的心理和道德方面时说，他们的主要担心是安全问题，"因此，我们必须确保以色列强大，装备最先进的武器"。

巴拉克继续向克林顿表示，为了便于他作出艰难的决定，并增加他说服以色列公众的能力，他认为，整个和平协议有必要包括其他的组成部分，例如，包括黎巴嫩、沙特阿拉伯、海湾和北非国家加入和平进程的协议，以及美国在财政和武器方面的实质性援助。

巴拉克还认为，美国不该在叙利亚表示愿意在谈判中作出让步之前就同意免除其200亿美元的外债。此外，巴拉克认为，将叙利亚从支持恐怖主义国家名单中除名是错误的，但他们可以暗示和谈进展会促成其从这个可耻的名单中除名。

即便到了多年以后的埃胡德·奥尔默特当政期间，人们对叙利亚人可以在作出任何让步和签署和平条约之前获益丰厚仍旧十分敏感。2008年6月，有关叙利亚和以色列代表之间频繁密集的会谈的新闻报道就充分反映了这一点。联合国高级官员泰耶·拉森受秘书长任命，负责执行安理会第1559号决议，要求尊重黎巴嫩主权和解除真主党武装，他在强烈谴责在土耳其进行的谈判时说："叙利亚正在免费获得国际合法性。到目前为止，以色列向叙利亚提供巨大的礼物，但没有任何回报。由于叙利亚与以色列进入了谈判进程，欧洲就向叙利亚人献殷勤，而他们以为不再需要给予任何回报。"

巴拉克拒绝向美国方面批准"拉宾保证金"，但他正在寻找安慰阿萨德的方法。巴拉克向克林顿提议，让他告诉阿萨德他手里拿着拉宾的"保证金"，巴拉克并没有撤回。"告诉阿萨德，"巴拉克说，"边界将基于1967年6月4日界线的概念来划定，所有修改都需要满足以色列的需要。既然这不是一条线，而是一个概念，那么就可以作一些灵活处理。"巴拉克继续说道："问题是，叙利亚的公共媒体宣称边界问题已经决定，将不再予以讨论，这让我们非常困扰。"

叙利亚的宣传给巴拉克制造了许多内部问题。巴拉克遭到严厉指控，一部分来自反对派领导人阿里埃勒·沙龙，说与叙利亚进行谈判早就决定，以色列已经基本上让出了戈兰高地，谢泼兹顿谈判仅仅是所有事情都已敲定后所走的过场而已。

听了巴拉克这番话，克林顿说："我必须告诉你，你又一如既往地考虑到了一切。我同意你的看法，黎巴嫩应该加入谈判。我们已经开始与巴林、阿曼、卡塔尔、阿尔及利亚、突尼斯等国家合作，着手让他们加入和平进程。我们开始处理自由贸易和国际投资问题。问题是如何说服叙利亚人不用担心边界问题，即便这轮谈判不讨论。我建议由我来告诉阿萨德，我打算说服你批准拉宾的'保证金'，把它变成你自己的'保证金'，条件是，与黎巴嫩的谈判立即开始，以及开始关系正常化和采取建立信任的措施，以此证明叙利亚人对与以色列的关系正常化是真诚的。我也会告诉阿萨德，如果叙利亚人走漏消息，那么整件事情将被取消。"

"我不想你这么说，"巴拉克回答说，"我宁愿你说，你听说我不但没有撤回'保证金'，而且将来也不打算撤回。"

克林顿建议向叙利亚人提议，在与黎巴嫩谈判之后才能开始对1967年最终的边界线进行讨论，但巴拉克担心这会走漏消息，导致前功尽弃。

当天，在马德琳·奥尔布赖特与巴拉克之间举行的一次会议上，奥尔布赖特告诉巴拉克，叙利亚方面心情沉重，担心如果以色列不承诺撤至1967年边界，他们就无法继续谈下去。

奥尔布赖特继续说，叙利亚人指责以色列人泄露谈判的细节。为了使叙利亚人重新树立信心，她提出三个建议供叙利亚选择：一是，巴拉克答应批准拉宾的"保证金"，但强调，如果这个事情泄露，批准将被取消；

二是，所有四个委员会将开始工作（那时只有两个委员会开始），处理"敏感"的边界问题的委员会更名为"1967年6月4日界线划定委员会"，成立但暂时不开始工作；三是，所有四个委员会将在第二天开始工作，边界委员会将保留原来的名称。

巴拉克拒绝了奥尔布赖特的提议，并表示不会超出他给克林顿承诺的范围：他不打算撤回"保证金"。他同意设立委员会并确定其参与者，但希望确定保留双方都同意的议程：第二天关系正常化及安全部署委员会将召开会议；两天后，水源委员会将召开会议；在这之后，才轮到边界委员会召开会议。

奥尔布赖特并没有掩饰她的不满，并且表示她非常担心由于这个原因无法达成任何协议。巴拉克回答说，他并不这么认为。

他解释说，边界问题将放在最成熟的阶段进行讨论，讨论的范围将是1967年边界与国际边界之间的这一领域，因此相关的地理区域基本上已经明确。而其他问题处于讨论的初始阶段，因此应首先讨论这些问题。巴拉克多次提到，在几乎所有这些问题上，我们仍然不了解叙利亚的立场，以及他们会给予我们什么以满足我们的需要。

回想起来，事实证明，在这件事上我们的估计是错误的。就叙利亚而言，只要没有听到以色列承诺撤至1967年边界，便不愿意就其他问题进行实质性讨论。

在这次谈话中，阿姆农·利普金—沙哈克支持巴拉克的立场，他说道，既然已经达成协议，就不该向叙利亚人妥协并给予其他的东西。沙哈克说，他担心的是，美国不去与叙利亚人交涉，而是马上跑回来更改我们的提议。

我建议美方要求叙利亚人也给出相应的"保证金"，这就是说他们同意我们的要求：我们控制加利利海以东的一条狭长地带，首先实现关系正常化以及以色列有效驻守黑门山。叙利亚承诺以上三项条件，作为应对以色列"保证金"的保证金，这将更有利于推进和平进程。

第二天，我会见了丹尼斯·罗斯，他向我报告说，克林顿和奥尔布赖特就委员会会议顺序说服了叙利亚人，这意味着委员会首先将开始关于关系正常化和安全部署的谈判，然后是水源问题，最后才讨论边界问题。

从这一举动可以看出，在旁观者看来，各方在会谈程序问题以及所有这些脆弱而又微妙的事情上投入了多少时间和精力。在有些人看来，有些时候简直是浪费。那天晚些时候，像所有过去的和未来的日子一样，所有相关人员神经紧张，焦虑难熬。我们进一步证明，这一切都取决于某一个字。

当天上午，以色列《国土报》发表的一份报告对我们表示问候，其中包含了以色列向美国要求的作为和平条约一部分的安全援助计划。美国国务卿奥尔布赖特甚至没有试图假装她没有生气。

如上所述，巴拉克呼吁美国人将谈判定在与媒体完全隔绝的地方和降低泄露消息的可能性。

美方在谢泼兹顿提供的设施确实是孤立的，媒体暂住在同镇的一家酒店，但距离我们很远。

巴拉克没有发起任何媒体活动或放下手中的"陀螺"，而且我们同意以色列和叙利亚代表团成员都不对新闻界发表讲话。美国除外，他们负责每天一次地发布一则简短的报告。

很明显，《国土报》刊出的消息不是我们泄露的，但这严重破坏了当天的气氛。然而，走漏消息带来的更严重伤害还没发生。我们从谢泼兹顿回来后，记者阿奇瓦·埃尔达尔在《国土报》上发表了一则新闻，详细描述了美国提出的和平协议草案，这在美国人、以色列人和叙利亚人中间引起了很大的愤慨，导致谈判中止。

巴拉克在当天晚些时候向美国人表示，每当谈判小组进行第一次讨论的那些小时里，黎巴嫩就会发生事件，这表明伊朗方面试图破坏这个进程。巴拉克说："假如我选择攻击真主党和破坏黎巴嫩基础设施，以色列公众就会把我视为英雄，但我更愿意在这里继续讨论。"

马德琳·奥尔布赖特向我们汇报了最新情况：对于让黎巴嫩加入谈判的想法，沙雷回应道，"向黎巴嫩方面提议吧，如果他们向我们要求，我们不会阻止，但我们会告诉他们，我们不希望他们在这个时候加入谈判。"

当天，巴拉克在与克林顿的会议上表示对美国方面很失望，正是因为美国让叙利亚人得以"无事生非"。巴拉克的意图是想说明，在叙利亚人同意首先讨论关系正常化和安全问题，之后才开始讨论水源和边界问题这一议程之后，他们会试图改变协议，如果他们的要求得不到满足，他们就会寻求补偿。

他补充说，重要的是要在程序问题上严格对待叙利亚人，不要创造先例，让叙利亚觉得有可能与他们达成一些安排，过段时间后他们可能会改变主意，又绞尽脑汁想出一些对他们有利的事情来。

克林顿强调，各方都同意的事情将会实施，并表示美国打算提出一个题为"以色列与阿拉伯叙利亚和平协议"的草案。

克林顿答应打电话给阿萨德，和他商谈有必要约束黎巴嫩真主党和黎巴嫩参加和平谈判的事情。然而，克林顿还指出，他不想给阿萨德打太多电话，以免让沙雷觉得自己无关紧要。

在谈话中，克林顿问巴拉克如何在美国草案里提出边界问题。

巴拉克回答说，草案应该提出叙利亚要求撤至1967年边界线的立场，以色列要求边界的界定必须考虑到以色列的重要需求。

巴拉克补充说："必须向沙雷解释清楚，边界线的界定不仅是技术问题，而且是一个安全问题，也是一个国家和政治问题。此外，在确定边界时，我们必须考虑到更广泛的利益，而不是双方对1967年军事前哨具体位置的要求。"

克林顿对巴拉克说："我看了地图，注意到自1967年以来，加利利海已经向西退了很远，所以土地的面积应该足够满足你方的需要。"

巴拉克回复道："我们必须找到一种方式，让我们能够在湖泊东北部的水线以东几百米处保留主权。只有这种主权才能确保对水源问题的充分主权，因为如果边界刚好是在这片水域，那么以色列和叙利亚以后可能会产生摩擦。以色列必须确保拥有加利利海的充分主权。"

巴拉克认为，水是最重要的一点，不能妥协，因为加利利海是以色列最大和最重要的水库。他有必要确保以后在加利利海所有水域的主权问题上，叙利亚人和我们不会有争议，也没有任何不确定的因素，哪怕是最后一立方厘米，就好比叙利亚人要求的最后一寸戈兰高地的土地。巴拉克认为，如果边界线是水线，将来可能会有不同的解释，所以对他来说，在水线的另一边以色列将保留几百米宽的沿湖地带，显得尤为重要。

那天晚些时候，克林顿、巴拉克和阿尔·沙雷之间举行了三方会议。另外一位代表巴拉克的以色列代表是我。

克林顿开始说，他想在48小时内提出草案，指出它仍然包括叙利亚和以色列立场存在的差距，并强调有必要举行会议，弥合这些差距。克林顿还指出，很多信息确实泄露给了媒体方面。

我们都知道，叙利亚方面不断走漏风声。我们亲眼所见，他们向叙利亚记者通报情况。他们系统地泄露消息，不断强调他们的立场：回到1967年的界线，以色列不能涉足戈兰高地。

克林顿对这次消息泄露表示不满，他说："每一天有一方在媒体上取得胜利，就会把协议又推迟一天。快速作出决定非常重要，这样对手才不会有机会扼杀这个过程。因此，与黎巴嫩迅速恢复谈判的重要性就在于，不给对手留下可乘之机。"

巴拉克开始回应说："媒体报道是有害的。我们无法控制以色列媒体，但我每说一句话都非常小心，这样才不会冒犯叙利亚人。但是，你必须知道：如果你在媒体面前说出某些内容，则需要我们回应。因此，你需要让媒体方面懈怠几周。我方也有泄露消息的现象，"巴拉克承认并继续说道，"但是就我方而言，这并不是事先计划好的。大多数走漏的不利消息都来自叙利亚方面，他们认为必须证明自己应该出席谢波兹顿会谈，并且有很好的理由。"

轮到沙雷回答问题，他说："这是一个千载难逢的历史机遇。对于子孙后代，对中东人民来说，至关重要。如果我们行事认真坦诚，我认为是可以达成协议的。我们想要一个双方都可以保卫自己国家的协议、一个平衡的协议，并不是一方强迫另一方。对我们来说重要的是，叙利亚人知道我们没有放弃一寸土地，这是他们对我们最基本的要求，在此基础上，我们可以建立睦邻关系。我们想要和平条约，不仅是因为可以结束战争，也是因为只有和平条约才能成为稳定和平的基础。

"叙利亚为劝说黎巴嫩所有政治力量团结一致与以色列达成和平付出了巨大努力。我们出席了马德里会谈，对阿萨德来说，说服黎巴嫩领导人前往参加谈判非常不容易。有些人拒绝与以色列达成和平协议，如在黎巴嫩非常有影响力的伊朗。在黎巴嫩，需要做更多准备工作。与叙利亚达成的良好协议可以为中东全面和平铺平道路。

"我们不要以色列的土地，哪怕一寸都不要，而是希望拿回我们自己的全部土地。'六日战争'开始之前，没有犹太人住在1967年边界线的东边。

"巴拉克先生，贵国政府有一位名叫拉蒙的部长说过，作为和叙利亚达成和平协议的一部分，以色列永远不会回到1967年的边界线。"

巴拉克在最后的评论中微笑着回答说："在那个问题上实际上我说了算。"克林顿总结了会议并说："如果我们能够签署和平条约，会让世界人民用不同的眼光看待其他国家的和宗教的冲突。"

那天晚些时候，叙利亚人再次试图改变时间表：他们派美国人告诉我们，由于沙雷太累了，他们无法在同一天对关系正常化和安全部署进行讨论，并希望推迟到明天上午。然而，由于计划明天上午无论如何都要讨论水源问题，那么明天我们所有问题一起讨论。

巴拉克拒绝了这个提议，并将其视为信誉问题。我们确信这是一个伎俩。巴拉克说："很难知道程序的细节在多大程度上会影响到领导层作出实质性决定的能力。以色列公众正在不断地观察和测试我们。"

我们一致同意的安排是：安全部署和关系正常化将在第二天上午讨论，晚上才召开水源委员会会议。巴拉克总理的水务委员由诺亚·加利尔领导，成员有水务专员乌里·沙米尔教授、水专家内厄姆·明策和法律顾问罗伊·海因道夫。

第二天，1月5日上午，关系正常化委员会首次召开会议。委员会由总理外交顾问、退役准将兹维·斯陶贝尔领导，其成员有外交部副部长约阿夫·布瑞恩将军、外交办公室的摩西·西奈、财政部部长戴维·布罗德将军和法学家丹尼尔·陶布。

会后，斯陶贝尔向巴拉克报告说会议气氛良好，坦诚开放。叙利亚批评美国方面管理会议进程的方式。叙利亚方面关系正常化问题委员会的负责人瓦利德·穆阿利姆强调了他的局限性，并且不断重复这句口头禅：沙雷才是那个作决定的人。

双方同意在下次会议上讨论正常的和平关系，美国将向叙利亚提供财政援助计划，并讨论以色列和叙利亚之间和平的实现和我们划定时间表上的各项事情。

丹尼斯·罗斯估计，在这个阶段，叙利亚的立场是，加利利海岸、国际边界沿线和1967年的界线是同一个。

罗斯还提到，叙利亚外交部法律顾问达乌迪已经否定了领土互换的可能性，解释说阿萨德不同意这一点。

那天上午，安全委员会也召集了会议。以色列方面的委员会主席是规划局局长什洛姆·雅耐、丹·哈雷尔准将、军法总队法官尼娜·巴鲁中校和规划局的尤迪·德克尔上校。

会议结束后，雅耐向巴拉克汇报说，会议开始时，叙利亚人表示，他们是士兵，不能以任何方式改变自己的立场。据叙利亚人说，为了换回叙利亚的戈兰高地，以色列不需要任何东西。他们还说，既然这一开始就是叙利亚的土地，所以不能算作以色列的让步。

叙利亚已退休的军事情报局局长易卜拉欣·奥马尔（1996年我在怀伊种植园会谈中曾经遇到过他）重申了他的理论："和平就是安全。有了和平，就没有敌人，所以也就不需要安全部署。"

所以，叙利亚方面再次重申了1996年的立场。

奥马尔补充说，现代战争主要是在空中进行的，因此他不明白为什么以色列高度重视土地问题以及叙利亚装甲部队的位置。

叙利亚人强调，叙利亚方面的"相关"区域——将进行安全部署的区域——只会在以色列撤离的领土上。这意味着只有戈兰高地，就像我们所要求的那样，在叙利亚领土上不再进一步向东延伸，而且以色列方面的相关地区也一样。他们重申，不接受任何其他国家驻守黑门山，包括非以色列外国人，检查和核查也不由外国团队进行。叙利亚人说："你可以用飞机和卫星实施预警。"

我们收到有关委员会进展情况的报告后，召开小型论坛进行磋商。

外交部长大卫·利维表示，他的印象是，叙利亚人没有任何自由的立场。他们保持立场不变，只要我们继续讨论，就总是会有同样的分歧。"为了避免危机，"利维说，"我们不应该在这里逗留太久。"

阿姆农·利普金—沙哈克同意利维的评论。巴拉克说："我会跟美国人说，叙利亚人没有表现出任何灵活性。我会提醒他们，我们的要求也是有'底线'的——如果叙利亚人不能接受那些要求，我们就不会达成协议。"

边界委员会按计划召开会议，以色列代表包括委员会主席、国防部特别行动局副局长摩西·科哈诺维斯基，边界专家、退役中校大卫·夏特纳，边界问题国际知名专家吉迪恩·比格尔教授，以及大卫·科恩布里特律师。

巴拉克在会议召开之前向科哈诺维斯基介绍了情况，并且和对所有其他委员会主席一样，强调只要还不清楚能否满足我们的要求，一方面我们不能对叙利亚人表示赞助，另一方面，我们要表示拒绝讨论将1967年边界定为最终边界的决心。

巴拉克说："别的问题不说，边界问题必须反映我们在水源和以色列其他问题上的重大利益和安全方面的担心。"

同时，雅耐将军再次向巴拉克报告了与叙利亚人的最后一次会晤，并说到他询问叙利亚人是否同意向东撤军，以便我们有足够的警戒时间来动员后备军。

易卜拉欣·奥马尔将军离开房间进行磋商，带回一个问题：以色列希望我们撤多远？雅耐说，他想知道叙利亚人是否总体同意向东迁移部队的原则。

巴拉克告诉雅耐，我们必须强调，我方的要求是安全部署确保不会发生突然袭击。不一定只是让叙利亚军队向东移动，也可以考虑部队与作战弹药隔开，或者有一些部队由预备役人员充当。雅耐提到，每当谈话中出现安全部署问题时，叙利亚人很快就说巴拉克很偏执。

巴拉克说，我们已经在"赎罪日战争"中遇到过类似的事情，所以这不是偏执。

那天晚些时候，巴拉克会见了奥尔布赖特，她告诉巴拉克与沙雷进行的私人谈话的细节。据她说，以色列将对加利利海的水域拥有主权，并在水面以东达到十米，但补充说，在加利利海边的五个叙利亚村庄可以获得水源。关于黑门山，沙雷说，他不允许以色列驻守在那里。丹尼斯·罗斯立即向他呈交了劳德的信，信中指出，在黑门山将有一个为期五年的美法预警站，之后的五年再作定夺。沙雷说，在这件事上，劳德写的文件是正确的。

巴拉克告诉奥尔布赖特，出于互惠原则，他提议叙利亚人在加利利设置预警站。奥尔布赖特告诉他，沙雷对以色列的要求表示理解，因此撤离戈兰定居点只在最后阶段实施，叙利亚同意在和平进程接近尾声的时候进行。

关于关系正常化，沙雷说，在完成撤军之前，应该很难看到以色列国旗在大马士革使馆上空飘扬，但在撤军之时，以色列部长和民选官员可以访问大马士革。

作为一种手段，沙雷说："我们知道，1967年的边界穿过了基布兹斯尼尔中部，所以我们愿意通过基布兹以东的路线，使整个基布兹仍然在以色列境内。"

美国人结束了与沙雷的对话，感觉他表现出了一些灵活性。

巴拉克向奥尔布赖特提到，以色列舆论对与阿尔·沙雷拒绝和他握手的事情感到不快，事实上除了有美国人在场之外，他们之间没有会晤。我告诉巴拉克，尽管没有握手，但重要的是他见到了沙雷。我认为他们之间的会议太重要，不能因为缺乏礼貌或权力较劲而错过此次机会。

不与以色列人握手是叙利亚的基本原则。多年以后的2008年6月，在土耳其人的调解下，以色列和叙利亚在土耳其恢复谈判，关于谈判的新闻报道称，叙利亚人仍旧没有与以色列人握手。当时的背景是，首届地中海沿岸国家首脑会议将于一个月后的2008年7月13日在巴黎召开，与会者将包括以色列总理奥尔默特和叙利亚总统巴沙尔·阿萨德。他们两个会坐在同一个会议桌上。2008年6月下旬，叙利亚外长瓦利德·穆阿利姆在接受伦敦出版的阿拉伯文报纸《中东报》采访时刻意强调，"会议安排表明，他们之间不会有握手。"

2000年1月6日，克林顿与巴拉克进行了会晤。克林顿和奥尔布赖特似乎对他们所谓的"叙利亚灵活性"感到非常鼓舞，即叙利亚愿意让以色列在加利利海整个东岸享有主权，在黑门山建立为期五年的预警站——允许以色列进驻，以色列只在和平进程结束时撤离定居点。

巴拉克开始鼓励美国人把签署协议草案摆到桌面上来谈，并补充说，在所有事情达成一致之前，任何事情都不予决定。

巴拉克指出，以色列需要用土地换取一纸和平协议，这是不对称的。他说："为了让公众了解事情真像，让他们信服，需要的远不止这份书面承诺，而是实实在在的利益。所以，我们想知道在开始讨论边界问题之前，我们会达成什么样的和平。"

克林顿回答巴拉克说，他认为在过去的24个小时中，阿萨德允许沙雷更灵活行事。如果美国人没有收集到相关的情报资料为依据，我认为克林顿不会说这样的话。

第二天马上就要到来，美国人草拟的协议草案可能是双方第一次得以窥见对方立场的文件。他们正在努力地仔细查对文件的语义、定义和打印装订等可能会破坏整个和平行动的问题。

第20章

奥尔布赖特和克林顿失去耐心

2000年1月7日，星期五，美国人就和平协议草案提出一项议案，题为"关于以色列和阿拉伯叙利亚共和国和平协议的美国提案"。

该提案反映了美国人对以色列和叙利亚之间的协议和分歧的看法。

克林顿与巴拉克和沙雷举行了三方会晤，并向他们递交了那份议案，其中提到（这里提供的是缩写版）：

以色列和叙利亚之间的战争状态终止于此，并建立和平。各方将保持正常且和平的关系……

以色列和叙利亚之间永久的安全和公认的国际边界……已经得到普遍同意。以色列（所持有）的立场考虑到了各方的安全和其他重大利益……以色列将其所有武装力量撤退至此条边界线之外。

处理执行时间表的部分仍然是空白，因为它仍在讨论中。

（双方）承认并尊重彼此的主权……（且）不会使用或威胁使用武力，并将以和平手段解决所有争端。双方将建立充分的外交和领事关系，包括互派大使。

……

双方将采取以下安全部署：

一、对地区武装及其军事力量的限制，包括对军事备战和军事活动的限制，以及军备、武器系统和军事基础设施的限制……（根据以色列的要求，这些区域将包括）以色列军队将撤离的地区和现有的隔离区……（根据叙利亚的要求，这些地区必须）在边界两边具有同等范围。

二、预警系统就位，包括黑门山地面预警站。（根据以色列的要求）以色列有权有效驻守，（且根据叙利亚的要求）黑门山地面预警站由美国和法国全面支持和全权负责。

三、安全部署监测、检查和核查机制（根据以色列的要求）由双方组成，并包括多国参与和现场技术手段，（根据叙利亚的要求）通过国际参与监测和监督安全部署的执行情况。

四、各方承诺在敌对的军事联盟中不得与任何第三方合作。

五、各方承诺不得组织、教唆、煽动、协助或参与任何针对另一方的暴力行为或威胁，并将采取有效措施，确保任何此类行为不得来自其领土，或受其领土上或下辖领土上任何个人的支持。

六、双方承认，任何形式的国际恐怖主义都会威胁到所有国家的安全，因此，要共同努力，加强国际合作以解决这一问题。

七、全面解决所有的水源问题：……（根据叙利亚的要求），根据相关的国际准则和做法，解决水源问题，（根据以色列的要求，将通过）一些确保以色列目前持续在数量和质量上（对水源）使用权的安排……这些安排应包括采取一切必要措施防止基尼烈湖（加利利海）水源变质、污染或枯竭。

克林顿向巴拉克和沙雷解释说，这份草案不是官方文件，只是美国对双方立场的评估。克林顿说："我们要求你们仔细看一下这些文件，把你们的意见转达给我们。我真心实意地请求你们不要把这个框架文件的内容透露给媒体。"

这是在愉快的气氛中举行的会议，会上沙雷对巴拉克说："双方都怀着积极的态度回到各自祖国是非常重要的，我们将在一周后回来继续工作。"

巴拉克回答说："这里没有什么哪一方的胜利。如果我们达成协议，这将是我们大家的胜利。"

沙雷说："现在我们可以更好地相互理解，我们不会忽视对方的利益。"

与沙雷被迫参加的所有强制性的会议相比，这次会议的气氛要轻松得多。很明显，没有他的代表团在场时，他一个人显得更放松和自由，他的肢体语言和表达方式更温和平静。

另一方面，你可以说，当他不在场的时候，他的代表团成员行事也更自由。在我看来，在他们同事的面前，叙利亚人总是害怕他们说的话会激怒代表团的其他成员，他们会因此而受到谴责。

会后，巴拉克和我会见了克林顿，沙雷并不在场。克林顿总统说，美国人觉得沙雷对这一草案的回应是积极的，并补充说，他正准备给阿萨德写一封信，强调巴拉克没有也不打算撤回"保证金"。

克林顿还表示，在他与沙雷的谈话中，叙利亚方面同意，头五年将在黑门山上设一个美法共管的预警站。此外，他们同意探讨是否可能把以色列也包括在内，但草案中不包括这一点。巴拉克拒绝将他对"保证金"的意见在那个时候以书面形式交给阿萨德。他说："向叙利亚人口头更新一下最新消息应该就足够了。"

我们在谢泼兹顿谈判，以色列情报官员和中央情报局的成员也在进行谈判。克林顿说，他将引导他的手下在预警问题上与以色列人充分合作，以便在从戈兰高地撤出之后，通过美国的帮助找到方法加强以色列的防卫。

同时，各委员会继续召开会议，巴拉克向边界委员会主席科哈诺夫斯基介绍说，如果看不到安全、关系正常化和水源问题委员会的情况，我们无法在边界问题上取得进展。

叙方边界委员会主席易卜拉欣·奥马尔提供了叙利亚对"1967年边界"的定义，并说1967年6月以色列并没有向东延伸。从他们的观点来看，包括约旦河以及加利利海的东北部都由叙利亚统治。与此同时，奥马尔指出，他会灵活处理以弥合这几十米的分歧。

为了引入一种轻松愉悦的气氛，巴拉克提议我与叙利亚的口译员布赛娜·沙班见面，大家都知道此人不仅仅是口译员。美国人喜欢这个想法，但是叙利亚人拒绝这个提议，沙雷没有批准我们见面。

在哈菲兹·阿萨德与说英语的客人的会晤中，你总能看到布赛娜·沙班博士的身影。所有人都知道，她在阿萨德那里的地位远远高于一个纯粹的翻译，她是他信赖的红颜知己。

克林顿跟我们讲述了她的故事，那是阿萨德在其中一次会议中告诉他的。

阿萨德第一次遇见她，是在他作为总统去布赛娜上学的中学访问期间。当时年仅16岁的那个女孩走近他，向他投诉，因为她是女人，所以不能上大学，而上大学应该是男女平等享有的权利。听了这些话，阿萨德下令改变大学入学规定，从那时起，妇女就可以在叙利亚上大学。布赛娜考上大学，后来获得英语语言文学硕士学位，毕业后担任阿萨德的翻译。多年来，她成了他的知己，也是他核心政治圈的一位成员。

那些天，在谢泼兹顿谈判接近尾声之际，谈判显然还需要再进行一轮，克林顿和巴拉克试图达成一些确保谈判能够继续下去并能成功地达到最后阶段的意见。

克林顿对巴拉克说，美国正竭力拉拢其他阿拉伯国家加入和平进程，国会也正在努力，为以色列准备援助方案。

巴拉克对克林顿说，其他阿拉伯国家，特别是黎巴嫩加入和平圈，以及美国对以色列的大规模援助，可以弥补在戈兰高地问题上的战略损失，将为他作出艰难的决定提供很大帮助。

克林顿很担心我们再次回来时会发生什么。"你坚持你的策略，"克林顿对巴拉克说，"你回到以色列，说你没有同意1967年的边界线，事实上，目前为止还没有放弃任何东西。但是，与你不同的是，叙利亚人已经表现出了灵活性：他们说不会占据加利利海的水域，这个水域将在以色列的主权之下。他们同意在黑门山的一系列安排，并同意一些建立信任的举措。另一方面，作为回报，你们只答应不摧毁戈兰高地的定居点。"

显然，克林顿开始失去耐心了。

克林顿说："阿萨德甚至不能说他已经收到了你以书面形式同意的部分内容，更不能说你不打算撤回'保证金'，但拒绝以书面形式、只以口头的方式加以说明。"

克林顿继续说道："我想我可以说服阿萨德让黎巴嫩加入谈判，只有我能告诉他你批准了拉宾的"保证金"。加强他和美国之间的关系对阿萨德来说是次要的，他的主要目标是收回他所认为属于他们的土地。只要叙利亚人感到他们已经前进了一半，向你作出了让步，而你没有做到这一点，我认为谈判不会有进展。只要我能告诉阿萨德，一旦叙利亚人回到下一轮谈判中，'保证金'就会得到确认，我也就能够说服他让黎巴嫩加入谈判。"

巴拉克说："下一轮谈判必须是最后一轮，我们一路走来签署协议实属不易，不能再推迟。为达成协议，我们必须竭尽所能。但是，即便是对我们最亲近的助手都不能说这种话，因为这样就是走漏消息，会立即唤醒以色列和阿拉伯国家反对和平的人，他们将会竭力挫败我们的努力。"

巴格拉克说："边界谈判应该推迟到最后一轮的最后几天，以防止消息泄露有可能毁掉一切。"巴拉克继续说："我认为要想在公民投票中通过协议，我的唯一选择是，如果解决办法是叙利亚人所说的1967年6月4日的边界，我们将会有三个要求：加利利海东北部几百米地带的主权；有效参与黑门山地面预警站系统；关系正常化先于撤军。"

克林顿和巴拉克同意先与叙利亚和黎巴嫩达成协议，然后全力以赴，与巴勒斯坦人达成协议。

在另一场谈话中，克林顿告诉我们，他觉得沙雷看起来似乎很沮丧，状态也不太好，并提出是否可以让阿萨德顶替他的可能性。克林顿说，在他看来，沙雷身体健康状况不佳，因为在不久之前，他心脏病发作，最后关头才被抢救回来，现在还没有恢复过来。克林顿假设，沙雷认为他的任务失败了，他觉得以色列利用他、压榨他来使他让步，但自己却没有在任何事情上妥协。

"然而，"巴拉克回答说，"虽然叙利亚这次比以色列付出的努力要更多，但不能指望以色列会在讨论其他因素之前让出戈兰高地。所以，黎巴嫩的问题对此有所帮助，而且我不明白为什么叙利亚坚持不让黎巴嫩参与进来。"

克林顿说："我无法说服叙利亚让黎巴嫩加入到和平进程中来，除非我可以说你愿意在下一轮谈判中批准'保证金'作为交换。"

巴拉克说："即使我可以批准，也不会在一开始就这么做。"克林顿很快就回应说："但是，至关重要的是，把它放在最后讨论，你也不会这么做。"

巴拉克答复说，如果他们能够成功地将黎巴嫩拉入和平进程中，并且，假如以色列拥有加利利海东岸的一片地带的主权、黑门山预警站的有效驻守和首先实现关系正常化的要求得到满足，那么他将在下一轮谈判中批准"保证金"。

那天晚些时候，巴拉克要求我通过他的一个助手向克林顿传达一个信息：如果叙利亚人宣布下一轮谈判将在1967年6月4日界线基础上致力于解决边界问题，这将意味着大家认为巴拉克打算批准"保证金"，但巴拉克不会批准。此外，在这种情况下，克林顿和巴拉克之间在这个问题上的共识将不复存在。

后来，在美国国务卿的倡议下，在奥尔布赖特、巴拉克、阿姆农·利普金—沙哈克和我之间举行了一次会议。

会议气氛紧张，奥尔布赖特毫不掩饰她的不满，说道："在过去七年与克林顿共同工作的整个历史上，他没有跟任何国家元首像跟你一样通过那么多次电话。我们意识到，在叙利亚方面取得进展对你来说非常重要，我们也非常重视。但是，让我大吃一惊的是，当我访问大马士革和征得阿萨德同意恢复会谈的时候，以及在布莱尔大厦的会议期间，你决定不要这么快就向前推进。

"我们能够把沙雷带到这里，并迫使他表现出灵活性，但你方没有任何表示。我们很悲观，沙雷不知道他的命运如何，但是你——你们很高兴。"

奥尔布赖特言辞激烈，意思明了。她继续说道："你们没有比克林顿更好的朋友，而你们却玩弄了他的信誉，让我和我的团队觉得我们对他没有尽职，因为我们不知道你们是这么打算的。由于你们的错误，我们甚至可能失去达成协议的机会。叙利亚人灵活变通，而你们决定对他们一步不让。除非你们在水和边界问题上表现出灵活性，否则我们无法继续下去。不瞒你们说，我非常担心。"

巴拉克依然居高临下，泰然自若地回答说："国务卿女士，我以一种不同的方式看待事情。最重要的目标是实现和平。我们的目的不是寻求快乐与满足。

"我们不能犯就眼前来看心满意足，就长远看来会大大减少实现和平的机会的错误。我已经向总统和你说过，由于很多原因，我们不能在叙利亚要求（1967年边界）的大标题下，具体和详细地探讨边界问题，除非我们已经到了最后一轮谈判，在与外界完全隔绝的状态下（以防走漏消息），才会这么做。

"只有当我知道叙利亚人会给我们什么东西的时候，只有当谜题的其他部分完成（黎巴嫩和其他阿拉伯国家加入以及美国的援助）时，我才能作出对以色列来说困难又危险的决定。如果以色列在开始谈判之前就亮出戈兰高地这张唯一的底牌，我将无法履行我作为总理的职责，并且将完全失去以色列公众的信任。"

"早在1999年7月我就向克林顿总统说了这些话，"巴拉克继续以一种教导、单调和平静的语气说道，有时好像是一个老师在和他的学生说话："我强调，只有在我提出的条件下，我才会参与详细讨论边界问题。说我没有进步是错的：我告诉克林顿总统，我不仅不撤回'保证金'，而且我不打算撤回，我认为这是进步。虽然我私下里对总统说，对我而言，好像我已经签了协议。你必须明白，我即将作出一个任何以色列总理都没有作过的最艰难的决定，我们要承担的风险无限大于阿萨德所承担的风险。你的语气表明你没有完全明白我们将要承担的风险。我们迫切需要距离加利利海岸几百米的地带，我们需要在黑门山地面预警系统的有效驻守，到目前为止，叙利亚既没有答应我们的第一条要求，也没有答应我们的第二条要求，我们得到的只是一系列暗示：暗示他们可能答应我们一条距离水面十米的沙滩地带，暗示美国参与黑门山地面预警系统，以及暗示沙雷明白关系正常化先于定居点撤离。就这些，只是些暗示。到目前为止，阿萨德还没有承担任何风险，即使他的手下来到下一轮谈判。在我们进入结束谈判的阶段之前，我无法再多说。现在我能说的是，我说的每一个字都算数，我在此承诺。"

"我们明白你们面临着非常艰难的决定，"奥尔布赖特回答说，"但同时我们的信誉也已经消耗了一半。"

她显然还没有被巴拉克的话说服,他接着问她:"就目前的谈判阶段,你是否希望我告诉我的人民开始讨论1967年6月4日的边界线?"

"那我倒没想到,但如果你三天前就说过你昨天说的话,你不打算撤回'保证金',那可以非常有帮助!"奥尔布赖特回答。

"我不接受你的说法,"巴拉克回答,"如果我这么做了,我即刻就能在黎巴嫩《生活日报》看到我向阿萨德交出了1967年6月4日的边界,而我正在浪费几天的时间向以色列人解释说这不是真的。恢复与黎巴嫩的谈判将导致以色列公众精神发生根本性的变化,并表明阿萨德打算向前迈进,让我可以更加灵活行事。"

从后来与马丁·因迪克的谈话中,我了解到,叙利亚人很满意,显然比美国满意。因迪克告诉我,沙雷同意与巴拉克方面取得一些进展,称之为"隐藏的承诺"。他补充道:如果叙利亚返回参加下一轮的谈判,他们会要求设立边界划定委员会,并同意宣布将于2000年1月19日即十天后恢复谈判。

当天晚上,克林顿设宴招待巴拉克和沙雷,而在以色列方面,巴拉克留意到阿姆农·利普金—沙哈克和乌里·萨各也将出席。巴拉克曾向我更新了所有事情和细节。因为我是以色列代表团里唯一知道所有细节的人,这显然让我们代表团的其他成员感到沮丧,心里酸溜溜的。

为避免针对这一事件的批评,也为了试图恢复平静,大卫·利维、克林顿、沙哈克和奥尔布赖特之间进行了一次会议。

在与克林顿共进晚餐时,沙雷说:"我们没有携带任何条件前来这里,因为我们了解到双方已经同意了1967年的边界线,而且不再对此进行协商。我们等了30年,如果有必要的话还会继续等下去,但是没有这个边界就意味着没有和平,如果我们的进程顺利,对各方都大有益处。我现在处于一个尴尬的位置,我很难回到叙利亚,告诉总统在和平问题上没有进展。因为这些会谈没有进展,我面临叙利亚的内部批评,因为我们认为在这次会议结束时,我们将讨论划定1967年6月4日边界的问题。

"我和阿萨德总统进行了电话交谈,他告诉我,如果以色列人什么都想要,就告诉叙利亚代表团让他们收拾东西走人。我告诉他,还有两天,我们应该等一下。我弄不明白巴拉克。最近在以色列的一次民调显示,对和平进程和巴拉克的支持似乎有所增加。我们将继续跟踪以色列发生的事情,包括民意调查。

"我很累,克林顿很累,奥尔布赖特很累,我的整个代表团都很累。我们不会再这样了。我们来这儿是因为我们以为正在翻开新的一页。我打算回国，然后阿萨德会派别人来顶替我。如果巴拉克想和平，我愿意。在黎巴嫩、沙特阿拉伯和伊朗，都有人试图破坏这一进程。如果和平对你来说没有那么珍贵，我们可以继续等待。我认为，和平对每一个人都很重要，如果我们要在克林顿的领导下一起前进，我也愿意这样做。"

巴拉克回答说："我相信，我们最终将达成和平。我看到这一星期是一个转折点，在这里已经播下了成功的种子。我尊重阿萨德，相信叙利亚是想要真正的和平，这代表着叙利亚和以色列的尊严和需要，对于以色列也是如此。矛盾的是，你定然明白为什么在满足我们所有的需求和利益之前，这时候开始谈判对我们来说很困难。我不打算破坏克林顿的信誉，也不想让阿萨德感到尴尬。我们还没有抹去过去你们与拉宾、佩雷斯和内塔尼亚胡之间发生的一切，但是我已经说过，在谈判取得新的进展之前，有些事我不能做。"

沙雷在此处打断了他，说道："对我们来说，最重要的是拉宾执政时期的事情（当年给出'保证金'的时候）。"

巴拉克回答说："我不仅没有撤回'保证金'，而且还告诉克林顿总统，也没有打算撤回'保证金'。这并不意味着谈判会容易进行。我觉得你应该已经满足了我们的利益，但事实上并没有。如果我们能够在彼此的需求之间找到适当的平衡，我相信会达成一个协议的。我只能告诉你我是认真的，并且请你们相信，如果不相信我，那么就相信克林顿，给下一轮谈判一个机会。"

"在这轮的讨论中，我们把所有内容都摆到桌面上来谈：水、关系正常化和安全问题。"沙雷回答道，"我们表明了心意，敞开了心扉，但是你们没有类似的举动。你们中的一个人，大概来自利库德集团，也是认识了多年的一个人，今天他引用了利库德集团在马德里会议后所说的话。这意味着我推荐阿萨德与你重新谈判是错误的。如果我们现在不在地图上划定边界，那么这将削弱叙利亚的立场，这一点我是不会同意的。我从政40年，经验丰富。对我来说，在六个月的时间里，我们会开始划定边界，这没问题。但是，你们制造歧义，使我们缺乏保证，这对于谈判来说是非常危险的。我不会再这样下去了。要我继续下去，有个条件，即下一次和平协议的所有问题摆到桌面上来谈，包括划定1967年6月边界线的问题。

"我想要和平，但是未能如愿也让人觉得遗憾。我全身心地投入此次进程中，我不会让叙利亚的立场被削弱。我不是担心自己，而是担心叙利亚的未来。"

"我们不希望削弱叙利亚的立场，"巴拉克回答，"勇敢的和平将建立在相互尊重的两国之间。我认为停止谈判对我们所有人来说都是一种损失。我建议一种方法。我们不会抹去过去，它在那里。不过，我没法说得更多，但是我可以这么说，你不用等那么久。"

"你是什么意思？"沙雷问道。巴拉克回答说："你要相信我们不想自取其辱，也不会让阿萨德和克林顿感到难堪。"

"阿萨德可不是阿拉法特，"沙雷说，"我们不能先达成和平，然后就和平进行谈判。我们对阿拉法特与你们达成协议的方式嗤之以鼻。下一轮谈判我们将不再提供更多的东西。在叙利亚，人们对和平进程反应强烈。在过去的几天里，我们在叙利亚和黎巴嫩和平进程的反对者那里遇到了很多问题。我要报告说，我们没能取得进展，而这都是你的错。"

"与你不同的是，我认为我们已经取得了进展，"巴拉克回答说，"但我不能告诉你会报告什么。我建议团队再工作两天，在剩下的十天直到下一轮谈判之后，我们将通过美国人保持联系。如果我们采取负责任的行动，我们将会达成协议，那时候我们就会看到过去的这一周有多么重要。"

克林顿作总结讲话，他说道："听你们这么说非常有趣。"

1月9日，我们从谢泼兹顿的第一轮会谈回来，十天后开始为继续讨论作准备。我意识到，在签署让人梦寐以求的协议之前，我们还有一段艰辛的路要走。

第21章

阿萨德："我曾在加利利海游泳。"

回到以色列后，我们立刻就开始讨论并回顾前一轮的会谈，并为继续1月19日的下一轮会谈而忙着作准备。

我们忙于从事这些准备工作。美国人要求我们双方研究美国草案并递交意见，然而，草案细节遭到泄露。那则新闻出现在《国土报》上，作者是记者阿奇瓦·埃尔达尔。这造成了严重损害。我不知道谁是泄密源头，但是我很清楚，毫无疑问，他们的目的是破坏会谈，破坏与叙利亚讲和的机会。这可能是一位不喜欢和平进程的以色列人，或者是认为集中在巴勒斯坦进程上会比在叙利亚轨道更为妥当的美国人，也有可能是一位试图挫败和平进程的叙利亚人。

在我看来，考虑到文件泄露的方式，以及其内容非常不利于叙利亚人，叙利亚人泄密的可能性较小。该文件强调，以色列的地位不可动摇，巴拉克甚至连一寸土地也不让，相反，叙利亚人则表现得机动灵活。

1月14日，会谈重启前五天，谴责电话已经拨打到以色列，其速度令人难以置信。

电话那一端是马德琳·奥尔布赖特，她告诉巴拉克："关于文件泄密事件，我们现在有个大问题。由于是克林顿发起会谈，所以叙利亚人指责他泄密。根据他们的说法，泄密给他们造成严重困扰。现在，他们必须应对泄密给叙利亚公众造成的印象，民众认为叙利亚人已经作出巨大让步，而以色列人不放弃任何东西就收获很多。"

巴拉克回答说，没有证据表明以色列泄露草案内容。

对我来说，巴拉克既没有排除美国人泄密的可能性，也没有排除以色列人泄密的可能性。一些人曾认为以色列的做法宽容且过于慷慨，他们希望阻挠和平进程，从他们的角度来说，泄密是可能的。他也没有排除和平进程拥护者泄密的可能性，他们的目的是向以色列民众证明，以色列没有放弃自己的原则。如果情况是那样的话，泄密的目的是为了作为试验测试公众反应，他们将在合适的时机进行公投时不得不批准与叙利亚达成的协议。

我过去估计，并且现在仍然认为，是某个有意破坏和平进程并严重损害其利益的人泄露了秘密。

巴拉克提醒奥尔布赖特，从我们的立场来看，除非黎巴嫩加入这一进程，否则就不会达成协议，因为我们相信，下一轮会谈应该是最后一轮，所有事情都会确定卜来，然后黎巴嫩就应该参与其中。

奥尔布赖特回答说，黎巴嫩继续构成障碍，叙利亚人要求巴拉克公开认可拉宾的"保证金"，作为公开声明黎巴嫩加入会谈的回报。

奥尔布赖特说："叙利亚人意识到，对你们来说，黎巴嫩加入会谈有多么重要、多么紧迫。之后，他们抬高了加入会谈的砝码。"

巴拉克再次向她解释，为了了解叙利亚人打算对以色列撤军给予的回报，他不能公开"保证金"，因为这是我们对付他们的唯一手段。巴拉克声明："此时此刻，如果我们对他们公开承认'保证金'，以后他们将缺乏动力，不会把我们所想要的和所需要的交给我们。此外，如果以色列民众听到我们愿意撤退到1967年的边界，然而我们却一无所获，我们将无法获得民众支持。"

奥尔布赖特告诉巴拉克，她咨询过沙雷，他的回答是："我们如何继续下去？我们不能立刻作出答复。"

此时，我已经开始明白，叙利亚人开始撤出和平进程，1月19日他们不打算前往任何地方。

巴拉克告诉奥尔布赖特，只有在叙利亚人宣布黎巴嫩将参加会谈之后，他才会向克林顿认可"保证金"一事。之前，巴拉克决定告诉克林顿，他同意克林顿告诉叙利亚人，"他感觉"巴拉克会在下一轮会谈时承认"保证金"，因此，巴拉克改变了他先前的决定。

从一开始大家就知道，巴拉克并非横冲直撞，马上与叙利亚签署协议。而反对党的指责与此形成鲜明对比，他们不断有意散播谣言，说叙利亚这场乔装打扮、粉墨登场的戏已经结束，说整个谢泼兹顿谈判也只不过是一大骗局。

巴拉克告诉克林顿，在与叙利亚人会谈期间，只要黎巴嫩加入会谈，只要满足以色列的所有要求，他会开始讨论边界问题。

巴拉克指出，他觉察到，在国际边界问题上，叙利亚人可能担心以色列和黎巴嫩会达成一致。那将首开先例，以色列也会要求叙利亚接受国际边界，而不是1967年的边界。

因此，巴拉克请求克林顿向叙利亚人作出承诺，只有在与叙利亚达成一致后，与黎巴嫩的边界才会得到认可。

与此同时，叙利亚人继续向美国人传达消息：在草案泄密后，叙利亚领导层处境艰难，他们需要延长一周才开始会谈。

沙雷提出新的要求说，直到在地图上标出以色列和叙利亚的边界，以色列和黎巴嫩之间的会谈才能重启，或者，作为选择之一，我们宣布黎巴嫩将加入会谈，但是在现实中，只有在标出边界以后黎巴嫩才会加入。叙利亚人也提供了第三种选择，乌里·萨各和易卜拉欣·奥马尔会晤并达成边界协议，协议的根据是1967年的边界和与叙利亚的安全部署，只有到那时，才能恢复会谈并宣布黎巴嫩加入会谈。

关于这一想法，奥尔布赖特回复沙雷，这不是一个选项，这是"非赛之马"，意思是，这不可能成为进一步磋商的起点。

沙雷始终认为，叙利亚不理解以色列的确切要求是什么。他们认为我们需要一些非常综合的东西，包括关系正常化、以色列驻扎黑门山，诸如此类。

巴拉克相信，向叙利亚人提出以色列具体需要的时机已到。

在谢泼兹顿，我已经提议，要求叙利亚人对照我们的"保证金"提出他们自己的"保证金"，详细说明叙利亚人愿意提供什么以交换以色列的"保证金"。

克林顿告诉我们，阿萨德准备重启会谈，但是黎巴嫩不参加。阿萨德请求美国总统告诉他以色列需要什么，以及他将从以色列获得什么。

克林顿提出向阿萨德展示地图的可能性，如美国人所理解的那样，在地图上指明以色列的要求。

在与巴拉克的一次面对面的谈话中，我们对叙利亚的情况进行了联合评估，我表述观点，认为在目前的局势下，叙利亚不会回到谈判桌。我告诉巴拉克，关于我们愿意撤退到哪里的边界线，在我们说出更为精确的内容之前，应该向叙利亚人提出明确要求，他们应该向我们明确表示满足这些要求的机会有多大。

直到此时，巴拉克更倾向于用模棱两可的词语来描述以色列的需求：通过主权控制加利利海，以色列在黑门山预警站有效驻扎，首先是关系正常化，然后疏散定居点，故意不确定撤退界线。巴拉克如此这般是因为，他希望首先听到叙利亚人对他提出的要求抱有什么样的观点。叙利亚人认为，只要他们不清楚以色列的所有细节，他们就不能够发表意见。这种行为非常有可能是他们谈判技巧中的一部分，试图从我们这里诱导出更多承诺。

在我看来，以色列对于加利利海的全部主权和黑门山预警站的有效驻扎迫使我们在当时提供一个非常详细具体的解释，要在地图上绘出我们的要求。这样的行为可能揭示，叙利亚人在讨论缺乏关于我们的要求的情报，这是否确实是他们的一种担心，或者仅仅是一个借口，他们用它来打听边界的确切位置，只有到那时才会表示他们愿意给予什么。我想，这种花招会使他们对以色列的真正需求进行试探，而且，我认为，我们用具体条款向他们提出基本要求，时机恰当：在地图上画一条线，向他们出示我们的要求，明确"有效驻守黑门山"的意义。

沙漏将要流尽，克林顿的任期即将到期，巴拉克认为，一旦人们知晓下两位总统候选人，克林顿的活动范围将开始缩小。同时，一旦我们与叙利亚达成一致，在公投中批准此类协议我们大概需要8个星期。

基于这一估算，到5月底之前，克林顿必须提出美国倡议。而且，由于巴拉克承诺7月撤出黎巴嫩，他是否能够让以色列国防军作为协议的一部分撤离黎巴嫩，或者需要单方面这样去做，对他来说，到5月知道这一点非常重要。

2月7日，我与美国驻以色列大使马丁·因迪克会面，讨论美国人将向阿萨德提出的以色列的需求。这一次，推心置腹讨论此事的小组成员非常有限。以色列一方只有巴拉克和我自己，美国人一方有克林顿、奥尔布赖特、国家安全顾问桑迪·伯格和他的助理布鲁斯·里德尔、马丁·因迪克大使以及和谈协调员和白宫中东问题特使丹尼斯·罗斯。

从那时起，一直到3月克林顿—阿萨德会晤，没有发生任何泄密事件。事实证明，你可以在完全保密不露风声的情况下进行工作。

巴拉克确保所有的调整、更新和计划都要征求我的意见，其中有一些只是在我们两人之间进行。他更喜欢这种方式，因为他认为我很有自信，值得信赖。因此，我是唯一（当然，除了巴拉克本人外）看到整幅图画的人，也是唯一参加所有巴拉克秘密会议的人（除了为我而召开的秘密会议）。

当时，马丁·因迪克已回到美国驻以色列大使的岗位上，巴拉克对他说："唯一在我身边的人是丹尼，只有他看见所有谈判渠道的全貌。你只会跟他、跟我一起工作。"

巴拉克的圈子里可以听闻形形色色的人发出批评声，他们声称，我不让他们听到条分缕析的信息。正是在此背景下，巴拉克才说出这番话。事实上，因为这就是巴拉克想要的方式，所以局面演变成这样。自然，这引起了人们的强烈反对，他们看不到有利的一面。他们指责我权力过于集中，情报过多，妨碍他们接近总理，当然这些都是无稽之谈。很自然，对于所有诋毁者来说，这就是巴拉克决定采取行动的方式，应对这一事实让他们感觉非常不舒服。

安全官员，尤其是摩萨德局长埃弗拉伊姆·哈勒维，假借"安全来源"的幌子泄露消息说，我挡住了他们通往总理的道路。这样的事从未发生过，我和哈勒维谈话时，明确向他表明了这一点。

我记得有个小插曲，我们与两名约旦代表会面，领队是约旦外交部长，阿卜杜拉国王派他们告知巴拉克关于阿卜杜拉和阿萨德之间谈话的最新情况。这次会面在摩萨德访客驿站举行，由于会面在他的地盘召开，哈勒维认为他需要出席会见。

然而，巴拉克并不这样认为，也不希望他这样做。在会议之前，总理的军事秘书加迪·艾森科特将军通知哈勒维，他只是提供会议场所，并非参加会议。

正如预期的那样，哈勒维对此非常不满，执意要跟随巴拉克和我进入会议室，两名约旦客人已经在那里就座。他说，"我意识到，我在此处并不受欢迎"，以此表达他的不满，也许他希望巴拉克考虑到局面而改变主意，但是巴拉克没有回应。哈勒维转身离开会议室。

在把美国草案呈交给叙利亚人之前，马丁·因迪克和我多次碰头，我们准备了详细的地图，地图上标明了1967年之前位于加利利海边的叙利亚人声称属于他们的村庄。我用各种各样的借口要求以色列国防军测绘部队提供1967年6月4日的航拍照片，查看加利利海岸边五个叙利亚村庄的确切位置。我们获得这些照片，由北往南标出叙利亚村庄：米什法、穆莎迪亚、库法阿克博、伊尔库斯以及努凯伯。

我们绘制了一张地图，标出以色列的最低需求。根据这张地图，所有的约旦河上游山脉都受以色列控制，包括一条允许前往巴尼亚斯河的以色列主权走廊，巴尼亚斯河也在以色列主权控制之内。另外，为了确保加利利海边的叙利亚村庄处在叙利亚主权之下，我们标出一条边界，穿过加利利海以东大约450—500米处，有些地方是在250米内。

我们认为，即使根据叙利亚人的观点，这并非确切的1967年界线，但是阿萨德也能够把这条线称作1967年6月4日边界线。叙利亚的观点是，整个约旦山脉应该处在他们的主权之下。他们的边界应该是在加利利海岸边，或者至少是距离加利利海岸10米远的地方，正如国际边界颁布的那样。

我们的工作是基于美国专家霍夫提供的文件，他研究了1967年的边界，并概述了他的构想。

霍夫是一名美国军官，对于有争议的领土，他曾根据自己的理解和研究发表过一篇研究论文。他使用联合国观察员的报告以及1967年的航拍照片，概括了他对于1967年那条界线的理解，并于1999年发表了他的轮廓图。

用他的轮廓图作为参考，我们在加利利海东北部、霍夫所标边界线的东面划定我们的界线，并且，作为补偿，把在戈兰高地南部区域、阿尔哈马以北的悬崖交给叙利亚人。这一区域位于1967年界线以及国际边界以西，在"六日战争"前夕处在以色列主权之下。我们也同意把阿尔哈马交给叙利亚，根据国际边界，这地方属于以色列。这样，叙利亚人将能够在加利利海岸边重建村庄，他们将获准前往以色列主权下的湖泊，而以色列人将被允许前往叙利亚主权下的阿尔哈马。

我们认为，这一提议非常诱人，而且很容易被用作协议的基础，并作为阿萨德称作1967年界线的边界，只要他愿意这样做。

我们提出的另一建议是，从加利利海到1967年叙利亚村庄所在区域挖掘一条运河或者泻湖，这样，至少一个叙利亚村庄能够"坐落"在加利利海岸边，叙利亚人将可以接近加利利海，在某种意义上，可以在湖里钓鱼和行船。我们也愿意从加利利海给叙利亚人分配一定数量的水。这一切的前提条件是，加利利海及其东面的条状地带主权归以色列所有。

关于黑门山预警站问题，我们限定了预警站里以色列人的确切数目以及以色列在该站驻扎的最低年限。

根据这些地图，美国人绘制了他们自己的地图，他们打算在阿萨德和克林顿日内瓦会晤期间呈交给他。

会晤期间，克林顿打算根据他的理解告诉阿萨德以色列的需要，向他展示巴拉克满足叙利亚需要的能力，并且向阿萨德了解他将如何满足以色列的要求。

美国人将在那次会议上达成一项协议，根据协议，叙利亚和以色列重启会谈。

这些协议的基础应该包括阿萨德满足以色列重要需求的协定，作为交换，巴拉克将承认拉宾的"保证金"。

2月14日，巴拉克和克林顿通电话，巴拉克说："我们已经到达最后的关键时刻。我们需要知道我们在叙利亚是否拥有一位和平伙伴。如果有，我们将与他们缔结和平。如果没有，我们必须宣布在某个时间根据联合国第425号决议单方面撤出黎巴嫩。"

在克林顿和巴拉克对话时，一个想法开始形成，美国总统将来到这一地区。草案泄露后，阿萨德声明，他必须咨询他的领导层，在这之后，据估计阿萨德正试图争取时间，并避免像以前一样进行谈判。感觉像是叙利亚人的谈判余地已经在谢泼兹顿耗尽。很明显，关于以色列在加利利海的主权、以色列驻守黑门山、比叙利亚人同意的时间更长的时间表、安全部署以及关系正常化先于撤军，这些将全部由阿萨德单独作出决定。

与此同时，我们都意识到沙漏快要流尽：阿萨德的生命和克林顿在白宫的时间都所剩无几。

美国人通过沙特阿拉伯驻美国大使班达尔王子给阿萨德传递一个消息，大意是，克林顿准备与他会晤，并协助制定与以色列的和平协议。这则消息谈到，会面时克林顿会携带以色列的全部要求，以及他们愿意提供给叙利亚人的一切条件。班达尔王子与阿萨德会面，并汇报了他对于克林顿建议的积极回应。

2月26日，我们召开会议，以色列一方参加会议的有巴拉克和我，美国人有丹尼斯·罗斯和马丁·因迪克。会议期间，巴拉克详细说明了以色列的需要：在加利利海东北部，以色列控制500米的条状地带。在湖岸东部，从努凯伯开始往南，边界与国际边界重合。在这一地区，边界将从湖边向戈兰高地悬崖方向往上移动大约1—1.5公里。根据霍夫边界线，以及叙利亚人声称的边界沿着湖岸东北部向上延伸到努凯伯，我们仅仅要求这一部分向东挪动几百米。在其他地方，国际边界线离水线有足够的距离。

这一主张维护了我们对加利利海的主权和控制，对我们来说非常必要。

我们划定的边界将1967年之前叙利亚的几个村庄纳入考虑范围。巴拉克要求我们划定边界时，绝大部分村庄所在土地要处于叙利亚主权之下，因此，在那些地点，我们不得不将离加利利海水线的距离减少到250米。

我们划定的边界，沿约旦河上游山脉80米条状地带、靠近基布兹阿尔玛戈的湖口东面，北面一直到班尼兹的约旦河水源地。这一切都是为了确保我们对于水资源的主权。

根据我们的边界线，基布兹斯尼尔留在我们领土上。我们也勾画了10—20米的条状地带，将巴尼亚斯泉留在以色列主权之下。（原始地图见第221页）

关于黑门山预警站，巴拉克详细说明了将在那里工作的以色列人的最低限额。预警站本身将归美国所有，从协议签署之日起，以色列将在那里至少驻守七年。

根据巴拉克要求的安全部署，叙利亚领土上的相关（非军事）区域从将要设定的边界开始延伸到"莱加"地区、德拉—大马士革公路，在戈兰高地我们目前的军事控制线东面。

关于与黎巴嫩的协议问题，巴拉克说，与黎巴嫩的协议应该和与叙利亚的协议同时签署，我们必须在与叙利亚恢复会谈时马上开始与黎巴嫩谈判。

下一个主题是"建立信任的措施"，但叙利亚人确实不喜欢这个词汇，美国人"废除"了它并创造了一个新词："善意的迹象"。

因此，对于"善意"问题，我们要求归还已故的伊莱·科恩的遗体，归还在苏丹雅各布失踪的人员，并归还罗恩·阿拉德。

关于从整个戈兰高地撤军的时间表，我们要求三年半的时间。撤退的第一阶段将发生在三个月后，叙利亚人将获得一个非常狭窄的地带，包括迈季代勒舍姆斯、马察达和布加塔的几个德鲁兹村庄。

鉴于这一情况，我们要求开放边界并互派大使，以防这一阶段出现问题。第二阶段将在九个月之后，若干以色列社区将包括在撤退范围内。第三阶段将在42个月后完成，全部撤离结束。

另外，巴拉克指出，在以色列和美国的关系框架里，以色列向美国人请求获得"安全援助"，包括"战斧"巡航导弹。直到那时，这种导弹从来没有给予任何其他国家，因为美国人声称，那有违他们不转让远程导弹技术的政策。

事实上，不久之后，克林顿告诉巴拉克，关于远程导弹技术的防扩散条约让他很难将"战斧"巡航导弹转让给以色列，尤其考虑到美国军事机构十分关心以色列和中国的关系，那会导致"战斧"导弹里所包含的技术泄露给中国。

我们也要求获得更多的F-22战斗机——这种未来的战斗机当时还不存在，以及更多的以色列仍未拥有的预警站。

当我们和美国人展开这些讨论、阅读草案并勾勒地图、进行准备工作的时候，我们也研究了阿萨德拒绝我们一切建议的可能性。在阿萨德同意我们的"报价"以及他拒绝的情况下，我们对克林顿的反应进行了各种模拟。

巴拉克向美国人明确表示，以他的观点，如果阿萨德希望就这些要求进行谈判，那意味着阿萨德还没有作好和平的准备。对巴拉克来说，他递交的建议是必要的最低限度，关于边界和水的问题，那是我们不能退让的"红线"。关于这一点，任何叙利亚要求开启新的谈判都意味着阿萨德对和平协议不感兴趣。

3月26日，星期日，克林顿和阿萨德约定见面的前一天，巴拉克和我再一次审阅了克林顿将要最后一次呈递给阿萨德的美国文件。

该文件包含了密密麻麻的十页英文，克林顿在其中向阿萨德解释和平状态将有助于阿萨德将权力移交给继承人，使继承人逐渐获得遗产，由于和平的实现，叙利亚将进入平静和繁荣状态。克林顿强调，他参加这次会议表明，他愿意拿他的地位冒风险，以他的声誉作赌注，努力实现和平。

克林顿提到，他剩下的执政岁月屈指可数，他没有时间可以浪费。文件上写着："要么我们克服分歧，达成一致，要么就等待另外一位总统、另外一个时机。"克林顿强调："现在是最后的关键时刻。你说已经准备好执简御繁，将一切问题摊到桌面上，并达成协议，巴拉克也说了相同的话。为了让这良好的愿望变成现实，你们两人需要明白你们的需要是否可以得到满足。根据我和巴拉克的讨论，关于他愿意做些什么以及他要求你做些什么，我有了印象。"

克林顿在文件中继续说，由于他对巴拉克施加的压力，以色列总理限制了他对至关重要的"红线"的要求，并尽其所能迎合叙利亚的需要。

该文件代表克林顿表明："我相信，叙利亚和以色列的分歧不大。如果我们不能弥合这些差距，未来的历史学家将无法解释为什么会发生这样的事情。他们可以给出的唯一解释是——缺乏勇气，外交失败。此时此刻，仅仅恢复谈判是不够的，因为这将导致新的崩溃。你们两人，巴拉克和你自己，背负着责任，要确保满足你们的基本需要。如果就是这样的话，谈判可能会卓有成效。否则，谈判继续下去没有任何意义。"

文件进一步说明，克林顿计划告诉阿萨德，如果他满足以色列的基本需要，巴拉克会承认拉宾的"保证金"，下一步将进行高层小组之间的讨论，阐述克林顿和阿萨德在会议期间达成的协议。克林顿将向阿萨德指出，如果后者不参与，和平协议是不可能完成的。

文件写道："对于巴拉克的基本要求，如果你不能够给予积极回应，我会尊重你的意见。然而，你必须明白，我以后不能再帮助你了。"

文件接着说明以色列愿意从戈兰高地全部撤退到根据1967年6月4日界线而协议的边界。文件也列出了我们对领土的所有要求和需要，包括关于加利利海、约旦河上游、加利利海湖岸和约旦河河岸领土，以及叙利亚人的村庄。

巴拉克愿意通过边界调整来平衡他的需求，把靠近阿尔哈马的悬崖下的以色列领土转让给叙利亚。该文件表明，如果所有这些事情都能够达成一致，巴拉克会同意阿尔哈马的主权归叙利亚所有。一个国家公开放弃属于它、但却被武力夺走的区域，这在国际法上没有任何先例。阿尔哈马是以色列的领土，1951年被叙利亚人占领。

在这里，文件提到，在山谷两侧的班尼兹附近，巴拉克寻求一条10米宽的主权走廊。文件表明："你可以将这条线描述为1967年的界线，巴拉克可以说，这条线让以色列完全控制加利利海并拥有主权。"这些内容将传达给阿萨德。

文件提到阿萨德拒绝湖东北部500米土地处于以色列主权之下的想法的可能性。在这种情况下，克林顿将告诉阿萨德，他曾就此事给巴拉克施加压力，收到的回答是，世界上没有一个国家撤退到国际边界以外的先例（这里指的是出让阿尔哈马以及在悬崖地区的边界调整）。然而，由于巴拉克希望满足阿萨德的切身利益，他愿意做得更多，并撤退到边界之外。

该文件指出，克林顿应该向阿萨德解释，加利利海对于以色列来说是至关重要的蓄水池，因此，就像1967年的边界对于叙利亚人来说非常重要一样，对于以色列人来说，加利利海处在他们主权之下也很重要。文件也说明，以色列能够证明，除了在阿尔哈马和班尼兹附近的一个地方，1967年叙利亚的所有前哨都在国际边界或其东面，因此，叙利亚要求以色列退出这一边界是不合理的。克林顿应该会说，巴拉克愿意确保叙利亚农民有权靠近加利利海，并且，以色列希望，以色列人和叙利亚人沿边界移动都将不受限制。因此，作为协议的一部分，叙利亚人可以在加利利海捕鱼，以色列人也可以访问阿尔哈马。

克林顿也将说明，巴拉克的灵活性是有限的。

该文件还提到，以色列需要美国控制下的黑门山地面预警站。从以色列撤出黑门山之日起，一些以色列人将在预警站驻守7年。临时驻守不会削弱叙利亚对黑门山的主权。

该文件包含对于阿萨德可能拒绝接受这一要求的准备工作。在这种情况下，克林顿应该自愿说服巴拉克缩短以色列驻守预警站的时间，提出签署"滚动协议"。在这份协议中，以色列将在大约三年半的时间里将军事力量和居民全部撤出戈兰高地，留在黑门山预警站的少数以色列人也将在七年后撤离。意思是，这将产生分期撤离，最后一步持续七年。

关于安全部署，克林顿将向阿萨德递交由巴拉克提供的协议，以确定安全部署在双方边界里一侧适用的区域，领土比例是10：4。换句话说，叙利亚一方每设立10平方公里非军事区，以色列一方会是4平方公里，其原因是以色列国领土在这一地区非常狭窄，与叙利亚比例不同。

该文件进一步提出，美国主持下的监察小组将监视双方实施安全部署的情况。

文件中列出的时间表和撤退阶段将在公投批准和平协议后持续39个月。这意味着以色列完成公投需要两个半月，然后，在第一阶段，以色列将从一个条状地带撤出，其中包括几个德鲁兹村庄；开设大使馆，边界对人民和车辆开放。此后，在9~12个月期间，若干以色列村庄也会撤离。36个月以后，以色列开始最后一个阶段的撤离，那将持续3个月。文件也指出，以色列不会拆除戈兰高地的定居点，会把它们留在原地。

该文件指出，关系正常化的细节将在稍后确定。文件也说明，与黎巴嫩的协议将和与叙利亚的协议一前一后同时签署。克林顿将表明，巴拉克希望确信，在恢复与叙利亚的谈判后立刻恢复与黎巴嫩谈判，而且，恢复谈判后，黎巴嫩南部真主党的袭击和恐怖活动必须停止。

为帮助营造谈判氛围，它还注意到对"和平信号"的需求：叙利亚媒体停止攻击以色列；在和平协议签署之前允许一些以色列人访问叙利亚；关于伊莱·科恩、罗恩·阿拉德以及苏丹雅各布的失踪人员，要作出人道主义姿态。

在提出他手中文件里面的所有这些要点后，克林顿应该告诉阿萨德，如果他同意上述所有内容，那么，美国总统能够赞同拉宾的"保证金"，也代表巴拉克表示同意。此外，1967年6月4日的界线是基于巴拉克向他提出的要求和让步内容划出的，例如阿尔哈马，在召集边界委员会开会讨论时，将依此划定边界。

克林顿将向阿萨德提议，在美国支持和监督下，于华盛顿继续进行高层谈判。

阿萨德有可能拒绝对他所讲述的一切，该文件也为此作了准备。在这种情况下，美国总统会说："我尊重你的立场，但不幸的是，这意味着我们不能达成一致。我已尽力，并且我相信，巴拉克也已尽其所能。在我们大家都面对的困难处境下，我不能提供更多帮助。你可能不会得到戈兰高地，我将无法与你一起为叙利亚共建新的未来，一个基于与美国崭新关系的未来。你将就这样被单独留下。"

该文件也为阿萨德要求获得时间思考提议的可能性作了准备。在那种情况下，克林顿将告诉阿萨德，他时间不多，在离开日内瓦之前他必须收到答案。在这种情况下，克林顿将表示他愿意在日内瓦多停留一夜，并强调他早晨必须离开，返回华盛顿。他也将向阿萨德说明，条款本身没有谈判的余地。该文件说明："我努力让巴拉克将他的要求减至最低，如果你不能够对最低要求作出回复，我不明白如何达成交易。"

所有的可行性、可能性、准备工作、提议和回答在克林顿携带的文件中一路陪伴他前去与阿萨德会晤。

然而，现实与我们期待的完全相反。

3月26日傍晚，8点45分，电话铃声骤然响起，打破了总理府巴拉克办公室里的紧张和期待。我们两人坐在那里，非常警觉，期待着克林顿的报告，以及将从他和叙利亚总统那里传来的消息。

克林顿寒暄了两句，立刻就说到要点："我已尽力，但是阿萨德比沙雷更为顽固：他不会出让水域。由于我一谈到水（即加利利海），他立刻就拦住我，不再听下去，我没有谈及其他问题。"

巴拉克回答说："关于加利利海以东500米的条状地带，如果他不愿意灵活机动，那意味着无法交易。我不会向我的人民隐瞒，现在我们已经发现阿萨德拒绝满足我们的最低需要！根据安理会第425号和426号决议，我们将继续退出黎巴嫩。"

克林顿说："我们将帮助你们从黎巴嫩撤退。"他继续说："阿萨德被困在1967年，他不是生活在2000年。即使在阿拉伯世界里，他的立场也没人会理解。我告诉他，我了解以色列，除非获得沿着湖边的一条地带，否则你无法说服以色列民众从戈兰高地撤退。"

克林顿也说，在美国总统告诉他沙雷同意以色列对所有的水域以及（根据国际边界）加利利海以东增加的10米拥有主权，阿萨德表示愤怒。

克林顿说："我告诉他，我不会建议你让出那条地带。"

克林顿总统进一步告诉我们，会议期间，他向阿萨德引用了几天前阿摩斯·奥兹发表的一篇文章。文章中写道，如果与叙利亚签署协议意味着叙利亚人能够在把脚掌浸泡在加利利海，而我们收到的只是传真过来签好名的一纸文书，他对这样的和平不会感兴趣。

克林顿和阿萨德在日内瓦会晤，随后克林顿总统和巴拉克进行电话交流，一天以后，丹尼斯·罗斯找到我们，给我们带来了这次失败遭遇的其他信息。

罗斯说，叙利亚一方参加这次会议的有阿萨德总统、外交部长法鲁克·沙雷和阿萨德的私人翻译布赛娜·沙班。美国一方有克林顿总统、马德琳·奥尔布赖特、丹尼斯·罗斯和贾马尔·希拉尔。贾马尔出生于埃及，是个美国基督徒，担任国务院首席翻译。

罗斯说，事实上，克林顿和阿萨德之间的会晤开始五分钟后就已结束。

虽然我对它的成功前景并不抱太大乐观，但是罗斯的描述还是让我大吃一惊。我曾认为会晤不会那么糟糕。

罗斯说，克林顿的开场白描述了摆在他们面前难得的机遇及其意义，并陈述了成功与失败的后果。

克林顿说完开场白后，阿萨德说，他希望没人有意想要回到谈判的初级阶段，并立刻询问："我们的土地怎么样？"

克林顿回答说，巴拉克已准备好全部撤回到双方约定的边界，就是基于1967年6月的那条界线。阿萨德说："我不明白，大家已经商定那将是边界。"他所指的是拉宾"保证金"中所述的内容。

克林顿回答他说："以色列需要加利利海的主权。"听到这一观点，阿萨德立刻说："以色列不想要和平。"

就在那时，罗斯展示了那张地图——图中在湖泊东北地区标出了250—500米的条状地带。阿萨德立刻说："这不可能。"

罗斯讲述，此后，阿萨德对什么都不感兴趣，他反复说明："但是，我曾在加利利海游泳！"克林顿回答说："未来你也可以在那里游泳。"

然后，阿萨德说："但是按你所说，加利利海主权将属于以色列。"

克林顿提醒阿萨德，沙雷在谢泼兹顿对此已经表示同意。这时，阿萨德震惊地看着沙雷，十分生气，问道："法鲁克，这是真的吗？"根据罗斯的证词，沙雷非常尴尬，脸色立变，马上更换话题加以掩饰。

罗斯说，在任何情况下，阿萨德都不会同意以色列拥有加利利海和约旦河的主权。克林顿试图向阿萨德解释，巴拉克表示愿意撤离并在他那一方作出让步，并表示，如果以色列不能维持加利利海和岸边条状地带的主权，他就不能作出所有这些让步。

阿萨德回答说："如果巴拉克坚持要那个条状地带，那么我们就受困了。"

克林顿说："确实，我们受此困扰很长时间了。现在，以色列将继续和巴勒斯坦人谈判，根据联合国第425号决议离开黎巴嫩，叙利亚将一无所获。"

阿萨德没有回答。片刻之后，他说："如果是这样的话，你继续这么讲就没有什么意义了。"

罗斯细述说，就在那时，法鲁克·沙雷和布赛娜·沙班敦促阿萨德继续聆听，但是他坚持说："加利利海以东从未有过犹太人，加利利海属于我们。"

在领导人会晤的这一时刻，丹尼斯·罗斯试图继续陈述安全部署问题，但是当他意识到阿萨德对他所说的话没有兴趣时，他停止了讲述。只是后来，当他单独和沙雷坐在一起时，罗斯继续向他讲述。沙雷聆听罗斯说话，但他对罗斯跟他讲的时间表和预警部署没有作出任何回应。

罗斯告诉我们，克林顿竭尽全力向阿萨德解释叙利亚将从与以色列签署的和平协议中获益多少，如果没有协议又将损失多少。然而，一切都徒劳无功。阿萨德对他的话充耳不闻。

对于丹尼斯·罗斯的报告，巴拉克回复说：“现在，我们知道，阿萨德不想要和平。这次会晤让我们不用再谈判，在任何情况下，谈判都不能够带来积极结果。我们不能继续和阿萨德谈判，我们必须等待叙利亚政权更迭。”

次日，丹尼斯·罗斯和埃及总统穆巴拉克会晤，向他讲述两位领导人之间会晤的细节情况，并说明他的观点，认为阿萨德的行为不理智。

就在那次会议上，关于阿萨德的顽固，穆巴拉克谈到他的想法。他解释说，阿萨德受内心驱使，他目前唯一的目标是确保将权力移交给他的儿子巴沙尔。因此，他不敢对以色列作出让步，因为担心反对与以色列和平相处的团体有意见，害怕占人口多数的逊尼派的立场不同，也担忧被阿萨德推至一边的那些人的想法。在这些团体内，有一些人对阿萨德极为不满，他不希望增加不可接受的、有利于以色列的让步，从而使矛盾加剧。

4月5日，丹尼斯·罗斯带给巴拉克一条他从阿尔·沙雷那儿获得的信息，大意是，阿萨德坚持他的强硬立场，例如以色列撤离到1967年的边界，没有任何协调余地；完全否决黑门山地面预警站，只同意空中预警和卫星预警；撤退时间不能超过一年（这是一个退步，阿萨德曾同意撤退时间为一年半，拉宾时期曾提到过）；只有在撤离之后，而不是如我们所要求的在签署和平协议之后，马上交换大使。

罗斯总结说，他相信，阿萨德担心，他那一方即使是最微小的让步也会有损他将权力移交给他儿子。

为了结束这一进程，我可以满怀信心地说，为这些讨论内容和呈现我们立场所做的准备工作非常严谨，经过长期深思熟虑。我们自己以及我们与美国人之间的所有磋商，包括为谈判发展方式考虑所有的选项以及各种可能出现的情况，都是精心完成的。

巴拉克全程处事井井有条，他明确了他的机动领域以及他到底能走多远，并确切说明哪些是“红线”，即使代价是不能达成协议，有哪些我们也不能作出让步。巴拉克没有动摇，也没有像他的批评者所说的那样经常改变立场。尽管他清楚考虑到克林顿和阿萨德的会晤带来突破的可能性不大，但是，我们当然很希望能有突破。

在那些日子里，我完全支持巴拉克的做法和他对“红线”的坚持。我把他们看作休止线，是不可逾越的、非常符合我们需要的东西。

今天，回想起来，虽然我不确定阿萨德无论如何本来会在那种情况下接受我们的要求，但是我想，根据加利利海周围陆地的宽度，我们本来可以表现得更为灵活。而且，即使我们原本会同意那一地区的国际边界，意思是，以色列控制加利利海水域以及东面10米的海岸地带，而不是我们所要求的500米，我不相信阿萨德会表示同意。阿萨德知道他来日无几，当时正集中精力把各种权力有序、和平地移交给他的儿子。

然而，虽然突破的前景渺茫，但是值得尝试，因为倘若我们取得成功，中东可能会完全不同。我们将与叙利亚达成一致，而我们所需付出的代价是放弃我们对500米条状地带的要求并满足于10米。为了与叙利亚和平相处，那是值得付出的代价。

关于其他"红线"，例如以色列在黑门山驻扎几年的预警站，以及我们要求的其他所有构成要素，我想，我们在未来的谈判中也要坚持，那很重要。

为了满足叙利亚人的要求，巴拉克走得比其他任何一位总理更远。他提出撤退到1967年6月4日的边界，并就此事给美国人具体建议。然而，就水、安全部署、预警站、关系正常化而言，以及诸如此类的东西，以色列有一些至关重要的利益，没有哪位总理能够作出让步。

在谢泼兹顿，我们了解到，叙利亚外交部长沙雷告诉美国人，叙利亚承认以色列在加利利海以及周围宽度为10—30米的条状地带的主权。美国人将条状地带的宽度拓展为100米，我们要求500米，巴拉克希望确保以色列在水资源上的主权毫无问题。在他看来，关于加利利海的出入问题和水域使用，短短几十米的距离会在以色列和叙利亚之间制造冲突，并且叙利亚人会在所有水域对以色列的主权提出质疑。巴拉克认为，我们需要陆地"外壳"以防止未来对水域发生主权争议。

为了避免把海岸地带变成争吵的源头，确保它作为和平地区存在，这里有几条建议：让它成为一座公园，最重要的是，不要在这一地区的边界树立篱笆。因此，连同特殊安排以及通过的大门和指定通道，叙利亚人将能够经以色列批准来到加利利海，而不会感觉仿佛他们经过的是以栅栏分开的边界。

这些建议从未递交给叙利亚人，但是与美国人讨论过。为了说明并表明我们是这个地方的统治者，在湖东面将铺设道路，道路完全在以色列主权之下，这些内容得到进一步讨论。

即使在"日内瓦灾难"后，我们并没有关闭与叙利亚谈判的大门，但是，由于当时那扇门只是略微打开一点，因此我们决定在巴勒斯坦轨道上继续谈判。在没有与叙利亚达成协议的情况下，作为协议中的一部分，我们必须按照（1978年"利塔尼行动"后形成的）联合国安理会第425号决议离开黎巴嫩。根据决议，以色列国防军将从黎巴嫩所有领土撤出，黎巴嫩将为黎南部以及国际部队的安全负责，例如，联合国会帮助黎巴嫩保护边界沿线安全。

事实上，回想起我参加的与叙利亚和平谈判的整个过程，从拉宾时期到佩雷斯和内塔尼亚胡时期再到巴拉克时期，人们可以观察到，唯一一块绊脚石始终伴随这一进程，和平的浪潮反复冲击着它。叙利亚人反复要求得到他们的土地，也就是戈兰高地，反复要求提前聆听带有那个意思的"明确声明"。与此同时，关于其他所有问题，只要以色列领导人不知道他将从中获得什么，他会一次又一次地拒绝"离开"这份声明并将它交给叙利亚人。他会将那声明放在"口袋"里，以便在进程结束时使用。

然而，那结局从未到来。

在一次新年假期的采访中，当时已提出辞职，但仍在执政的埃胡德·奥尔默特总理说："梅纳赫姆·贝京的伟大之处在哪里？贝京派遣达扬前往摩洛哥与埃及副总统哈桑·图哈米博士会面。在开始谈判前，在他还没见到萨达特之前，在他知道萨达特是否会这样或那样微笑、是否会这样或那样说话之前，达扬代表贝京告诉图哈米：'我们愿意退出整个西奈。'他从结果开始说起。事实上，他说：'我们准备从西奈撤离。现在，让我们开始谈判。'"

"如果我们不愿意说，所有与叙利亚谈判的言论都毫无价值。即使我们说了，我们也会发现叙利亚人不愿意支付这些价钱，也不会有解决办法，可能事情就是这样。然后我们可以告诉我们自己，至少我们接近……。我们不断地思考我们的恐惧。为什么？因为我们听到唯一的恐惧就是我们已经经历过的恐惧。有一次，想到叙利亚坦克师在戈兰高地威胁要开进以色列，我们无疑是吓坏了。今天，我们生活在不同的现实中。我们有工具阻止地面进攻，而无须占领叙利亚一寸土地，而且，不管从哪儿开战，从哪儿而来，我们拥有其他可以用来赢得这样一场战斗的武器。叙利亚人知道这一点……我现在告诉你们的话，不是以色列领导人在我面前说的话：我们需要撤出几乎所有的领土，包括戈兰高地。"

第22章

侯赛因国王："我失去了我最好的朋友。"

为促进以色列和叙利亚之间达成和平协议，双方曾举行过多次正式会议和尝试对话，但整个过程充满质疑，异议不断，冷面相向，困难重重，时常形成僵局。与之不同的是，在以色列与东边邻国约旦的和平进程中，双方呈现的则是一次又一次的配合，态度友好，氛围轻松。

与约旦的正式和平进程是马德里会议的一部分，但在这两个国家公开处于战争和停火交替状态的许多年前，它们之间也曾存在着一份友好而又特殊的关系。从果尔达·梅厄开始，历届以色列总理都秘密地会见过约旦国王侯赛因。

这种关系并不是因为官方承认或公开而为人所知，而是由于消息泄露所致。以色列总理不断更换，但侯赛因国王一直在位，因此以色列与约旦的特殊关系便得以持续。

在我看来，侯赛因国王非常看重与以色列的关系。他认为，周围所有国家中，以色列实际上将会成为他的防御力量，并会在需要的时候帮助皇家哈希姆政权在约旦掌权。1970年9月，叙利亚动员部队打算入侵约旦时，以色列通过召集后备役人员，动员部队并发出让叙利亚人不敢含糊的声明而阻止了这次进攻。

侯赛因国王认为，在遭遇胁迫时，他不能依靠邻国叙利亚、伊拉克和沙特阿拉伯，特别是考虑到前两个国家曾不断试图破坏他以及约旦的利益。

马德里会议是在美国总统乔治·沃克·布什的倡议下于1991年10月在马德里召开的，由美国和苏联两国总统主持。

出席会议的约旦代表团成员也包括部分巴勒斯坦代表，因为以色列国及其时任领导人伊扎克·沙米尔总理希望避免与巴勒斯坦人的单独谈判。沙米尔尤其希望避免与巴解组织代表进行直接谈判。

约旦的"赞助"是针对此问题的外交手段，因为实际上约旦代表团中的巴勒斯坦代表都是西岸和加沙地带的居民。

1993年4月22日，我作为拉宾的军事秘书抵达总理办公室20天后，总理召集了所有代表团成员与阿拉伯国家进行会谈。艾亚基·鲁宾斯坦作为以色列代表团团长与约旦和巴勒斯坦进行谈判，在他旁边的丹尼·罗斯柴尔德少将是专门负责处理以巴有争议领土上政府活动的协调员。

在拉宾与代表团的第一次简要谈话中，他根本没有提及约旦，因此很明显，这个代表团将集中解决巴勒斯坦问题。拉宾认为，当时和平进程最重要的两条路线是叙利亚路线和巴勒斯坦路线。假设巴勒斯坦的问题得到解决，那么约旦的问题也可以解决，最终，事实证明这个假设是正确的。

有些时候，与约旦进行谈判的以色列代表团甚至报告说，约旦正在全力以赴处理巴勒斯坦问题，并取消了所有的约旦讨论小组。还有报道说，连约旦自己都认为巴勒斯坦问题是主要的事情，这一点进一步证明拉宾的方法是正确有效的。

在约旦主持下举行的与巴勒斯坦的会谈传递了有关侯赛因国王希望加入和平进程的信息。1993年4月，侯赛因国王也与拉宾取得联系，对约巴联合代表团的作用表示担忧。侯赛因国王声称，有许多约旦之外的人士分别与巴勒斯坦人进行了交谈，但他们并不是正式代表团的成员。然而，当与巴勒斯坦的对话出现问题时，他们便向侯赛因抱怨，好像他在负责这些非正式的会谈。他还表示，美国没有向他提供任何与巴勒斯坦会谈的最新信息，这使他与巴勒斯坦关系更僵。为了避免这种情况，国王提出将约旦—巴勒斯坦联合代表团分为两个代表团，每个代表团分别参与会谈。

侯赛因国王那时从拉宾处得到的回答是：关于这点，双方已经在马德里协商一致，目前并没有偏离协商的结果。

当时指导拉宾的思路是，约旦方面的重大进展只会在叙利亚和巴勒斯坦两个方面上取得进展之后发生，因为约旦视叙利亚为一个不友好的国家，关键时刻靠不住。拉宾相信，如果以色列和约旦之间的进展发生在与叙利亚的进展之前，侯赛因将惧怕这一进展损害他与叙利亚的关系。对于巴勒斯坦来说，侯赛因国王的做法则大不相同。在许多方面，约旦人和巴勒斯坦人都是交织在一起的，因为约旦的大多数居民都是巴勒斯坦人。重要的是，侯赛因不能显示出好像为了促进约旦的利益而忽略了巴勒斯坦，特别是从他的立场来看，以色列和阿拉伯冲突的根源是巴勒斯坦问题。这也是侯赛因同意赞助巴勒斯坦代表团参加马德里会议的原因。

然而，约旦也有自己的利益要考虑：他们担心谁将最终控制约旦河西岸一侧，他们希望是以色列；对于约旦来说，保护它在耶路撒冷的利益很重要，他们希望解决居住在约旦的150万巴勒斯坦难民问题。

1993年9月初，当"奥斯陆协议"突然曝光时，侯赛因国王表示非常失望和愤怒。他根本不知道奥斯陆和谈的存在，对此他十分不满。他说："我同意与阿拉法特共同努力建立巴勒斯坦和约旦的友好关系，自那时以来没有听说有任何改变。突然间，我听说以色列和巴勒斯坦人之间的一切都结束了，他们要去白宫签署原则协议。这算什么合作？"

最终，侯赛因国王决定把撑在阿拉法特头顶上的那把伞折起来。

与巴勒斯坦人谈判的戏剧性发展促使拉宾总结道，与约旦进行谈判的时机已经成熟，尽管那时约旦方面仍然对约旦—巴勒斯坦官方代表团忧心忡忡。值得注意的是，就连参加这些会谈的以色列代表团中的我方人员也不知道在奥斯陆与巴勒斯坦人的会晤。回想起来，这些代表团之间的官方会谈可以说是保密谈判的前沿掩体。

9月底，拉宾在办公室召开会议，摩萨德局长沙巴泰·沙维特和我参加，为在亚喀巴与侯赛因国王会晤作准备。

拉宾告诉我们，他认识侯赛因国王已经多年，1975年6月，在他总理的第一任期间，他建议侯赛因作出过渡性安排，即让约旦人负责整个在朱迪亚、撒玛利亚和加沙的巴勒斯坦民政管理局。拉宾向侯赛因提供了一条从约旦到拉马拉和纳布卢斯的自由通道，而加沙作为一个自由港，也允许约旦在此地部署陆军营。侯赛因拒绝了这一提议，并表示希望得到充分的和平，包括以色列从其领土上完全撤离，不留一寸领土，或是基于以色列撤离约旦裂谷纵向8公里范围，签订一个临时协定。

拉宾告诉我们，他将与侯赛因国王进行对话，并向其解释导致奥斯陆事件的原因，说明这一进程的前景以及以色列所要承担的风险；并想听听在这些新情况下，侯赛因国王希望约以之间形成一种怎样的关系，以及约旦如何就最近与巴勒斯坦人的事态发展与以色列达成充分的和平条约。

拉宾的做法和与巴勒斯坦签订临时协议的必要性相反，他认为没有必要与约旦签订临时协议，我们可以立即争取一个全面和平条约。

拉宾和侯赛因之间的那次会议由摩萨德安排，属于最高机密，只有几个心腹知道。

拉宾当天还安排了其他事务，但都不得不取消。这些取消对我们不利，因为这会煽动媒体窥探我们的行动。在那些日子里，媒体密切关注着拉宾的一举一动，因为他们知道那段时期将会发生各种重大事件。

我们离开了总理办公室，坐上一辆汽车，旁人从外边看不出坐在车里的人是总理。到达本—古里安机场后，我们登上了一架停在偏僻隐蔽地点的小型公务机。飞行员知道这架飞机的乘客都有谁，但连他们也不知道此行出于何种目的。我们从本—古里安机场飞到埃拉特机场，然后乘坐汽车前往游艇码头，紧接着登上了一艘以色列游艇。游艇上的船员都十分警惕。

那天晚上大很黑，游艇在平静的海面上闭灯航行。摩萨德已去掉事先与以色列海军进行协调，去掉包括有关当天晚上发生的一些活动的掩饰说辞，以避免海军军舰误以为该海域发生了不寻常的海事活动。

就这样，在大海的波涛起伏中，我们于深夜到达大海中央，四周漆黑一片。在那里，我们遇见了正在等候我们的国王皇家游艇，那艘游艇当时也没有开灯。

两艘游艇并排航行，并在动荡的水面上摇晃。在双方船员的帮助下，我们顺利地从自己的游艇转移到了国王的皇家游艇上。进入游艇内部，我们顿时感受到了温暖、友好且不必拘束的氛围。

令我们非常满意的是，尽管与约旦的和谈始于不稳定的船体和动荡的波涛，但事实证明这是一次非常稳定和平静的会谈。

半小时旅程之后，我们到达了亚喀巴国王宫殿的码头。

对我来说，这是我第一次合法地踏上约旦领土。对于这次和会我们很期待，同时也感到兴奋。

从锚地出发，我们在黑暗中走了大约50米，然后进入宫殿的一个房间，国王的兄弟哈桑热情地接待了我们。哈桑带着我们一同走到另一个房间。侯赛因国王正在那里等着我们到来，并且脸上带着微笑。

这是我一生中第一次见到国王，当时我异常兴奋。但拉宾却没有。似乎对于他来说，这是世界上最自然、最平常的事情。

根据条文规定，我们穿着西装打着领带来参加会议，但国王却穿着非正式的衣服：一件马球牌衬衫和一件夹克。这样的穿着一下使整个气氛变得温暖友好。

我们坐下几分钟后，一位非常漂亮的女子光着脚轻盈地走进房间，她正是王后努尔（纳吉布·伊丽莎白·哈拉比）。王后亲自招待我们饮酒，她的举手投足都为这个房间增添了更多愉快的氛围。

不久之后，我们被邀请参加晚宴。晚宴上，王后又亲自为我们递上美味的茶点。这是一份独特且令人激动的敬意，感觉就好像有几个亲戚聚在一起吃了一顿饭，房东太太招待他们一样。

会议开始，拉宾向国王详细解释了在奥斯陆发生的情况，然后转向他说道：“这对于以色列和约旦共同推进和平进程是一个好机会。”

拉宾建议会议结束后双方要达成共识，尽快开始工作，以形成约以之间的全面和平协议。通过“加沙和杰里科先行自治”阶段的启动，以方将准备好以色列和约旦之间的和平条约。该阶段启动后，立即将条约公开。拉宾认为，与巴勒斯坦达成协议将有助于约旦公开与以色列达成和平协议的最后阶段的谈判内容。

鉴于国王在第一次海湾战争中对伊拉克的支持，约旦与美国之间的关系一直存在问题。一方面，约旦与伊拉克有很长的共同边界，另一方面，侯赛因国王也很敬畏萨达姆·侯赛因，这两点使他决定在这场战争中支持伊拉克统治者。拉宾提出会帮助国王重建与美国的关系。

约旦国王对该提议的回应非常热烈。

拉宾告诉国王，他会向美国总统提供情况的最新进展，即以色列和约旦之间的和平协议正在逐渐形成，这将有助于美国人改变对约旦的态度。

实际上，拉宾已经建立了一个“和平一揽子计划”，他也在不断强调这一举措的好处。

拉宾在华盛顿的影响力对约旦的重要程度可以通过以下故事证明：

1995年3月，约以签署和平协议之后，国王突然要求他的人和拉宾紧急会晤。

国王的直升机深夜在耶路撒冷降落，从机上走下来的官员有首相马尔万·卡西姆、总参谋长梅雷伊、空军副司令什马萨尼、瓦希德将军和国王事务局局长阿里·舒凯里将军。

卡西姆在耶路撒冷总理府的会议上说，伊朗人不仅威胁到以色列，而且还威胁到该地区的所有国家，约旦必须有能力保护和平的根基。“加强约旦的国力将会在心理、道德以及政治上影响约旦人民，”他解释说。

他感谢拉宾在美国为约旦争取援助而作出的努力，随即掏出了国王的一封信。信里有两份列表：一份列有保护边界所需的方案，另一份则是加强约旦军队实力的方案，比如获得F-16战斗机和坦克。

拉宾看着列表，几乎快要从椅子上掉下来。

拉宾说：“你的列表的成本是几十亿美元，美国现在不会拱手交给约旦。你必须列出优先事项，并说明哪些是最重要的。另外，我不相信美国会答应每年给约旦1亿多美元。”

约旦想要得到一切，但拉宾不得不重复说他需要时间向美方请求，更需要约旦方面告诉他哪些更重要，哪些没那么重要。

在亚喀巴王宫举行的夜间会议是引导两国进行大量工作以达成和平协议的一次重大突破。与约旦进行会谈的以色列代表团团长艾亚基·鲁宾斯坦经常与哈桑王子以及他的助手会面，这样做是为了起草一份可用作"意图声明"的框架和基础的文件。

该过程一直处于保密状态，也没有发生泄密，除了在亚喀巴会议后的一天，西蒙·希费尔在以色列《新消息报》上发表的一份报告中推测约以双方进行了一场秘密会晤，但他并不确定。

在与约旦的和平进程中，还有一次有趣的会议于1994年5月28日在伦敦举行。

除了公开的会议，还有很多机密会议，事实上，各代表团之间的正式会议只是秘密会谈的表面文章。

除了与约旦进行会谈的正式代表团团长艾亚基·鲁宾斯坦与会外，摩萨德副局长埃弗拉伊姆·哈勒维也参与了会谈。

参与伦敦秘密会晤的以方成员有拉宾、艾亚基·鲁宾斯坦、埃弗拉伊姆·哈勒维和我。约旦方面参会的有侯赛因国王、哈桑王子、前总参谋长和王室成员扎伊德·夏基尔将军、法律顾问哈萨娜以及阿里·舒凯里局长。

这次我们吸取了教训，比上一次领导人在亚喀巴会晤更加小心。经过一个漫长的工作日，我们和往常一样，既没有提前下班也没有取消任何安排。那天晚上，我们很晚才出发。第二天，我们没有为拉宾安排任何活动，因为一旦取消，就会引起他人的注意。

在本—古里安机场跑道末端，一架私人公务机再次等待着我们，飞行员们已经认得我们是谁，也知道去哪里，但并不知道出于何种目的。五个小时的飞行之后，我们降落在伦敦，英国秘密情报局的人员对我们表示欢迎，并将飞机牵引至一个封闭的机库。

这一次又是深夜。我们把飞机停在封闭的机库内，然后坐上了汽车。在夜幕的掩护下，我们的车队从机库一直开到了侯赛因国王在伦敦的住所，一座叫作卡泽尔森林的城堡。半小时车程后，我们在黑夜里驶入城堡，车刚一进去，身后的大门便立刻被关上。我们都很累，这时已经是英国时间凌晨2点（以色列时间凌晨4点）。

每个人都很快都就寝休息。我喜欢在清晨锻炼身体，这是我的习惯。我没想过在街上跑，因为这样会有暴露的风险。因此，我就在院子里围着建筑跑，不知不觉，已经跑了几十圈。

早餐后，我们会见了国王，两国领导人之间的会议开始。

拉宾开始概述了以色列与巴勒斯坦人的和平进程。他坦然对国王说："在巴勒斯坦领土上，部分以色列定居点对我们来说是一个很大的困扰，因为这给我们造成了沉重的安全负担。"拉宾补充道，"以色列国防军士兵将不再巡视加沙和其他地方，巴勒斯坦警察将对他们所管辖的地方进行巡逻。我对这点没有意见。"

拉宾和国王一致认为，现在，是将以色列和约旦之间的谈判从华盛顿转移到我们地区的时候了。拉宾谈到哈马斯（其总部设在约旦安曼）以及伊斯兰圣战组织（其总部位于大马士革）领导的恐怖主义问题。他强调了约旦还有反以色列的极端分子活动。

拉宾提到，由哈马斯政治局局长，实际上是恐怖组织的领导人穆萨·马祖克博士（后来被哈立德·马沙勒取代）领导的哈马斯总部位于约旦，并表示："即使是叙利亚人也不会允许哈马斯在其领土上进行恐怖活动。"拉宾通过这些话语暗示约旦，期望约旦方面也做一些事情。

紧接着，拉宾就与约旦的谈判状态和未来的意图发表了看法。拉宾习惯于作很长的演讲，当侯赛因国王试图打断他并陈述自己的观点时，拉宾却不给他机会，继续自己的解释，气都不喘一口。侯赛因聚精会神地听了他的演讲，当拉宾讲完后，他由衷地感谢拉宾对此事的精彩描绘。他说，关于以色列和约旦之间的持续谈判，他认为巴勒斯坦代表应一同参与公开会议，以便使巴勒斯坦和约旦的路线更加一致，即都能触及同样的问题。拉宾拒绝了这一提议，并表示希望双边合作，在必要时会向巴勒斯坦提供最新消息。拉宾认为，单独处理各方事务会更容易推进。侯赛因国王接受了他的主张。

侯赛因进一步指出，目前让他感到有负担的分别是边界问题和水资源问题。

侯赛因要求以约双方会谈不能在埃及进行，因为以色列和巴勒斯坦的会谈地点已经安排在了那里（塔巴和开罗）。侯赛因建议，会谈可以在以色列和约旦边界沿线的某个地点举行。"约旦是一个主权国家，"他说，"没有必要在另一个国家的土地上进行谈判。当谈判发生在两国边界时，意味着双方平等，这是一种象征性的行为。"

拉宾欣然接受了国王的提议。

侯赛因想先确定边界，但拉宾说服他说有必要同时展开所有工作：包括边界问题、水资源问题以及和平关系问题。

两国领导人同意在华盛顿举行首脑会议，由克林顿总统主持，这将是两国首次公开会议。

当两人讨论到恐怖主义问题时，拉宾对侯赛因说：我们曾告诉美国人，哈马斯的资金来自沙特阿拉伯，以及用无辜的人道主义组织作为幌子运作的组织在美国收集的捐款。拉宾告诉国王：美国人起初不相信我们，世贸中心的停车场发生了卡车炸弹袭击之后，美国人才改变了看法。

侯赛因说他经历了同样的事情："我告诉美国人，沙特正在资助哈马斯，他们认为这是约旦的计谋，认为我们以此来挑拨美国和沙特阿拉伯的关系。"

国王说，他访问了叙利亚，在那里发现了"和平的氛围"，仿佛他被预言的精神所取代。他说："我觉得如果与阿拉法特一起，事情不会向好的方向发展。"

我认为这是他表达对巴勒斯坦的进展不满的方式，也是因为阿拉法特迅速在约旦河谷和靠近约旦边境的杰里科获得了立足点。

关于耶路撒冷，侯赛因认为可以找到一种和解的方法来区分当事方和宗教当局的地位和政治权力。外交部长佩雷斯收到了与侯赛因国王会谈的最新消息，但是他本人没有参加会谈。在11月的一个特别场合，他与国王进行了一次保密会谈，后来他告诉媒体："请大家记住11月3号。"从那时起，没过多久媒体就开始对此事进行调查，并发现了佩雷斯与国王的会面——接着整个事件就爆发了。

约旦方面对于秘密的泄露感到非常气愤，因为他们已为这次会晤做了很久的保密工作。约方让我们明白，他们不希望通过佩雷斯继续谈判。

拉宾也表达了对佩雷斯言论的不满。

从那时开始，直到签署华盛顿的公开意向声明，我们只向佩雷斯提供一般事项的发展情况。

多年来，拉宾和佩雷斯的关系可谓起起伏伏，但长期以来两个人关系并不好。然而，在拉宾总理第二任期内，两人似乎开始和平相处，也许是第一次能够确立一个共同的目标——中东的和平，并且为实现这一目标，他们理性地联合了起来。

促成他们合作的一个因素是两人都接受了一个事实，即这是在未来几年改变中东面貌的最后机会。不过，与此同时，两者之间的相互猜疑并没有停止。当佩雷斯不经拉宾的批准行事时，拉宾都会表现出蔑视和不满。两人之间的竞争一直持续着，其中值得一提的是佩雷斯经过努力也获得了诺贝尔和平奖。

不过，在工作中，他们都会设法克服个人的感情，把一些不愉快通通抛到一边，然后一起工作。

拉宾和佩雷斯都很重视每周一次的面对面会议。在极少数情况下，拉宾会请我参加其中一小部分会议，指导各级官员展开不同的工作或发表会议的总结。他们每个星期天都会进行一整个小时的座谈，通常在内阁会议之前。

随着华盛顿会议临近，我们准备了一份与约旦人协调的原则声明。除了佩雷斯和美国方面，没有其他人知道华盛顿会议。美国知道约旦和我们之间将召开会议，但不知道我们已达成了一个商定的形式，并且只有当我们到达华盛顿之后，他们才会知道。

拉宾在1994年7月与美国国务卿沃伦·克里斯托弗举行的会议期间说道："以色列与约旦有良好的和平前景，但和平协议尚未出台。以色列和约旦之间的双边会谈以及将会谈地点放到边界地区，这些都为和平进程创造了新的开端。"

拉宾说，和平协定的组成部分需要更多内容，包括边界和水资源的问题。

克里斯托弗告诉拉宾，他会见了侯赛因，并说："侯赛因国王已经跨越了一个巨大的心理障碍，愿意迅速迈向和平。"

华盛顿首脑会议前几天，有消息称双方将签署一份声明，宣布结束战争并建立起和平关系。这说明美国人不了解以色列和约旦之间建立相互理解的进程。

正如他对国王的承诺一样，拉宾在美国的所有会议中都非常积极地表达了约旦方的意见，从而大大有助于改变美国对约旦的态度。他也在尽力帮助消除第一次海湾战争之后美约之间的隔阂。

在双方讨论中，约旦方面提出了如何确保约旦在耶路撒冷的权利等问题。拉宾提议，在与巴勒斯坦人讨论耶路撒冷的永久解决办法时，应考虑约旦宗教背景下的历史权利。

经过几个月的秘密筹备工作，以及以色列领导人和约旦国王数十次的秘密会议，一切都为以色列与约旦之间的关系"走向光明"作好了准备。

1994年7月25日，将在华盛顿白宫南草坪上举行和平宣言签署仪式，届时以色列和约旦将宣布停战，走向全面和平。

从我们抵达华盛顿，到白宫南草坪上令人激动的仪式开始前的最后一刻，我们都在不断完善和改进作为以色列和约旦签署的联合声明的措辞。

在草坪仪式开始前的很短一段时间里，克林顿把拉宾和侯赛因叫到了他的会议室，一同前去的还有克里斯托弗、佩雷斯和几名随行人员。我们围着一个椭圆桌子坐下，拉宾、克林顿和侯赛因并肩坐着，其他人则围着桌子依次坐开。

拉宾转身对我说："丹尼，请拿出我们即将签署的文件。"在佩雷斯惊讶的目光下，我拿出了那份文件。那一刻之前，他并不知道这份文件的存在，它显示了以色列和约旦事实上已经达成了原则宣言的议定规划。在此之前，佩雷斯一直认为我们正在等待签署某种一般性的声明，签署之后，以色列和约旦即会宣布结束两国之间的冲突，同意和平解决问题。

整个行程中，只有少数几个心腹参与到我们中间，且不允许泄露任何信息，这对约旦和我方都很重要。因此，就没有让那些在我们中间有分歧观点的人知道。

我取出文件，放到桌上，准备签字。值得注意的是，佩雷斯非常擅长控制自己的情感和掩饰自己。他什么都不说，但我们都相信，这一刻对他来说并不愉快。

不久之后，伴随着众人的掌声和热烈的气氛，所有官员都来到了白宫的草坪上，以色列和约旦在这里公开签署了和平宣言（即《华盛顿宣言》）。

华盛顿签字仪式大概两个月后，两国工作组在阿拉瓦的两国边界会晤，国王和拉宾在亚喀巴举行了另一场会议。

我们乘飞机抵达亚喀巴，降落在国王的私人飞机跑道上。侯赛因国王在车旁等着我们，他带着我们到了他的宫殿。与侯赛因国王的交往总是伴随着亲近的举止，这让拉宾感到很放松，同时也表现了国王对拉宾的热情和满腔的感激。在他们之间的所有会晤前，国王都是在外面等着拉宾，而且从来没有在大楼里等过。他表现出无可挑剔的热情，并以皇家礼仪对待我们所有人，特别是拉宾。比如，在拉宾坐下之前，他从不会先坐下。

拉宾召开了边界问题协商会议，他认为我们应该按照两国间的国际边界执行，即从南部的埃拉特湾到北部的死海、从西岸的墨胡拉到哈马以西的以色列—约旦—叙利亚边界三角。拉宾要求将约旦河谷问题放到日后与巴勒斯坦谈判的过程中进行讨论。

我们与约旦之间的边界从未在地面上划定，但是在地图上划定了停战线，并对此作了一个书面解释。例如，有一些地方提到边界经过阿拉伯谷地的中心，但多年来，山谷改变了形状，现在的地图也不同于以前的地图，比以往更加精确。

"就安全问题而言，"拉宾说，"以色列希望在国王统治下建立一个强大而独立的约旦。我们必须确保约旦和以色列的领土不会被用作恐怖袭击的策源地，并且作为打击恐怖主义的一部分，双方必须建立合作和预警机制。"

在难民问题上，拉宾说，以色列将会在与巴勒斯坦的最后和解中进行讨论。关于流离失所者——那些在1967年离开西岸逃往约旦的人，我们同意组成一个四方委员会，包括以色列、约旦、巴解组织和埃及，该委员会将尝试寻找一个合适的解决方案。

拉宾说，他参加了1949年在希腊罗得岛举行的以埃停火谈判，他曾问道：为什么他们签署了以埃停战协议，而不是基于停战线的和平条约？

埃及代表团的马哈茂德·里亚德回答说："我们还没有彻底了解你的立场。停战是暂时的，所以签订停战协议是可能的。"因此，埃及人坚持认为，边界不会被称为"边界"，而是"停火线"。

拉宾说，"以色列和约旦之间的边界也是停火线，现在，是让这条停火线变成永久边界的时候了。停火线只是一条线，它不具有国际边界的地位，因此，我们现在决定的边界将成为真正的边界。"

国王赞扬了代表团所做的出色工作，但立即指出："重要的是我们应该经常见面。"

国王理解，两国领导人直接会晤可以解决重大分歧。这些类型的会议比代表团之间交流的二手报告更为有效。

在指明边界的问题上，国王说："英国的统治线从来没有被完全指明。尽管我们需要跟随已经发生变化的山谷的走向，但我们确实有一些基础可以拿来参考。"

约旦国家安全顾问本·沙克的想法与已经在工作组中提出作为以色列倡议的想法一致，即以色列农民多年耕种的沿边界的约旦土地将被租用。

从这点来看，国王已经给了我们一个乐观的声明："我们会找到办法。"

关于水的问题，侯赛因说，权利和需求之间存在着联系。也就是说，一方面，我们必须依靠国际法给予我们的权利，但也需要考虑到这些需求。侯赛因暗示，解决方案将会从实际出发解决实际问题，其中以色列也需要承担相应的责任。

拉宾说，我们有能力每年向约旦额外提供一亿立方米的水，其中一半依赖将要建造的两座水坝：一座在雅尔穆克河，一座在约旦河，为此，我们需要在世界上筹集资金。

在南部的阿拉瓦地区，我们每年将继续抽出1000万到1500万立方米的水，这样，约旦北部的居民也可以得到水供给。

拉宾说，我们可以通过雅尔穆克河立即向约旦人民提供5000万立方米的水，他们将比以前有更多的水用，并且也可以从加利利海取水。额外的5000万立方将取决于正在建造的水坝。当以色列建成海水淡化厂后，约旦人也可以从中获得淡水。

在安全问题上，《华盛顿宣言》有效地结束了两国之间的战争状态。但其他问题依然存在，如空域主权。拉宾希望和平条约中包括一条声明，即约旦不允许敌对势力通过其领空和土地，不与敌对以色列的国家结盟，也不允许敌对的外国军队进入其领土并在其境内扎营，反之亦然。

侯赛因说："我们可以接受任何要求，只要这些要求既没有破坏我们的独立，也没有羞辱我们。海湾战争期间，伊拉克发射了导弹，导弹也确实越过了我们的领土，但是我们却阻止不了。至于恐怖主义，我们将继续打击它，并在反恐战争中与其他国家合作消灭它。约旦正在走向民主化，以色列是一个民主国家，让我们一起为民主和人类尊严树立一个有效的反恐战争的榜样。"

在难民问题上，侯赛因说有必要向难民灌输希望。国王说："居住在约旦的难民即使有回归的权利也不会离开。"这是一个声明，旨在向我们保证，约旦150万名难民回到以色列的可能性很小。

不过，国王表示，难民应该在经济上得到补偿，约旦因为收留难民并且给予他们充分的权利，也应该得到补偿。

拉宾说，我们对整体解决难民问题的看法是，他们必须留在现在的地方，他们应该得到慷慨的国际援助以改善居住和生活条件。他接着说道："我们不会接受巴解组织根据返回权让难民返回领土的要求。"

拉宾告诉国王，他在美国高度评价了约旦人民，并且承诺他会努力说服美国帮助加强约旦的国力。

他还说，当他在为改善美国人对约旦的看法努力时，叙利亚人向美国人投诉并表示不满，他们认为美国人正在协助在海湾战争中支持伊拉克的巴勒斯坦人和约旦人。相比之下，叙利亚曾派了一支武装部队规模的军事力量参与对抗伊拉克的联盟，但却没有受到任何优待，美国甚至不愿意把它从支持恐怖主义的国家名单中删除。

作为回应，约旦国家安全顾问本·沙克说："我们正在打击恐怖主义，叙利亚人则正在支持恐怖主义。那么其中又有什么奥秘？"

侯赛因说，他的军事需求还在等待美国的批准，他期望以色列帮助他促进这一事业。

拉宾回复道："当我们之间的战争状态结束之后，事情将彻底改变，我们将尽可能地帮助你们。"

侯赛因说，美国人问他，既然有了和平，为什么还需要一支庞大的军队？

拉宾立刻说，他毫不怀疑，约旦人需要一支强大的军队，以色列在这点上将提供帮助。

拉宾明白，阿拉伯国家权力的内在象征之一就是其实施权力、法律和秩序的能力，以及应对内部威胁的能力，而这些都主要源自具有军事实力的强国形象。此外，约旦仍存在着外部威胁：叙利亚人、伊拉克人和伊朗人不断以不同的方式破坏哈希姆君主制的统治，并且已经有不少人企图袭击侯赛因国王和他的政权基础。应该记住，侯赛因本人是在他的祖父阿卜杜拉国王遭到政治暗杀之后继承了王位。

他说："时间是宝贵的，重要的是我们不久就能展示出一些成就。"

侯赛因的做法表现出了很大的勇气，因为当时约旦国内盛行的舆论不支持与以色列的和平。他的属下很少有人有这样的想法，议会和公众中也都不存在这样的人。

我们经常听到有人声称我们正在与约旦人的很小一部分谈和平，而不是与约旦人民本身谈和平。所以侯赛因说，他需要向普通人明确一点，即和平将使他们的生活更美好，对他们而言是值得的。

拉宾还认为，尽快制定和平协定很重要，它将向世界传递一个信号：和平进程是成功的，和平的闸门已经打开，约旦已经成为第二个与以色列缔结和平条约的国家，而且这个地区有和平的势头。

会议结束后不久，侯赛因派他信赖的局长阿里·舒凯里将军在耶路撒冷与拉宾总理举行了晚间会议。阿里·舒凯里带来了侯赛因国王的信，信中根据国王的理解列出了国王和拉宾在之前的会议中讨论的所有协议和议题。

这封信涉及四个主要问题：安全问题、水问题、边界问题和难民问题。

读了这封信后，拉宾说，这些问题都很重要，且都是根本性问题，他不能立即作出回应。"我必须仔细研究这些问题，才能作出回应。"

边界问题和水问题是主要问题，放到最后并不是巧合。

多年来，以色列已经向东移动了阿拉瓦河的边界，并侵入了约旦河。在此之前的水文测试表明，以色列在约旦河的边界略超出所标明的边界。我们进入该地区并钻井取水，多年来，这些土地成为周边地区村庄的耕种地块，那里的水资源使得这些土地变得肥沃。

约旦辩称这些理应是他们的领土，并要求收回这些地区。以色列的立场是，无论是在英国统治约旦和以色列时期（那时约旦被称为"外约旦"，以色列被称为巴勒斯坦—以色列），还是在独立战争后约旦—以色列停战委员会商定边界的时候，都没有划定或同意这条边界。因此，拉宾说，现在双方即将划定这一边界线，除了政治考虑之外，他们还应考虑多年来这一地区的变化。以色列在停战线以东地区耕种的土地是不可忽略的重要收入来源，而且以色列也大力投资开采水资源并开发这些地区。

阿里·舒凯里说，国王理解以色列政府放弃这些耕地的困难，因为这意味着摧毁阿拉瓦全境的经济基础。

在水资源问题上，约旦认为，根据国际法，以色列、约旦和巴勒斯坦共同享有约旦河水资源的利用权。

在那之前，约旦人没有从河里抽过水，他们要求拿到他们该有的那一份。水是中东的稀缺资源，约旦还要求每年再增加1.5亿立方米的水供应。

阿里·舒凯里指出，国王完全理解这个问题，因为以色列也缺水。

关于难民问题，从正式立场来说，约旦认为巴勒斯坦人有权返回以色列各地。

拉宾的立场是，难民问题不能只靠约旦和以色列解决，而应在包括巴勒斯坦人在内的更广泛的背景下进行讨论。

拉宾说，他不会同意巴勒斯坦难民有权返回以色列领土。他说，由于以色列领土不能容纳这么多人，他将防止西岸和加沙地带300万巴勒斯坦难民涌入以色列。拉宾并不反对有限数量的巴勒斯坦人从离散地返回，但反对在拥有返回权的基础上进行。

在安全问题上，双方并没有特别的争议。

在我们讨论与约旦的和平进程期间，拉宾说，我们必须把水和土地捆绑在一起，因为我们可以用一个的长处来弥补另一个的短处。

1923年，英法两国划分了它们在中东的托管地：外约旦和巴勒斯坦—以色列是英国的两个托管地区，黎巴嫩和叙利亚则受法国统治。当时的边界由两名官员决定：英国的纽科姆和法国的波莱。

纽科姆和波莱测量并划定了英法两国在黎巴嫩、叙利亚、巴勒斯坦和约旦的殖民地之间的边界。在以色列和黎巴嫩之间以及以色列和叙利亚之间的区域，法国和英国人共同用石块标记了一直到加利利海的边界。从那时起，外约旦和巴勒斯坦就由英国人控制。英国人在地图上标记了这两个地区之间的边界：沿着约旦河，从加利利海到死海，然后继续穿过死海到埃拉特湾。这条边界穿过阿拉伯谷地的中心。

但是，英国托管的两个地区之间的这条线在地面上没有标记，除了亚喀巴往北的前三公里。

此后，这条在地图上标记的线被称为约旦和以色列之间的"国际边界"以及"停火线"，其中一部分是朱迪亚—撒玛利亚（约旦术语中的西岸）和以色列国之间"六日战争"以前的边界。

我们事先同约旦达成共识，双方的讨论将不涉及从以色列提拉兹维南部到艾因盖迪以北和约旦河以北的边界部分，因为它涉及与巴勒斯坦的谈判。很明显，这将等待以色列—约旦—巴勒斯坦的三边讨论。

对于以色列沿着水井带侵入约旦的地区，拉宾要求做好领土交换的思想准备，并制定一个双赢的计划。拉宾试图寻求一个解决办法，使以色列可以像以前那样继续耕种土地并充分利用水资源，确保在阿拉伯谷地地区以东的耕种土地上的行动自由，并找到一种方式来对约旦进行财政补贴。

在拉宾和侯赛因之间以及两国之间关系发展的过程中，可以提出诸如此类的建议，因为这些正是两位领导人努力寻找方法来弥合他们之间的分歧，而不是使事情无法解决的表现。

这种情况下，鉴于以色列人已在约旦领土上耕种了多年，侯赛因需要有勇气和信念来接受土地交换或者租赁的提议。

然而，作为1949年以色列和约旦之间停战协定的一部分，约以之间已经有过领土交换的先例。为了简化一些问题，当时决定交换约旦与以色列的领土。例如，即使以色列国防军在1948年没有在阿拉伯谷地驻扎，该区域的一些阿拉伯社区也会被转移到以色列的控制下，作为补偿，约旦在以色列领地上接受了其他土地。

像拉宾一样，侯赛因国王非常富有创新意识和务实精神。对于别人的想法，他都会作出回应，且善于倾听新的建议。他总是给人一种乐观的感觉。

拉宾和侯赛因总是向大家表明问题最终将会得到解决。当这成为解决问题的起点时，那么解决问题的方式一定是短暂而有效的。

侯赛因说，"人们需要明白，设置边界标志着以色列和约旦的关系进入了一个新时代。"他接受了拉宾务实的态度，看到了在更广泛的历史背景下的事情。

侯赛因提到边界问题以及水问题，其中他要求获得额外的水。他并没有忘记以色列也深受水资源匮乏的困扰，这一点展示了侯赛因对这一进程的处理方法不同于叙利亚总统阿萨德。

侯赛因与阿萨德之间的态度差异并不是由于约以与约叙之间冲突的性质差异，而是由于两个人物的差异。叙利亚人是那种不友好且苛刻的人，而接受过西方教育的侯赛因国王则是一个开放且热情的人。

侯赛因国王一直在努力寻找每一件事的前景，并没有把宝贵的时间浪费在"死胡同"上。他是一个"总有办法"的人。

10月12日，约旦和以色列官员在安曼的皇宫举行会议——开始是国王和拉宾之间的私人会议，哈桑王子、西蒙·佩雷斯和双方其他高级官员都等在外面。

我们坐在宫殿花园里聊天。佩雷斯和哈桑王子的对话非常精彩。他们用同一种语言交谈，两个人都是具备令人印象深刻的修辞技巧的梦想家。哈桑是一个很聪明的人，很显然，他们都喜欢为规划一个新的中东坐在那里谈论几个小时。他们大胆地作着夸张的构想，充满远见卓识。

我听了这些，心想，有像佩雷斯和哈桑王子这样的人真好，他们都敢于高飞，并且富有远见；同时，还有像拉宾和侯赛因这样的人，他们都能脚踏实地，在旁边的房间里讨论"实质问题"。

听他们的谈话是一种非常精彩的智力体验，但要想直入主题，则需要其他类型的人。有远见的人与现实主义者之间的紧密联系将会事半功倍。拉宾是一个务实的现实主义者，他试图决定今天、明天、后天以及一年内需要完成的事情，并且会思考如何做到。拉宾的这些特点使得佩雷斯的远见得以实现。

当随行人员加入安曼皇宫的会议时，侯赛因就拉宾的另一个宣言和他自己对和平的承诺展开了谈话，这是他一生中最重要的承诺。他说："拉宾和我共同的看法是，时不我待，进程必须推进。"

拉宾说："我们欣赏国王的勇气和决心。以色列的观点是，约旦将会在你的领导下变得独立、强大，我们反对把约旦作为巴勒斯坦国来对待的观点。我们已经到达了和平的阶段，剩下的一切就是解决边界和水的问题。以色列绝不想占约旦一平方厘米的土地，但众所周知，一些事态已经有所发展，比如以色列在约旦境内耕种土地和开采水资源井。国王和我同意将停战线作为基准线：这条线从死海和阿拉伯谷地沿线穿过，北部从纳哈尔贝泽克到阿尔哈马。

"以色列和约旦先前曾在1948年同意进行少量领土交换，所以我相信这次也将通过有限的土地交换解决问题。

"我们需要继续将讨论基点放在阿拉瓦地区的几口井上面，这些井将受约旦主权管辖，我们需要找到一个在和平状态下经营这些水井的方案。土地将以1：1的比例交换，1平方米换1平方米。我们也同意水问题的解决方案，约旦人每年将会收到一亿立方米的水：一半将立即转移，另一半将会在两座水坝建成之后交付。

"现在，我们需要继续执行和平条约草案，正如我们迄今所做的那样：完全保密。"

拉宾接着解释说，边界将会通过一些接近主要公路的地方，所以约旦人有义务防止可能在这个地区发生的恐怖袭击事件。

佩雷斯和哈桑提出了发展该地区的想法。他们讲完后，侯赛因开始说话，他完全忽视了他们所说的一切，并立即从拉宾停下来的地方接着说："我们会指导团队处理水的问题，我们将研究边界调整的可能性，并确定细节问题。""我们，"侯赛因说，"不会去仲裁。"

四天后，也就是10月16日，拉宾再次飞往安曼与侯赛因会晤。这次是由于代表团未能就有争议的问题达成协议，要求领导人作出决定。宫殿里的景象仿佛是电影中的某一个场景。以方领导人坐在约方领导人对面，会议围绕的问题还是：边界问题、水问题和安全问题。双方代表团团长法耶兹·塔拉瓦奈和艾亚基·鲁宾斯坦也坐在一个长桌旁，桌面已被地图和航空照片覆盖。会上提出了所有留下的分歧和争议点，双方系统地从一个问题到另一个问题进行讨论。以色列代表介绍了以色列的立场，约旦代表介绍他们的立场，拉宾和侯赛因最终解决问题。

例如，约旦方希望协议中提到巴勒斯坦人有自决的权利。拉宾说："我们将尝试与联合国声明中的措辞相近。"鲁宾斯坦立即回答说，"提到这个不是很好，因为这将在以色列产生不必要的争议。毕竟，这是我们自己而不是巴勒斯坦人的协议。"关于这个问题双方立即就达成了共识，即不会在协议中具体提及自决，而会借鉴联合国声明中的相关内容。

关于边界问题，拉宾和侯赛因讨论了一整晚，他们对地图上的每一块区域都进行了仔细研究，最终决定了争议地区的边界划分，以及约旦方将接受哪一部分以色列领土作为以色列耕地的补偿。就某些地区而言，两人一致认为不会进行领土交换，但这些土地将受约旦主权管辖，同时，针对该地区约旦政府将作出特殊安排，使以色列的农民能够进入约旦。

拉宾和侯赛因营造了一种目的性强且富有成果的气氛。那天晚上，所有的问题都得到了解决。当第二天天亮的时候，双方剩下的工作就只有签署和平协定。这个过程中的第一个突破是拉宾和侯赛因在前一次会议上的声明，即边界将通过阿拉伯谷地的中部；第二个是他们同意进行领土交换；第三个是他们同意以色列农民进入但不会租赁仍受约旦管控的农田，以色列将向约旦补偿其在阿拉瓦河使用的水资源。

当所有的工作在第二天的黎明时分完成后，我们感到疲惫不堪，但也感受到了作为这一历史时刻的见证者所带来的欢乐。我们与约旦同事握手，房间里充满了大家的感叹："我们做到了"，"我们成功了"，"让我们成为该地区其他国家的榜样"。

我们怀着巨大的满足感离开了约旦，因为我们知道，新的黎明正在中东升起。

　　回去的路上，大家开始认识到我们真的快要和第二个阿拉伯国家签订和平协议了。当约旦和以色列的数百万人在前一天晚上熟睡的时候，他们不知道在这几个小时里，拉宾、侯赛因及其同事正在勤勉坚定地致力于该地区新的和平。

　　我记得那是我第一次从耶路撒冷坐车到了安曼，以前的许多次我都是乘坐飞机并且只能在夜间抵达那里。那时，我刚服完数十年的兵役，离开陆军不久，而且正处在与前摩萨德局长一起入职的过程。沙巴泰·沙维特和我步行穿过阿伦比桥，一辆装甲车正等着带我们与约旦情报机构的负责人会面。

　　两年前，我还在担任中央司令部司令，负责捍卫约旦河谷以及以约边界地区的安全，并为防止约旦局势恶化准备所有作战计划。

　　我曾无数次站在以色列这边朝着约旦方向眺望来研究地形。此刻，我发现自己竟在白天公开地坐在有空调的车内，行驶在这条再熟悉不过的道路上——以前我经常从地图、侦察报告、操作计划以及航空照片中看到。

　　在旅途中，当我看到一个又一个熟悉的地点时，我每时每刻都能想到：根据作战计划，某个编队将会到达这个位置，另一个单元将会降落在那个位置。在那次行进中，为了防止今后与约方发生战争，我又重新规划了作战计划。当我抵达安曼时，惊人的一幕映入眼帘：向西看，我可以看到耶路撒冷和朱迪亚山丘。顷刻间，我感到一种满足感，因为我们已经努力与约旦签署了和平条约，我们可以把所有的精力和想法从制定进攻防御计划转移到寻找方法发展和平，促进两国的利益，为约旦人民造福。

　　对于拉宾来说，向这个地区的居民灌输和平的意识是非常重要的，我们需要把和平变成一种活生生的、可感知的、日常生活的一部分，而不是把它当作一种模糊的、不可实现的想法。为此，他努力寻求任何与他见面的外国领导人的支持。

　　拉宾在当时与英国首相约翰·梅杰举行的一次会议上说："创造经济势头很重要，应该使该地区的人民能够从他们的生活条件中感受到和平的力量。与以色列签署和平条约的阿拉伯领导人面临的风险要比我大得多，他可能会被谋杀，而我最糟糕的情况也不过是被解雇，"他当时这样说，还不知道现实会是相反和残酷的。拉宾可能没想到，一年后他会被杀害，以色列社会将陷入可怕的漩涡，迄今也未能恢复。

　　"一方面，我们看到一些阿拉伯人愿意走向和平，"拉宾继续说，"另一方面，一大批激进的伊斯兰恐怖主义浪潮正在兴起，其唯一目的是伤害以色列和西方的利益，扼杀和平进程。这是没有霍梅尼的霍梅尼主义者。"

以色列议会绝大多数人同意与约旦的和平协议，约旦议会也是如此。1994年10月26日，以色列和约旦在阿拉瓦举行的一场令人印象深刻的仪式上签署了和平条约。

两个月后，1995年1月初，拉宾和侯赛因之间举行了一次会议，讨论如何将书面语言转变为现实项目。

侯赛因说，两个月过去了，约旦的国民开始问：和平的果实是什么？

"我们告诉他们不要失去耐心，事情不会一夜之间改变，"国王说。

拉宾回答说："我们承诺从1995年2月10日开始，从现行界线撤回到我们已经协商一致的界线。我们需要移动围墙，疏散雷区，这需要时间。不过，我们可以在两个星期后从亚喀巴和死海之间的区域撤离，这也是我们理应去做的。

"我们准备立即开始管道的建设，将允许5000万立方米的水输送到约旦。我们将允许约旦公民开私家车进入以色列。为了立即发展经济关系，我们正准备开始进出口货物，订单金额将达约4000万美元。"

约旦人民希望能够从亚喀巴经以色列领空飞往欧洲，以色列空军拒绝的理由是：这会干扰在阿拉瓦的演习。拉宾建议，召集两国空军指挥官开会，如果他们不能解决问题，那么侯赛因和拉宾来解决。

最终，建立了一条空中走廊，连同协调和控制程序，目前为约旦皇家航空公司（以前称为"阿利雅航空"）和以色列航空公司的客机在安曼到本—古里安机场的航线。约旦皇家航空公司也以此作为飞往美国和欧洲的航线。

8月，国王要求紧急会见拉宾。当我们到达亚喀巴时，迎接我们的侯赛因国王一反常态地严肃。他告诉我们，他希望告知我们与伊拉克之间的最新事件。在那些天里，萨达姆的两个女儿拉格德和拉娜同他们的孩子及丈夫一起来到约旦，寻求国王的政治庇护。

侯赛因·卡迈勒是萨达姆的女婿之一，他是伊拉克军队中的一名级别相当高的军官，并领导了萨达姆的大规模杀伤性武器计划。他声称，因为反对萨达姆的暴虐统治，他已经叛离萨达姆，连同他的家人和他弟弟的家人——他的弟弟娶了萨达姆的二女儿。他希望在庇护地制定一个计划，推翻萨达姆。

国王告诉我们："在叛逃的一个月前，侯赛因·卡迈勒在前往莫斯科途中经过安曼。他此行的目的是在取消对伊拉克的禁运时，阻断购买坦克的交易。

　　"我们在这里见面，而且我告诉他，伊拉克应该是和平进程的一部分，并请他把这句话传达给他的政府。卡迈勒告诉我伊拉克内部的问题，我告诉他关于我们与以色列的合作谈判，并说这次合作对约旦是非常有益的。我告诉他，"国王继续说，"我们得到了我们的土地，并且正在从以色列得到水资源——这一切都是在和平中进行的，并没有战争。一个月后，当卡迈勒回到约旦，并要求政治庇护时，他表示之所以作出现在这个决定，是因为他与我的谈话。他告诉我，萨达姆反对伊拉克成为和平进程的一部分，一个多月前伊拉克打算再次入侵科威特。在过去几天里，伊拉克已经恢复了与沙特阿拉伯和科威特可能发生对抗的行动计划。卡迈勒认为萨达姆所采取的方式是错误的，他们不应该继续使用武力并威胁邻国。他试图感化内阁和执政党，并明确指出政府近年来在巴格达所犯的错误，但最后不得不放弃。

　　"当卡迈勒告诉我伊拉克的局势时，我感到震惊，"国王继续说，"他说监狱已经人满为患，人们不断被谋杀，犯罪越来越猖獗。卡迈勒想从萨达姆手中救出伊拉克，为此，他希望与以色列取得联系。"

　　拉宾明白，卡迈勒希望构建一个能够推翻萨达姆的力量，为此他希望寻求约旦、以色列和其他国家的支持。

　　拉宾说："我希望伊拉克会改变，但我不认为卡迈勒有能力作出这个改变。他不具备这样做的号召力和能力。他是一个高效的技术专家，他在战后参与重建伊拉克，特别是建立了国防工业，也是提升共和国卫队战斗力的驱动力之一（共和国卫队是伊拉克军队的精锐部队，拥有几个师）。如果他无法利用他手中的所有权力清除萨达姆，那么我就要怀疑他是否有能力从外面这样做。我们有一个战略利益，即约旦将在你的领导下变得强大。我不建议你为一些像卡迈勒这样不够认真的人冒险。我认为，只有压力和制裁才会带来伊拉克的变化，变化应来自伊拉克内部。没有人会介入帮助卡迈勒推翻伊拉克政府。"

　　侯赛因感谢拉宾的建议，并回答说："你的话很有启发性。"

　　我认为，在这种情况下，拉宾从一场疯狂的冒险中拯救了侯赛因——如果他开始做了，可能会为他招来大麻烦。

　　拉宾被紧急召至约旦进行这次磋商表明，国王和拉宾之间存在着高度的尊重、良好的合作和融洽的关系，也正是这些因素得以促成两国建立起和平关系。

　　在安曼举行的夜间会议是两国领导人的最后一次会议。再次见到侯赛因国王是两个月以后——震惊和伤心的国王来到耶路撒冷参加拉宾的葬礼。

　　葬礼结束后，国王邀请我和拉宾的高级助手埃坦·哈贝尔来到耶路撒冷大卫王酒店的房间里，他对我们说："我知道你们受到了伤害，并感到痛苦，但是我想让你们知道我更加痛苦。今天，我失去了我曾经最好的朋友！"

第23章

奥斯陆进程：意料之外的突破

1992年，拉宾再次担任总理，此时距离第一次巴勒斯坦大起义爆发已经五年。拉宾决心推进和平进程，这一点他在竞选期间一直提到。他意识到，需要通过直接会面和谈判来停止与巴勒斯坦的流血冲突。

在爆发起义的这些年里，辛贝特和以色列国防军向恐怖主义发动了坚决果断的战争，不间断地严厉打击恐怖分子。尽管这场战争取得了许多成果，但并不能够遏制住恐怖主义，巴勒斯坦青年加入恐怖组织的势头并没有被削弱。

拉宾知道仅仅依靠军事手段不足以遏制恐怖主义。他坚定地认为，使用军事力量来严厉打击恐怖主义是不够的，必须与政治渠道相结合，通过谈判努力达成协议，实现和解。

拉宾非常谨慎，对巴勒斯坦人更是十倍的谨慎。为了谈判，他从沙米尔那里继承了在马德里会议上成立的约旦—巴勒斯坦联合代表团，代表团成立的原因是，巴勒斯坦人听从亚西尔·阿拉法特的指示，而他领导的恐怖组织不承认以色列的生存权，我们不会与巴勒斯坦人单独谈判；无论发生什么情况，最终协议将以约旦王国为基础，不会建立独立的巴勒斯坦国。

不过，拉宾并不这样认为。

在巴勒斯坦大起义期间，甚至在沙米尔领导的联合政府里担任国防部长时，拉宾对于和平进程就开始有了较为成熟的考虑，并意识到，与他之前的认识相反，起义并不是一个小插曲。

巴勒斯坦大起义爆发于1987年，人们曾普遍认为，过一段时间起义就会被镇压，生活将恢复到之前的状态：以色列强硬地控制西岸和加沙的350万巴勒斯坦人，这些人除偶尔几次恐怖袭击之外，并没有进行任何有组织的抵抗。

拉宾认为这并不是时机成熟的表现，他意识到即使在平静时期，我们还是会继续坐在一个沸腾的锅盖上，随时都有再次爆发起义的危险。

我认为，在那个时候，拉宾考虑到身边发生的袭击和伤亡以及巴勒斯坦人民遭受的痛苦，开始意识到如果不花大力气努力通过谈判及和平方式解决冲突，这种暴力冲突将永远不会结束。

拉宾意识到，为了达成协议，寻找与巴勒斯坦人进行对话的途径的时候已经到来，即使不能解决冲突，至少能结束流血事件。

拉宾这位"安全先生"足智多谋，他明白，仅仅依靠军事力量并不能结束冲突。然而多年来，对于包括拉宾在内的国家领导人来说，保持现状是有利的，他们相信以色列很强大，在未来几年足以维持对巴勒斯坦人的控制，而且巴勒斯坦公众也会谦卑地接受这一点。

以色列领导层没有认识到思考未来的必要，正如前面所提到的，维持现状是容易的。随着时间的推移，许多不同的军事手段被投入使用：数十支部队纷纷涌入这片领土，成立了诸如薛姆龙秘密行动部队和樱桃侦察队等特种部队，部署在朱迪亚、撒玛利亚、加沙地带的旅变成了师，团、营变成了旅。然而，这并没有让巴勒斯坦人投降，起义持续不断。

这是一团可以用武力处理、但无法用武力熄灭的火焰。

拉宾正在寻找一种结束流血的方法。他总结出"胡萝卜加大棒"方法，在平静时期，我们和巴勒斯坦人和解，在暴乱时期就打击他们，但这一方法已经失效。拉宾还对日益蔓延到以色列的恐怖主义以及许多袭击都使用冷兵器和枪支而感到担忧。

以前，曾有人认为拉宾世界观的改变是由于他担心以色列社会没有强大到足以处理恐怖主义、流血事件和丧亲之痛，起义可能会严重伤害以色列社会不屈不挠的精神。然而，我可以肯定地说，拉宾从来没有表示过这样的担忧。他希望寻求另一种办法来解决冲突，这源于他结束流血冲突的真诚愿望，并且他试图带领以色列国开创美好的新局面。

在他担任国防部长期间，这种想法已经开始成熟。因此，在他与伊扎克·沙米尔竞选总理期间，他的竞选纲领即包括与巴勒斯坦人、约旦人、叙利亚人和黎巴嫩人进行谈判，并承诺尽一切努力在以色列与其邻国之间达成和平协议。

当拉宾成为总理时，他认为在这片领土上，与巴勒斯坦人的谈判方式就应该是与真正的巴勒斯坦领导人进行谈判。拉宾的做法是与当地的巴勒斯坦首脑层进行谈判，而不与巴勒斯坦解放组织有任何接触，正如上文提到的，巴解组织是一个不承认以色列生存权并宣誓对以色列进行圣战的恐怖组织。

当时政府的政策是禁止巴解组织在以色列领土上活动，并颁布法令，即使所涉及的活动只是挥舞巴勒斯坦旗帜，也必须立即予以镇压。

参加马德里和平会议的巴勒斯坦代表团代表由巴勒斯坦人民自己选举。他们任命海达尔·阿卜杜勒·沙菲医生作为代表团团长（他是加沙的一名医生，也是当地的名流），并且要求吸纳侯赛尼家族成员、阿卜杜勒·卡德尔·侯赛尼的儿子费萨尔·侯赛尼。在独立战争期间，阿卜杜勒·卡德尔·侯赛尼是阿拉伯民兵组织的高级指挥官之一。其子费萨尔·侯赛尼是一名政治活动家，曾是朱迪亚和撒玛利亚地区巴勒斯坦人的一位领导人，并因此遭到行政拘留。

拉宾最初因为侯赛尼住在耶路撒冷而拒绝让他加入代表团。拉宾不想开创这样一种局面———一位生活在以色列主权下东耶路撒冷的巴勒斯坦人成为巴勒斯坦代表团成员。以免给民众造成这样的印象：拉宾不再将东耶路撒冷视为以色列首都耶路撒冷的一部分。

然而，越来越多的情报表明，侯赛尼在这片领土上受到高度赞赏，且性格比较温和。此外，巴勒斯坦方面施压要将侯赛尼纳入代表团，是因为他们将他视为西岸巴勒斯坦人民的杰出领袖。

最后，在得知侯赛尼在拉马拉附近的伊恩西尼亚村有第二个居住地，因而可被视为当地居民后，这才找到一个"创造性解决方案"。即使侯赛尼的以色列身份证表明他是耶路撒冷居民，他还是获得了加入巴勒斯坦代表团的"印鉴"。

1993年4月，我来到拉宾办公室，那时他担任总理兼国防部长，由于以色列国内发生多次恐怖活动，这片领土一连数月都处于戒严之中。在每一次形势汇报中，都会持续关注哈马斯发动的重大恐怖袭击事件。拉宾提出，以色列国防军的首要任务是打击恐怖主义，为"绿线"附近的以色列人提供安全保障。拉宾首先要做的就是减少对以色列境内的巴勒斯坦工人的依赖。

那段时间里，根据马德里会议就巴勒斯坦代表团以及约旦责任条款的规定，我们继续通过约旦与巴勒斯坦代表团进行联系。尽管侯赛因国王表示抗议，建议把代表团成员分开，但在那个阶段，拉宾选择继续使用之前的方式，以使谈判程序连贯。

当时，巴勒斯坦公众开始表现出对重启会谈以及以巴谈判的不安。我们已经获悉，反对派闯入赛义卜·埃雷卡特在杰里科的家中，企图恐吓他。我们还通过情报渠道了解到，将要在华盛顿参加与以色列谈判的巴勒斯坦代表团成员一直收到死亡威胁。

1993年4月，拉宾向前往华盛顿与阿拉伯代表团谈判的人员进行了首次情况通报。通报会上，拉宾确立了谈判原则。根据这些原则，以色列负责朱迪亚和撒玛利亚地区以及与约旦、加沙地带和埃及边界的整体安全。以色列人民无论身处何处，他们的人身安全均由以色列负责，而民事管理权将逐步移交给巴方。

这里，拉宾第一次表示愿意将民事管理权移交给巴勒斯坦方面。该协议将此称为"向巴勒斯坦方面移交在平民生活区的部分管理权力"。

到了这个阶段，拉宾表示为达成永久性协议，应公开各项选择。也就是说，在这个阶段，谈判小组将对近期相关问题进行处理，如民事管理的具体权力，但拉宾已经在就达成永久协议考虑签订过渡协议。拉宾说："对巴勒斯坦人的态度将取决于和平进程取得的进展。"这意味着随着谈判的进行，为了营造积极的氛围，以色列将对巴勒斯坦人采取和解态度。和解方式包括解除封锁和戒严、向工人提供以色列通行证并改善当地居民的日常生活。

1993年4月下旬，与巴勒斯坦谈判的代表团动身前往华盛顿，那里的报告显示，费萨尔·侯赛尼态度温和，而海达尔·阿卜杜勒·沙菲言辞激烈，他说："定居点的命运彼此相连，一荣俱荣，一损俱损。"

以色列代表团成员注意到海达尔和费萨尔的紧张关系，表明两人正在为主导地位而争斗。

即使那样，我们在谈判初期就收到可靠情报，实际上，居住在突尼斯的阿拉法特才是最终决策者。巴勒斯坦代表团成员在与以色列人谈判结束后返回酒店，就立即与突尼斯的阿拉法特联系，接受他的指示来对我们提出的内容作出回应。因此，我们意识到当我们的代表与巴代表团会面时，最终决定者和真正的谈判者是巴解组织的领导人——阿拉法特。

当时的巴解组织仍然让人憎恶，以色列官方的做法是不与之接触，坚持与阿拉法特会晤的以色列人会被判刑入狱。拉宾开始意识到，试图在这片领土上建立一个真正的巴勒斯坦领导机构是不会成功的。

拉宾和佩雷斯一致同意，佩雷斯将负责水资源、环境和难民等多边会议，拉宾协调双边接触，并将是最终决定者。他们在每周召开的会议上交换意见，但很明显，拉宾正在处理双边会谈，他深入参与这一进程，并且作出最终决定。

与此同时，巴勒斯坦方面开始向我们提出不同的和解要求，其中一项是允许起义前由于政治颠覆活动而被驱逐的年迈流放者重返家园。在以色列国防军和辛贝特审查此事后，拉宾经劝说允许30名被驱逐者重返家园，但前提是返回这片领土后不能和巴勒斯坦其他居民一样，担任巴解组织机构的官员。

1993年4月，拉宾对与巴勒斯坦人进行谈判的态度只是按部就班，不抱期望。他的做法是即使不能知道这个进程的结果是什么，但还是决定试一试，并且一旦作出决定，他会以极其认真、高度负责的态度处理问题。

拉宾愿意推进并考虑那些大胆的提议。从他第一次向与巴方谈判的代表团阐述原则和指导方针，以及他作决定的方式开始，和谈活动逐步成形。

从拉宾当时的行为，没有人能猜想他对永久性协议的憧憬，因为拉宾并没有谈过这点。在与我们交谈时，他没有具体说明最终目标是什么，他也没有概述实现目标的方法。不过，他总是说："让我们从这里开始，谨慎走好每一步，仔细检查我们取得的进展，然后决定下一步要做什么。"

我毫不怀疑，善于分析和计算的拉宾，对于想要达成的方式和达到的目标，会有一个详细的规划，但他没有告诉我们。只有随着进程的发展，我们才知道他为永久协议所作出的规划细节。后来我了解到，拉宾愿意巴方建立一个领土不超过50%西岸土地的巴勒斯坦国。

拉宾的想法是逐步推进，从而弥合双方心理上的差距和固有的信任缺失，并试图构建一个协同合作、和谐共生的新体系。根据拉宾的说法，这种分阶段的方法让我们能够判断对方的意图及其认真程度，并决定是否继续进行以及在每个阶段如何进行。

4月下旬，以色列代表团团长艾亚基·鲁宾斯坦和拉宾进行商讨，就此讨论了"海达尔·沙菲的问题"：沙菲的看法非常极端，我们认为他破坏了谈判的进展。拉宾和鲁宾斯坦试图设法摆脱沙菲，将他从巴勒斯坦代表团中除名。

拉宾指示向美国人传达信息，沙菲的做法毫无意义，因为我们认为他正在破坏谈判并且以消极和好战的态度去谈判。

后来，美国人设法对沙菲施压，让他冷静下来。

1993年7月，拉宾告诉鲁宾斯坦，让他作好准备与巴勒斯坦方面进行另一轮谈判。但是在这背后，有人已经开始倡导"加沙第一"的想法，即由巴勒斯坦方面负责加沙地带的民事管理。

拉宾对鲁宾斯坦说："我以前想过'加沙第一'，但是我不想在下一轮谈判就提出这个问题。我们必须首先在原则上与巴勒斯坦人达成协议，然后我们将讨论'加沙第一'作为执行协议的一部分。"

那些天里，拉宾以非常灵活的方式描述了他的意图，因为和平进程尚处于起步阶段。拉宾只提供了指导方针并听取了巴勒斯坦人的意见，同时在谈判时决定了下一步怎么做。

拉宾试图与巴勒斯坦方面达成协议声明，并决定设立不同的委员会来处理人权、水资源、土地以及向巴勒斯坦方面移交民事权力等问题。

以色列代表团的报告表明，与巴勒斯坦人的商讨毫无意义。因为大部分工作是在美国和巴勒斯坦之间以及美国和以色列之间秘密进行的。

谈判一开始，巴勒斯坦方面就提出了两个要求，这激怒了拉宾。他们要求在讨论永久协议前，将对耶路撒冷问题的讨论作为过渡协议的一部分。此外，他们要求讨论管辖区问题，这意味着讨论巴勒斯坦管辖权适用的土地，换句话说，这是巴勒斯坦国家主权的基础。

这意味着巴勒斯坦人想要整个地区都承认巴勒斯坦自治政府，除了以色列希望讨论的"例外"地区，即定居点。

拉宾坚决拒绝了这一要求。他的方案是在那个阶段不讨论耶路撒冷问题，在过渡时期，耶路撒冷仍然是以色列主权下的完整城市。以色列不能接受将整个地区的民事权和司法权交予巴勒斯坦方面，少数地区除外。

拉宾的计划与巴勒斯坦相反：给予具体权力，不是土地权力，而是与居民有关以及除了以色列负责的一切其他问题的权力。拉宾认为在这个阶段不会讨论领土权力，当然也不会讨论领土的所有权。

他的意思是"提供早期权力"，这意味着在平民管理、负责平民生活、公共秩序和民事警察等方面转移居民管理权，但以色列保留对土地的实际控制。

拉宾还强调，无论以色列人身在何处，安全由以色列负责；无论他们在哪里，对整体安全、边界、控制人员进出境以及保护和防卫边界的责任都在以色列手中。

这是拉宾告诉以色列代表团的指导方针。

那时，我们和美国人之间产生了一种"小危机"。他们带来一份文件，并认为这是从原则上达成协议的提议。

文件中有些内容对拉宾来说并不是个好兆头。不过，他同意接受这份文件，因为他从罗斯和克里斯托弗那里了解到，这是美国提出的旨在推动和平进程的建议，而且美国将继续支持以色列并保护其利益。所以，拉宾同意接受文件中的一些并不合他心意的声明，比如过渡期间的"自治权"一词被过渡期的"巴勒斯坦自治权"所取代。

两个月后，那一年的6月，美国方面带着修改后的文件来找拉宾，这份文件让他大失所望。拉宾指责美国方面让他以为第一次提交给他的文件是不可更改的，但是现在他们带着修改后的文件来找他，并要求他作出更多的让步。

一直以来，我们也都在和约旦方面联系，侯赛因国王对"加沙第一"的想法表示担忧，因为他认为巴勒斯坦人不能确保加沙的安全。侯赛因表示，把加沙的安全职责移交给巴勒斯坦人，可能会扰乱西岸的安定，因为巴勒斯坦人也希望以色列人从那里撤离。侯赛因国王担心，除了居民点和军事基地，以色列即将离开整片地区。因此，他表示了对这可能会破坏约旦的稳定的担忧——从北部的提拉兹维到南部的死海，约旦与朱迪亚和撒玛利亚拥有共同的边界。

拉宾向侯赛因传达一个信息：确定以色列不会离开整个加沙地带，以色列正在讨论将安全部队重新部署到加沙、朱迪亚和撒玛利亚地区。此外，在达成框架协议之前，这些都不会发生，"加沙第一"是框架协议第一阶段的实施内容。

在这个过程中，我们发现阿拉法特正在谈判中制造麻烦，并反对给予管理日常生活权力的想法。在我们的印象里，他正试图拖延谈判的进展，担心他出现在突尼斯——当时海达尔·阿卜杜勒·沙菲在加沙，而费萨尔·侯赛尼在耶路撒冷——会破坏他的权威。阿拉法特想要参与谈判，他通过给谈判进展制造麻烦，向我们传达我们需要和他谈判这个信息。自从与巴勒斯坦方面开始进行谈判，阿拉法特显然在指示巴勒斯坦代表团成员保持强硬和不妥协的立场。在那个阶段，以色列仍然在同时进行与约旦和叙利亚的谈判，关于这个问题，拉宾对美国人说："我不记得与阿拉伯人同时进行谈判会发生什么好事。"拉宾指的是所有谈判代表团在同一时间和同一地点会见的情形。在这种情况下，与一方谈判会与同另一方谈判混淆，每个人都在检测其他人的反应和进展，极端立场得到支持，每个人都会以此作为依据来考虑自身的立场。因此，最好还是把他们分开来谈判。

拉宾以同埃及人进行的谈判为例，这次谈判与其他国家分开进行。不过，拉宾强调："我们从前任政府承袭了并行谈判的惯例，我们就要努力让这些谈判奏效。"

在与美国人的每次会晤中，以及进程的每一阶段直到生命结束前，拉宾都强调美国既不是仲裁者，也不是调停者。拉宾认为，美国方面充当的是中间人的角色，即将以色列的立场传达给巴勒斯坦人，反之亦然；并且提出克服障碍的想法，但要让我们提前知道，那样我们就不会因此而大吃一惊。不过，拉宾强调美国人没有权力进行仲裁或调停，并且他们不能通过洽谈来代替直接谈判。他们的角色只能是忠实的中间人。

拉宾非常谨慎地与美国方面保持这种相处的方式——但后来不同了，如内塔尼亚胡担任总理期间，美国人在关于以色列和巴勒斯坦分歧的谈判中发挥了突出的作用。

拉宾十分谨慎，希望通过直接谈判达到目标，只有在陷入僵局时，才要求美国方面担任中间人，但绝对不会要求他们进行仲裁或调停。

4月，拉宾和穆巴拉克在伊斯梅利亚进行会晤期间，穆巴拉克向拉宾展示了他从阿拉法特那里获得的地图。地图上，阿拉法特勾勒出收复加沙、杰里科和约旦河沿岸地区的愿景。阿拉法特的目的是争夺权力，并表明他没有忽视西岸。然而，背后的真实目的是试图在早期阶段控制进出境通道。

当时，作为与巴勒斯坦代表团谈判的一部分，我们提出让费萨尔·侯赛尼挑选一些人，我们将对他们进行培训，提高他们使用我们希望移交给他们的民事管理权力的能力。但巴勒斯坦方面因为害怕阿拉法特而拒绝这样做，而阿拉法特反对巴勒斯坦方面在接受早期权力的情况下进行合作。

随着和平进程的不断推进，拉宾向巴勒斯坦方面进一步展现出诚意。他表示愿意在签署协议后立即重新部署以色列在加沙的部队，从西岸巴勒斯坦的城市中心撤离后，我们准备把几乎所有的民事管理权移交给巴勒斯坦人。在这种形势下，除耶路撒冷仍在以色列主权下，以色列仍然拥有全部安全责任以及对整个地区的控制，巴方对巴勒斯坦人拥有几乎全部权力。

美国人正在努力制定以色列和巴勒斯坦之间的美国原则宣言，而巴勒斯坦方面正在商讨"加沙和杰里科第一"这个想法，并就巴勒斯坦被驱逐者返回西岸而进行了讨论。有两个相关的被驱逐者群体：大多数年纪较大的被驱逐者是在起义爆发前被驱逐出境的巴解组织成员，他们重返的目的是向巴勒斯坦方面传达谈判有利这个信息。第二个群体是流放到黎巴嫩马基阿尔祖胡尔的哈马斯成员。这个群体包括三类：第一类是仍然参与恐怖活动的人，他们将返回监狱，继续关押；第二类将被立即释放；第三类返回后立即被以色列调查，根据调查结果，决定对他们行政拘留、审判或释放。

谈判进入这一阶段，拉宾已经发表声明，称约旦与巴勒斯坦联合代表团只是一个幻影，这种情况必须改变。很明显，没有总部在突尼斯的巴解组织的批准和指示，巴勒斯坦代表团对大小事情不能采取任何行动或作出任何决定。

拉宾从情报来源了解到，费萨尔·侯赛尼正处于进退两难的境地。

一方面，侯赛尼正受到来自突尼斯的压力，试图限制他的权力，另一方面，他想继续领导谈判。

很明显，阿拉法特和在突尼斯的巴解组织领导人与巴勒斯坦谈判代表团之间存在分歧。巴解组织领导人更愿意签署原则宣言，并立即开始实施"加沙和杰里科第一"。这是为了向巴勒斯坦人发出消息，即阿拉法特没有忽视西岸，也不会成为加沙市长，但能够在杰里科有一个立足之地。为了保持这片领土与外界的联系，阿拉法特希望收回杰里科和阿伦比桥。费萨尔·侯赛尼支持开始向巴勒斯坦方面转移民政权力，以便开始对该地区施加控制权。由于在突尼斯的巴解组织和巴勒斯坦谈判代表团之间存在分歧、关系紧张，代表团成员纷纷辞职。不过，他们后来撤回了决定，因为阿拉法特通过加强他们的地位、给予他们额外的权力，安抚了他们。与此同时，另一谈判正在秘密进行，并很快走向公开，使得该地区乃至全世界的许多人都大为吃惊。

1993年夏天的几个星期，拉宾、我和其他一些高级官员收到证据，证明巴解组织成员和以色列人亚伊尔·赫希菲尔德博士以及罗恩·彭达克正在会面。

当我和其他秘密人士问拉宾时，他用熟悉的手势打断了我们说："不严重。"

后来，当我和拉宾谈到在以巴之间进行非正式会谈这一阶段时，他说："丹尼，相信我，我从未想过会有任何结果。"佩雷斯早些时候就告诉拉宾这次会谈，但他并没有告诉我们；而当拉宾决定派外交部总干事乌里·萨维尔到奥斯陆时，他也没有告诉我们。

然而，后来越来越多的迹象表明有秘密的沟通渠道，但不清楚沟通内容，也不清楚沟通的深度和实质性。

在奥斯陆被大众媒体"挤爆"前的三个星期，拉宾打电话叫我和埃坦·哈贝尔去他的办公室，告诉我们："由乌里·萨维尔和约埃尔·辛格率领的外交部代表团以及由阿布·阿拉率领的巴勒斯坦代表团在挪威人主持下，正在奥斯陆进行会谈。这是没有对外公开的秘密谈判，即使美国人也不在其中。他们正试图在原则上达成协议，但我认为可能性不大。这里仍然存在很多问题，但我希望你们知道。"

这一通知证实了我们早前发现的证据。据我所知，拉宾对这方面确实没有过度乐观，我认为他赞同佩雷斯派萨维尔去奥斯陆，是因为他非常怀疑最后的结果。

从那一刻起，直到"奥斯陆协议"签署，我都毫不知情，除了拉宾有时会告诉我在这些谈判中取得的进展。协议由秘密前往奥斯陆的西蒙·佩雷斯和阿布·阿拉共同签署。这份协议是一份概括性的"原则声明"，可以用来推进缩小差距，所有目的都是为了这份文件可以作为未来谈判的基础。

然而，需要做更多的工作才能把这份协议变成双方可以一致达成的文件。

在制定奥斯陆文件的整个过程中，佩雷斯收到拉宾关于他不愿意承认的问题的指导方针，比如耶路撒冷不在讨论的议题内、以色列全权负责领土和边界安全，而且不存在巴勒斯坦难民返回故里的权利。

1993年9月初，在拉宾办公室举行的"领土讨论会"上，他首次介绍了"奥斯陆协议"的主要原则。在过去几个月里，这些原则在幕后逐渐成形，并完全保密。

拉宾说："自治是解决以巴问题的复杂方案，需要建立在两国人民共处的现实之上（当时拉宾仍然设想着巴勒斯坦人和犹太定居者毗邻共存），正如我们所知道的，犹太定居者和巴勒斯坦人之间没有失去关爱。我宁愿采取类似于我们与埃及人达成的解决方案：以色列和埃及有明确的界线并完全分离。"

作为过渡，以色列给予巴勒斯坦人能够掌控自己生活的权力，但必须与留在原地的犹太定居者共同生活，直到达成永久协议。对拉宾而言，这是更为复杂的解决方案。他宁愿立即执行永久性协议，其中将有一条将定居者和巴勒斯坦人分开的界线。这将避免两个民族的生活相互交织的情况，以及引起日常摩擦，而这些只会使问题复杂化。

拉宾继续说道："最好立即执行永久性协议，但由于耶路撒冷问题，这是不可能实现的。我非常希望我们有一位巴勒斯坦的合作伙伴，但这不可能。目前我们正试图将巴解组织变成合作伙伴。我看到加沙与朱迪亚及撒玛利亚有很大不同。在加沙，我们可以对巴勒斯坦人更加慷慨，我们在这里达成的任何安排，不需要成为朱迪亚和撒玛利亚的先例。加沙有少量定居者，他们生活在17个狭小独立的社区，所以这里更容易达成分离巴勒斯坦人与加沙人的缓和方案。在西岸有近20万的定居者，以色列人和巴勒斯坦人的生活更加交织复杂。我认为，可以把加沙地带和西岸"小飞地"计划作为最终协议的试点计划，并逐步加以实施。

"以色列国防军将留在该地区，在埃及边界、拉法码头以及沿加沙与以色列和地中海的边界提供外部保护。无论以色列人身处何地，以色列国防军将负责每个以色列人的防卫和安全。然而，我们应该逐步放手，让巴勒斯坦人在更多方面负责，我们必须观察他们是否有能力处理这些问题。巴勒斯坦方面要求从外面带来一些巴勒斯坦人，我们原则上同意他们这么做，但民族身份、何时会发生等问题——所有这些都是巴勒斯坦和我们谈判的主题。"

拉宾接着说："我们必须看巴勒斯坦方面是否自觉维持秩序，阻止恐怖主义。因为他们没有最高法院，也没有贝塞林（以色列人权组织），所以他们能够有力且没有什么限制地打击恐怖主义。谈判期间将继续实施"加沙和杰里科第一"，只有在巴勒斯坦民族权力机构选举后，才会建立巴勒斯坦委员会（将得到权力），并且在以色列从加沙完全撤离前，不会移交民政权力。

"我认为加沙和杰里科是一个'测试案例'。早在卡特、萨达特和贝京的戴维营会谈中，已经讨论过以色列国防军在领土上重新部署的问题。当时还没有设定好时间表，我们会根据自己的利益来设定时间表。巴勒斯坦民族权力机构的选举取决于在自治结构、巴勒斯坦委员会和选举的性质上达成的协议——在此之前不会举行选举，也不会移交权力。我不反对建立一支巴勒斯坦警察部队——这个谈判议题也已经出现于戴维营会谈。我想将加沙和杰里科的谈判与巴勒斯坦议会和选举的问题分开。没有人在这些非常复杂的问题上有经验。

"我想强调，现阶段没有就撤离以色列定居点举行谈话，定居点问题将在永久性协议的谈判期间展开讨论。

"显然，巴解组织将签署《原则宣言》，但要我们同意这个宣言，他们需要作出几个对他们来说非常困难的声明：他们必须宣布33条的《巴勒斯坦民族宪章》中的28条——所有反对以色列存在的条款——无效。"

1993年9月2日，拉宾对我说："我们正在起草能使我们重新认识巴解组织的文件。不过，在我们要求取消《巴勒斯坦民族宪章》中的大部分条款、承诺打击恐怖主义、只用和平的方式解决冲突、同意举行选举等其他问题时，我感觉阿拉法特开始变得焦躁不安。

从深恶痛绝的邪恶势力到和平协议的合作伙伴，对巴解组织看法的改变，是由于拉宾承认了巴解组织是幕后操纵者的事实。但是，只要巴解组织不承认以色列的生存权、不承诺阻止恐怖主义、不承诺通过对话解决有争议的问题，拉宾就不愿意与其进行谈判。拉宾是一个现实主义者，他选择接受事实，因为他渴望促进与巴勒斯坦方面达成和平协议。毕竟，这是派出艾亚基·鲁宾斯坦率领代表团前往华盛顿的原因。当拉宾意识到是在奥斯陆而不是华盛顿实现突破，他立即以务实的方式改变他之前提出的计划，欢迎和接受了这些改变，而不是坚持原有的方案。

奥斯陆进程取得了实质性成果，然而，在华盛顿的进程却一拖再拖。因为在奥斯陆，与像阿布·阿拉（艾哈迈德·库赖）和阿布·马赞

（马哈茂德·阿巴斯）那样的人对话更加有效——他们更接近阿拉法特，他们能够试图说服他，巴勒斯坦人应该接受在那里达成的协议。

此外，参与奥斯陆进程的以色列人显然更有创意，有更多自由来处理谈判。萨维尔和辛格的组合很好，毫无疑问，彭达克和赫斯斐尔德铺平了道路，并为这一历史性举动奠定了基础。或许，这样一个又远又偏的谈判地点没有引起媒体的关注或参与，也是一个影响因素。另一个潜在因素可能就是在华盛顿谈判中，美国人出席了谈判，各方不太敢提出建议，也不太愿意作出让步。

在我看来，奥斯陆进程表明，最终协议是通过双方之间的直接谈判达成的，双方必须作出艰难的决定，即使没有人能为他们作决定，甚至连美国人也不会。该进程进一步表明，没有媒体的左右，没有来自外部的压力，获得更好结果的机会就会提高。

佩雷斯前往美国，向美国人报告了奥斯陆的事态发展。美国人非常惊讶地听到，当他们为推动在华盛顿的谈判而努力时，在奥斯陆正发生如此重大的事情。拉宾觉得有必要将最新情况告诉美国方面，因为他们是和平进程的赞助者，还需要他们参与未来的进程。当然，也允许他们看到协议、提出意见，并检测我们对巴解组织的要求，这是我们承认巴解组织是巴勒斯坦人民的唯一代表的条件。拉宾希望美国方面能够劝导其他国家，如摩洛哥、突尼斯、沙特阿拉伯和海湾国家承认以色列。从那时起，拉宾就很清楚，如果没有美国人，就不可能推进进程，为这个进程增添更多的国家，并迫使巴勒斯坦方面接受我们承认巴解组织的条件，作出对联合国的承诺，履行他们促进和平进程应负的职责。

对奥斯陆进程面纱揭开感到惊讶的不仅仅是美国。直到那时，奥斯陆进程都一直完全保密，侯赛因国王也很惊讶，并且非常愤怒。

我们的一名特使与侯赛因国王会晤后回来说，尽管约旦正式成为巴勒斯坦前往华盛顿谈判的代表团一员，但侯赛因对没有被告知这一进程而感到愤怒。他还对以色列和巴勒斯坦人达成的妥协可能损害约旦利益表示担忧。侯赛因国王接着说，签署协议后的第二天，他将折起给巴勒斯坦人在华盛顿撑起的伞，各代表将分道扬镳。这符合他之前的说法，即约旦—巴勒斯坦联合代表团没有任何意义，每个代表团必须分开谈判。

以色列和巴勒斯坦人的第一个和平协议——《原则宣言》的签字仪式定于9月13日在白宫南草坪上举行。那几天，拉宾一直在讨论是否参加这个仪式。

拉宾认为，对他而言，现在与阿拉法特会晤为时过早。他认为，佩雷斯和阿布·马赞签署的文件与他和阿拉法特签署的文件有很大的区别。拉宾估计，如果他去那里，阿拉法特也会要求参加签字仪式，并因可能与其握手而感到震惊。

人们应该记得拉宾经历了相当大的变化。多年来，他担任国国防部长和总参谋长，领导了反对巴解组织恐怖主义的战争，而现在担任国家总理，即将与巴解组织签署一项原则协议。从国防部长和总参谋长到国家总理，视角的转换对他来说并不容易，尽管他的个性就是对外不会表现出任何迹象。

他在是否参加华盛顿仪式问题上经历的两难抉择，表明这件事对他而言非常复杂，尽管他很清楚，在某种程度上他不得不出席。对拉宾而言，这是不同寻常的时刻，这一刻他把感情抬到高于理性的位置，而通常他都是以理性著称的。对此的解释是，拉宾非常讨厌阿拉法特。

最初，拉宾的情绪占了上风，他决定不去，并要求佩雷斯率领以色列代表团出席《原则宣言》的签字仪式。

美国人认为这个决定是错误的，开始对拉宾施加压力，包括克林顿，迫使他前来参加华盛顿的签字仪式。他们争辩道：这是以色列和巴勒斯坦人之间的第一个协议，双方领导人均应出席，以表示对这一进程的承诺，这一点非常重要。

在签约仪式前的那个星期，拉宾在星期五还仍然决定留在以色列，让佩雷斯去。外交部开始安排这次出行，而在总理办公室，没有人整理行李和熨烫拉宾的领带。

然而，星期六早晨7点，我家里的定向传送（PTP）操作电话的铃声响起，电话的另一端传来拉宾的声音："丹尼，醒后来我这儿。"虽然有点无力，仍然带着最后一丝睡意，我急切地问道，是不是发生了什么事情？拉宾回答说："我马上也给谢夫斯和哈贝尔打电话，我们需要谈谈华盛顿。"

半小时后，我已经在拉宾的住处，我发现他穿着"下班"的衣服：人字拖和套头衬衫。他轻松亲切地迎接我，利亚也非常热情地招呼我。

"美国方面给我打了很多电话，敦促我去华盛顿。你说怎么办？"

我和谢夫斯认为他应该去，因为这是一个戏剧性的转变、一个突破以及以巴关系新阶段的开始。虽然仍然不清楚会走到哪一步，但这是拉宾努力与巴勒斯坦方面进行谈判的基础。

我对拉宾说，他应该参加签字仪式，即使这意味着与阿拉法特握手。这是因为，他不出席看起来很奇怪，一方面，他正在领导与巴勒斯坦人和平共处的行动，另一方面，他故意缺席这样一个重要且具有象征意义的仪式。

埃坦·哈贝尔认为，拉宾不应该去华盛顿，因为现在还没到与阿拉法特会晤的时候。

讨论的过程很短，拉宾一直没有说什么，只是连续不断地边抽香烟，边听我们说话。半小时后，他说："我认为丹尼和谢夫斯是对的，我得走了。"

佩雷斯率领的以色列代表团计划在当天晚上启程前往华盛顿，留给我们很少的时间作出安排。

埃坦·哈贝尔通知了外交部的阿维·吉尔局长，拉宾决定率领以色列前往华盛顿的代表团。短时间内，外交部方面打电话告诉我们，佩雷斯为这个决定大受伤害，因为他已经做好了所有的准备工作。此外，他很受伤害是因为每个人都已经知道佩雷斯要率领以色列代表团，这个突然的改变可被视为漠视他的地位。

佩雷斯因为拉宾改变决定而感觉被冒犯，并决定如果拉宾去华盛顿，他会留在以色列。那天，埃坦·哈贝尔和阿维·吉尔之间通了多次电话来商讨对策，他们最终同意两位重要人物乘坐同一架飞机，两人都将出现在签字仪式上并发表讲话，并且两人都会签署文件。

然而，仍然需要为出行作更多准备。以色列的"礼节的改变"需要迅速通知美国方面，以便他们确保巴勒斯坦方面可以"对等"。因此，阿拉法特也将出席并参加签字仪式，他和副手阿布·马赞都将在仪式上发表讲话。

美国人在这些事情上十分灵活，妥善安排了所有的礼仪和程序事项。

1993年9月13日，签字仪式如期在白宫南草坪举行。那天的天气特别炎热，炽热的阳光无情地炙烤着我们，但并没有消除在场所有人的激情。随着领导人从白宫走出来，开始走向主席台，现场的气氛达到最高潮。

拉宾与阿拉法特并肩行走的场面立刻让所有的陈词滥调都变得空洞，人们不可能不感受到历史翅膀的拍打。我感受到自己正在亲眼见证以色列前所未有的非凡时刻，而这是我多年来一直为之努力的目标。即使在这样的庄严时刻，我也清楚意识到有许多艰难险阻等待着我们，但是在我眼前展现的场面就是一个突破，可能会引起以色列在中东处境的变化，并结束战争和流血。

白宫南草坪上坐着的所有观众都是高级外交官员，包括阿拉伯官员。他们中，有沙特阿拉伯驻美国大使班达尔王子、叙利亚驻华盛顿大使馆的一位三等秘书以及许多阿拉伯国家的大使们。很明显，他们既感到兴奋激动，又感到庄严肃穆。

　　各国领导人在台上落座。克林顿坐在拉宾和阿拉法特之间，将他们分开。这一刻，拉宾的每一个体态都表达了他的蔑视和不快。很明显，他不知道自己该怎么表现，觉得有些不自在，他的表情看上去像是无意间进入一个不感兴趣的地方。

　　然而，佩雷斯就像婚礼上的新郎一样闪耀，拉宾不笑，而他一直在微笑。台上的人正在谈论一个历史性时刻，要结束战争和流血。然而，所有这些言语与握手的时刻相比都相形见绌。当这个时刻到来的时候，很明显拉宾是在很勉强地这样做，但是行为已经完成，观众中爆出热烈的掌声。拉宾随后立刻转向佩雷斯，脸上露出释怀的微笑，对他说："现在轮到你了。"

　　这不是那天最后的兴奋一刻。

　　在从华盛顿回来的路上，拉宾将在摩洛哥中转。这个主意是拉菲·埃德里等人提出来的，拉菲·埃德里与摩洛哥的政界人士关系很近。在那里，拉宾将会见哈桑六世国王，事实上，这将是以色列总理和摩洛哥国王之间的第一次公开会晤。

　　拉宾原本决定不去华盛顿，这个计划就随之被搁置，而在他决定接受请求参加仪式时，这个计划又重新开启。以色列随行人员中的几个人秘密筹划，而我在华盛顿为之作最后的安排。我们是在白宫签字仪式的前一天才到达华盛顿的。

　　举行仪式的前一天晚上，我从华盛顿打电话给拉菲·埃德里。他已经到了摩洛哥，安排空军机长负责确保我们秘密地安全抵达拉巴特。尽管我确信这是完全保密的，但是在我们抵达拉巴特时，我很惊讶地看到记者西蒙·希弗——他竟然不去华盛顿，而选择去了拉巴特。

　　在华盛顿举行仪式后，我们兴奋地动身前往摩洛哥。对于我们大多数人来说，这自然是我们第一次访问该国，这次访问为签字仪式的历史感增添了额外的光环。它给人这样一种感觉，与巴勒斯坦人和平共处的种子正在以公开访问的形式萌芽结果，而这是首次访问一个非常重要的伊斯兰国家。

　　对拉巴特的访问非常感人，多姿多彩。拉巴特的一些地方如同《天方夜谭》中的童话故事。我们的代表团受到仪仗队的迎接，拉宾受到隆重接待，国王对他的态度温暖而热情。

　　然而，所有的欢乐、幸福和快乐在我们回到以色列时就几乎消失殆尽，严酷的现实等待着我们。拉宾最关心的一直是安全问题，他一再重申，安全是我们坚持的主要问题，我们拒绝作出让步。同时，我们将继续帮助巴勒斯坦人，使他们能够在经济上取得成就，让他们感到和平是有利可图的，并且会对安全产生有益的影响。

虽然巴勒斯坦人很难决定谁是在华盛顿继续谈判的巴方代表，我们已开始准备并决定设立两个主要委员会：由佩雷斯担任主席、与马哈茂德·阿巴斯一起负责的指导委员会，以及经总参谋长埃胡德·巴拉克建议，由总参计划部主任乌兹·达扬担任主席的谈判委员会。不过，我认为，鉴于在谈判进程开始时将要讨论的问题如此敏感，局势如此脆弱，应该让一位资历更高、经验更足的人来率领以色列谈判队伍。拉宾同意我的观点，并接受了我的建议，任命副总参谋长阿姆农·利普金—沙哈克担任这一职务。

在谈判代表团准备谈判期间，拉宾接受邀请访问中国。根据计划，在从中国回来的路上，我们应该在乌兹别克斯坦首都塔什干停留，补充飞机燃料。在那里，我们将受到乌兹别克斯坦总统率领的政府高级官员的迎接。

幕后人员再次开始酝酿改变飞行路线的计划，即在印度尼西亚首都雅加达，而不是在塔什干降落。理由是拉宾应该与世界上最大的伊斯兰国家的总统苏哈托会晤。

摩萨德也参与安排这次访问，并且完全保密地处理这件事情。印度尼西亚方面坚决要求，在举行会晤前，不要泄露这个消息。摩萨德告诉我们，印度尼西亚方面对此非常担忧，如果这件事情被泄露出去，即使在总理飞机降落之前，在雅加达机场上空盘旋，会晤也将被取消。

会晤应该是在星期五下午进行，印度尼西亚方面担心在星期五的祈祷之后，将要离开清真寺的祷告者听说与以色列总理的会晤，将开始在城市街道上制造骚乱和混乱。知道这次秘密会晤的总理工作人员只有我一人，并且也只有我与摩萨德单线联系。在某个阶段，并且在与拉宾协商后，我将此事告诉了埃坦·哈贝尔和西蒙·谢夫斯。我们都要完全保密，因为显然任何的泄露都将导致这次历史性的会晤被取消，而这次会晤对我们来说非常重要。

在访问中国的最后一天，我们来到上海。在空闲的时间里，我和哈贝尔在当地的市场四处走走。我们走着走着，惊讶地看到有卖青蛙和鳗鱼的街头小吃摊，这时两名记者——阿蒙·阿布拉莫维奇和阿米尔·奥伦朝我们走来。他们两人对我们大笑，说："我们真的要飞往雅加达吗？"我的脸顿时煞白。我确定这个计划完全出错了。为了挽救局面，我告诉他们这肯定不对，我们依然执行原来的计划。为了说服他们，我从口袋里拿出一封电报，这封电报是那天早上从外交部发来的，上面详细说明了在塔什干的降落过程。

阿布拉莫维奇和奥伦都相信了，没有再追问下去——他们本可能阻止这次会晤。在访问中国后，国防部长通讯顾问俄德·本—阿米在飞机起飞后不久拿着机上的麦克风说："我们想通知你们，飞行计划有变。我们不是飞往塔什干，而是飞往印度尼西亚。我们直到现在才透露，因为必须对此保密。"

本—阿米说完话后，一些记者开始大声喊叫说我们欺骗了他们。有人甚至说这是一场实实在在的绑架，因为我们没有问他们是否想去雅加达，还有一些人对我大喊"骗子"。然后，拉宾从椅子上站起来说："不要对丹尼大喊大叫。是我告诉他否认这个说法，否则会阻挠一次我认为非常重要的会晤。"

无论如何，这段轶事并没有破坏那些天伴随我们的满足感。我们觉得，世界正在向我们敞开怀抱：我们访问了摩洛哥，又访问了印度尼西亚，感觉以色列正在摆脱四面被围的困境，阿拉伯和伊斯兰国家终于开始视我们为一个合法的国家。

第24章

拉宾："泰比博士，请你离开这个房间!"

庆祝活动结束后，由于最初的兴奋感渐渐褪去，我们又重新开始了困难、暗淡、费力甚至是永远做不完的工作，继续缔结与巴勒斯坦之间的和平协议。

拉宾想要开始执行《原则宣言》，但巴勒斯坦方面没有任何动静。巴解组织从来不会对人的生命和福祉负责，并且似乎很难改变其"政治意图"。

拉宾为此作出了巨大的努力，期间他曾找过穆巴拉克，并告诉他目前和平进程停滞不前，希望通过埃及的帮助来扭转巴勒斯坦人的态度。

1993年12月，在华盛顿签字仪式的两个月后，穆巴拉克召集拉宾和阿拉法特在埃及会面。会议开始时，拉宾与阿拉法特首先进行了私人对话。约45分钟后，以色列和巴勒斯坦代表团成员加入。

拉宾首先对阿拉法特说："正如我在私人对话上所谈到的，白宫仪式后，没有立即与你会面并向你阐明我方如何理解当时签署的宣言，这可能是我的错误。"拉宾认为有必要从双方谈判以后开始讨论这些事情，很明显，签字仪式后，各方都以不同的方式解释了原则协议，其中的分歧也难以弥合。

阿拉法特回答道："我们两个人需要对将会发生的事情和不会发生的事情承担全部责任。你很幸运，没有在巴勒斯坦一边。"拉宾继续说："在讨论过程中，我们发现双方对协议的理解存在差异。本协议涉及过渡期以及将成为永久协议一部分的议题（耶路撒冷、边界、定居点、难民、永久性协议中的安全部署、巴勒斯坦民族权力机构的政府性质），这些问题将仅根据协议规定的时间表进行讨论。这个时间指的是

《临时协议》中提到的五年中的第三年。

"我们正在试图做一件非常复杂的事情。与埃及进行和平谈判的时候，我们画了一条边界线，各方在边界的对面都占有各自领地。现在，我们则正在为以色列和巴勒斯坦人民共同创造一个彼此相融在一起的生活。

"我把与巴勒斯坦人进行谈判作了优先考虑，我和我的同事能够意识到进行这些谈判的目的是为了解决巴解组织问题。谈判是以我们交换的有关共识的文件、《原则宣言》和随附的备忘录为依据，以和平方式解决问题。谈判议题包括：永久性地位将分开讨论；定居点将保持不变（在临时协议期间）；以色列鱼责所有以色列人和外部的安全（边界）事务。我们的分歧之一就是对'外部安全'一词的解释。从我们的角度来看，外部安全意味着控制边界和过境点，而你的理解是，过境点应该由你负责或部分负责。然而，越过约旦河的人理论上可以被认为是在未来的特拉维夫境内。确实，我们可以关闭加沙和西岸，使巴勒斯坦人无法进入以色列，但这不是我们的意图。现在，我向阿拉法特主席解释这点，但发现在控制过境点的问题上，双方仍然存在分歧。"

阿拉法特仔细听完拉宾的话后说道："阁下准确地说明了我们之间发生的事情。我要对阁下说的是，我可以理解你的安全需要，但另一方面，你我双方签署的文件中明确写了巴勒斯坦人民的权利不会被侵犯（意思是说，如果每个穿过过境点的巴勒斯坦人都被以色列人检查，巴勒斯坦人认为这是侵权行为）。即使在'阿隆计划'中，与约旦的边界也不在你的控制之下。我曾说过，边界安全问题可以通过联合巡逻和国际介入来解决，所以以色列将不需要在与约旦交界的地方独立设置军事部署来保护以色列的安全。过境点对我们来说是一个尊严问题，而它不应该成为困扰你的问题，因为你已经占了上风。"

阿拉法特运用了他最常用的作为弱者的出发点，但拉宾很快回答说："我们正在处理以你作为合作伙伴的谈判。"

"但阁下仍旧有优势。请试着设身处地为我们考虑，"阿拉法特继续以他特有的方式，利用情绪操纵和强求。

拉宾与阿拉法特的很多会议都采用了这次会议的形式。会议开始时，为了与阿拉法特建立共同语言，他们会事先进行私人会谈，或者在每一方都安排一个记录员，然后随着其他成员加入，会议才变成公开形式。

在埃及会议期间的一个阶段，艾哈迈德·泰比博士进了房间，坐在一旁。泰比博士与阿拉法特和巴勒斯坦人有良好的关系，并担任他们的顾问。拉宾看着他厉声说道："泰比博士，你是以色列的公民。你到底代表谁？我请你离开这个房间！"泰比听到拉宾的话，还没来得及思考就起身走了出去。

在我们了解到阿拉法特的行为包含显著的表演成分和对尊严极其敏感之后，便开始采取先进行面对面的私人沟通，然后再进行公开会谈的形式。因此，对于阿拉法特来说，在更大型的讨论会上或者在巴勒斯坦人民面前妥协和改变立场是比较困难的。相比之下，阿拉法特在小型会议上更放松自在，并不会受到其他人出席的影响。

在拉宾与阿拉法特的每一次会晤中，阿拉法特都会表现得十分紧张。很明显，他高度重视拉宾，并且尊敬他，甚至到了一种不安的程度。

几乎每一次会议上，他都会重复同样的说辞（用英语），如"看，阁下"，"你占上风"，"你有优势超过我们，所以帮我一个忙，给我这个……帮帮我，还有……"。此外，他的话语中始终带着牢骚的语气，还总是呼吁对方施予慷慨。

阿拉法特会专注地坐着，认真地听拉宾说出的每一个字，偶尔还会看到他在小笔记本上作笔记。

在有其他巴方人员参会的阶段，他会让这些人发言，部分原因是他们负责与以色列进行谈判，在许多问题上比他更有见识。他通常让巴方人员和我们争论有争议的问题，让他们"开足火力"，最后他会加入并提出自己的观点。

随着时间的推移，你可以看到他的坐姿越来越松弛。阿拉法特在会议期间对拉宾的态度既尊重又敬畏，他谨慎地称呼拉宾为"阁下"绝非偶然，他是认真的。

然而，即使气氛越来越放松，阿拉法特也会继续坚持一条规则：他永远会与拉宾保持在握手的距离之外。阿拉法特会向他接见的每个人行吻面礼，但从不敢向拉宾行礼，因为他害怕拉宾，他也注意到拉宾对他表现出的冷淡。而对待其他以色列人，阿拉法特则继续坚持"吻面诫律"。

美国人也害怕阿拉法特的拥抱和亲吻。在白宫南草坪《原则宣言》签字仪式之前，克林顿总统也特别担心与阿拉法特在舞台上行拥抱和吻面礼。美国人非常谨慎且有计划，这一点远超常人的观念，他们找到了一种方法来防止阿拉法特的吻面礼：当右手摇晃着阿拉法特的右手时，左手握着阿拉法特的右手肘关节附近，同时施加较小的力，阻止任何可能不必要的接近。

在我看来，拉宾生前都不是很喜欢阿拉法特，他们之间没有化学反应。但拉宾是一个非常理性的人，和他在一起，你会发现他的理智总能战胜情感。对于拉宾来说，如果促进和平进程的道路上需要与阿拉法特说话，那么他会与之说话，但阿拉法特不必拥抱他。拉宾认为阿拉法特是伙伴，而不是朋友。

然而，尽管他不喜欢，他也从来没有冒犯过阿拉法特，他会留意阿拉法特的尊严，甚至有时会对他特别礼貌。但是，在必要的时候，拉宾也不怕与他厉声讲话。拉宾被谋杀后，阿拉法特评价说："他是一个强硬但公平的伙伴。"

在其他人在场的会议上，阿拉法特坚持要用英语，漂亮一点说，一种他没有完全掌握的语言。他经常会感到困惑，很多词也都会从他的话语中"消失"。当他注意到自己遇到了英语问题时，他会切换到阿拉伯语，然后赛义卜·埃雷卡特再帮助翻译——埃雷卡特除作为谈判代表外还担任他的常规口译员。拉宾不喜欢埃雷卡特，因为他的立场极端顽固，拉宾曾经称他为"……中的一个刺"。

拉宾认为，执行《原则宣言》是对巴勒斯坦人的考验，他坚持要实现这一点。

他表示："我们的主要问题是安全。没有安全，以色列公众就不会支持这一协议。我们需要立即开展两个重要委员会的工作：'加沙和杰里科先行自治'委员会和经济委员会。"

拉宾还谈到了我们对巴勒斯坦人民管理的道德方面，这也是他希望加快执行该协定的另一个原因。

几个月后，当拉宾动身去另一轮在塔巴举行的以色列和巴勒斯坦之间的谈判之前，他向阿姆农·利普金—沙哈克简单交代说："专注于安全问题，然后听听巴勒斯坦人关于早期权力移交想说点什么。"

应该强调的是，拉宾的首要任务是安全。在原则协议和下一个协定中，他在安全问题上花了很多时间，以确保所有以色列人在军事分界线内外的安全和保障。

关于我们和巴勒斯坦之间的经济安排，财政部根据我们之间的关系提出了两个可能的经济制度。一个是巴勒斯坦自由贸易区，需要双方之间设立实体边界、围栏、检查站、海关和反走私设施。第二个是"关税同盟"的制度，这意味着以色列和巴勒斯坦民族权力机构的关税比例和进口制度将是相同的：同样的法律和同样的关税将适用于双方。在这种情况下，以色列和巴勒斯坦人之间的边界在经济上是开放的，但巴勒斯坦人将受到适用于以色列人和外国人之间的财务关系的法律的约束。

拉宾希望，在经济上形成一个开放的边界，这意味着双方使用统一的海关，货物可以通过而不需要征收进口税——双方货物受相同的法律约束，并且货物价格也相同。

拉宾向沙哈克强调，以色列和约旦之间在艾伦比大桥以及以色列和埃及之间在拉法码头过境点的控制权将仍在我们手中。

讨论重新部署加沙的问题，对于拉宾来说非常重要的一点是，以色列必须控制包括过境点在内的边界安全。他要求谈判小组确保留在以色列手中的地区包括定居点集中的区域，可以不包括孤立的定居点。因此，由一群定居点组成的喀什卡提夫地区，包括杜基特、尼桑特和埃雷西奈定居点的加沙北部地区，还有两个孤立但比较大的定居点——法达罗姆和内察利姆，成为必争之地。

拉宾进一步强调，道路的控制和安全将属于以色列的责任，我们不同意巴勒斯坦警察有权逮捕定居者或其他任何以色列人。

《原则宣言》是一个包容性的文件，我们现在必须打破细节，并将其在实践中注入日常生活。

关于《巴勒斯坦民族宪章》，协议规定，（巴勒斯坦）国民议会将废除违反以色列存在权的所有条款，并将批准《原则宣言》和相关备忘录的内容。阿拉法特不得不召集国民议会宣布废除33项条款中的28条，这占了宪章内容的三分之二。

拉宾处理了所有这些细节，即使它们只具有象征意义。例如，巴勒斯坦国旗是否会在边界过境点与以色列国旗一起升起？如果一名巴勒斯坦警察出现在以色列管辖的艾伦比桥上怎么办？如果以色列允许巴勒斯坦人使用自己的邮票——主权的特征怎么办？

最后，他同意两国旗帜一起升起，也同意了桥上可以安排巴勒斯坦警察，还批准了巴勒斯坦公民使用自己的邮票。虽然那时他没有说出"巴勒斯坦国"这个词，但似乎他正在逐渐培养这个想法。

在"加沙和杰里科先行自治"时期，巴勒斯坦人要求定居者进入巴勒斯坦控制区时不得携带武器，但拉宾不同意这一点。然后巴方作出让步，要求定居者只准携带手枪，拉宾也拒绝了，他也反对他们的提案，即定居者在进入巴勒斯坦地区时必须出示携枪执照。

因此，巴勒斯坦人认为，如果允许以色列公民携带武器，那么巴方也应该有权利进行武装。拉宾对此表示反对，称只有巴勒斯坦安全部队才能携带武器。他坚持认为，军队将有权进行紧急追捕，甚至在巴勒斯坦地区。最后双方同意，如果一次追捕持续到巴勒斯坦地区，以色列军队可以先行追捕，待巴勒斯坦安全部队到达后，将由巴方继续追捕。

拉宾将以色列领土按地理位置重要性进行了排序，并用降序的方法详细告诉我们哪些地方不可以妥协，哪些地方可以灵活一些。耶路撒冷是最重要的，绝不能让步；然后是对国家安全非常重要的西岸部分地区，以色列要求这部分依旧处于以色列主权之下；接下来是戈兰高地；最后是加沙地带，这个地区比其他地区更容易作出让步。

该原则协议指出，巴勒斯坦人将控制加沙地带和西岸，除了定居点、指定军事区和有关永久协议的领域——这些都是以色列控制的范畴。本协议谈判期间，将讨论与永久协议相关区域的归属问题。

对此事的解释是巴勒斯坦人和我们之间直到今天都存在争议的一个问题：巴勒斯坦人声称，在临时协定结束时，以色列应该只留下定居点和军营，而其余的领土应当转交给巴勒斯坦控制。以色列声称，按照拉宾的做法，以色列的部署并不仅限于定居点和军营，还包括安全区。

拉宾说："我认为，一个广阔的安全区域应当确保我们控制通往耶路撒冷的所有道路。第二个安全区域是约旦河谷，因为这是一个与我们没有和平条约的国家接壤的安全边界（这是在和约旦签署和平条约之前），这就是我对外部安全的解释。这些都与临时协议有关——我们将会在适当时候讨论永久协议。"

"我们将不能像对待加沙那样对待朱迪亚和撒玛利亚，"拉宾继续说道，"也就是说，以色列国防军只保留在定居点以及边境和道路沿线上。国家将通过以色列国防军继续控制朱迪亚和撒玛利亚的大部分地区，部分原因是耶路撒冷，因为可以从多个方向进入这个地区，同样也因为外部安全。"

1994年6月下旬，阿拉法特请求访问加沙和杰里科。拉宾只确认了其对加沙的访问，但当阿拉法特到达加沙后，埃及和巴勒斯坦方希望允许阿拉法特访问杰里科。拉宾批准了这一请求，但条件是必须乘飞机过境。此外，拉宾并没有授权以色列的特工与阿拉法特的随行人员一起，而对于所有其他陪同人员来说，前提条件是任何进入杰里科的人都须在访问后立即离开。

拉宾是一个非常务实的人，他认为我们应该先达成一个临时协议，而不是立即瞄准永久协议。他认为，由于议程上的严重问题，如耶路撒冷、定居点、难民的返回权、安全部署、边界和巴勒斯坦实体的性质，这些问题将导致对永久性协议的会谈立即瓦解。拉宾明白，在双方尚未准备作出让步的情况下讨论这些问题一定会导致会谈破裂。拉宾进一步表示，临时协议将允许各方调整，并使我们能够审视巴勒斯坦人的严肃性，如果有必要回溯，可以在临时协议期间这样做，但不能在永久协议期间进行。

拉宾对西岸的灵活做法是因为那里有大量的以色列定居点、军营以及各种设施。他说："如果没有对临时协议采取全面的解决方法，我们就会发现在很多方面都在对巴勒斯坦作出让步。我们必须确定过渡阶段的广泛安全区，以及安全事务由我们控制的领域和民事控制由他们进行掌控的区域。"在这些话语中，拉宾已经开始为他的想法种下种子，这个想法后来被称为A区、B区和C区。

拉宾说："控制通往耶路撒冷和约旦河谷的道路是当务之急。之后是解决以色列的定居点问题。而像法达罗姆和内察利姆这样孤立的定居点将更难保护。"

拉宾说，早期的权力移交非常复杂。他说道："我不希望巴勒斯坦人民因为权力的转移，没有一个有序的现有机构来接受他们而使其受到伤害。目前尚不清楚民间活动的资金来源何在，例如以色列国政府目前通过民政部门支付的教师工资。"

拉宾总是说没有临时协议就没有达成永久协议的机会。如果巴勒斯坦人不了解对200多万公民负责的意义——即需要考虑教育、垃圾处理、污水处理、税收、电力保障和公共安全等问题——并且如果巴勒斯坦人不能证明其有能力打击恐怖主义，就没有机会达成永久协议。

拉宾强调："我们签署的原则协议不是和平条约，但却是迈向和平的重要一步。我们强调了几点：在过渡期间将有五年是临时协议的一部分，但在第三年，我们将开始讨论永久协议，这些讨论将在五年结束之前完成，之后立即执行永久协议。在过渡期内，耶路撒冷将在目前的状态下保持统一，不进行任何划分，并且有关该地区问题将在最终协议中讨论。定居点将在临时协议期间保持原状，即一个定居点都不会移动。"

直到遇刺身亡那天，拉宾都还在坚持这一点，即一个定居点都不动，因为他认为，如果定居点的命运在永久协议之前进行讨论，那么必将会改变权力的平衡。他认为，如果以色列居民撤离定居点，就会与我们所达成的协议相反，当我们将它作为永久协议谈判的一部分开始讨论他们的命运时，会大大削弱我们的立场。

以色列国防军离开西岸和加沙地带后，巴勒斯坦人便控制了那里，这时右翼成了与拉宾敌对的势力。对巴勒斯坦控制地区的定居者的袭击导致那里的定居者指责拉宾放弃了他们。事实上，拉宾非常感激大多数的定居者。出于意识形态的原因，他赞赏他们愿意生活在危险的地方，高度赞赏他们在军队服役，加入作战部队，并志愿担任指挥职务。

在担任国防部长期间，拉宾与定居者关系密切。因此，在签署"奥斯陆协议"之后，诸如"叛国分子"、"叛徒和迫害者"等憎恨他的言语使他深受伤害。当社区领导人，其中包括拉比，想和他会面时，他都拒绝了。

1994年9月，有关临时协议的讨论开始，但拉宾在协议执行之前坚持要完成两件事情：（1）巴勒斯坦人必须打击依然在巴勒斯坦责任范围内活动的激进伊斯兰恐怖主义；（2）他们必须废除《巴勒斯坦民族宪章》的有关条款。

巴勒斯坦恐怖主义不是唯一让拉宾担心的事情。只要有机会，特别是在与其他国家领导人会晤时，他都会提出对中东消极事态发展的理论和观点。"过去，中东是两个超级大国美国和苏联之间摊牌的一部分，"他解释说，"今天我们目睹了伊斯兰激进主义企图破坏各种制度，包括温和的阿拉伯政权，并摧毁和平进程。事实上，我们看到的是没有霍梅尼的霍梅尼主义。这是一个激进的伊斯兰运动，他们得到了这些国家极端主义分子的支持，他们认为这样做是为了服务于他们的国家。"

在每一个类似的会议上，当他一开始讲话，我们便静静地默数他说到"没有霍梅尼的霍梅尼主义"需要的时间。拉宾举了黎巴嫩真主党的例子：这是一个受伊朗和黎巴嫩利益影响的伊斯兰运动，其目的是将以色列人从黎巴嫩驱逐出去（以色列国防军当时仍然在黎巴嫩南部）。这样，伊斯兰利益和国家利益就会融合在一起。

拉宾认为，这不是来自外界的革命，而是试图用当地公民传播霍梅尼主义，他们认为自己正在为伊斯兰教和民族主义目标服务。拉宾认为这是这些类型的运动能够招募如此多人的主要原因。这是伊斯兰教的激进宗教观念，它规定了人民、个人和国家的行为规则。这是一个全球性的进程，一个知道如何激发和煽动人心的"伊玛目"从附近的清真寺开始，接着兴建幼儿园、学校、诊所，并为公民提供服务。因此，这个运动可以控制那些命运不好的人生活的地区，因为没有其他机构（包括国家）来帮他们摆脱痛苦。

伊朗有野心通过伊斯兰运动破坏温和的伊斯兰政权，并在短期内建立常规军事力量。从长远来看，它试图建设包括核武器在内的非常规力量。拉宾认为，这是短期内对和平进程的主要威胁，也是对整个世界的长期威胁。当你今天考虑这些事情的时候，看到他在这个话题上的话语仍然是如此相关和真实，不免让人感到惊异。

1994年，拉宾被邀请参加了许多仪式，他为促进和平而作出了努力，也因此得到了很多奖项。阿拉法特同样也出现在了这些仪式上，并且这些场合被用来作为两位领导人的工作会议地。

在这些会议上，拉宾表现得非常务实，他立即向阿拉法特提出他的计划和要求的具体范围。

拉宾于1994年7月在巴黎举行的教科文组织颁奖典礼上对阿拉法特说："我想概述谈判继续的方式。你有问题，我也有问题，但我们必须解决它们。有三个问题需要立即关注。一个是继续执行"加沙和杰里科先行自治"协议，其中包括在拉法和艾伦比的国际边界口岸、杰里科及其周围地区口岸的安全，以及将一名巴勒斯坦警察安排在桥上等事宜。第二个问题是为早期权力的移交继续进行谈判。第三个问题是召集以色列、巴勒斯坦、约旦和埃及的四方委员会，讨论在"六日战争"期间从西岸和加沙地带逃离的流离失所的巴勒斯坦人的问题。我们建议委员会由以色列、埃及、约旦的外长和你方代表出席。关于经济问题，只要没有可以收到资金和报告接收地点的机制，捐助国就不会转移资金。你应该确保你的财政体系是透明的，并报告收入和支出。"

阿拉法特似乎被拉宾的话完全震惊了。很明显，这是他第一次遇到这样的情况，他不得不按照西方的标准来处理钱的问题，而不是像他习惯的那样。在此之前，所有的钱都直接进入他的手中，他是唯一决定给谁、给什么钱的人，同时他也会给自己留下一些钱。

拉宾毫不留情地继续质问阿拉法特："《巴勒斯坦民族宪章》的修正案是怎么回事？你自己决定负责此事，为什么没有推进？"

阿拉法特的答复是："一旦召开巴勒斯坦全国委员会，我就会着手此事。1988年，我们已经在巴解组织中作出了接受两国解决方案的决定。"

但拉宾坚持说："我在谈论你对'奥斯陆协议'一部分内容作出的承诺。"

最终，双方同意在巴黎继续开展四个委员会的工作：一个早期移交权力的委员会，主要管理卫生、教育、旅游、社会福利和税收等领域；一个完成"加沙—杰里科"进程的委员会；一个处理流离失所者问题的四方委员会；以及一个经济委员会。

那年9月，与侯赛因国王在亚喀巴举行的一次会晤中，拉宾再次提出了难民问题，并告诉国王，以色列不会同意难民以返回权的名义回到以色列领土。拉宾说："解决方案是，这些难民必须留在他们已经居住数十年的地方，在那里他们将得到国际援助。以色列国自成立以来就通过承认以色列阿拉伯人作为公民来增加人口，这些公民也期望以色列政府关心他们。为什么几十年来一直生活在埃及、约旦、黎巴嫩和叙利亚的这些难民不这样做呢？

侯赛因国王和拉宾也讨论了巴勒斯坦民族权力机构的权力问题。巴勒斯坦建议成立一个机构，将其分为两部分：立法和行政（类似于议会和政府）。然而，拉宾并不认同巴勒斯坦人有立法权，而只同意设立行政部门。

拉宾广泛审议了是以色列国防军首先从城市撤出，然后才举行巴勒斯坦民族权力机构选举，或者先选举，然后撤出城市的问题。

最终，他说服阿拉法特，先进行选举，然后以色列国防军撤出城市。这一协议的诱惑是向巴勒斯坦人转移额外的权力。

拉宾告诉阿拉法特，政府成员建议他考虑与哈马斯开放对话的可能性。"我说任何条件下我都不会这样做，"拉宾说，"我已经说过你是巴勒斯坦人民的领导人，你是我们的合作伙伴，我们只有一个可以对话的人，那就是你。倘若我们想与哈马斯合作共事，我们会和你讲。"

拉宾在与阿拉法特的会晤中，精力集中且有目的性，竭尽全力推动停滞不前的和平进程。1995年1月19日，在以色列民政当局设在埃雷斯边境处的一次会议上，他试图解决代表团无法解决的瓶颈问题。

拉宾说："我们可以花一整天时间相互抱怨，但我们需要传达一个信息，即我们致力于和平进程。我们的分歧恰恰会加强反对和平的人的势力。我们需要继续谈论安全问题、以色列国防军的重新部署问题、选举问题、权力的早期转移问题和经济问题。"

阿拉法特抱怨说，以色列还会继续在这些领土上建立新的定居点，但拉宾立即打断了他："我国政府已决定暂停前政府关于在这些领土内建立新定居点的决定。自那时以来，没有新的定居点建成。我们甚至在奥斯陆和《原则宣言》之前作出了这个决定。我们进一步决定，除了日常生活中必不可少的补助之外，政府将不会提供其他财政资金。我们不能阻止现有定居点的私人建筑，因为以色列没有法律可以阻止私人建造，但我们将确保建筑完全在现有定居点边界内进行。"

拉宾还提到了阿拉法特关于土地征用的主张，他说："土地征用是按照国防军的重新部署，是为了建设绕道公路进行的。我们没有征收土地兴建房屋，如果你有任何与此相冲突的信息，那请告诉我。我们需要在过渡期间准备定居点：铺设绕过阿拉伯村庄的道路，为定居点的防御措施和安全设置投资。我们将安全围栏距离每个城镇的外围房屋的距离限制在50米范围内。"

随着时间的推移，这个问题一再引起阿拉法特的抱怨，即定居点在其界限内继续发展。然而，拉宾告诉他，除了在离镇上最后一栋房子50米远的地方建造安全围栏外，他并没有对镇的内部发展作出任何承诺。此外，拉宾意识到，定居点人口的自然增长必须得到充分解决。

他一再坚定地重申他在加沙地带根除恐怖主义的要求，并指责加沙出现的恐怖主义。与此同时，拉宾也小心翼翼地通过一些宽容政策来"软化"阿拉法特：艾伦比桥不会按照有限的工作时间运作，只要巴勒斯坦人在桥上，它就会一直保持开放。此外，100辆卡车的货物可以从埃及通过拉法进入加沙，而不必在过境点卸货，再将其"接连往返"地转运到其他卡车上。

然而，恐怖主义的问题在恐怖袭击浪潮中开始蔓延到了可怕的地步。1995年1月22日在贝特里德交界处发生的自杀性爆炸事件是第一起也是最悲惨的一起。像往常一样，拉宾在事件发生后不久就出现在袭击现场，目睹了这场杀戮后的可怕景象。

拉宾立即召开情况介绍会，决定大规模逮捕哈马斯和伊斯兰圣战组织成员，并下令加强以色列国防军在该地区的武装力量，并在该地区实行宵禁。他还通过优瑟夫·吉诺萨向阿拉法特发出了一条信息，说明来自加沙和杰里科的恐怖主义问题已经严重危及了和平进程，阿拉法特需要立即采取措施，逮捕恐怖分子叶海亚·阿亚什（绰号"工程师"，他是大多数袭击的幕后黑手）。拉宾将此事件作为对阿拉法特的关键考验——即使我们之前向他提供了恐怖分子的确切名字，但他却没有采取行动打击恐怖袭击的制造者。

拉宾要求阿拉法特没收所有非安全部队成员的武器，并建立一个法律执行制度，以尝试将恐怖分子送进监狱。拉宾还要求阿拉法特引渡早在1993年12月就递交予他的以色列罪犯名单上的人。

阿拉法特对这一要求的答复毫无根据，且令人愤慨：据他介绍，在贝特里德交界处制造连环爆炸的两名恐怖分子是辛贝特的代理人，这次袭击是一种蓄意挑衅的行为。作为证据，他提到这两个人很容易从加沙来到以色列，尽管携带着这样大的爆炸物，他们还是完全不受干扰地到了贝特里德。

阿拉法特说，如果他们不是辛贝特的代理人，他们就不可能成功。

拉宾回复说："我受够了他的废话！"

作为中东虚假现实的一部分，情报机构之间有一个"黄金时代"：摩萨德和辛贝特与巴勒斯坦安全部门的服务合作时期。当时，这些情报组织之间的合作是有效的，也取得了很多成果。

此外，阿拉法特与哈马斯等组织进行谈判，努力将他们纳入巴勒斯坦民族权力机构。阿拉法特宣称，（总部设在加沙的）哈马斯内部领导机构倾向于接受他的建议，但是，由于叙利亚和伊朗支持哈马斯，鼓励哈马斯继续其恐怖活动，加上其他一些原因，驻扎在约旦的外部领导人穆萨·马祖克和哈立德·马沙勒采取了更为极端的立场。

即使在20多年之后的今天，哈马斯内部和外部领导层的这种描述及其一系列考虑，以及他们所面临的压力仍然没有变化。2014年夏天，在加沙进行的反对哈马斯的"保护边缘"行动中，你可以看到哈马斯同样的行为和思维模式。

拉宾为调和双方关系也作了很多尝试。其中的一个尝试是，他于1995年4月在特拉维夫与巴勒斯坦安全部队首脑进行了秘密会晤，目的是为了在不经过阿拉法特的情况下与他们直接对话，并强调其在反恐战争中的作用。

这次会议在一个偏僻的地方举行，所有参会者都乘坐窗户紧闭的车辆秘密到达会议地点。这次会议的与会者是巴勒斯坦民族权力机构负责人纳赛尔·优素福、巴勒斯坦谈判代表团的马伊达将军、预防性安全部队负责人穆罕默德·达兰和情报总局局长艾敏·辛迪。

拉宾在会议开始时说："我欢迎各位的到来。谈判的目的是为了解决两国和平的问题。以色列政府希望看到一个与以色列国分离的巴勒斯坦实体，但主要的障碍是哈马斯和伊斯兰圣战组织的恐怖主义。我们中间也有反对和平进程的人，但除了麦比拉洞大屠杀，几乎没有以色列人杀死巴勒斯坦人的例子。

"以色列有两个名为'卡奇'和'科奇'的团体，其成员对阿拉伯人发表了激进的言论并反对和平，这两个团体现都已被我国政府取缔。其中8名没有实施暴力行为但继续进行非法政治活动的成员受到了六个月的行政拘留，对其他人我们则发出了限制令。

"到处都有人告诉我，巴勒斯坦人不能控制加沙的恐怖主义，"拉宾继续说，"如果是这样的话，我必须回答到底我打算如何给你图勒凯尔姆、纳布卢斯和盖勒吉利耶的控制权问题。继续进行和发展经济的关键是维护法律和秩序，控制好你管辖的区域。为此，我要求阿拉法特果断地对那些非法使用武器和反对和平进程的人采取行动；打击恐怖主义；防止煽动；确定巴勒斯坦民族权力机构对其控制地区的统治；只允许一支负责维护法律和秩序的武装力量存在。不要忘了，黎巴嫩的大悲剧始于每个拥有自己武装力量的社区。

"巴解组织从未对平民的命运负责。现在你必须负责食物、就业、水、污水排放和安全问题，我知道这很困难。我们处于这个进程的危急时期，我想向前迈进，但我做不到，除非巴解组织的领导和你们一起在反恐斗争中作出重大努力。"

为了表示同情和理解，拉宾说："我们在以色列成立之初也遇到了问题：由梅纳赫姆·贝京领导的伊尔根组织没有遵守以本—古里安为首的领导的规定，擅自行动，驾驶装载着运往伊尔根的武器的"阿尔塔纳"号船，打算在特拉维夫海岸停泊。我当时是一名旅长，被派去指挥一个连队，准备阻止这次行动。随后的一场战斗中，伊尔根15人伤亡，我方一人阵亡。我们没有选择，必须达成一项决议，确保只有一支武装力量，只有一个政府当局。因此，本—古里安明确表示，一山不容二虎，只能有一个权力来源和一支武装力量——以色列国防军。

"你必须把那些声称对恐怖活动负责的人绳之以法，把判决公开，向外界传达坚决打击恐怖主义的决心。"拉宾讲完话后看了看表，说："我已经谈了很长时间了。我来自军队，但自从我成为一名政客以后，我就开始习惯性地发表漫长的演讲……"

房间里弥漫着开放、倾听和善意的气氛。巴勒斯坦人聚精会神地听拉宾的讲话，并十分尊重他。很明显，他们对会议的召开感到十分高兴，并且阿拉法特也没有参加这次会议。这次会议也让他们感到荣幸，因为那天之前，他们都只是作为随行人员与拉宾会见。

那时，巴勒斯坦人开始对拉宾作出回应。纳赛尔·优素福说，"我同意你所说的，和平之路一旦启程就无法回头。但我们也担心安全问题，我们正面对的是武装反对派，这是目前的主要困难。加沙困难的经济形势也鼓励极端主义反对巴勒斯坦民族权力机构。尽管外交程序正在出台，但这不会使我们在公众中获得声望，因为他们很难看到和平的成果。以色列对袭击的反应也使我们非常为难，单靠安全措施无法改善形势。一名巴勒斯坦警察每月挣260美元，收入微薄。再加上叙利亚、约旦和伊朗都与我们敌对，我们的情况和你们的明显不同。"

艾敏·辛迪加入了对话，他表示："巴勒斯坦公民期望加沙的边境口岸更加宽松，并允许加沙的学生在西岸学习。"

达兰说："为以色列人分开提供安全保障，这种方法在加沙不会成功。我建议安全部署能够共享，我们愿意火中取栗。我们携手对付哈马斯会更容易。我们正在稳步摧毁哈马斯和伊斯兰圣战组织，同时我们也正在向极端分子施压并与温和派谈判。在情况尚未变得难以忍受之前，该方法并不是用来打击恐怖主义，而是试图招募哈马斯作为这一进程的伙伴。"

拉宾的想法与达兰不同，他回答说："你们在打击恐怖主义的战争中取得成功越多，你们在与哈马斯谈判中的筹码就会越多。"

现在仍旧一样，外国因素对这些领土事件的影响是相当大的，而且总是会导致采取更极端的立场。当时，阿拉法特确实在努力与加沙的哈马斯和伊斯兰圣战组织进行对话和谈判。伊斯兰圣战组织成员表明不再将加沙作为恐怖主义活动的避难所，并试图说服驻扎在叙利亚的伊斯兰圣战组织负责人法西·什卡克。不过，伊朗方面对此事表示谴责，并告诉什卡克，他们会把这种行为视为叛国，同时警告他，如果他同意的话，伊朗将停止对该组织的一切财政支持。与加沙的哈马斯官员一样，就与巴勒斯坦民族权力机构进行谈判这件事，他们认为很难得到其在约旦的领导人的授权。

在恐怖袭击的背景下，拉宾既要处理与巴勒斯坦人挥之不去而又经常停滞不前的进程，又要顶着国内和国际的压力，还必须在那段时间应对以色列右翼运动针对他的恶毒煽动。

然而，1995年8月，在动荡和紧张的时局下，拉宾会见了定居者的耶沙委员会（右翼组织）首脑。出席会议的有耶沙理事会主席乌里·阿里尔，以及平夏斯·沃勒斯坦和泽埃夫·赫弗（"扎母比什"）。

房间里的气氛一开始就很紧张，随着时间的推移变得更加紧张。拉宾来参会时并不高兴，他随即开始说："我们之间存在着根本分歧。我们不会参加公民投票，因为我可以强制执行。我们仍然与巴勒斯坦人存在根本分歧，因此，耶沙委员会要求在临时协议之前看到地图并参与绘制地图，这些现在都无关紧要，因为政府甚至还没有看到地图。一般来说，巴勒斯坦警察将要求通过我们的授权进入'黄色区域'B区，这是巴勒斯坦民族权力机构享有民事控制权和以色列享有安全控制权的地区。犹太人拥有的私人土地，即使是由那些巴勒斯坦民族权力机构承担平民管理和安全控制的'棕色地带'A区，也仍旧归犹太人所有。

"巴勒斯坦警察将在B区拥有25个警察站，尽管巴勒斯坦人想要30个，而巴勒斯坦警察的行动将在以色列授权的基础上由一个村庄转移到另一个村庄。在C区即'白色区域'，以色列将承担平民管理和安全责任。

"最终协议的讨论将在1997年左右开始，"拉宾补充说，"届时以色列将举行选举，人民将决定他们支持谁。"

之后，拉宾接受他们查看地图的要求，后来甚至让他们的一位代表——泽埃夫·赫弗与以色列国防军指挥官伊兰·布瑞恩会面，一同观察地图，作出评论并提出要求。

会议期间，定居者代表提出了定居点日常生活的问题，拉宾答应说："我们将成立一个委员会，由诺亚·加利尔（国防部长定居点和发展区顾问）担任主席，另外还有住房部的代表和一名律师。委员会将审议定居者自愿发展的要求。但请记住：我国政府并没有把朱迪亚和萨马拉作为优先事项，也不会将委员会的建立视为对定居点运动的重新推动。"

在接下来的两个月里，拉宾主要忙于推动巴勒斯坦人民过渡阶段的进程和巴勒斯坦民族权力机构的选举。

同年9月，拉宾在埃及会见了穆巴拉克，并对他说："我们希望埃及能够更有助于阿拉伯世界和以色列之间的联系。我发现很难理解叙利亚人，大马士革是一个极端主义团体的中心，而伊朗正在煽动恐怖主义的火焰。甚至阿拉伯国家联盟也发挥了消极作用，并不鼓励和平。"

穆巴拉克说："我们试图影响阿拉伯国家联盟，为和平创造更积极的方向。恐怖主义问题对我们所有人来说都非常棘手，埃及也有恐怖主义。"

"埃及在阿拉伯世界的影响巨大，但我并没有感受到你用它来促进和平进程，"拉宾回答，"你必须证明和平进程是在正确的路线上，并表现出更多开放的态度。即使是与摩洛哥、突尼斯和阿曼建立的非正式关系也可以帮助我们。"

穆沙拉克说："沙特阿拉伯目前不同意直接接触，只有在你完成与巴勒斯坦人的谈判之后，我们才可以直接接触。但我承诺埃及会与其他阿拉伯国家合作来支持这一和平进程。"

10月下旬，我们参加了在约旦举行的经济峰会。这是一个令人印象深刻且有趣的事件。进入安曼的会议大厅，我不禁感到兴奋，这个地方聚集了很多穿戴着阿拉伯头巾和长袍的阿拉伯代表团，而且对我们非常友好开放。每个人都想和我们握手聊天。此时，我有一种感觉，阿拉伯世界对我们的态度发生了巨大的变化。阿拉伯代表表示有兴趣与以色列开展业务，就有关建立一个新中东事宜进行合作谈判。当时我感觉，我们正在朝着解决中东冲突的方向前进。对于拉宾而言，当时他正处于巨大的右翼压力之中，对巴勒斯坦人在这个过程中的拖延也感到失望，而且当时在以色列街头充斥着反对他的肆意的、恶毒的、具有煽动性的运动，因此，这些阿拉伯人的转变是当时能让我们感受到的极少的舒适和满足。那时的拉宾看起来容光焕发，非常放松，经常对走近他的各个国家的代表微笑，那些代表见到他也觉得好奇和兴奋。

直到拉宾生命里的最后一天，他都一直在为与巴勒斯坦人的和平进程而努力。1995年11月3日，星期五，拉宾会见了总参谋长阿姆农·利普金—沙哈克，并指示他开始准备另外增设的"重新部署"。不过，他强调，这一行动不能在1996年1月20日举行的巴勒斯坦民族权力机构选举之前进行。

这次选举将选出巴勒斯坦民族权力机构主席和82名巴勒斯坦国民议会议员。

围绕选举的问题之一是，耶路撒冷有3万名合格选民，巴勒斯坦人想在耶路撒冷投票站进行选举。拉宾拒绝了这一要求，因为这有其象征意义。最后商定，双方达成一致，这些合格的选民将在耶路撒冷以外进行投票，不方便走动的病人和老人可以在东耶路撒冷的邮政机构进行投票。

就候选人而言，拉宾授权只有在耶路撒冷以外地方有住宅的耶路撒冷居民才能当选，以避免以色列居民当选巴勒斯坦议会成员的情况。

但拉宾并没有机会见证巴勒斯坦民族权力机构的选举——他在会后的第二天遭到谋杀。

第25章

"内塔尼亚胡可能获胜"

　　拉宾遇害之后，西蒙·佩雷斯立即被任命为总理。他一上台，便开始与巴勒斯坦方面进行积极的谈判。

　　之前，佩雷斯参与了同叙利亚的谈判，在那次谈判中，不少问题对他而言还是第一次碰到，让他感到新鲜又惊奇。然而，本次与巴勒斯坦的谈判不同，他是谈判的核心人物，要深入了解谈判的进展。佩雷斯重启了拉宾生前的和平进程。

　　佩雷斯关注的首要问题之一就是"分离"。我已经表达了我的支持意见，认为，我们必须着手将以色列人和巴勒斯坦人分开，要把在以色列工作的巴勒斯坦人数量降到最低，同时要努力为他们创造另外的就业机会。

　　佩雷斯说，应考虑到安全和外交等方面的因素，决定护栏防线的位置。"不久，这条防线将成为巴勒斯坦与我们之间的边界，"佩雷斯说，"为此，我们要建立一个由军队、警察和财政部门人员组成的行动小组，负责审核边界保护的可选方案，包括经费预算。有时为了避免经济遭受破坏，还得承担安全风险。"

　　佩雷斯还认为，以色列正处于过渡时期，应该重新采取"胡萝卜加大棒"的政策：要在以色列和巴勒斯坦分离的同时，建立以色列定居点与巴勒斯坦人之间的联系，畅通职业协会之间的交流，开发建设工业园区。他强调："我支持两个民族的分离，但不是土地与土地之间的分离。我们的目的是国家安全，那样，我们可以更好地检查那些进入以色列人口密集地区的巴勒斯坦人。"佩雷斯决定提前重新部署军队，这是因为加沙和杰里科移交给巴勒斯坦方面后，以色列国防军需要重新部署。计划在4月底完成希伯伦地区的重新部署,那里的巴勒斯坦人将归属巴勒斯坦自治区。1996年5月开始商讨永久协议,历时三年。1996年8月开始其他地区的重新部署行动,计划将有三次行动,每次行动历时六个月。

在与阿拉法特会晤时,佩雷斯反复强调,新政府恪守所有上届政府已达成的协定。当时,以色列大选定于1996年10月进行,计划仍旧没变,佩雷斯并不打算在选举之前向巴勒斯坦方面作出任何让步。佩雷斯政治圈内的人催促他立刻举行选举,以便获得四年的时间,可以做剩下一年中完成不了的更多事情,为下一轮执政打好坚实的基础。最后,以色列的大选提前至5月底举行。因为佩雷斯认为,"我们需要来自人民的任命,而不是因为拉宾遇刺而赋予的任命。"

1996年1月20日,巴勒斯坦自治政府如期进行大选,佩雷斯为此十分高兴,他说:"除了我们,没有人给巴勒斯坦权力。而且,我们会在没有任何人的施压下给予他们权力,因为我们不想继续统治其他民族。这么多年来我们一直这么说,现在我们正在实现这一目标。"

阿拉法特以83%的支持率赢得了选举,恐怖活动从此开始减少。但是回头来看,作为一个现实主义者,佩雷斯当时说的一些话,是对未来的准确预测——"恐怖分子的一次行动可以摧毁整个成果。"

和佩雷斯一样,拉宾也曾意识到和平协议的脆弱和多变。两位领导人都明白,没有得到民众的广泛支持,想要实现和平绝非易事。没有人会忘记,拉宾在(克奈塞特)议会上仅以(亚历克斯·戈尔德法布议员)一票的优势通过协议。每当以色列民众感到自身安全受到威胁时,反对和平进程的呼声就会增高。由此可见,以色列民众对协议支持与否是与他们的安全感紧密相关的。

有人问,如果巴勒斯坦自治政府无法控制恐怖组织会发生什么事情,拉宾说,"最坏的情况是以色列国防军将重新占领这片领土。"我认为,以巴勒斯坦人的观念,他们的目的是与以色列达成和平协议:阿拉法特想要进入谈判程序,但在类似巴勒斯坦难民返回故里的权利这些"红线"上不退让,是否有可能最终不会签署协议,对他而言并不构成问题。

有人猜测,阿拉法特与以色列进行谈判的原因是,他在第一次海湾战争中对萨达姆·侯赛因的支持导致他的地位不稳,威望受损。

阿拉法特毫不犹豫地签署了"奥斯陆协议",因为,当时最棘手的问题被推至永久协议,其他问题也不明确。拉宾在任期间,以巴协议一直进展顺利,我深信如果拉宾没有被刺杀,以色列现在可能已经与巴勒斯坦和平相处了。

与此同时，随着以色列大选的临近，1996年2月和3月两个月内，全国上下都受到恐怖主义的可怕浪潮的侵袭。为了应对这一局面，佩雷斯决定强化与哈马斯的战斗，驱逐了一些哈马斯成员，但他禁止驱逐妇女和儿童。与此同时，佩雷斯下令逮捕包括神职人员和政客在内的杀人鼓吹者。面对猖獗的恐怖主义，佩雷斯决定铤而走险，设立反恐局，由辛贝特局长阿米·阿亚隆担任局长。

在这些恐怖袭击发生后，阿拉法特第一次也是最后一次调动其军队，开始打击恐怖主义，但为时已晚，收效甚微。

应该指出的是，这些事件并没有促使佩雷斯改变他的基本立场。他一直认为美国和欧洲对阿拉法特施加的压力越多，结果将会越好。

1996年3月13日，沙姆沙伊赫峰会召开，美国总统克林顿和一些欧洲领导人，埃及总统穆巴拉克、约旦国王侯赛因，以及阿拉法特和其他阿拉伯国家的首脑悉数到场。会议一致同意，美国中央情报局将协助巴勒斯坦方面打击哈马斯和伊斯兰圣战恐怖主义，并且美国将资助以色列1亿美元购买保护性装备，以打击恐怖主义。

如前所述，经过很长一段时间后，阿拉法特也开始采取行动打击恐怖主义。他试图与哈马斯斗智，离间该组织领导人之间的关系：与中间派谈判协商，逮捕极端分子展开调查。但他还是失败了。

以色列大选很快临近，佩雷斯重申："我比竞选对手内塔尼亚胡更具优势，但恐怖袭击深深刺痛了我的心。如果袭击持续下去，我们可能不得不暂停和平进程，那样内塔尼亚胡就会胜出。"

1996年4月，佩雷斯在埃雷兹检查站与阿拉法特会晤。由于巴以合作有了很大的改善，会上佩雷斯对此称赞不已，他对阿拉法特说："感谢艾敏·辛迪和预防性安全部队司令穆罕默德·达兰。"阿拉法特很快回道："在他们抓到以色列最高级别通缉人员穆罕默德·德伊夫和阿德南·古尔之前，都不要感谢他们。"说完，在场的每个人都大笑起来。

4月30日，克林顿邀佩雷斯共进午餐时说，阿拉法特在打击恐怖主义的斗争中表现出了他的勇气，巴勒斯坦人对和平进程的支持也有明显提高。克林顿稍后将与阿拉法特会晤，他问佩雷斯有什么重要的话要对阿拉法特说。

"我们计划开启永久性协议的谈判，"佩雷斯回答道，"我们已经承诺于5月3日在希伯伦进行部队重新部署，但现在还不能实施，因为哈马斯在希伯伦比在西岸的其他地方都更为活跃。此外，阿拉法特必须履行他的承诺，宣布《巴勒斯坦民族宪章》中的条款无效，并逮捕恐怖分子头目，只有这样，我们才会在希伯伦实施部队重新部署。"

佩雷斯提醒克林顿，是否解除以色列对加沙地带的封锁，取决于阿拉法特打击恐怖主义的能力。"你得告诉阿拉法特，"佩雷斯说，"他必须继续打击恐怖主义，如果他这样做，美国将会在资金上提供帮助。他还必须修改他的公开声明，不再诅咒和诋毁我们，也不再营造暴力和恐怖气氛。"

开始最终协议谈判的日子渐渐逼近，计划定于1996年5月4日，即"奥斯陆协议"中规定的五年临时协议"加沙和杰里科首次协议"签署后的第三年年初。

佩雷斯认为，这样的日子很重要，要举行一些庆祝活动来表示一下。于是，决定让阿布·马赞与乌里·萨维尔举行一次会晤，并在会上合影。这是最终协议谈判开始的某种宣示。事实上，除此之外，以色列大选之前就没有什么大事可做。

佩雷斯当时表示，情报资料显示，伊朗有干预以色列选举的清楚明确的策略，用来影响大选结果。这一策略包括操纵恐怖组织来破坏他赢得选举和继续进行和平进程的机会，所有这些都是为了让中东局势持续紧张。

不出所料，在5月29日举行的选举中，佩雷斯以微弱票数惜败，本雅明·内塔尼亚胡替代他成为总理。

5月31日，泽伊夫·莱文将军替代我成为总理军事秘书。6月2日，我开始担任摩萨德局长。

我担任摩萨德局长后，除了将分析报告交给总理和就巴勒斯坦谈判步骤曾会见穆巴拉克外，不再参与和巴勒斯坦的谈判。内塔尼亚胡试图利用我与穆巴拉克总统和埃及情报总局局长奥马尔·苏莱曼的良好关系——这些与埃及和其他阿拉伯国家的良好关系是在拉宾和佩雷斯执政期间建立和发展起来的。

内塔尼亚胡认为与穆巴拉克保持良好的关系很难，他让我向穆巴拉克转达这一信息。我来到亚历山大，在机场受到埃及情报总局局长奥马尔·苏莱曼将军的热烈欢迎。

我所传达的信息是，过去的四年里，除了1996年2—3月之外，阿拉法特并未认真地打击恐怖主义，他试图安抚哈马斯和伊斯兰圣战组织，而不是去打击他们。我们正在目睹巴勒斯坦自治政府立场的快速变化。阿拉法特在公开演讲中表示反对和平进程，宣称巴勒斯坦人民有各种道路可以选择，包括再次起义。为逮捕通缉人员，以色列将情报信息传递给巴勒斯坦当局，但是他们并没有去逮捕那些人。即便逮捕了一些人，也立即释放了他们，玩"前门进后门出"的把戏。1996年初，阿拉法特采取行动打击恐怖主义，证明他有能力这样做，但此后，他没有采取任何给恐怖分子以伤筋动骨打击的措施。

内塔尼亚胡想看看埃及总统能否在此事上提供帮助。

穆巴拉克总统答应与阿拉法特探讨关于他打击恐怖主义所作的努力，并和我详细说了阿拉法特口口声声所说的所有一切都是在阻挠打击恐怖主义，其中包括扩建巴勒斯坦定居点、解除封锁，以及要求释放在以色列关押的巴勒斯坦囚犯，以此来增加巴勒斯坦人口数量等。

我还借与穆巴拉克的这次会晤，提出以色列人阿扎姆·阿扎姆的问题。阿扎姆因间谍罪被埃及关押，审讯日期越来越近。我对穆巴拉克说，"我正看着你的眼睛对你说，阿扎姆不是间谍。他从来就不是摩萨德和以色列任何安全情报机构的特工，他也不是以色列任何官方机构的成员，所以，释放他极其重要。"穆巴拉克告诉我，他会试图缩短阿扎姆的服刑期，但如果内塔尼亚胡在公开场合继续谈论这个问题，势必会引发媒体的反对声，这将阻碍他这样做。我把这一信息带给了内塔尼亚胡。

穆巴拉克后来跟埃胡德·巴拉克和克林顿说，如果内塔尼亚胡减少关于阿扎姆问题的媒体报道和讨论，谨慎秘密地处理这件事情，阿扎姆就可能早已被释放。穆巴拉克声称，由于内塔尼亚胡将此事公开，让他处境艰难，这事成了埃及国内的公共议题，穆巴拉克不能做违背埃及公众舆论的事情。

除了怀伊种植园首脑会议外，内塔尼亚胡时代的特点是与巴勒斯坦人断绝关系。由于美国人的施压，这次首脑会议才得以召开。在外交部长阿里埃勒·沙龙、国防部长伊扎克·莫迪凯和工业、贸易部长夏兰斯基的共同影响之下，内塔尼亚胡才勉强参加此会，结果是以色列同意向巴勒斯坦方面移交更多领土。

第26章

巴拉克：双管齐下，功用其极

正如我之前所说的那样，内塔尼亚胡任职期间与巴勒斯坦的谈判，我的参与十分有限。然而，1999年5月埃胡德·巴拉克当选总理后，事情发生了变化。

巴拉克任命我为总理外交安全事务处主任。这是一个新设立的职位，我的职责是代表总理协调有关安全和外交问题、和平进程以及其他相关事务。作为总理的政治顾问，我的角色是协调军事秘书的工作以及政府各部委在安全和外交事务上的活动。

实际上，巴拉克安排我到总理办公室工作，负责总理在这些事情上的相关活动，重点还是放在和平进程的问题上。

我会见了伊扎克·莫勒霍，他代表内塔尼亚胡协调巴勒斯坦问题，而巴拉克当时正忙于建立联合政府的事情。在叙利亚问题上，我会见了乌兹·阿拉德，他告诉我，与巴勒斯坦的和谈方面近来几乎没有什么活动。这里我必须提一下，莫勒霍把他全权负责的巴勒斯坦档案都交给了我，这是一种专业和可靠的行为。

在这份文件中，我发现了一份备忘录，其中详细说明了由莫勒霍和丹尼斯·罗斯编录的克林顿和内塔尼亚胡之间的谈话。根据该备忘录，将不会有第三阶段的撤军，即使有，所占的比重也不会超过百分之一，而原计划应该达到百分之几十。

巴勒斯坦人认为，这一阶段撤军除了以色列居民点和军事基地外，他们应当接受整片领土，而以方表示，每个阶段撤军的范围和地点将由以色列单方决定。

莫勒霍随后告诉我，我方当时与美国人达成的协议是，巴勒斯坦没有资格要求以色列国防军再一次撤军，因为他们没有履行此次撤军的先决条件。撤军行动具体步骤及时间表都已经制定，每个阶段的收尾才是撤军。所以，在以色列军队撤离之前，巴勒斯坦人必须完成他们所应承担的工作，只要这些工作没有完成，以色列是不会撤军的。莫勒霍说："我在怀伊种植园峰会之前与阿布·阿拉进行了秘密谈判，并在第一时间把情况告知丹尼斯·罗斯。当我们到达怀伊前，这项协议已经起草了80%。我们在若干原则上同意阿拉法特的意见，与阿布·阿拉所要拟订和确定的是细节。《怀伊备忘录》包括三个议题：巴勒斯坦人对以方在安全事宜上的责任是打击恐怖主义和收缴非法武器；以色列对巴勒斯坦承担的义务是转让土地；指导此次怀伊会谈的原则是互惠原则。如果巴勒斯坦履行诺言，他们将从我方拿回一部分土地。正如内塔尼亚胡在他的著名的言论中所说的那样："巴方有舍才有得，不舍便不得。只要上一阶段的义务未能履行，将无法在下一阶段取得任何进展。"

巴拉克担任总理后，把推动和平进程列为首要任务。他曾承诺在促进和平进程的道路上不遗余力。他没有保证一定会成功，但承诺他将脚踏实地，竭诚努力。巴拉克关于和平进程的理念是，双管齐下，功用其极，叙利亚和巴勒斯坦两个方面同时进行，聚焦可能实现突破的一方。巴拉克估计，与叙利亚方面相比，巴勒斯坦方面的问题会更为复杂。尽管巴拉克不遗余力促成了《怀伊备忘录》的签订，但他仍想要找到可以促成永久协议的途径和方法，这样，第三阶段的撤军也可作为永久协议的一部分。

巴拉克希望在以巴冲突问题彻底解决之前，先达成一项框架协议，制定处理一些基本问题的原则。之后，最终促成永久性协议的细节问题才有可能达成。永久协议一旦达成，将包含领土构成的问题，实际上也就是第三阶段撤军的问题。

巴拉克称，以色列温和派和巴勒斯坦温和派之间的意见分歧很大。一揽子计划是不对称的，因为我们提供了诸如土地和释放因犯等实实在在的东西，相反，他们给出的是对将来的承诺——他们将确保秩序，远离恐怖主义，并且将继续维持和平。这些事情本身就是难以保证的。

此外，对巴拉克来说，重要的是巴勒斯坦须意识到欧洲站在以色列一方，因此，对巴方而言，痛苦的斗争、妥协和让步在所难免。巴拉克认为，如果欧洲一如内塔尼亚胡执政期间那样，支持巴勒斯坦一方，那么阿拉法特在执行此次协议时，不管是打击恐怖主义、没收非法武器还是防止动乱，都不会感到任何责任和压力。

巴拉克认为，在《怀伊备忘录》的讨论过程中，阿拉法特认为和平进程将因此而停滞，而内塔尼亚胡的行政当局也将到此为止，并要求将其视为解决永久性争端的基础，这样对第三阶段的撤离又增加了百分之一的可能性。如此看来，阿拉法特也很清楚，倘若情况确实如此，那么他最好还是接受那些小的零散的土地，总比一无所获要好些。《怀伊备忘录》创造了一个"长期临时局面"，让这种临时的局面得以长期存在，巴拉克认为这是非常危险的，因为这种局面形成了一个"马赛克格局"：一方面，切断了巴勒斯坦地区之间的联系，使得它们零星而分散；另一方面，许多小的犹太人居住地散落在巴勒斯坦领土上，增加了许多矛盾和冲突的触发点。这种马赛克造成犹太人和阿拉伯人之间的矛盾冲突一触即发，形成一种极不稳定、极易失控的危险局面。巴拉克不希望这种局面继续存在下去。

所以，巴拉克向阿拉法特提出部分执行《怀伊备忘录》的意见，表明以色列并不惧怕撤军，但备忘录中的主要内容要推迟几个月才能执行，直到阿拉法特同意后敲定准确的时间。在此期间，双方将努力尝试在解决永久性争端的框架协议的原则问题上达成一致。为此，作为永久协议执行的一部分，以色列会将更多相连的土地还给阿拉法特，包括撤离一些以色列定居点。

巴拉克说："倘若阿拉法特有耐心，假设我们仅用几个月的时间就制定好长期协议的原则，我们还可以解决巴勒斯坦控制区域领土面积大小问题。那么，作为最终执行协议的一部分，我愿意给巴勒斯坦人民更多的领地，将远远超过他们在《怀伊备忘录》中所能得到的面积，而且这些领土是连成一片的。虽然这个提议对阿拉法特来说大有益处，但是假如他拒绝这项提议，我们将通过这封信来执行《怀伊备忘录》。"

巴拉克表示，在最终的协议达成之前无意触碰以色列定居点问题，并承诺在未来15个月内不再建立新的居民点。

阿拉伯世界对巴拉克当选总理，尤其是有关和平进程的未来，十分看好。

穆巴拉克的政治顾问奥萨马·巴兹与我们早在萨达特时期戴维营会谈的时候就已经认识。他与埃及驻以色列大使穆罕默德·巴西奥尼一起出席了总理府办公室的会议，并传达了穆巴拉克总统对巴拉克的问候。奥萨马·巴兹说道："总统对你非常满意，相信你选择的是一条正确的道路，并将实现与巴勒斯坦的和平共处。总统正设法说服阿拉法特对《怀伊备忘录》的执行能力给予更多的耐心等待，他认为，你们双方的隔阂是可以在短时间内得以弥合的。穆巴拉克总统对你有信心，并且相信你的判断力，称你在处理阿拉伯人的问题上非常明智，和内塔尼亚胡完全不同。"

这些表述与我们从许多其他方面听到的言论相比，体现了同一种精神。有言论说，许多国家领导人把巴拉克的当选视为一个新时代的开启；你能看到他们的脸上洋溢着笑容，亲切的握手和轻松的气氛透露出他们对中东问题有望解决的乐观情绪。这一氛围替代了内塔尼亚胡时期的偏见、怀疑和危机感。他们中的许多人说，他们把巴拉克当作拉宾的继任者。

巴拉克这样回复埃及方面带来的消息："阿拉法特已经70高龄，而我的总理任期还有八年，你们自己可以算一下，这意味着阿拉法特必须与我达成协议——他别无选择。摆在他面前的有三种选择：一是进行永久性解决争端的框架协议的讨论，并最终达成一致，然后我们双方达成永久协议和和平条约；第二个选择是我们未能达成框架协议，那就得指望下一代人，直到等到以色列和巴勒斯坦都出现可以胜任此事的领导人；第三种选择是，一旦我们失败，情况就会恶化成严重的暴力冲突，那么再回到谈判桌上将会难上加难。"

阿拉法特在很多事情上已然称得上是经验丰富的老将，我在想，他听到巴拉克说他别无选择，只能跟他和谈时，也会禁不住笑出来。因为在中东地区预测未来是不可能的，这里没有片刻乏善可陈——事实将证明，确实如此。

我认为，巴拉克先前的表述并无过错，因为他的确打算完成八年的总理任期，并实现和平。那时候，他的发言在我看来也是完全具有现实意义的，如果换作我，我可能也会有同样的想法。然而，现实并非以个人意志为转移。这个故事给我们带来的教训是，在与中东有关的事情上预测未来是没有任何意义的。谁能想到拉宾会被谋杀，谁能猜测萨达姆·侯赛因这么快就轻而易举地被剥夺了政权。显然，一位领导者和谈判代表对另一方行为的影响是非常有限的。巴拉克考虑到事情有可能会谈不拢，但是基本上他还是认为阿拉法特是一个可以共事的合作伙伴，在他之前的拉宾和佩雷斯也这么认为。当时，我们认为，如果把阿拉法特的谎言公之于众，坚持要他完成之前所同意的事情，那样，我们可以让巴勒斯坦民众意识到他的谎言与他们的利益是背道而驰的。

看来，我们还是功亏一篑。阿拉法特对巴拉克提出的框架协议抱有非常怀疑的态度。他坚持要求以色列按内塔尼亚胡执政时在怀伊种植园所达成的协议执行下一阶段的撤军行动。他把巴拉克的提议视为以色列企图逃避此次撤军协议的借口，因此他断然拒绝。巴拉克与阿拉法特进行了多次会晤并付出了不懈的努力，并且克林顿总统、阿卜杜拉国王和穆巴拉克总统也介入此事，希望阿拉法特给予框架协议一个尝试的机会。最后，阿拉法特终于同意了巴拉克的提议，但还是坚持，以色列第三阶段的撤军须在1999年进行，也就是在框架协议达成之前，因为谈判要在2000年2月15日才结束。

最终双方一致同意，如果第三阶段撤军推迟几周，将不被视为违反约定。另外，我方同意释放350名囚犯。

定居地连续施工的问题让巴勒斯坦人民叫苦连天，巴拉克承诺将深入调查内塔尼亚胡行政当局的施工情况，并拆除非法建筑物。巴拉克说："我不需要阿拉法特敦促我执行以色列的法律。拆除非法建筑物是我自己想要做的事情，跟他的抱怨无关。"在公共外交方面，我们强调美国重新回到我方阵营，这与内塔尼亚胡任期内的情况截然不同。我们这样做旨在传达这样一个信息：我们已经重拾世界各国对我们的信心，包括阿拉伯国家在内。

巴拉克给克林顿发消息，希望美国方面对于阿拉法特的陈述不必太过当真，因为他的表述总的来说并不准确。巴拉克说："阿拉法特必须弄清楚，我们到底是领导人还是马贩子。"并要求克林顿向阿拉法特施压，让他明白应该稍作让步，灵活地处理这件事情。

1999年11月，在奥斯陆举行了一次纪念拉宾的国际盛会，克林顿、阿拉法特和普京等人出席会议。这是阿拉法特和巴拉克相见的机会。纪念仪式很感人。据说，这是自拉宾时代以来，奥斯陆首次呈现的一种新的精神和气象。

巴拉克对阿拉法特说："两国经过多年的对话，现在是采取行动的时候了。我们开放了安全通道（一条以色列境内连接加沙地带和西岸南部地区，为巴勒斯坦人民提供便利的公路），我们同意在加沙建设港口，并（根据《沙姆沙伊赫备忘录》）释放囚犯。我承诺对此不遗余力，同时也谨记我对以色列安全许下的承诺。让我们翻开新的篇章，各抒己见而不是互相攻击。"

阿拉法特非常兴奋，他仍然沉浸在对拉宾的回忆中。与以往不同的是，那时的他专注、体谅、放松，而且开明。随后，他面向巴拉克，发表了一番令人颇有感触的讲话："你是我的新伙伴。我们将会为勇敢的两国人民带来和平，我相信我们的伙伴关系将促成此次和平进程的成功。"巴拉克回答说："以色列大多数人选择了我，是因为他们相信在以色列的安全问题上我不会作出任何让步。双方能够考虑到对方的敏感问题和不便之处，将是此次进程取得成功的唯一机会。"

随后举行了三方会议，克林顿、巴拉克和阿拉法特与会。克林顿在会议上说道："如果在你们的领导下解决了冲突，这将会对整个世界产生积极的影响。再也不会有人说通过对话与和平来解决争端是无稽之谈了。"

1999年12月，我们与阿拉法特一起被邀请到阿布·马赞在拉马拉的家中会晤。他们以阿拉伯招待客人的最高规格盛情招待了我们，热烈而隆重，餐桌上摆满了女主人精心备好的茶点。阿布·马赞的家美丽宽敞，令人印象深刻。

以色列方面出席会议的人员，除了我和巴拉克之外，还有优瑟夫·吉诺萨和大卫·利维部长。巴勒斯坦方面有阿拉法特、阿布·马赞、阿布·阿拉和阿拉法特主席府发言人纳比勒·阿布·鲁代纳。

阿布·阿拉首先发言说："我们知道你方计划撤离整个戈兰高地，同时建设西岸的定居点，对撤离定居点闭口不谈。我们认为你这么做是想要安抚西岸的人们，给那些将从戈兰高地撤离的人们一丝安慰。"

巴拉克否认了这一说法，他说："这种说法有失偏颇。本届政府的指导方针是不建新的定居点，但是那些已经依法获批的定居点我无权取缔。"

大卫·利维指出，巴勒斯坦存在大规模的非法建筑，虽然当局给我们施压要求拆除这些建筑，但对于这种非法施工的建筑问题我们很少碰触。

当巴勒斯坦代表作为东道主手捧生日蛋糕走进房间时，着实给了大卫·利维一个惊喜。这一天是大卫·利维的62岁生日，他被巴勒斯坦人的举动深深感动了。他告诉在场的人，他的妻子让他回家和孩子们一起庆祝生日。"但是我告诉她，我正在为孩子们的将来作打算，"大卫·利维说。

晚餐开始后，阿拉法特亲自确保每个人都吃得尽兴，不停地给大家的餐盘放满食物，但是自己却什么都没吃。他不时用温暖而慈祥的口吻对我说："将军，多吃点，多吃点！"他一边说，一边往我的盘子里放吃的。

阿布·阿拉提及与叙利亚谈判一事——这并不是巧合，当时，这两项进程同时进行。巴拉克对巴勒斯坦方面的计划非常宏伟，但事实证明是不切实际的。巴拉克的计划是巴以双方的代表团拿出十天的时间，找一个不受外界打扰的地方坐在一起，集思广益，讨论有关框架协议的所有事宜。这意味要制定指导方针来解决事关永久协议的每个问题，包括耶路撒冷问题、难民返回问题、边界问题、安全部署以及犹太定居点等问题；然后再用十天时间来制定框架协议。在这额外的十天，双方将与美国代表坐在一起，来共同消除各自无法解决的分歧。

这就是当时巴拉克解决以巴冲突问题的蓝图。巴拉克曾一度怀疑以色列能否同时完成两个和平协议。有人认为这是不可能的。巴拉克相信，如果他能把这两项协议带回以色列，与叙利亚和巴勒斯坦的冲突就会一劳永逸地结束，公众会因此为他们投赞成票。

他认为，如果作出让步，虽然有可能会很痛苦，但是考虑到这场冲突也会随之结束，公众也会觉得这种做法值得一试。我认为他这种推测并没有错，因为近年来以色列人民已经逐渐习惯了妥协让步。人们也慢慢地认识到，只有通过对话和双方的共同妥协才能阻止永无休止的流血冲突。2005年8月，沙龙总理提出解除协议，大多数以色列公众接受单方面撤军，没有按照自己的方式肆意采取行动，这就是一个例证。今天，任何明理之人都清楚，如果不放弃朱迪亚和撒玛利亚的大部分以及耶路撒冷的部分领土，将无法与巴勒斯坦人达成协议。只有那些对中东情况置身事外的人仍然希望在不作出让步的情况下，明显改善以色列的现状。任何能够看清事实的人都明白，摆在我们面前的有两种可能：一是继续像今天这样，与刀剑相伴；二是谨慎地继续谈判。与此同时，也要明白妥协和让步在所难免，而与巴勒斯坦的和平协议一旦签订，我们乃至整个中东的状况都会得到改善。还有另一种可能性，就是作出相对较小的让步，来换取"买来的"片刻安宁。我觉得这一方案不可取，百害而无一利，因为它会让冲突长期搁置，将来再去解决会更加困难。最好是努力铲除冲突的根源，双方都能够结束冲突和流血。这样做的代价是，我们将放弃朱迪亚和撒玛利亚的大部分和耶路撒冷的一部分领土；巴勒斯坦人将放弃难民回归的权利以及犹太定居点的领土，并将加入反恐战争。只有巴勒斯坦人认清以色列的基本需求，并且愿意作出让步，这些协议才会实现。

为了与巴勒斯坦达成永久协议，巴拉克付出了不懈的努力。在2000年初的一次与阿拉法特的会谈中，巴拉克对阿拉法特说："我们已经准备开始一场马拉松式的讨论。如果以色列和巴勒斯坦无法达成协议，中东就不能成为双方正常生活的地区。与此相反，没有与叙利亚和黎巴嫩的协议，中东国家间正常的关系还是可以维系的。以色列和叙利亚之间的分歧不是很大，但我们也无法保证克服所有困难。因为与他们交谈时，总觉得彼此之间存在一个密封的玻璃，不同于你我这般亲近。你我在这件事情上确实存在很大的分歧，尽管如此，我方有意愿对此作出大的牺牲，但是同时希望你方也同样愿意作出让步。"

像往常一样，阿拉法特选择用空洞的口号来回答："达成公正、彻底和全面的和平至关重要。我要坦白地说一句，我们非常痛苦。我方要求你们把三个地区的领土转移给我们，从B区到A区，作为领土转让的一部分，由巴勒斯坦全权管辖。你不同意这么做，这深深地伤害了我们。

由你们单方面决定转让哪些领土给我们，这有悖于《怀伊备忘录》中达成的协议。"巴拉克告诉阿拉法特，我们不需要与他们协商此事，但作为一种善意的表达，他会提前告知他们我方打算转让哪些领土。"但是别抱有任何幻想，"巴拉克特别强调说，"我并没有义务接受你的意见，在转让区域的问题上改变主意。"

尽管就以巴关系而言，以色列更为强大，但我们仍然对他们心存疑虑。他们也需要在打击恐怖主义、结束煽动行为、没收非法武器等问题上尽到自己的责任。因此，巴拉克总是希望尽可能地做到为对方考虑，但同时在义务履行这方面，立场坚定不移。阿拉法特的行为我们并不陌生——争吵喋喋不休、情绪捉摸不定，早在拉宾时期便是如此。他总是说："你们实力强大，不如多帮帮我——缩短进程，释放更多的囚犯，交出更多的土地。"

尽管巴拉克并没有表现出对巴勒斯坦冷漠无情，但也没能同阿拉法特建立一种拉宾与他那样的关系。因为拉宾比他年长，阿拉法特对拉宾有着特别的敬意。作为"六日战争"的总参谋长，拉宾身上有着军事领袖的光环，这深深影响了阿拉法特。阿拉法特视那些比他年轻的领导人为流氓，他过去常说起现任摩洛哥国王还是婴儿的时候就被他抱在大腿上的情景。这个故事很有可能从来没有发生过，但是他用这一故事来告诉人们，他比那些人要年长很多。

阿拉法特羡慕拉宾的成熟和丰富的经验，而巴拉克和内塔尼亚胡这样的年轻人在他的眼里不过是些蹒跚学步的孩童。

那时候，我们和巴勒斯坦之间仍然有很大的分歧，尽管实际上已经签署了一项协议（巴拉克称之为《怀伊备忘录》的修订版）。双方一落座，便同往常一样，就协议如何解读开始喋喋不休的争论。

在穆巴拉克的鼓励下，阿拉法特给克林顿写了一封信。在信中他提出一个问题，那就是第三阶段的撤军还没有提上日程。尽管巴拉克对此已经告诉他很多次（并在《沙姆沙伊赫备忘录》里已指出），只要双方还在试图达成框架协议，他们将不会讨论第三阶段的撤军问题。由于这次讨论，以色列本应该向巴勒斯坦转让6%的土地，巴勒斯坦人原本也认为足够了，但他们现在却很难接受了，因为他们认为以色列应该给他们的领土面积要大得多。

巴拉克强调，以色列完全有权决定将其中哪些地区作为6%的土地转让给巴勒斯坦。此外，我们同意，如果尝试达成框架协议的希望落空，我们将立即着手执行临时协议，并开始讨论永久协议。本协议将依据"奥斯陆协议"和安理会第242号和338号决议，以及"以土地换和平"的原则执行。

在此期间，巴拉克仍然希望坚持他的计划——希望用十天的时间让以巴双方代表集思广益。按照这项计划，一个永久性定居点的框架协议将于此后的十天内制定，然后还有一个为期十天的会谈，届时美国将出面协调以色列和巴勒斯坦之间仍然存在的分歧。这意味着，30天之内双方有可能在美国的帮助下达成一项框架协议。

在本协议中，除了耶路撒冷的问题，各方应就永久性协议签署的相关问题的解决方案给出总的描述和基本原则。巴拉克不愿意在那个阶段讨论耶路撒冷的问题，因为我们是在2000年7月的戴维营会议上才首次接触这个问题。在难民回归权的问题上，以色列自始至终都持反对态度。巴勒斯坦人和美国人试图说服我们在原则上承认所有巴勒斯坦难民享有回归以色列的权利，而事实是，真正实现回归的成功例子寥若晨星，解决这一问题的方案主要是为那些仍在流离失所的人提供经济补偿。

在耶路撒冷问题上，巴拉克拒绝在这个阶段作出任何让步，我们来到戴维营，态度坚决：耶路撒冷永远是以色列的首都，它必须保持完整和不可分割。以色列的想法是，巴勒斯坦政府可以将其首都建在耶路撒冷以外的附近村庄。

巴拉克在戴维营会谈中就耶路撒冷问题上作出了第一次让步。他意识到，作为一揽子计划的一部分，巴勒斯坦人必然要在那些对以色列至关重要的问题上作出让步。为了实现这一目标，他也必然在耶路撒冷的问题上妥协。因为他觉察到耶路撒冷是以色列方面最敏感的问题，所以担心在筹备会议上会泄露诸多细节，导致协议难以达成。事情本可以这样理解，早在巴勒斯坦答应我们的要求之前，就已经在商讨耶路撒冷的问题了，但是这样就给他的谈判增加了难度。以巴双方当时进行谈判是在这样一个背景下进行的：一是恐怖袭击，一是反对党和联合政府强大的政治阻力，再一是整个右翼联手试图挫败以色列与巴勒斯坦的对话。

巴拉克非常希望达成一个框架协议。他知道，这可以成为实现永久协议的通道，他也很清楚，如果我们未能达成框架协议，永久性协议将永无达成的机会。

如前所述，阿拉法特经过多方劝说最终同意，尝试达成框架协议，但坚持认为如果在一段时间内未能达成，以色列必须履行承诺进行第三阶段的撤军。巴拉克同意了这一点，并确定，如果框架协议没有具体实现，第三阶段撤军将于2000年年中实行。事实上，双方第一次讨论有关永久协议的问题，包括探讨巴勒斯坦政府的领土问题，是在2000年7月于戴维营进行的。

　　我们从美国人那里得知，反对该框架协议的想法主要来自穆罕默德·达兰。在由什洛莫·本—阿米、吉拉德·谢尔、赛义卜·埃雷卡特和亚西尔·阿巴德·拉博等人出席的框架协议的讨论中，巴勒斯坦好像被拖了后腿。而事实上，埃雷卡特和阿巴德·拉博没有被授权在这些方面作出让步。以色列的立场是，愿意退出大部分领土，同时要求保留其享有主权的以色列定居点，这些定居点约占所有这些领土的10%。巴勒斯坦人一再要求收回整个领土，与1967年的边界"不差一厘米"。从他们的角度来看，他们已经作出妥协，不再要求拿回从约旦河到大海的整片土地，要求得到的只是西岸和加沙地区。这是阿拉法特作出的极大让步，他在"奥斯陆协议"中承认了以色列政府，并承认以色列对"古巴勒斯坦"78%的领土享有主权，这意味着以色列领土在1967年所确定的边界之内。巴方表示："阿拉法特愿意牺牲余下的土地，即22%的古巴勒斯坦，已经足够了，所以不要再让我们割让更多的土地。"

　　作为和平进程的支持者之一，达兰相信，那个时候对巴勒斯坦人来说最重要的是获得尽可能多的土地。因为巴勒斯坦领导层需要告诉人们他们已经取得了成就，包括拿回更多的土地、释放囚犯、移除关卡和放宽封锁。与此同时，与叙利亚人进行的幕后交易已逐渐开始。在谢泼兹顿峰会后，克林顿和巴拉克试图找到在叙利亚方面取得突破的途径。2000年3月，也就是一个月后，克林顿和阿萨德在日内瓦举行了一次著名的会晤，但结果一无所获。在这次会议上，克林顿在我方同意的情况下向阿萨德提供了一个长远意义上的让步，但同时，我们也要求叙利亚人有同样的举动。然而，在会议开始的前一个月，我们仍在秘密地进行叙利亚方面的工作，之前是与巴勒斯坦毫无结果的谈判，这给与叙利亚的会谈蒙上了一层厚重的阴影。

　　阿拉法特一直认为以色列把重心放在了叙利亚方面。他担心，在叙利亚和以色列达成协议后，他将孤军奋战，局势险峻。背后的原因在于，以色列与叙利亚达成和平协议后，它对于巴勒斯坦来说将成为一个强硬的谈判对手，那时候即便它已经同意作出让步也有可能出尔反尔。然而，与阿拉法特的想法恰恰相反，虽然阿萨德和克林顿已经作好了会晤的准备，但是他们并没有忽视巴勒斯坦方面。我们清楚，巴勒斯坦方面的平静也有助于与叙利亚和平进程的成功。

　　于是，以色列决定送给巴勒斯坦人一个"大礼包"。我们讨论了一个计划，包括开放北部的安全通道，起自埃雷兹检查站，终于拉马拉的拜伦公路；同时包括开放南部的安全通道——从加沙到希伯伦山南部的塔库米亚。计划还包括，转让来自巴勒斯坦的物资的入关税金，这就等于给巴勒斯坦自治政府送钱，同时转让6%的领土。但计划要求，到5月底制定时间表，结束解决争端的永久性框架协议的讨论。永久协议谈判结束的日期早已设定在2000年9月13日，我们决定沿用这个时间表。因此，我们设定了一个为期15个月的时间框架，从巴拉克任职开始，我们制定了一个紧锣密鼓、雄心勃勃的工作计划。

此外，双方决定，开辟一个高度机密的秘密渠道，可以进行比公开讨论更加开放和坦诚的商谈。巴拉克的指导原则是，在一切水到渠成之前，不同意任何协议。他认为，这一原则能使各方公开、坦诚和更具创造性。然而，这一谈判渠道同样没有取得任何成果。巴方也接受了巴拉克所提出的以巴双方为期30天的马拉松式会谈的建议，但并没有具体实施。虽然代表团进行了多次会面，但没有取得任何进展。巴勒斯坦方面态度强硬，对促进讨论毫无帮助。巴拉克意识到，有必要在阿拉法特和他两位领导人之间举行一次首脑会议，让克林顿扮演"伴郎"角色。很显然，仅仅指望他们的特使，谈判将不会取得任何进展。

显然，就像与埃及的和平条约那样，以巴之间的协议只有在领导人参加的情况下才能顺利达成。如果没有卡特总统的压力，不是贝京和萨达特直接参与谈判，就不会有埃以和平协议的达成。同样，如果没有拉宾和侯赛因之间的直接会晤，与约旦的和平条约就不会实现。我们知道，每个领导人都是成竹在胸，直到最后关头才会快刀斩乱麻。这就是谈判的本质——达成最重要的决定只差最后一步，而这最后一步则需要每一方都到筋疲力尽的地步才能一举成功。

于是，开始了戴维营的旅程。

第27章

"我愿比拉宾走得更远"

这些天，巴拉克承受着巨大压力：与巴勒斯坦方面的和谈没有取得任何进展，与叙利亚的谈判停了下来，与叙利亚具有错综复杂关系的黎巴嫩方面，情况同样很糟糕。这一困难局面的背后是反对党的喧嚣，他们制定了《耶路撒冷法》，坚持认为耶路撒冷永远是以色列的首都，断然不可分割。该法本质上是为了防止以方在与巴勒斯坦的谈判中就耶路撒冷归属问题上作出任何让步。

尽管如此，所有这些困难都未能改变巴拉克坚定的意志和明确的目标。他知道他想要什么，也知道何去何从。他与美国方面频繁会面，所提意见也十分中肯。他几乎天天与克林顿通话，而克林顿似乎也相信他所叙述的每件事情、每条意见与建议。

巴拉克重申，只要不损害以色列的根本利益，他仍旧愿意作出痛苦和巨大的努力。但是希望能一步到位，而不是分成几个阶段，逐步实现。巴拉克说，"在'阶段撤军'问题上，我感觉自己每次都在给予一块土地，但是这不仅没有解决问题，反而增加了巴以之间的冲突，而且削弱了以色列的谈判筹码。要作出痛苦的让步，最好一次用上我所有的政治权力，而不是一点一点地耗费我的政治资本。割让6%的领土，需要我付出的政治努力近乎等于割让40%土地。所以，还不如一次性作出大一些的让步，换取大的回报，最终结束冲突，以此来说服以色列公众。为了作出一点点很小的让步获得微不足道的回报而争斗不休，没有意义。"

2000年3月26日，克林顿与阿萨德在日内瓦举行了首脑会议。我们十分重视这次会议，因为知道这将决定与叙利亚人谈判的命运，不论好坏，都将对对方心理上造成影响。

我们在紧张焦虑中等待会议的结果。会议结束后，克林顿致电巴拉克说："我作出了最大努力，但遗憾的是没能成功。"你可以从巴拉克脸上看到，他大失所望。不过像往常一样，他很快重新振作起来，说："现在我们必须看看如何推进与巴勒斯坦的谈判。"

当时与巴勒斯坦方面进行了两次秘密会晤，以色列方面的与会者有什洛莫·本—阿米（昵称"萨巴"）和阿姆农·利普金—沙哈克（昵称"阿拉西"）；巴勒斯坦方面包括阿布·马赞和阿布·阿拉（巴拉克称之为"阿布们"）。

这是一个秘密的和不为人知的谈判途径，目的是为头脑风暴提供一个框架，用以检测如果巴勒斯坦人得到了他们想要的东西，他们还会走多远，同时向巴方表明，如果我们的要求得到满足，我方愿意忍让的"红线"。会晤的初衷是进行卓有成效的商讨，而不是把商讨变成谈判，但是即便那样，巴勒斯坦方面仍旧没有作出任何松动。

巴拉克的策略是通过正式公开谈判解决一般性问题。以以色列驻约旦大使欧俄德·伊兰和来自巴方的亚西·阿巴德·拉波为首的双方代表团聚首华盛顿，正式举行公开谈判，解决包括以巴之间的经济关系、巴勒斯坦人在以色列的就业问题、环境、水资源、安全协调、法律问题以及如考古、宗教和基础设施等民事问题。

同时，秘密会谈只讨论核心问题。我们意识到，如果有可能在这些有争议的问题上取得进展，那么只有远离媒体和公众的视线进行才会成功。我们希望头脑风暴会议可以产生创造性的想法和解决问题的方案。公开谈判是必要的，一方面可以推进余下的问题的解决，另一方面可向以巴公众表明谈判仍旧在进行之中。

尽管代表巴勒斯坦一方的阿布·马赞和阿布·阿拉资历深厚，但秘密谈判并没有取得任何进展。巴拉克因此承认，为了最大限度地实现当下可以看得到的目标，需要他本人亲自参与谈判，并且还得借助克林顿和阿拉法特参与的峰会的力量。巴拉克得出这一结论主要是因为巴勒斯坦方面在秘密谈判中显示出的强硬立场。

他们断然拒绝我们全权控制约旦河谷的主张。他们愿意接受我们所提议的任何安全部署，但前提是不能包括以色列控制巴勒斯坦领土。他们拒绝以色列在巴勒斯坦领土内割取大片土地，建立享有主权的定居点。他们甚至拒绝接受巴勒斯坦统治区内继续存在以色列定居点和有以色列公民身份的居民的现状。

他们所同意的原则是，在有安全需要的地区，可以进驻以色列军队，但强烈反对任何以安全目的为借口提出的领土吞并。他们反复强调，根据1967年所确定的边界，他们要求获得约旦河西岸和耶路撒冷的所有领土，一分一厘都不能少，为此，他们愿意给以色列任何需要的安全部署。

巴勒斯坦方面宣称："我们已经作出了很大让步，承认1967年的边界，这么做意味着我们放弃了巴勒斯坦78%的领土，而且早在奥斯陆会议上我们就这么做了，我们放弃了雅法、海法、特拉维夫和拉姆拉，只剩下朱迪亚、撒玛利亚和加沙在内的22%的领土，这部分领土我们绝不放弃。"我们试着提出商量实施联合管制某些领土的想法，但他们拒绝了。阿布·马赞和阿布·阿拉一再强调，他们也不会放弃巴勒斯坦难民有权返回以色列国的要求。

由于阿拉法特不允许参加秘密谈判的特使有任何变通的余地，谈判最终没有成功。巴拉克决定去戴维营，试图在特使失败的地方取得成功。

巴拉克说："我去戴维营，或许与阿拉法特直接谈判会取得成功。在通往和平的道路上，我要翻遍每一块石头，哪怕这块石头现在叫做'阿拉法特'，我也要和他会一会。或许他没有给自己的人民留下余地，而把牌揣在自己怀里。"

在我看来，如果巴拉克没有去戴维营，疑问将永远无法解答，我们不知道在谈判中是否真的给了巴勒斯坦方面足够的机会，是否错过了与他们达成协议的良机。

历史表明，决定是否的问题最终只能由首脑出面方能解决。在戴维营会谈之前我们尝试的所有努力和谈判策略，都未能使巴勒斯坦方面作出任何变通，他们在任何事情上都没有让步，从巴勒斯坦难民返回故土的权利到土地的寸土不让。显然，阿拉法特手中拿着所有的牌，只有与他会面才能揭示出巴勒斯坦方面在这些关键问题上是否还有让步的可能。

桑迪·伯格在一次与巴拉克的谈话中试图对此作一些解释，他说从巴勒斯坦方面了解到，阿拉法特不确定巴拉克是否有足够的政治权力，能否在全民投票中通过一项原则性协议。我认为这个说法是巴勒斯坦人的某种借口，他们故意避开讨论最后定居点的问题，因为要讨论这一问题，巴勒斯坦方面将不得不第一次作出让步。对阿拉法特的怀疑是有依据的，巴拉克只带了一个人数不多的联盟来到戴维营，依靠的仅仅是不足60人的以色列议员，但巴拉克坚信自己能赢得多数议员支持并在全民投票中通过协议。我也相信，直至今日，如果我们向以色列公众提出了一项基于克林顿提议的将结束以巴冲突的和平协议，那么该协议将会赢得大多数以色列人的支持。

5月5日，巴拉克、丹尼斯·罗斯和马丁·因迪克举行会面。巴拉克说，与巴勒斯坦的谈判已经到了最后冲刺的时刻。5月有消息泄露称，巴以谈判深陷危机之中。泄露消息的人是公开谈判小组的成员——赛义卜·埃雷卡特，他不喜欢在别的地方，或者他不在场的地方讨论实质性的问题。

巴拉克说，如果我们无法继续进行公开谈判，也不能确定公开谈判只解决一般性问题，这将严重损害整个和平进程，因为我们不可能持续进行秘密谈判，也就不可能讨论最敏感的问题。于是，巴拉克向美国人表示，需要他本人和阿拉法特举行首脑会议。

巴拉克向美国人提出了框架协议的大纲，指出它将包括建立一个独立的、拥有主权的、领土完整的巴勒斯坦国，一个拥有自己与外界交流通道的、只有警察部队但没有军队的非军事化国家。以色列将割让给巴勒斯坦"绿线"附近的五片主要定居点：瓦迪阿拉北部的塞克德、西纳尼、利罕定居点；耶路撒冷北部的克多敏、阿里尔、阿尔菲米纳什、贝特阿耶霍、哈什莫奈、吉夫泽伊夫、米夫霍伦定居点；耶路撒冷东部的奥弗拉、贝特埃勒、米兹佩耶利霍、马阿勒阿多敏定居点；古什埃锡安定居点；卡梅尔定居点，以及希伯伦山南部的埃什科洛特定居点。

这块区域的面积约占朱迪亚和撒玛利亚总面积的15%，定居者人口约占总人口的85%。约旦河谷占朱迪亚和撒玛利亚领土的20%，这块土地仍然在以色列的控制下，将来当和平与安全实现后，大多数领土将移交巴勒斯坦管辖。最后的目标是，在框架协议签署之后，巴勒斯坦自治政府将控制朱迪亚和撒玛利亚大约65%的领土和整个加沙地带。

他补充道，耶路撒冷将保持统一、完整，巴勒斯坦人不得触碰，巴勒斯坦难民也无权返回以色列。

"留给和平进程的时间越来越少，"巴拉克说，"如果我们失去这次机会，必将面临付出可怕代价的局面。在今后的几个星期，我们必须努力将以色列和巴勒斯坦的立场联合起来，举行一次由克林顿、阿拉法特和我本人出席的首脑会议，争取达成协议。"

美国人承诺推动首脑会议。丹尼斯·罗斯恪尽职守，努力撰写草案以确定接下来几周的峰会预备会议讨论的依据。

然而，巴勒斯坦方面并不着急，他们故意拖延时间。他们可能认为，与任期即将结束的克林顿总统达成协议没有什么意义，最好等待他的继任者。从一开始，他们的策略就不是急于达成一个框架协议，因为根据他们以往的认识，如果一个框架协议到2000年年中才能实现，以色列将执行第三阶段撤军，并向巴勒斯坦人转让额外领土，巴勒斯坦人宁愿不需给予回报就先收回更多的领土，然后再进入和谈，根据要求兑现他们的首次付出。达兰是宁愿在框架协议之前推动第三阶段撤军做法的最突出的人物之一。

5月7日，阿拉法特与巴拉克在阿布·马赞位于拉马拉郊区的华丽整洁的豪宅里再次进行了会晤。在戒备森严的车队护送下，他们深夜抵达了阿布·马赞的公馆。以方除了巴拉克，还有大卫·利维、什洛莫·本—阿米、优瑟夫·吉诺萨和我。

阿布·马赞在屋外迎接我们，拥抱、亲吻并引领我们进屋，阿拉法特、阿布·阿拉和纳比勒·阿布·鲁代纳（阿拉法主席府发言人）正在里屋等候。

公馆四周布满了为深入巴勒斯坦领地的以色列总理担任警戒的以色列警卫。

巴拉克转向阿拉法特，对他说："我们时间不多了。两三个月后，克林顿的任期就要结束。本—阿米和阿布·阿拉的秘密谈话的气氛积极，但我们必须决定如何处理敏感问题。我建议我们的公开谈判讨论一般性问题，秘密谈判处理实质性问题。如果我们无法消除隔阂，我们将向美国人寻求帮助，在谈判的最后阶段，由他们协助我们完成谈判并达成协议。"

巴拉克说完，现场一阵沉默。然后，阿拉法特以一种戏谑的口气回答道："总理先生，所有事情都已陷入僵局，毫无进展，商谈无果。秘密谈判也是如此，没有任何进展。"巴拉克说："为了达成协议，每一方都需要灵活变通。"

然后本—阿米插话道，"我觉得秘密谈判取得了进展。"本—阿米的谈判对手阿布·阿拉说："我们进行了非常认真的商讨，但是我们需要领袖的帮助。"阿布·阿拉的话又把话题带回到了阿拉法特的戏谑谈话中，阿拉法特继续说："我们有非常严重的问题，但你们看不到，而且，只要我们不能向巴勒斯坦人民公布所取得的成果，情况就会变得越来越糟。"

巴拉克说："我们看不到你们的立场有什么让步，因而谈判无法向前推进。"

阿拉法特说："你们展示给亚西尔·阿巴德·拉博、达兰和赛义卜·埃雷卡特看的地图被拒绝，这是和谈进程崩溃毫无悬念的宣言。"他指的是以方归还给巴方领土的规划图，其中包括65%的土地将交还给巴勒斯坦人，剩余包括约旦河谷在内的土地仍然留在以色列人的手中，几年后逐步移交给巴勒斯坦人。对于阿拉法特来说，只能得到65%的领土是不可接受的。他想立即收复朱迪亚和撒玛利亚的全部土地。"我方得到所有领土，你方撤离定居点，天下便可太平！"阿拉法特总结道。

巴拉克说，只要巴勒斯坦人不作让步，他就不会重新绘制地图。

巴拉克说："你们唯一同意的只是我们可以推迟撤离实施日程，但这并不是第一次让步，这在拉宾时期就已经约定。除此之外，你们没有作出任何让步。"

阿拉法特说："拉宾在位的时候一切都不同。"我们第一次在塔巴会见拉宾时，以色列方面表示，以方第一次撤离阶段，我方可以获得5%的领土。我打电话与拉宾联系，结果，他下令给我们31%的领土。这就是拉宾与你对待我方的差距。拉宾有礼貌，我会和他商量。他没有对我发号施令，他聆听我的意见，并愿意改变立场。拉宾甚至在封锁期间给巴勒斯坦民族权力机构提供经济援助。但在你们封锁期间，一切都关闭、停止了。拉宾从来没有停止并总是及时给我方资助。"

这一时期，以巴之间的气氛没有坦诚和友好可言，两国的关系甚至一点不会让人想起拉宾时代。在以色列方面，和谈没有任何进展，一派沮丧。在巴勒斯坦方面，弥漫着一种绝望和压抑的气氛。他们认为，以色列正在利用商讨框架协议并以此作为借口逃避执行第三阶段撤军，因为实行第三阶段撤军就意味着除了定居点和以色列国防军军营之外，必须将整片领土转移到巴方控制之下。当时，巴拉克认为，实施第三阶段撤军将会导致以色列民众和巴勒斯坦人之间发生大规模摩擦和冲突。因此，他想通过达成一个框架协议，以此作为缓冲达成最终目标，完成撤离这终点之前的最后一步。

对于巴拉克而言，我方代表在会谈中提出的立场已经非常接近他的"红线"。距离最终解决问题，我们只剩下很小余地的商谈空间，能作出的让步十分有限。

6月23日是执行第三阶段撤军的确定日期，巴拉克非常希望这一天到来之前以巴双方能达成框架协议，否则的话，以方将实施第三阶段撤军，而巴勒斯坦人将又一次接受土地却不用兑现承诺。相反，如果框架协议在先，以方实施第三阶段撤军，巴方就不得不根据框架协议的有关内容作出痛苦的让步，而不仅仅是接受土地。

克林顿同意巴拉克的看法：以巴双方达成一项框架协议对执行第三阶段撤军更有利。

这些日子里，美国人多次来访，试图推动这一进程。巴拉克和克林顿经常通电话，但印象里阿拉法特还是敷衍搪塞，拖延时间。虽然我们愿意作出让步并提出新的想法，但巴勒斯坦方面没有在其基本立场上作一丝让步。事实上，这是阿拉法特直到最后都采取的策略。他唯一合作的一次还是在签订"奥斯陆协议"时，那时他不用在核心问题如巴勒斯坦难民返回故土的权利和领土问题上妥协，所以谈判取得了可观的成果。阿拉法特认为，他已经在"奥斯陆协议"中作了很大的让步，比如同意只在约旦河西岸和加沙地带建立巴勒斯坦国，而不是占据包括以色列国领土在内的全部巴勒斯坦土地。巴拉克要求美国人向阿拉法特提出一些可能的选择，并转告阿拉法特以方不能接受目前巴方关于领土的要求和立场，即1967年协议所确定的边界内的以色列国领地属于巴勒斯坦人，如果放弃这部分领土的要求，巴勒斯坦割让给以色列的领土达到了全部领土的78%。阿拉法特不会在领土问题上妥协，并一再要求收回朱迪亚和撒玛利亚的所有领土。后来在戴维营，他同意接受领土置换。

美国人深信，需要举行一次首脑会议来推动和谈进程，这样可以对阿拉法特施加巨大压力，迫使他来到戴维营。阿拉法特不喜欢举行首脑会议这个想法，他勉强来到戴维营。他完全不相信有举行峰会的必要。

与会双方同意由美国人准备一份协商草案，作为商讨的依据。这份草案将包括同意协商的议题以及可能存在争议的问题。以色列的立场将用字母I表示，巴勒斯坦的立场用字母P表示，其目的是为了消除以巴双方在首脑会议上立场的隔阂。

巴拉克继续强调，整个和谈过程，目标只有一个，是为了结束流血、结束索取、结束冲突。为实现这一目标，以色列愿意比巴勒斯坦走得更远、做得更好，愿意付出双倍的努力。

但是，阿拉法特一直坚持要求以方在6月23日实施第三阶段撤军。他一再说："以色列实施第三阶段撤军，我就前去参加首脑会议。"然而，巴拉克重申，以方实行第三阶段撤军，首脑会议成功的机会就不复存在；如果双方在这之前达成一项协议，巴勒斯坦方面将获得比以方实施第三阶段撤军所能获取的更大的领土面积。

阿拉法特抱怨说，以色列并没有履行移交耶路撒冷附近三个村庄的义务。这三个村庄是巴勒斯坦人居住的阿布迪斯村、艾萨里亚村和阿纳塔村。他还抱怨说，以色列并没有释放囚犯，也没有把从巴勒斯坦工人那里征收到的税款以及港口和销售税转交给他。因此，他不信任巴拉克。

对巴拉克来说，阿拉法特没有做任何事情，他没有解除巴勒斯坦解放组织一手建立的、法塔赫旗下的塔兹姆民兵组织的武装，没有没收非法武器，没有结束冲突，也没有打击恐怖主义。"在和谈路上，我愿意比拉宾走得更远，甚至愿意做比他考虑要做的还多，"巴拉克说，"这是我们与巴勒斯坦人达成和解再好不过的机会。"

秘密谈判下一轮会议之前，巴拉克向本—阿米面授机宜，并授权他商谈所有问题，包括他一直禁止触碰的耶路撒冷问题。"关于如何解决耶路撒冷问题，你可以开始同他们交流看法，"巴拉克说，但强调："不要把文件和地图留给巴勒斯坦人。"

　　与此同时，我们在戴维营首脑会议前开始准备公开谈判，目的是使以色列及世界民众相信，首脑会议是必不可少的，没有峰会的召开，以巴局势就会陷入极端暴力和混乱之中。

第28章

18年后，以色列国防军撤出黎巴嫩

1999年以色列大选期间，为了增加以叙和以巴和谈的机会，巴拉克承诺"竭诚进取，不遗余力"。他还承诺在担任总理职务的一年内，以色列国防军撤出黎巴嫩。

继1982年超出原定计划范围的"加利利和平行动"（即第五次中东战争——译者注）之后，以色列国防军进驻黎巴嫩南部。1985年，以色列国防军单方面撤回到被称为"安全区"的地区，在那里驻守了大约15年。直到2000年5月24日，在巴拉克开始担任总理兼国防部长不到一年时，我们才从黎巴嫩撤退。驻守黎巴嫩期间，我们进行了大范围的军事活动，与恐怖分子发生多次冲突，导致以色列国防军伤亡惨重。

巴拉克得出结论：我们不能接受以色列国防军只有在黎巴嫩南部部署才能保护以色列北部地区的想法。他相信现在是时候撤出以色列军队，并将他们部署在与黎巴嫩的边界处。巴拉克推测，从黎巴嫩撤军将会改善我们的政治局势，并给黎巴嫩政府和真主党增加压力，阻止恐怖袭击活动和火箭弹的袭击。我们所有人都清楚，撤回以色列国防军，士兵不会遭受与他们在黎巴嫩时同样的危险，伤亡人数将大大减少。事实证明，这是正确的决策。

巴拉克认为，最好能够将从黎巴嫩撤军作为和谈协议的一部分。他知道，如果我们可以和叙利亚达成和解，这样的协议是可能实现的。但是，要与黎巴嫩政府达成撤军协议，不会那样简单容易。

巴拉克反复要求叙利亚和美国方面立即重启与黎巴嫩的和平谈判，这是与叙利亚谈判的条件之一。叙利亚方面对此表示坚决反对，并宣称与黎巴嫩的谈判只有在叙利亚和以色列的边界划定后才会开始。对他们来说，黎巴嫩的局势是讨价还价的筹码，可以用来对以色列施加压力。

2000年1月16日，丹尼斯·罗斯将美国国务卿奥尔布赖特与叙利亚外交部长沙雷会晤的内容告诉了巴拉克和我。沙雷在会晤时说："在以色列与叙利亚之间的边界标定前，我们不会同意恢复与黎巴嫩的谈判。"奥尔布赖特回应说："这是绝对行不通的。"

然后，沙雷提出了一个"富有创意"的想法：叙利亚同意，立即宣布重启与以色列和黎巴嫩之间的谈判，但是直到以色列和叙利亚之间的边界划定完成后，谈判才真正开始。

奥尔布赖特对此也表示完全反对。

稍后，我在与丹尼斯·罗斯的电话中建议丹尼斯告知叙利亚方面，地图上和地面上标记的以色列和黎巴嫩之间的国际边界，不会成为确定以色列与叙利亚边界的前提。我觉得叙利亚方面担心我们与黎巴嫩边界的确定将迫使他们同意其与以色列的国际边界，并放弃与国际边界不同的1967年6月4日界线的要求。丹尼斯回答说，他印象里，只要叙利亚方面不满意与以色列的边界，就不会同意讨论与黎巴嫩的边界问题。

2000年初，美国方面继续努力恢复以色列和叙利亚之间的谈判。在黎巴嫩南部，以色列国防军和真主党发生冲突，真主党持续向北部地区开火，以色列国防军向真主党目标开火反击。巴拉克向美国人发出信息：我们推测叙利亚方面正在鼓励真主党继续袭击我们。美国人向沙雷发出信息，以此作为回应，声明形势正在恶化，真主党的袭击可能会终止和谈进程。

比这更早的时候，巴拉克在谢泼兹顿已明确告诉克林顿和沙雷：黎巴嫩战线形势一旦恶化，叙利亚脱不了干系。

作为对美国方面要求的回应，沙雷声称大马士革正在"尽其所能"阻止真主党的袭击。与此同时，他要求召开为监督"愤怒的葡萄"协议执行而建立的"监督委员会"会议，商讨他所指出的以色列违反协议的行为。1996年，代号为"愤怒的葡萄"的军事行动之后达成了一项基本协议，即真主党不能在村庄内开火，一旦发生这样的事，以色列可以向开火的地点反击。并且双方同意，交火避开平民目标。

真主党无论在白天还是黑夜都违反了这些协议，以色列反击的目标中确实也包括了黎巴嫩一些村庄。这些袭击成了叙利亚指责以色列违反协议的口实。

2000年2月14日，以色列时间下午11点35分，巴拉克致电克林顿。这是他们俩众多电话中的又一次。巴拉克说，他感到在接下来的两个星期内，我们将知道在大马士革是否有合作伙伴与以色列达成协议，这个协议也将促进从黎巴嫩撤军的约定。他补充说，在过去两个星期，我们明确表示愿意采取全方位的措施来保护我们的公民和士兵，但真主党的袭击将破坏和谈进程。我们正处在最后的关键时刻。如果找到合作伙伴，作为协议的一部分，我们将立即安排以色列国防军撤退。但如果没有，我们将被迫根据联合国安理会第425号决议单方面宣布撤军。在我们沿着与黎巴嫩的边界部署国防军之后，任何人想考验我们都非明智之举，因为我们将全力反击。

克林顿完全同意巴拉克的意见。

那时，丹尼斯·罗斯和马丁·因迪克以及巴拉克之间进行了多次会晤，我参加了所有这些会面。这些会晤是为了解决以巴谈判问题和以叙谈判问题。在以叙谈判中，准备克林顿和阿萨德之间的峰会是重点，峰会应给以叙谈判带来突破，并为潜在的与叙利亚和平共处铺平道路。

那些天，以色列国防军正在为两种方案作具体的准备。一种方案是，将从黎巴嫩撤退作为协议的一部分。另一种方案是，根据安理会第425号和426号决议单方面撤退。

我负责帮助推动有关处理南黎巴嫩军队的准备工作。在我召开的第一次讨论会上，辛贝特安置署负责人、黎巴嫩政府活动协调员乌里·卢布拉尼和各部门的代表出席，我明确表示，处理南黎巴嫩军队，包括将军队和他们的家属转移到以色列，并将他们妥善安置，此事至关重要，必须成功，不许失败。

我指示，以色列国防军负责将南黎巴嫩军士兵及其家属转移到以色列，由辛贝特合作人员安置署负责他们的安置工作。

在此后的另一次电话交谈中，克林顿告知巴拉克，他将于2000年3月26日星期日从印度回美国的途中停留日内瓦，与阿萨德举行一次会晤。

克林顿和巴拉克的每次谈话都会提到从黎巴嫩撤军的问题。巴拉克努力达成撤退协议，因为这是他的首要任务。但是，如果无法与叙利亚达成协议，以色列就得根据安理会第425号和426号决议执行单方面撤军。巴拉克清楚地知道，以色列国防军仍驻扎在黎巴嫩境内是最坏的选择。我完全同意这个看法。每次讨论这一问题，我都认为，在黎巴嫩继续驻军是一种累赘，而非资产。

在日内瓦举行的克林顿—阿萨德峰会失败后，克林顿总统致电巴拉克说，他已经尽了最大努力，但是阿萨德的立场比沙雷在谢泼兹顿体现的立场更为强硬。但克林顿指出，阿萨德答应黎巴嫩战线不会有所行动，而且以色列国防军从黎巴嫩的撤退应基于安理会的决议，叙利亚对此非常关切。

从那一刻起，巴拉克为完成从黎巴嫩撤退的计划付出了巨大的努力。他试图尽最大可能来配合这个计划。我们努力与美国、欧洲诸国、俄罗斯、中国、印度、日本、阿拉伯国家和联合国协调行动。我们推测，随着撤退行动越来越近，叙利亚将会通过真主党让该地区的战火升温。我们清楚地知道，我们必须反击。这会使得形势进一步恶化。我们要求美国运用其影响力，让阿拉伯国家，比如如埃及，支持以色列国防军从阿拉伯国家的土地撤退，并呼吁叙利亚人努力防止战火升级。

我们的立场是，如果由联合国提出要求以色列执行安理会的决议，把军队撤到国际边界，那将更好。以色列将听从这个要求，撤离军队，而非将它仅仅视为一个备选方案，以色列不会自愿宣布最后决定完成此项多年前就提出的要求。

那些日子里，我和世界各国领导人的高级助理进行了多次电话交谈，包括英国的利维勋爵和乔纳森·鲍威尔、德国的施泰因迈尔和施坦纳、埃及的奥马尔·苏莱曼和奥萨马·巴兹、约旦外交大臣、法国的戴·雷萨姆布雷阿和让·戴维·莱维特、西班牙的米格尔·莫拉提诺斯以及其他政要。在这些交谈中，我让他们了解了最近失败的日内瓦峰会、黎巴嫩的紧张局势以及以色列国防军从黎巴嫩撤退等事态发展的最新消息。我提议他们运用各自的影响力来约束叙利亚和真主党，支持执行第425号决议，努力扩充将要部署在安全区的"联合国驻黎巴嫩临时部队"兵力，并推动联合国在以色列国防军撤退后立即部署"联黎部队"，以防止真主党接管该地区。

美国方面要求我们在国际边界划分的立场上与他们保持一致，并开始实施行动。他们计划在与我们的立场达成一致后，将边界划定的问题提交给联合国，同时也将其提交给英国、法国、俄罗斯和中国，与他们一起最后商榷。这样，事情就会有进展，就可以先在地图上、然后在地面上标记边界。以色列承诺撤离与联合国协商确定的边界以南的军队。

与美国人的每次讨论都提到了南黎巴嫩军士兵的命运。我们的立场是，黎巴嫩方面必须像照顾其他民兵组织的成员一样照顾好南黎巴嫩军的士兵，也就是要找到一种特赦他们的方式，并让他们融入黎巴嫩社会和安全机构。然而，我们早已料到，南黎巴嫩军士兵的选择是宁愿离开黎巴嫩。以色列将接纳那些愿意来以色列的士兵，也会努力协助那些愿意在其他国家定居的士兵。

巴拉克继续努力与各方力量及联合国协调撤退事宜。他与科菲·安南、希拉克、布莱尔、普京、施罗德、穆巴拉克、阿卜杜拉国王等人通了无数次电话。在这些谈话中，他明确表示以色列将撤退到联合国裁决的界线，在那儿修建新的边界围栏，并沿着围栏部署军队，联合国可以在以色列撤退的地区更大范围地部署驻黎临时部队。他补充道，叙利亚视以色列撤军为巨大威胁，因为这将引起要求叙利亚也从黎巴嫩撤军的更大呼声。

那时，巴拉克已经决定了撤退的模糊日期。我们知道，随着我们距离撤退的日期愈近，局势也将愈加紧张。我们继续谈论于2000年7月执行撤退行动，但计划尽快执行撤退，越快越好。

2000年4月6日，我就南黎巴嫩军的安置计划又一次召开会议。在讨论中，我得知，我们准备只接纳约600户家庭。这是不够的，我指示与会者继续全天候工作，积极准备接纳数千家庭，并改进现有计划。我们把属于以色列国防军慈善之友和军事基地的设备安置到位，以便到时候接纳南黎巴嫩军士兵及其家属使用。我要求所有负责该计划的人员从5月15日起准备实施该项计划。

联合国秘书长科菲·安南任命泰耶·拉森特使处理以色列从黎巴嫩撤军的问题，包括以色列和黎巴嫩之间的边界问题。巴拉克任命我协调为此付出努力的国际方面和参与此事的以色列方面的关系。多方一致同意，联合国将派一批测量专家与我方专家合作，他们将准确划定边界。以色列方面，这项工作由国防部特别行动局副局长摩西·科哈诺夫斯基律师和以色列国防军制图部主任哈伊姆·斯雷布罗上校共同领导。

我与巴拉克谈话，继续策划各种解决南黎巴嫩军问题的方案。巴拉克在与丹尼斯·罗斯领导的美国团队的会晤中说："如果和谈顺利的话，联合国驻黎临时部队将立即进入我们撤退的地区。然后，我们可以影响南黎巴嫩军司令拉哈德将军，促使他将部队分成三个民族武装组织——德鲁兹派、基督教派和什叶派，这些民兵组织的指挥官将与黎巴嫩各教派领导人商讨他们的未来。巴拉克接着说："我们将在必要时帮助他们，治疗他们的伤员，提供人道主义援助和食物援助。如果真主党用炮火袭击他们，我们将帮助南黎巴嫩军从我们的领土进行反击。不要指望我们让南黎巴嫩军缴械，他们需要武器来保卫自己。"

与此同时，以色列方面继续加快进行准备工作。以色列国防军开始从黎巴嫩南部的哨所转移多余的设备。为了避免真主党加大袭击，我们都在夜晚行动。5月初，以色列国防军必须准备在短时间内从黎巴嫩南部撤离。

以色列国防军总参谋长沙乌勒·穆法兹不赞成国防军从黎巴嫩南部撤退的想法。他公开表示反对撤退，并声称巴拉克正在这个决定中承担着太大风险，其言行有悖于普遍法则，令民主政权人士无法接受。一位军官不得公开批评总理和政府的决定，尤其是当这个批评在暗示总理兼国防部长的决定事实上正在危害以色列北部居民的安全和保障的时候。我把我的意见告诉了巴拉克，但他决定不采取任何行动来制止这些有害的言论。

我认为巴拉克放纵总参谋长继续公开批评总理决定的行为乃不当之举。那时在媒体上出现了"匿名军方人士"的言论，宣称以色列从黎巴嫩撤退是在冒着惊人的风险。

4月11日，巴拉克在白宫与克林顿会晤。会晤持续了四个小时，涵盖话题广泛。在黎巴嫩问题上，巴拉克说，我们正在根据联合国安理会第425号决议准备撤退，"我们将回到1978年实施'利塔尼行动'前夕所部署部队的界线以内"。联合国已经确认，这一行动就是执行联合国要求以色列撤出所有黎巴嫩领土的第425号决议。他补充道，扩大联合国驻黎临时部队很重要，这样能有效地控制以色列撤出的地区。巴拉克还向克林顿说明最新的情况：尽管真主党制造了袭击事件，而且背后还得到叙利亚的支持，他最近拒绝了以色列国防军打击黎巴嫩境内的叙利亚目标的建议。他这么做是为了避免黎巴嫩南部事态的升级。

以色列国防军继续疏散转移其在黎巴嫩南部积蓄的兵力和大量的设备。根据总参谋长的提议，巴拉克授权将以色列国防军的太巴前哨和后来的罗特姆哨所移交给南黎巴嫩军，并进一步减少我们在黎巴嫩的兵力。后来，移交给南黎巴嫩军的哨所以及以色列国防军的哨所都遭到真主党的袭击，南黎巴嫩军士兵开始从哨所逃离。

2000年5月21日，真主党不战而胜，顺利占领太巴哨所，加速了安全区的崩溃。在这紧要关头，巴拉克决定立刻执行撤退行动，否则南黎巴嫩军将大败，以色列国防军仍驻扎在黎巴嫩，而哨所不再是完整的防御体系，在这种情况下对以色列国防军士兵的威胁将是巨大的。鉴于此，巴拉克下令在2000年5月23—24日之间的夜晚执行撤退行动。

半夜里，以色列国防军在非常困难的条件下撤出，真主党不停地向我们的部队开火，而以色列国防军于5月24日早上非常成功地完成了撤退任务，没有一名士兵伤亡。

仓促撤退导致以色列国防军的一些设备和车辆留在原地，并被真主党拍摄下来。这些照片还包括逃离以色列边界的南黎巴嫩军士兵及其家属的照片，以及接管安全区的真主党士兵的照片，构造出一幅以色列国防军逃离黎巴嫩的虚假印象。

我声明，以色列国防军并非逃离黎巴嫩。由于南黎巴嫩军的崩溃，仓促撤退是必要的。作为一项军事行动，以色列国防军是在极其困难的情况下成功完成撤退的。

南黎巴嫩军的士兵被准许进入以色列国，并安置在中转营，然后转移到以色列的不同地方。刚开始他们的待遇很差，但随着时间的推移情况不断改善。然而，到目前为止，仍不时有传言说他们"被遗弃"，而且说他们仍旧缺乏良好的待遇。

在以色列国防军撤出黎巴嫩前的两个星期左右，巴拉克在特拉维夫的办公室会见了南黎巴嫩军司令拉哈德将军。拉哈德想了解如何解决撤退中南黎巴嫩军的问题。巴拉克向他表明，最好的情况是，南黎巴嫩军将继续以三个民兵组织的形式——什叶派、基督教派和德鲁兹派存在，每个民兵组织保护各自居民居住的村庄地带。以色列不会拿走南黎巴嫩军的武器，而且在我们的士兵没有驻扎在黎巴嫩南部的情况下，仍将协助南黎巴嫩军与真主党作战。巴拉克认为在这种形式下，南黎巴嫩军指挥官能得到黎巴嫩宗派领导人的支持，与黎巴嫩政府就双方的未来进行谈判，最终融入黎巴嫩社会和黎政府军队。

拉哈德告诉巴拉克，他打算去巴黎度假几周，他的家人住在那儿。如前所述，大约两个星期之后，南黎巴嫩军开始溃败，以色列国防军被迫提前撤退。当时，拉哈德身处巴黎，而不是与他的部队并肩作战。但这并没有打消他对巴拉克撤军的严厉批评，他指责巴拉克向他隐瞒了意图，没有告之将在很短的时间内实施撤退。

拉哈德所言非实。巴拉克在与拉哈德将军会晤时，并不知道他将被迫下令以色列国防军立刻撤退，是战地现实情况的发展迫使我们那么做，而拉哈德将军恰好又不在场。

就这样，以色列国防军部队在发动"加利利和平行动"进入黎巴嫩18年后，撤出黎巴嫩并重新部署在国际边界上。以色列国防军撤退之前，已经开始绘制边界地图的联合国测量专家还没有时间完成这项工作，他们在以色列国防军按照我们设定的界线部署之后继续进行工作。然而，正如我们所承诺的那样，以色列国防军撤出军队，并根据联合国专家的测量改变部署地点。联合国专家迫于黎巴嫩的压力和偏袒以色列的流言，不断改变他们所确定的边界位置，促使以色列国防军不断改变部署、建立围栏，然后再次移动围栏。

我们已经厌倦了无休止的扯皮，要求科菲·安南宣布最后的界线。以色列沿着这条界线部署，但黎巴嫩继续抱怨说，有些地方的边界不对。最终，科菲·安南宣布既然以色列已经全部撤退，联合国拒绝黎巴嫩进一步改变边界的要求。

争论的焦点之一是仍在以色列控制之下的舍巴农场地区。这个地区在"六日战争"前是在叙利亚的控制之下，但黎巴嫩人声称这个地区属于他们，叙利亚已经把它让给了黎巴嫩。然而，联合国声称该地区属于叙利亚，它与戈兰高地相连，因此它的归属应该在叙利亚和以色列的谈判中决定。舍巴农场问题多年来一直充满血腥，在很长一段时间，真主党持续袭击驻扎在该地区的以色列国防军士兵。

盖杰尔村也是个令人头疼的问题。这个村庄在"六日战争"期间被以色列战场情报部队的特种部队从叙利亚人手中夺得。它的居民是阿拉维派穆斯林，是叙利亚少数派的一部分，但该国统治者阿萨德家族属于这个派别。

联合国测量专家划定的边界将盖杰尔村分为两部分：村庄的南部由以色列控制，北部由黎巴嫩控制。由于我们不想破坏当地人的生活，没有在中间建造将村庄一分为二的围栏，这个地方便成了一个漏洞。真主党多次利用这个漏洞潜入村庄，袭击以色列国防军士兵。当以色列开始在村庄的北边建一个围栏来填补漏洞时，黎巴嫩爆发了抗议活动，抗议以色列占领了村庄的北半部。解决问题的办法是在村庄以南修建安全围栏，便于监测当地村民进入以色列的情况。

在作出决定之前，我就支持从黎巴嫩撤退的决策，直到今天，我依然确信这是个十分正确的举措。在以色列国防军与真主党多年的不间断战争中，在喀秋莎火箭弹频频发射到加利利地区之后，黎巴嫩南部安静下来，冲突急剧下降。边界也平静了许多，北方地区的经济开始繁荣起来。

2006年7月，第二次黎巴嫩战争爆发，但自战争结束以来，直到本书出版之时，我们与黎巴嫩的北部边界通常都很安静。

第29章

克林顿:"亲爱的朋友们,我们并没有进步。"

在戴维营峰会的筹备过程中,我们从美国方面获悉,阿拉法特周围的人正在进行一场恐吓运动,声称整个峰会不过是以色列和美国的阴谋,旨在让阿拉法特作出让步。我们估计,传播这一说法的是阿布·马赞和阿布·阿拉二人。

巴拉克继续向美国人详细说明了他的观点,列举出他愿意给予巴勒斯坦人的一切条件,并不断重申:"我正在承担政治风险,危及我的联盟和政府的诚信,并冒着在以色列公众内部制造裂痕的风险。我所承担的风险远远大于阿拉法特对他的人民所承担的风险。如果他在首脑会议上拒绝我所有的慷慨提议,这会把我们双方,包括巴勒斯坦和以色列人民都推到灾难的边缘。当以色列公众了解到我们付出了何等努力,了解我们向阿拉法特递交了提议而又被拒绝这样一个事实以后,他们会一致认为对方不是可以对话的伙伴。这一切都将加速我们和巴勒斯坦人民关系的分崩离析。美国必须向阿拉法特表明,在他没有作出任何变通的情况下,而我已经作出了比我之前任何一位总理更大的让步。他必须明白,出席此次首脑会议,我们双方都必须承担风险。如果不出席会议,危险则会更大,最后会一败涂地。此次峰会可以防止双方关系严重恶化。"

马德琳·奥尔布赖特在与阿拉法特的会晤结束后告知我们,巴勒斯坦人威胁说,如果他们没有看到情况有任何转机,他们将在其控制的约旦河西岸40%的领土上单方面宣布成立独立国家,并继续力争其余的领土。

针对这种情况,巴拉克说,如果这样的事情发生,同一天晚上,以色列将宣布吞并占15%领土的大型犹太定居点,以及整个约旦河谷地区,即另外的20%的领地。巴拉克说:"那我们就看看他接下来会做什么。"

奥尔布赖特对阿拉法特说，如果他真的这么做了，那就得不偿失了，付出如此高昂的代价换取的胜利，相当于失败。

她向阿拉法特解释说，他的观点模棱两可，愿意变通的地方也不明确，因此和谈一直没有进展。因为，除非巴拉克看到阿拉法特方面有所变通，否则他也不可能一味让步。

与此同时，我们确保向各国传递这样一个信息：这次首脑会议堪称以色列愿意比以往以及将来的任何一届政府作出更大让步的历史性会议。如果阿拉法特单方面宣布建立巴勒斯坦国，那他就是犯了严重的错误。我们正在向阿拉法特提供慷慨和意义深远的解决方案，如果峰会失败——但愿不要发生这样的事情——我们会让全世界都知道我们的提议多么慷慨而又意义深远，而阿拉法特将被视为拒绝和平的人，并且为整个世界所唾弃。

首脑会议筹备期间，巴拉克与克林顿进行了一场马拉松式的夜谈。每每我都惊叹于克林顿在与巴拉克的会谈中所倾注的耐心与时间。

在一次谈话中，克林顿提到了可能发生的最坏情况，说道："我担心的是我们无法预测首脑会议的结果，必须考虑到它有失败的可能性。巴勒斯坦人正在谈论领土交换的问题，我还不知你在这个问题上的立场，他们想要东耶路撒冷的一部分，你不同意。我们要如何解决这些问题？我建议你先给阿拉法特作出一些姿态，让他以一种建设性的心态来参加首脑会议。首脑会议须在一个与媒体完全隔绝的地方进行，以免泄露信息，让我们的努力功亏一篑。这就是我选择戴维营的原因，它易于与外界隔绝，由于地方不大，每一方只能带12个人与会。

巴拉克回答说："在这些问题上我和你意见一致，阿拉法特要求我们给他耶路撒冷附近的三个村庄：阿布·迪斯、阿纳塔和爱沙里亚。尽管当天发生了暴力和严重骚乱，并且巴勒斯坦警察对我们的安全部队开了枪，以色列议会还是通过了给他们三个村庄的议案。然而，我没有马上将村庄移交给阿拉法特。他正在利用这一点大做文章。从此，阿拉法特便佯装愤怒，每当我们向他作出让步姿态时，他都会提出更多要求。最近，我们向他转移了2亿谢克尔（以色列元，代码：ILS或NIS——译者注）。他在几秒钟内吞下了钱，可是不到24小时，他又提出了额外的要求。在我没有确信他已经千方百计采取措施确保巴勒斯坦安全部队不再向我们开火之前，我是不会向他移交这些村庄的。这些"好处"不是主要的，重要的是达成协议，因为时间越久，对和谈进程越不利。在以色列，越来越多的声音指责我们作出让步，我正冒着巨大的政治和人身风险。我可能成为一个被指责的目标，因为我所作出的让步远远超过拉宾和佩雷斯，这有悖于我国政府大部分官员和大部分公众的政治信念。我们还没有忘记拉宾在采取类似措施时发生的事情。相反，阿拉法特显得十分粗鲁，让我们失去信心。他必须建设性地商讨问题，视峰会为双赢良机，而非输赢的较量。"

巴拉克继续说道，"我们的方法是，如果首脑会议最后达成协议，我们不会将其看成巴勒斯坦人的胜利，也不会认为是我们的胜利。任何一方宣布胜利都只会激怒另一方的反对势力，所以我们需要达成一项能让双方都取得胜利的协议。"

克林顿说："如果我能看到取得成功的可能性，我不怕冒险。"这次首脑会议成功与否对克林顿来说非常重要，他既是"伴郎"，又是主人和调解人，峰会的失败也是他的失败。

巴拉克认为，阿拉法特也许只会在首脑会议上表现出变通和灵活，其他类型会议难以形成同样的动力，当他看到整个方案时，他会明白如果没有达成协议他将失去的是什么。如果阿拉法特打算放下姿态，最后作出一些妥协并且满足以色列的要求，巴拉克试图通过作出更大的妥协来彻底解决问题。

随着首脑会议的日期越来越近，巴拉克和克林顿之间的电话越来越频繁，几乎每天晚上都要通话，有时一天几次。在首脑会议前的最后一些对话中，克林顿对巴拉克施加压力，让他对巴勒斯坦人民作出点姿态，并提到释放囚犯和转让三个村庄，让阿拉法特与会的时候能有个好心情——有了这一成果，他能够给他的民众一个交代。

巴拉克说："一旦我方宣布将转让三个村庄，国家宗教党将要辞去政府的职务，而沙斯党和以色列移民党也威胁要这么做。在我还有一个联合政府的时候召开峰会对我来说非常重要，我不能忽视以色列的内部情况。即便在首脑会议期间，一些联盟成员离开联合政府，我在没有议会多数人支持的情况下参加峰会和我在仍然拥有多数同盟支持的情况下参加峰会的情况大不相同。"

巴拉克知道他的联盟非常脆弱，相信不会再有机会讨论最终协议，政治制度不允许他这么做，甚至他也将失去在他前去参加首脑会议时得到的部分支持。

美方给每个代表团在戴维营分配了12个座位，在那里他们就核心问题进行讨论。另外，在附近的埃米特斯堡镇安排了20个座位，讨论一般性的问题。

我们决定首脑会议将在封闭和隔绝的情况下进行，而且一致同意，除了美国总统新闻秘书乔·洛克哈特代表双方向记者提交报告之外，任何人都不得与媒体接触。7月9日，在首脑会议开幕前两天，巴拉克向克林顿报告最新消息：国家宗教党和以色列移民党已经离开了联合政府，而沙斯党还在考虑下一步是否要离开。巴拉克说："以色列国和我个人正在冒很大的风险，我希望你帮助我们将所面临的风险降低到最低程度。"巴拉克暗示他们需要一个庞大的安全计划，要求美国人给予以色列先进武器、经济援助、情报信息以及防御措施，以补偿其将要失去的领土。

7月11日接近中午时分，我们到达戴维营。这是个美丽的地方，坐落于茂密的森林中，绿树成荫，宁静优雅。小型高尔夫球车正在等待着我们，我们把行李装在其中一辆车上，然后驶向下榻的小木屋。

这些小木屋非常迷人，每个小屋都以不同的树命名。每个木屋都有两间卧室和一个客厅。我与吉拉德·谢尔同住一个房间，与我们在小屋同住的还有什洛莫·本—阿米和丹·梅里多尔。只有巴拉克一个人是单独一个木屋，而且是一间带一个卧室、一个起居室和一个书房的大木屋，谈判代表团的总部设在这个书房里。总统秘书埃纳特·格卢斯卡也是单独一间，因为她是代表团里唯一的一位女士。当天午夜，美国人和我们之间的第一次正式会议进行。会议中，主办方告诉我们，我们的时间只有一个星期。一个星期后，克林顿将不得不离开我们，参加在日本举行的八国集团首脑会议，即美国、俄罗斯、加拿大、法国、德国、英国、意大利和日本等世界八大工业化国家的领导人会议。

我们还了解到，在阿拉法特决定把赛义卜·埃雷卡特带到戴维营之后，在附近小镇上继续公开谈判的俄德·伊兰成了光杆司令，没有一个同伴。我们要求美国人解决这个问题，因为这是事先达成共识的，我方专家和辅助人员代表团正在等待巴勒斯坦人。仅在几天后，阿拉法特就派了一名代表。由于巴勒斯坦人的消极敷衍，这些谈话最终没有取得任何进展。

在我们到来之后，巴拉克和克林顿进行了第一次对话，在场的有布鲁斯·里德尔（他曾在美国国家安全委员会中负责中东事宜）和他的副手罗布·马利，还有我。巴拉克陈述了以色列的微妙政治局势，他说："我组建了一个联合政府，至少能坚持到和平进程最后阶段的初始阶段。当我当选总理后，我就决定把实现和平作为我最重要的目标。我预判到这个联合政府的部分成员会早早离开。我支持'塔尔法'（第一部"豁免"极端正统犹太人服役的法律），所以极端正统犹太人在两天前的不信任投票表决中投了弃权票，使我得以在政府稳定的情况下来到戴维营。

"即使政府倒台，我也会来戴维营，但是对于公众而言，我在戴维营期间政府仍在运行具有重大意义。我也可以通过利库德党组建一个统一政府，联盟稳定又广泛，用不着拿我的政治立场冒险，但是那样的话我们就无法推进和平进程。"

克林顿告诉我们，他已经与先于我们到达的阿拉法特进行了会面，并觉得他很放松了。每个人都关心阿拉法特的心情，因为他从一开始就认为这次首脑会议是以色列和美国的阴谋，旨在给他施加压力并让他最终作出让步。克林顿还说，阿拉法特意识到巴拉克前来参加首脑会议所付出的政治代价（国家宗教党、以色列移民党和沙斯党已经离开联合政府），他认为巴拉克是认真的。我们一致同意双方都不要有出其不意的举动。克林顿说，他告诉阿拉法特，如果戴维营首脑会议失败，他不会责怪任何一方（这不是最终结果），但是失败的后果是可怕的。克林顿说，如果达成协议，美国可以向八国集团和国会提出请求，要求广泛的财政援助，以便能够执行协议，重新安置难民并向他们提供适当的赔偿。

巴拉克在试图向克林顿解释他所面临的复杂局势时说道："对于我们以色列人来说，生存是一件非常具体和日常的事情。我有义务谨记，在两代人中，'以色列'这一名称将是犹太人传承绵延唯一的表述，因为大流散期间，同化与通婚使我们侨民社区的犹太人身份认同受到了严重的冲击。我一直谨记，必须确保以色列国的未来，确保她的存在不受任何威胁。所以我愿意作出让步，但并非不计任何代价。在犹太人的漫长历史上我们只有两次拥有过独立：第一次持续了大约400年，第二次又独立了100年左右。现在，我们拥有了以色列的第三个'王国'，这是我们在这个民族数千年的历史上的第三次独立。所以，我不会以任何方式同意那些危及以色列国家的要求，也不会同意那些危及作为犹太民主国家继续存在的要求。"巴拉克提到美国方面提出的一项建议，建议以色列按照两个一组的主题逐一展开工作，分别于每一个议题上向巴勒斯坦人提出要求。巴拉克说："这样不行。我们必须将整个事情看成是一个完整的计划。只有这样，双方才能在某些问题上作出让步，以换取其他方面的成果。"

克林顿同意巴拉克的想法，这已经不是第一次或者最后一次巴拉克以合乎逻辑的方式处理好事情，让事态的发展处在他的掌握之中。克林顿曾经说过："我只知道两个人可以做到未雨绸缪，他们是埃胡德·巴拉克和比尔·克林顿……"

之后，所有的团队立即聚集在一起，由克林顿带领，他说："时间紧急，重要的是尽快向前迈进。我们必须保持与媒体隔绝，除非一切问题都谈妥，否则一个问题都没法解决。"

巴拉克灌输了这样一个理念，即"除非一切问题都谈妥，否则一个问题都没法解决"。这是因为，在与巴勒斯坦人的谈判中，我们了解到，每当我们提出一个想法，包括以色列作出让步，巴勒斯坦人就已经决定这是他们的了，并从那时起就开始了下一个阶段的索取。克林顿的言论清楚地表明，在所有事情谈妥之前，没有什么是"你们的"或"我们的"。否则，双方都不愿在谈判中提出给予对方的让步。

克林顿清楚说明的另一件事就是，由美国安排此次首脑会议，包括会议日程和谈判的议程。

为鼓励和赞扬阿拉法特，克林顿说，美国人和以色列人很高兴他决定将其他政治派别的代表带到戴维营，包括共产党人哈桑·阿斯福尔和亚西尔·阿巴德·拉博。他们领导了一个很小的党，加入了阿拉法特的联盟。

巴拉克说："我们此行肩负着艰巨的任务和巨大的希望。奥斯陆会议7年、马德里会议9年、以色列占领区巴勒斯坦人起义暴动15年、巴解组织成立35年以后的今天，勇敢者的和平时代到来了。我们要找到和平共处、相互尊重的方式，我们要确保我们的子孙后代能有更加美好的未来。机不可失，时不再来，如果我们万一失败，双方都要面临十分严重的问题。"

阿拉法特说："巴拉克提到了一些重要的事情，我们希望在这里能够重演当年萨达特和贝京之间所发生的一切。"克林顿继续与各方会晤，在接下来的会议中，他提出了一个计划，被称为"克林顿计划"，该计划将作为美国提出的解决冲突问题的基础。

这些初步想法的关键要点是：巴勒斯坦难民无权返回以色列；约旦河谷作为安全区将由以色列控制若干年；重新界定"耶路撒冷地区"，其领土将扩大到目前的市政边界之外；作为建立巴勒斯坦首都圣城的基础，附近的村庄确定为耶路撒冷的一部分，这样也就可以说巴勒斯坦人在耶路撒冷建立了首都。

巴拉克说他担心阿拉法特尚未对谈判提出具体建议。他抱怨道："我们带着划定界线的地图和愿意作出让步的态度来到这里，试图弥合我们之间的隔阂，而巴勒斯坦人什么表示都没有！"

巴拉克说，关于难民的问题，早在20世纪50年代初独立战争刚刚结束、国家成立不久，以色列就已经吸收了65万逃离或被迫离开阿拉伯和伊斯兰国家的犹太难民。在讨论难民问题的解决办法时，还需要考虑到这些人逃亡时被迫留下的巨大的财富，以及该如何补偿他们的问题。如果可以实现这一点，那么以色列国可以作出人道主义姿态，连续十年，允许每年1000名难民因为家庭团聚进入以色列，最后达到接受10000名难民入境。巴拉克反复指出，这样做是出于以家庭团聚为由的人道主义考虑，而不是基于以色列坚决反对的难民返回权利。

克林顿提议在三个层面上审议解决耶路撒冷问题的办法。（1）实际层面：全市居民的日常生活如何进行；（2）宗教层面：如何管理圣地；（3）政治层面：耶路撒冷和圣城之间的边界通向哪里，哪里的主权属于以色列，哪里的主权属于巴勒斯坦。那时，美国人也支持耶路撒冷不能分裂，但允许所有各派宗教信徒自由出入。克林顿提出一个想法，这个城市以区为单位实施行政管理，各区的主权归以色列所有，但每个区都享有自治权，由各区选出的代表组成的理事会统一协调管理。

巴拉克建议，在大耶路撒冷区域（包括耶路撒冷城区和周围的村庄），把其中一部分地区确定划归以色列，另一部分确定划归巴勒斯坦，剩下的一部分地区，比如旧城区，则另作特殊安排。

巴拉克说，他担心以色列部分公众会认为以色列的让步是有问题的。因此，他提出另外两个附带条件，以促进协议顺利完成，也方便以色列公众更加容易理解和接受。他要求克林顿在首脑会议期间就开始请求更多的阿拉伯和伊斯兰国家加入与以色列的和平进程，并要求美国慷慨援助以色列。

巴拉克说："从定居地撤离4万名居民不仅实际上困难重重，而且费用高昂，国家耗资将达到100亿美元。"

巴拉克所建议的想法之一是，美国人从我们手中购买定居点的住宅区和工业区，并将其免费转交给巴勒斯坦。当美国人告诉他国会不会同意拨款援助居民撤离时，巴拉克说："不要用钱来资助我们撤离居民，而是用物作为交换。"

克林顿对巴拉克说："我担心有人会试图对你进行人身攻击，我记得拉宾被谋杀是多么可怕，我担心相当一部分公众会反对你的行动。"

巴拉克说："我愿意承担个人和政治风险。为了推进和平进程，我们已经让以色列公众内部出现了裂痕，有反对者也有支持者。所以，尽管有我们的慷慨提议，而阿拉法特也觉得他有美国的支持和同情为支撑，但是如果万一双方没有达成协议，后果将是灾难性的，因为这会促使他采取破坏性措施。"

因为耶路撒冷问题十分敏感，双方同意在其他问题结束讨论之后择日再议。具体分工如下：什洛莫·本—阿米被任命为耶路撒冷问题组的负责人，阿姆农·利普金—沙哈克被任命为定居点问题组负责人，以色列国防军规划总监什洛莫·雅耐将军被任命负责安全事宜，艾亚基·鲁宾斯坦负责难民问题讨论小组并负责处理我们与美国人之间的双边问题，吉拉德·谢尔最初是本—阿米小组的成员，后来他与另外一名组员被指定同时协助处理边界问题。

克林顿说，他想和穆巴拉克总统交谈一下，劝说他让埃及再拿出一些领土，扩大加沙地带，满足巴勒斯坦人的领土要求，以此来替代他们所提出的用领土换取我们手中领土的方案。很明显，这一想法成功的几率很小，因为没有人会急着放弃土地，从埃及在处理塔巴事件中为获得最后一粒沙子而斗争到底的例子你就可以知道。

布鲁斯·里德尔是我与美方谈判的伙伴，他是一名中情局退役人员，国家安全委员会把他借过去担任克林顿的中东问题咨询顾问。我向布鲁斯提出了援助要求，具体的清单如下：25亿美元用于重新部署以色列国防军；10亿美元用于情报收集和远程武器购置，以此弥补国力和领土的损失；10亿美元用于修建道路和桥梁以供巴勒斯坦人的后续活动；10亿美元用于建设加沙与西岸之间的安全通道；10亿美元用于建设以色列与巴勒斯坦之间的边界；100亿美元用于建设海水淡化厂以及分离与巴勒斯坦人之间的水电基础设施；30亿美元用于加强以色列国防军；20亿美元用于耶路撒冷的基础设施建设。所有这一切还不包括巴勒斯坦难民问题的财政支出，也不包括美国收购我们撤离的定居点的费用。

我把单子上列出的要求逐条报给里德尔，他一字不漏地记了下来，并且没有作出回答。在我印象中，美国人一般都不会被数字吓倒。我认为这个要求并不过分。对美国而言，与数万亿美元的年度预算相比，这简直就是口袋里的零钱。果不其然，第二天，克林顿就告诉我们：“我们正在设法解决你报给里德尔的数额，在我看来是合理的。”

当时，我们与巴勒斯坦人相处得不错。这很大程度上是因为这个令人惊叹的美丽地方创造出一种宁静、轻松和安详的氛围。

沿着营地的小路，我们与巴勒斯坦人进行了友好的会晤。在餐厅里，我们坐在一起吃饭，享用丰盛的美食。

我们举行了一场篮球联赛——以色列对巴勒斯坦。有一天晚上，我们一起观看一部美国二战影片，故事讲的是美军俘虏了德军的一艘潜艇。观影期间，美国人还提供了爆米花。

与我们打交道的主要人物有穆罕默德·达兰、哈桑·阿斯福尔、穆罕默德·拉希德、赛义卜·埃雷卡特、亚西尔·阿巴德·拉博和纳比勒·沙斯。

我们没有看到阿布·阿拉和阿布·马赞。我们知道，他们以及阿拉法特本人才是我们这次首脑会议的主要对手。

首脑会议的第二天晚上，巴拉克召开会议，告诉我们明天美国人有可能会介绍他们最初的解决冲突的方案。巴拉克告诉我们，巴勒斯坦人迄今还不愿意进行真正的讨论，不愿意灵活变通，而且拒绝透露他们的想法。

巴拉克说，必须让美国人明白我们已经非常接近我们的最终立场了。他说："我们来这里不是逛地中海集市的，我们提出的立场几乎是我们的最终立场。从我们的角度来看，这能证明我们有多认真。相反，巴勒斯坦人已经毫不犹豫地宣布：要所有的领土，再无其他。我们想给双方对话一个机会，并且给他们一个几乎是最终也是最佳的底线，到达成这个底线须作出许多妥协，但是他们没有作出任何让步，只是一味地提要求。重要的是，最后要结束冲突，但我们不会接受任何以色列需要对难民问题负责的要求。明天你们要集中精力与美国人进行对话，让他们去缓和巴勒斯坦人的立场。"

第二天，我又和美国人举行了一次会晤，强调以色列与美国之间进一步强化战略伙伴关系，建立战略防御同盟，主要是联合防御非常规性武器威胁，明确对以色列使用非常规武器将被视为是对美国本身的威胁。

另外，作为援助方案的一部分，我向美国人提出了两项防御武器的要求：F-22未来战斗机和"战斧"巡航导弹。

7月13日，也就是首脑会议的第三天，巴拉克告诉马德琳·奥尔布赖特和马丁·因迪克，阿拉法特必须明白美国和以色列有"红线"，如果他决定"推翻"谈判，对他来说可没那么轻松。巴拉克认为，只有当阿拉法特了解到替换方案对他来说是一场灾难时，他才会愿意作出艰难的决定。

巴拉克说："如果在这里一切都谈崩，我将别无选择，只能和利库德集团组建一个统一政府，而这样一个政府就不会接受我们今天所说的立场。所有这一切只会导致和平进程的失败和巴勒斯坦人与我们之间关系的破裂。"

下午，美国人把他们的提案递交给了我们，建议我们和巴勒斯坦人交换领土，并根据1967年确定的界线划定我们同巴勒斯坦国之间的边界。这个方案我们无法接受。我们指出，这一界线的确定必须考虑到以色列的战略需要，而且自1967年以来这里的局势，包括定居点和安全需求有了新的变化。此外，我们还想补充提及被从阿拉伯和伊斯兰国家驱逐的犹太难民的问题。这些难民离开时留下了他们的财物，他们所遭受的巨大痛苦以及失去的财产也要得到相应的赔偿。

当然，耶路撒冷问题必须放在中心位置，因为所有的敏感问题都由它而生。

关于耶路撒冷，巴拉克扼要地告知我们说，耶路撒冷必须保持统一，由以色列控制，各处圣地向所有人开放。市政区域将扩大，其中可建立一个巴勒斯坦首府，包括巴勒斯坦人拥有市政管辖权的地方的领土主权归属以色列。

巴拉克重新整合了团队，让我和梅里多处理耶路撒冷问题，吉拉德·谢尔和本—阿米处理边界问题，沙哈克和雅耐处理安全问题，鲁宾斯坦和吉迪·格林斯坦处理难民问题。我们的对手巴勒斯坦团队的分工为：阿布·马赞和纳比勒·沙斯处理难民问题，阿斯福尔和阿布·阿拉处理边界问题，达兰和拉沙德负责安全问题，亚西尔·阿巴德·拉博和赛义卜·埃雷卡特负责耶路撒冷问题。

与此同时，美国人在我们的背后玩起了伎俩。7月14日，美国人向我们递交了一份先前他们并未提交给我们的谈判建议方案，这个提案我们没有办法接受。方案要求以色列把耶路撒冷周边阿拉伯地区的主权移交给巴勒斯坦人，这个地区距老城区以及巴勒斯坦都很远。根据这份方案，巴勒斯坦人将得到几乎整个约旦河边界的控制权，这与我们的观点完全相悖。我们的观点是，为了安全起见，我们需要对约旦河谷实行有期限的控制，在今后的十年内逐渐撤离。

美国人在并没有与我们协调的情况下同时向我们和巴勒斯坦人递交了这份方案，这也有悖于我们最初达成的双方都不要有什么出其不意的举动的协议。

巴拉克非常愤怒，他说，这是不能接受的，如果这份文件继续传达下去，将会造成很大的伤害，因为它将成为耶路撒冷问题谈判的起点。更糟糕的是，这里包括我们要作出的巨大让步，而巴勒斯坦却没有任何让步。

他要求与克林顿紧急会晤，克林顿立即同意了。

巴拉克来到会晤地点，一眼就看得出他脸上的愤怒。巴拉克一进入"颤杨居"，也就是克林顿的小木屋，就露出了愤怒的表情，他说他对这份方案非常失望。他强调，这份方案包含了他不会接受的部分，并且就个人层面来说，他对克林顿作为朋友和领导人都感到很失望。

巴拉克说："我愿意为维护和平而牺牲我的整个政治事业，但我不会受美国的操纵。我多次向你们广泛表达了我的观点，我说过我愿意承担风险，但强调美方不要令我们大吃一惊，但现在你们确实让我大吃了一惊。在看到方案的第一份草稿之后，我会见了奥尔布赖特，给了她一份文件，就我方的一些要求作出了修改。尽管如此，在方案中，你们已经为我们准备好并未与我们协商一致的立场的方案，更为糟糕的是，你们已经把这份方案交给了巴勒斯坦人！现在，他们没有付出任何代价却有了一个新的谈判基础。我们在耶路撒冷和约旦河谷问题上最重要的立场已经妥协了！"

克林顿很快说："没有与以方协调就交付文件是我的错。"但我们认为，这个"错误"是克林顿有意为之。

美国人认为这份文件包含双方的让步，其目的是迫使巴勒斯坦人和我们开始弥合双方立场之间的差距。

巴拉克说："假如这是一个错误的话，那么，如果你们能够收回这份文件，就像这件事从来没发生过，这于我们更有利，在接下来的进程中我们也不必再提此事。"

克林顿立即接受了搁置文件的建议，并说："其实巴勒斯坦人没有计划。他们只是对你我对他们所说的话作出了回应而已。"

巴勒斯坦人只有一个计划，称为"1967年边界"。在耶路撒冷，他们要求，在"六日战争"期间被占领的每一个部分，包括老城和圣殿山在内的所有权，都归巴勒斯坦所有。

他们只愿意讨论有关定居点的原则问题，但强调定居点的规模不能超过巴勒斯坦整个领土的2%，而我们所要求的是10%，而且同意通过领土交换来补偿那些以色列仍将享有主权的地区。

渐渐地，克林顿小屋门廊上的那场谈话的气氛变缓和起来。与克林顿所有的谈话，包括这一次，气氛总是很平静，在很大程度上是由于克林顿的惊人的能力给予他的客人一种愉快的感觉，他把注意力完全集中在他们身上。巴拉克对克林顿说："耶路撒冷的问题比你所感受和领会的更为复杂。过去，我曾与穆巴拉克、阿卜杜拉国王以及他的父亲侯赛因国王交谈过，向他们介绍了我对耶路撒冷主权问题的看法，耶路撒冷主权至今仍属以色列。在耶路撒冷市区边界以外的阿布迪斯和阿纳塔村庄，建立一座名为"圣城"的城市，作为巴勒斯坦首都。耶路撒冷穆斯林社区的主权仍将属于以色列，但享有高度的市政自治。市政当局将委派代表，组成一个专门委员会，管理穆斯林地区。这意味着对教育、公共卫生等问题负责。在旧城和圣殿山，主权仍归以色列，但我们将在那里建立一个特区，这个我们稍后将讨论。当我把这个提议陈述给阿拉伯领导人时，他们似乎并没有感到吃惊。所以我假设，如果阿拉法特接受这些想法或类似的想法，他会得到阿拉伯世界的支持。"

阿拉法特一再声称：如果他在耶路撒冷的问题上作出让步，他就会被谋杀，巴拉克这番话是对他的话作出的回应。

就在同一天，临近午夜时分，克林顿邀请巴拉克和阿拉法特与他进行三方会晤。他们每人都带一名助手：克林顿带来了布鲁斯·里德尔，阿拉法特带来了纳比勒·阿布·鲁代纳，如同往常一样，巴拉克带了我。

克林顿开始会议的第一句话就是："亲爱的朋友们，我们并没有进步，必须要加快行动。"

紧接着，他开始总结，对事态如何发展到现在这个地步发表看法。他说："关于难民问题，我们需要找到一个解决问题的框架。美国的建议是，难民不可以获得返回以色列境内的权利，他们应该有权回到巴勒斯坦境内。在解决方案确定之后，我们要寻找具体的办法加以实施。耶路撒冷的问题也没有任何进展，你们各方都要求主权。我请求你们进行一个模拟实验，假定自己一方的要求已被对方所接受，当下必须要做的是解决对方的问题。"

这时候阿拉法特插了一句话，说道："有志者事竟成。"每当他想在别人面前显露一下的时候，他总是说这句话。克林顿接着又说："边界和领土问题进展甚微，有两个主要障碍，第一个是，巴勒斯坦人要求以色列撤回到1967年6月的边界，这条边界线可以作略微调整；而以色列正在谈论割让大约10%的领土，其中包括主要的以色列定居点，这些定居点的人口约占定居点总人口的80%。第二个障碍是，以色列要求继续管控约旦河谷的安全约10—15年，而巴勒斯坦人则要求获取整个约旦河谷的主权，同时要求以色列两年之内分期撤军。"

克林顿说："我们的使命是达成协议，我们必须确保尽一切可能实现这一目标。"说完他转向阿拉法特："主席先生，如果你不把这些会议视作一次峰会，我们就不能向前推进。首脑会议的所有讨论都是为了交流想法，以便我们能够展示创造力、开放性和灵活性。除非在所有问题上都达成统一意见，否则一个问题都不能解决。由于时间紧迫，星期六我们要继续工作，但由于这是犹太人的神圣日子，以巴双方的代表都不会以任何方式记录会谈内容。"

这个想法旨在让巴勒斯坦方面更加开放，因为没有记录，更多的是交换意见，这样就可以消除他们的顾虑——害怕我们会用他们说过的话来对付他们。

阿拉法特在这种场合非常紧张，说道："我们必须竭尽全力加快步伐。我们必须迈出一大步。我建议大家夜以继日地工作，直到双方达成令人满意的协议。"

巴拉克说："我同意主席的话。时间是至关重要的。我觉得要么我们现在达成协议，要么就再也没法达成协议了。如果我们不能达成协议，我们地区的很多人都会因此蒙受灾难。"

克林顿对阿拉法特说："以色列将不得不割让领土给你，他们的地域会缩小。这不是一件小事，因为迄今没有国家这样做过。七年来，我试图说服俄罗斯向日本归还二战期间占领的几个岛屿，但我没有成功。你们都是聪明勇敢的人，我会尽全力，随时听候你们的差遣。"

克林顿的话就像在阿拉法特的舌头上抹了蜂蜜一样，他很快就说："你的话很令人鼓舞，我代表我和我的伙伴巴拉克答应你，我们将履行你的建议。"

巴拉克和阿拉法特峰会期间很少见面，我认为这是巴拉克的一个错误。他应该发起更多的会晤，并对阿拉法特表现出更多的关心。不过，每当我把巴拉克的注意力转移到这件事时，他都会回答："就好像只要我递给他糕点就能解决所有问题似的。"当巴拉克与阿拉法特的会晤有克林顿和其他人在场时，他便会努力对阿拉法特表示亲切，与他拉近关系，也要说"我完全同意主席的意见"之类的话。巴拉克认真努力给阿拉法特一种感觉，自己在认真听他的讲话，关注他，赞赏他的意见并愿意相信这些意见。然而，他们两人之间并不存在真正的温暖，他们都作出了"同等"的努力。

第二天，巴拉克会见了丹尼斯·罗斯，罗斯对巴拉克的要求表示失望。美国人准备的解决耶路撒冷问题的方案因巴拉克的要求而搁置。

巴拉克告诉罗斯，如果美国人将以色列转交给奥尔布赖特关于方案第一次草稿的修改意见列入方案，或者他们准备了一份关于以色列和巴勒斯坦方面最新立场的方案，那么事情可能会有所不同。

写下已经同意的内容，指出双方在争议问题上的立场，然后通过谈判弥合分歧，这才是订立协议的方法。

罗斯说："你们作出如此回应，我们明白你们完全拒绝这个方案。我请你们向我介绍你们最后的'红线'，我们想知道为了处理每一个核心问题，例如耶路撒冷、难民返回权、边界、定居点、安全部署和建立什么样的巴勒斯坦国家等，你们愿意付出多大的代价。"

在那里，巴拉克经历了艰苦的谈判，为坚守自己的立场进行了激烈的斗争，他对罗斯说："在过去几个月里，巴勒斯坦人没有偏离其基本立场。现在你问我的"红线"在哪里，意味着我会作出更多的让步，我会把我愿意作出的让步都呈现出来。但是那样是不行的。如果巴勒斯坦人不愿意作出让步，就不会有任何协议。我觉得你还没有设法让阿拉法特了解这样一个事实，如果他不前进，他的损失将是惨重的。如果任何一位以色列总理签署一份割让部分耶路撒冷的协议的话，我们就会谴责是我们自己导致了以色列国家的分裂。"

那天，不断有报告传到巴拉克的小屋，称巴勒斯坦人愿意让以色列在两年内逐渐从约旦河谷撤离。他们要求拿回包括圣殿山在内的旧城的主权。他们还坚持要求难民回归的权利，说："让我们原则上同意难民有权返回以色列，具体的人数我们可以稍后再讨论。"巴勒斯坦人深信大多数巴勒斯坦境内的难民不想回到以色列，滞留在黎巴嫩的30万巴勒斯坦难民才是主要的问题。巴勒斯坦人还要求最后边界将是1967年的边界，可以在互惠的基础上作微小的调整。以色列针锋相对的提议是，扩大耶路撒冷的市区，包括北方的吉瓦特泽耶夫、南部的普什齐恩和东部的马哈伊·阿杜米姆。建立两个市镇，一为以色列市镇；一为巴勒斯坦市镇，巴勒斯坦市镇建于阿布·迪斯、阿纳塔和伊萨里亚。圣殿山的主权仍然属于以色列，巴勒斯坦人将继续像现在一样通过瓦克夫方式管理日常生活。建造一条道路和桥梁网络，以便巴勒斯坦人直接从住地到达圣殿山，而不必通过以色列管辖区。

与此同时，巴拉克开始听到一些传言，美国人准备了新的文件。谣言的来源是参与谈判的美方代表之一在他的一次谈话中似乎暗示有这样的一份新文件。

巴拉克对此十分不满，他要求与克林顿紧急会面。巴拉克来到会见地点，皱着眉头，愤怒地对克林顿说："我听到有传言说你们正在准备一份新的文件，要求我们将拜特哈尼纳和舒阿法特地区（它们位于耶路撒冷市政区很远的地方）主权转让给巴勒斯坦，并让巴勒斯坦人在东耶路撒冷享有充分的自主权，除了安全问题，一切都由巴勒斯坦决定。"克林顿回答说："我们还没有完成任何这样的文件，我答应你不会有什么让你大吃一惊的事情了。"

巴拉克说："美国一份文件表明要求以色列放弃对东耶路撒冷的主权，就可以让我卷铺盖回家了。我尽了全力促成这次首脑会议，但我们绝对不能同意巴勒斯坦在耶路撒冷拥有主权。另外，我希望你不要在谈判一开始就提出交换领土的话题。在谈判结束时作为美方的一项建议和达成协议的一项条件而提出的领土交换，与谈判一开始就蹦出这一话题相比有着天壤之别。"

克林顿说："如果是这样的话，没有美国的文件介入，而由你们双方制定一份文件，那就更好。"

巴拉克说："我觉得阿拉法特希望手握两张胜券：如果以色列接受阿拉法特99%的要求，就一定会签署这项协议；如果我们不接受，他会接受已经提出的所有条件，然后将它们看作下一次谈判的起点，这样他无论怎样都会有所收获。"那天，吉拉德·谢尔和本—阿米在和巴勒斯坦人彻夜讨论之后报告了他们的结果。两人介绍说，在与巴勒斯坦人交谈中，巴方同意只要我们到达那里，以色列就愿意放弃沿约旦河的大部分控制权，并且要有一支国际部队来监督我们的安全部署。撤军是循序渐进的，以色列将继续控制约旦河谷，但与其最初要持续多年驻扎此地的立场相反，现在以色列愿意在较短的时间内撤离。

约旦河西岸至少有10%的土地将由以色列兼并，包括约占总数80%的定居者所居住的大型定居点地区。巴勒斯坦人要求用领土来交换，我们提出了类似用领土交换的要求：以加沙和西岸之间的通道作为交换，这个通道会在以色列境内，但只能被巴勒斯坦人使用。他们不必搭建港口，我们的海军港口可以为他们提供服务，他们也可以使用我们的机场。这个想法旨在提出创造性的解决方案，不需要我们给予他们以色列主权领土。本—阿米对巴拉克说："在耶路撒冷问题上，我超越了自己的职权范围，我建议将拜特哈尼纳、苏尔贝尔和舒阿法特这样的郊区部分地转移到巴勒斯坦主权下，这些社区将成为巴勒斯坦首都圣城的一部分。"本—阿米继续说道："我向巴勒斯坦人解释说，我们将马埃尔·阿杜米姆、格泽埃西昂和吉瓦特·泽耶夫与耶路撒冷连通，这是一种交换领土和人口的方式。在老城区心脏地带和邻近地区，继续保留以色列的主权，而旧城附近的社区（如谢赫·贾拉和瓦迪·阿尔佐）拥有市政自治权，即耶路撒冷市政府将给社区的管理员以权力（在伦敦也有类似的模式）。在老城区，一个尚未定义的具体制度将会实施到位，我们也允许阿拉法特在那里设立办事处。"

巴拉克对这些说法并不感到惊讶。我们中间已经开始形成一种共识——如果我们不为解决耶路撒冷问题提供一个革命性方案，什么都不会改变。

巴勒斯坦在耶路撒冷问题上的立场是，耶路撒冷犹太社区的主权归以色列，而阿拉伯地区的主权则归巴勒斯坦，包括旧城区邻近的地区，以及除了犹太区以外的旧城本身。关于我们对约旦河西岸10%领土的要求，他们表示只接受2%的领土要求。本—阿米说："这是一个假设的、没有实践可能的操练，旨在测试是否会激起他们参与谈判的意愿。我们提出了一个大胆的交易。现在，我们要去跟克林顿说，我们提出如此大胆的设想，远远超出了巴拉克给我们的权力，尽管如此，我们还是没有收到巴勒斯坦方面的任何回应。"

巴拉克说："告诉美国人，巴拉克不能确定我们是否接受本—阿米和谢尔的提议，让本—阿米告诉巴勒斯坦人，我们提出一个谜题，解开谜题需要相互合作与依靠。如果我们在东面边界的问题上作出让步，你们必须在其他问题上有所退让，否则，我提出的让步不再有效。"

首脑会议一开始就表示，除非议定所有问题，否则没有任何问题能谈妥。但巴勒斯坦人使用不同的策略：他们会写下我们的提议，下一次会议会将我们的建议视为囊中之物，并如往常一样，以此作为一个新的出发点，小心翼翼地不会作出任何让步。

巴拉克说："向美国人强调，你这些立场仅仅作为理论讨论的一部分，我们不同意将这些内容作为美国方案的一部分。"

7月16日下午9点，克林顿主动来到巴拉克的小屋，说他刚刚结束了与阿拉法特进行的从未有过的艰难会晤。克林顿对我们说："我告诉他，我不认为以色列人会在耶路撒冷问题上作出如此妥协。我说，我希望他接受以色列提出的关于边界问题的提议（80%定居点居民居住地区的领土要求；以色列与约旦边界的主权要求；以色列暂时管控约旦河谷并在几年内逐步撤离的要求），我期望他最终能够说出自己的提案。到现在为止，阿拉法特只是在听，不提任何对应方案。以色列不能割让居住着80%定居点居民的土地，任何协议都是为了结束冲突。我告诉他，'你一直在讲故事，但你别指望以色列有更多的让步！'"

克林顿说，阿拉法特听了之后全身颤抖，他道歉说："在我的团队中没有人可以与我交谈，而实际上你就像是我的心理医生。"

克林顿接着说，他告诉阿拉法特，以色列人的要求非常合理，而他（阿拉法特）并不合理。

克林顿说："不要惧怕灵活，我将尽全力保护你。我期待你向我提出一些建议。到现在为止，你还没有真诚地进行谈判。"

克林顿转向巴拉克，"我相信你有一个优秀的团队，你的手下会开诚布公、毫无畏惧地跟你交谈。然而，我觉得阿拉法特的手下害怕阿拉法特，不敢告诉他真相。我对阿拉法特说：不要把以色列人的要求视为不合情理，只有你所要求的才合乎情理。你必须考虑他们的要求。"

巴拉克说："今天上午也许是我一生中最难熬的日子。本—阿米和谢尔在昨晚的讨论中作出了远远超出了我授权给他们的权限的让步，如果这还不能让阿拉法特改变最初的立场，这意味着我们要作好战争的准备了。他们超出了我能接受的范围。我们建立以色列国是为了庇护犹太人，以色列国不能没有耶路撒冷而存在。阿拉法特几乎可以得到他梦寐以求的一切。我相信，把阿拉法特推向前进的唯一办法就是对他说，要么我们现在就达成协议，要么这样的协议永远都无法实现。我焚毁了我身后很多政治桥梁，打算给谈判一个机会。如果我们离开这里的时候没能签署协议，那么几天内我们将建立一个民族团结政府，或者我们会重新进行选举。也许阿拉法特会在同一天晚上宣布独立，而我们会吞并大型定居点，并在约旦河谷建立一个安全区。我估计这些事态发展将导致我们与巴勒斯坦人之间的对抗。那么，我们无法在世人面前掩饰，是谁应该为这一日益恶化的事态负责。在我们展示出戴维营峰会上所付出的多种努力之后，全世界都会明白，阿拉法特要对峰会的失败负全部责任。你必须向阿拉法特明确表示，如果发生这种情况，在美国和全世界面前，他都是罪魁祸首。"

第30章

以方准备打道回府

随着日子一天天过去，你可以感受得到，克林顿和他的手下对巴勒斯坦人有多么失望，而对我们是何等的赞赏。

在一次会议上，克林顿情不自禁地对阿布·阿拉喊道："你根本就不是真心来谈判的，你是在故意拖延！"

相反，在私人会面和他的陈述中，你可以看得出他对巴拉克十分欣赏。

在与阿拉法特举行的另一次会见之后的晚上，克林顿再次来到巴拉克的小屋。这一举动就清楚地表明了他对巴拉克赞赏有加。他说："阿拉法特说，他会尽量满足你方在领土问题上的需要，因此你们可以兼并8%到10%的领土。作为回报，他想要进行领土交换，即便是象征性的交换也行。他让我来决定将哪些地区用于领土交换。阿拉法特认识到，以色列在东部边界有安全需要，但他拒绝以色列以安全需要为借口吞并土地。此外，他拒绝以色列对其东部边界25公里部分享有永久主权，因为他想要这条线。对他而言，这是以安全需要为借口的领土吞并。"

克林顿继续说："至于结束冲突，阿拉法特说他知道这是必要的，但只有在达成协议并全面实施后才能宣布冲突结束。我告诉他，我不能把钱送给巴勒斯坦人，除非是为了换取冲突的结束。而且我告诉他，如果不是为结束冲突，巴拉克也不可能在议会通过协议的。"

巴拉克回答说："我对阿拉法特已经失去信心。我明白，这次首脑会议无法避免新一轮危机，正如我们在过去12个小时里经历的那样。阿拉法特退守之际，你须乘势而为，在圣殿山问题上跟他好好谈一谈。必须向他强调，以色列不能放弃圣殿山主权。以色列维持主权的同时，巴勒斯坦人将同现在一样继续管理该地区日常的宗教和行政事务。旧城附近社区的主权将绝对处于以色列的管理之下。"

这场对话是在严重的危机感背景下进行的，而所有团队之间仍在不断地进行非正式的接触，以便构思新的想法。

7月17日，克林顿、巴拉克与布鲁斯·里德尔和我又进行了一次两人对两人的会议。克林顿说，他的印象是，阿拉法特认为我们可以达成协议。他告诉我们，巴勒斯坦人愿意承认以色列对东耶路撒冷部分地区的主权，因此可以达成一份协议，全世界都会承认耶路撒冷是以色列的首都。

克林顿请巴拉克说明他是如何看待耶路撒冷各个社区的功能划分以及如何运作的，以及老城和圣殿山将有什么特别的安排。克林顿说："我必须从阿拉法特的立场上看耶路撒冷问题，这样才能说动他。"

巴拉克继续坚持以色列对圣殿山的绝对主权，他说："如果这个问题不解决，这意味着我们什么也没做。"

克林顿回答说，他理解以色列主张对圣殿山享有主权，但解释说，他正在寻求能够为阿拉法特带来回报的某种方法，以说服他这笔交易对他是有利的。

巴拉克解释说，按照他的设想，圣殿山持续进行的宗教事务和日常生活管理将交给巴勒斯坦人。另外，基于犹太人虽然可以进入圣殿山但却不能在那里祈祷的现实情况，他要求允许犹太人在那里祷告。而在旧城区，在以色列的主权下允许存在一个特别行政区，由地方议会和所有圣地的代表进行管理，并将该地方的所有宗教、考古和旅游问题都考虑在内。

克林顿问巴拉克："在老城区，你能象征性地给巴勒斯坦人什么呢？"巴拉克回答说："对我来说，主权意味着以色列法律的最高权力，包括整个安全和规划、建设权（这些都是我们的）。其他一切都可以讨论。"

克林顿建议，也许我们可以让巴勒斯坦人在老城区建立自己的办事处，那么他们可能会感到更舒服，更愿意满足我们的要求。

巴拉克在与美国总统会晤时很紧张，每当他谈到让步时，他的声音就会变得果断而坚决。他对克林顿说："除非确定圣殿山和老城区的主权是我们的，否则在这之前我不能作出更多的让步了。"

那天中午，以色列谈判代表团在巴拉克小屋后廊进行了一场广泛的讨论。代表团的所有成员以及奥迪德·艾兰和以色列国防军国际法顾问丹尼尔·雷斯纳上校参加了讨论。

巴拉克说："我们在此一同讨论耶路撒冷问题，目的是为了推动首脑会议。""在其他问题上我们已经到达了妥协的边缘。耶路撒冷的问题似乎是讨论得最为激烈的问题。我们的开放立场很明确——在大耶路撒冷地区设立两个大市。目前整个耶路撒冷市都在以色列的主权管辖之下，巴勒斯坦人则将在阿布迪兹和耶路撒冷周围的村庄建立圣城，并由此形成巴勒斯坦的领土。在以色列领土以及圣殿山和老城区，将设立一个特别行政区。所有这一切都以不得左右耶路撒冷整个市区的主权属于以色列为原则。"

我们觉得，如果耶路撒冷的问题能够得以解决，那么解决其他问题就容易多了，因为以色列对难民问题的立场是绝对明确的，只有一个最初的也是最终的立场，这没有什么可讨论的。美国人对此也持同样的观点。然而，我们的想法是，就耶路撒冷而言，如果阿拉法特几乎得到了在领土、边界和安全设置方面所需要的一切，他就可以在巴勒斯坦难民有权返回以色列的问题上忍痛割爱，不再力争。后来回头去看，这一想法是错误的。

实际并非如此。虽然我们的情报评估表明，巴勒斯坦人不会同意放弃难民返回的权利，但我们还是得尝试一下。

巴拉克评估说，巴勒斯坦人不会接受我们在耶路撒冷问题上的立场，并且认识到在这个问题上需要有一些创造性思维。在耶路撒冷问题上，我们还可以做些什么呢？

在社区实行功能自治（指市政管理的一些部分）到底是解决问题还是制造矛盾呢？或者也许应该长痛不如短痛？事情是否应该含糊不清？还是把某些问题往后推迟？巴拉克要求听取代表团成员的意见，这次他比过去更注意倾听别人讲话。我的意见是，我们需要一个可以维持多年和平的解决方案，而且也不能使耶路撒冷问题变成冲突的根源，不能对和平协定构成危害。因此，解决方案必须清晰明了，不留任何不同解释的余地，以免因此而导致冲突。耶路撒冷目前的边界石碑还没有最终树立，可以设定其他边界，例如把遥远的阿拉伯地区如舒阿法特和贝特·哈尼纳转移到巴勒斯坦主权下；给予旧城附近社区建立功能自治的权利；在以色列享有主权的老城区，按区域配置市政管理权力。阿拉法特希望在老城区立足，所以巴勒斯坦将会在老城区设立驻以色列大使馆。在设立市的所有可能性之中，我不赞成建立一个拥有两个秘书处、统辖一切的大耶路撒冷市，而建议成立两个各自为政的耶路撒冷市——犹太人和阿拉伯人各拥有一个。我认为，必须在两个城市之间建立一条边界线，而且在地图和实地上划定。简而言之，我认为需要确保巴勒斯坦和以色列领土之间的完全隔离。

这也是大多数发言者的态度。这一态度的要点在于，即使这意味着以色列右翼将责备巴拉克分裂了耶路撒冷，我们仍然愿意转让距离耶路撒冷稍远一些的地区。放弃阿拉伯社区对我来说似乎并不可怕，特别是考虑到无论如何都只有阿拉伯和巴勒斯坦人生活在这些社区，没有以色列人在那里生活。或许现在应该直截了当地说出来了：一些社区在法律上我们享有主权，但事实上却并非如此，没有理由不把主权转让给已经在事实上管理他们的人，"所有人都知道当时是贾布里勒·拉朱布的安全部队控制了这些阿拉伯社区，我们的安全部队也没能阻止他们在那里的活动。"

对于巴拉克来说，这是一个历史性的时刻。他强调了这一时刻的意义。他指出，这是一个独特的、让我们内部分裂的时刻。在这具有历史意义的特殊时刻，对关键问题作出决定的重大责任落在了巴拉克的肩上。一个国家以及一个领导人在他们生命中的某些时刻，必须作出一些艰难和重大的决定。例如当前，我们不得不接受耶路撒冷分裂计划或宣布成立巴勒斯坦国；再如，"赎罪日战争"的那些日子，似乎所有的一切都一蹶不振，失败已成定局，我们还是要决定如何继续进行战争；贝京在戴维营需要作出的就是诸如此类的决定，拉宾就"奥斯陆协议"所作出的决定也是如此。

巴拉克说："我认为我自己或其他总理不会签署转让圣殿山主权的协议，但另一方面，我们也不能忽视如果没有达成协议，将会发生什么。"

巴拉克认为，如果首脑会议失败，对该地区将会产生深远和毁灭性的后果。因此，他要求努力找到我们不用触及"红线"就可以达成一致的观点，以表明我们为继续谈判提供了最大程度的自由以及为寻求和平的机会已竭尽全力。

像往常一样，巴拉克胸有成竹，也很实际，他开始将任务分配给团队。

最具影响力的议案将由以下部分组成：建立两个各自为政的耶路撒冷市；建立一个市政协调机制；便于巴勒斯坦人参观圣殿山的特殊安排（尤其是交通运输）；在以色列主权管辖下，在圣殿山区建立功能性宗教自治制度，在老城区建立市政功能自治体制。

针对以色列人对圣殿山享有主权而巴勒斯坦人进行实际管理的这一情况，巴拉克要求立法学家提出一些构想。

巴拉克要求我们向他介绍巴勒斯坦人的最低要求，以便能够检查我们愿意作出的最大限度的让步与巴勒斯坦人愿意接受的最低限度之间的差异，然后看看我们是否可以弥合这一差异。

随后，巴拉克与克林顿举行了最新情况交流会。克林顿总统之前刚刚会见了阿拉法特，并告诉他，以色列人正在努力寻找解决办法，他也应该为此努力。

克林顿告诉我们，阿拉法特决定将阿布·阿拉和阿布·马赞从谈判人员名单中去除，因为两人都表现出消极的态度，什么都不支持。现在，谈判主要依靠穆罕默德·拉希德和穆罕默德·达兰来推进。

巴拉克要求美国人向阿布·阿拉和阿布·马赞施压，以便使他们采取积极的态度，也能帮助阿拉法特分担责任。

巴拉克告诉了克林顿他给我们分配的任务，克林顿回答说："你所做的一切非常重要，我很高兴你采纳了我的建议。如果我们成功，你就实现了拉宾和本—古里安都没能完成的事业——结束以色列人和巴勒斯坦人之间的历史性冲突，使耶路撒冷成为国际公认的以色列首都。"

"我感到肩上的担子很重，"巴拉克说，"责任都在我的身上，但是公众所谈论我应负担的责任使我感到惊讶。实际上，任何解决方案都必须由议会批准，整个协议要通过全民投票才能通过。在全民投票之前，耶路撒冷的主权和任何领土交换的每一个微小变化，都需要61名以上议会成员同意才能通过。我们的一揽子计划中必须把美国慷慨的军事援助、以色列和美国之间的防务协定的步骤，以及在协议之后与尽可能多的阿拉伯国家建立外交关系都包括其中。把美国大使馆搬到耶路撒冷也能有所帮助。"

巴拉克担心巴勒斯坦人至今没有任何变通，而在克林顿前往日本冲绳参加八国集团首脑会议之前的短暂时间内，他们很难做到变通。他要求总统取消会议或推迟离开时间。他说："峰会正在进入一个非常敏感的阶段。如果我们在一天内无法就根本问题达成谅解，我认为将无法达成协议。"

巴拉克认为，如果巴勒斯坦人在第二天没有任何进展，那么他们作出改变的可能性将会非常渺茫甚至不复存在。

克林顿答应将他的旅行推迟18个小时，巴拉克对他说："在这个阶段我无法超越原有立场，如果无法让我信服并最终签署这项协议，那么我也没办法跨出事关全局的最后一步。此外，我需要知道美国答应给我们多少军事和经济援助。在你出行之前，我不能把我们的底线告诉你，因为现在我还没办法相信会达成协议。如果走漏风声，甚至在你回来之前所有事情就会'砸锅'，最后肯定不会达成协议。"

克林顿建议让他在阿拉法特和巴拉克之间协调，并在此期间考察达成协议的可能依据。他要我们为他准备问题，通过这些问题，可以发现阿拉法特可能退让的空间，以及其是否可以接受一个只对耶路撒冷外围地区享有主权，而以色列暂且不必在内部社区交出自主权限的提议。克林顿说:"我们将从与他在认识上存在一定距离的问题入手,看看在哪些问题上我们能够达到他的最低要求。"

与此同时,斯陶贝尔和我与美方会晤,并向他们提交了以色列在签署协议时需要提供援助的最新清单。我们要求描述美国与巴勒斯坦国之间未来的关系,包括安全和情报问题。

我们要求美国人对巴勒斯坦国维持非军事化负责,在发生巴勒斯坦人违反协议事件时给我们提供保障,并确保巴勒斯坦人不会反对我们根据协议合法占领其领土。

作为美国和我们的双边关系的一部分,我们讨论了把同美国的关系升级至防务协定的高度。我们要求获得过去对我们有所保留的先进技术,赔偿我们因美国要求而同中国取消"猎鹰"(预警机)交易蒙受的损失,授权与印度进行武器交易,以及签署经济谅解备忘录保证在未来七年对以色列的财政援助不变。此外,我们要求美国说服尽可能多的阿拉伯和伊斯兰国家加入与以色列的和平进程,并且加强以色列和美国之间的情报合作,以及要求得到非常慷慨的财政援助,包括用来购买以色列人将要撤离的定居点的30亿美元。

7月18日凌晨1点钟,在克林顿的小屋里举行了一次会议,与会者有克林顿总统、什洛莫·本—阿米、巴拉克和我,以及桑迪·伯格、马德琳·奥尔布莱特和丹尼斯·罗斯。

巴拉克说:"我们的立场基本点是,耶路撒冷必须统一,主权归属以色列;约80%的犹太定居者生活的大型定居点割让给以色列;宣布结束冲突;巴勒斯坦难民没有返回以色列的权利。"他递给克林顿一份文件,文件里仍然没有包括他的最终立场。

克林顿看了文件,满脸怒气。他愤怒地说:"我不会带着这种提议去和巴勒斯坦人谈!在耶路撒冷问题上,这里的条件比我已经和他们讨论过的少得多。"

根据递交给克林顿的文件,巴拉克后退了一大步。这是因为他不想从他已经作出的并越过他"底线"的让步中开始谈判。这使克林顿十分恼怒,他对巴拉克说:"为了看这份文件,我们和巴勒斯坦人等待了13个小时。我不会带着少于你之前承诺过的条件离开这里。这是你那天晚上所作出的提议的倒退,这是不切实际并且不是认真的态度。"克林顿怒火中烧,多日来积累的对巴拉克的所有沮丧、愤怒和失望一股脑地发泄出来,他厉声说道:"我陪你去了谢泼兹顿,在那里浪费了四天,像个傻瓜一样出尽洋相。我去了日内瓦与阿萨德会面,但感觉像一个木偶!"

巴拉克仍旧竭尽全力地坚持，他说："我们没指望阿拉法特会接受我们的提议，但我们期望他提出一个与目前不同的立场。"

"你说的不对！"克林顿打断了他。"巴勒斯坦人已经通过同意以色列吞并8%到10%的土地来结束领土问题的争端。阿拉法特一整天都在等我去，现在你要我用一堆倒退回去的提议去找他吗？我不会拿着这个文件去找他的！"他气愤地说。

巴拉克试图让他冷静下来，说道："耶路撒冷是我们民族认同问题上最敏感的部分。"

"这个我知道！"克林顿以一种坚定的口吻打断了巴拉克。

然而，巴拉克又继续说道："我派本—阿米和谢尔与巴勒斯坦人谈判，这是一个令人沮丧的事情——他们超越了我的"底线"。我明白我们一致同意整个想法是试探阿拉法特是否愿意放弃自己的立场，而他并没有让步。阿拉法特是否改变方法，我对此一无所知。如果这是要从我这里引出新的立场并以此作为进一步谈判的起点，那么你就想错了。阿拉法特说，他打算在领土问题上积极满足我们的要求，但他的立场模糊不清。也许我们也需要做同样的事情。过去6个月和在这里的最近几天我所学到的是，你们希望我们的说法清楚而具体，而阿拉法特的一般性发言却是可以接受的……"

"我认为阿拉法特说得很具体，"克林顿堵住了他的话。"你能引用一下从阿拉法特那里听到的具体数字吗？"巴拉克问。

"是的，他愿意把8%到10%的领土让给你们，"克林顿说道，"关于领土交换的问题，我从他那里了解到，他同意由我来决定以色列转让给巴勒斯坦的领土面积。"

巴拉克继续说："阿拉法特已经让我们习惯了即使是在幼儿园都不会接受的态度，恐怕我们也已经习惯了他只发脾气而不前进一步的行为。我们被要求在谈判开始时分割耶路撒冷，一切都是为了满足阿拉法特的孩子一样的行为？我可以承担很多风险，但我可不想被以色列人视为"傻瓜"。最后，我必须问自己，为什么要求我在耶路撒冷的问题上超出本打算在最后关头木已成舟时才会超越的底线？如果在知道阿拉法特是否确实成为协议伙伴之前我就作出让步，他会把所听到的内容作为下一次谈判的起点。如果我看到他在耶路撒冷的问题上有所行动，我们也会行动起来。你可以告诉阿拉法特这不是以色列的最终提议，但巴拉克想知道他打算如何继续。公众没有授予我划分耶路撒冷的权力，而且只有在我知道事情已经接近尾声并将会达成一个协议时我才会这么做。"

那天凌晨1点钟的会议是一次艰难的会议。会议结束一个小时之后，巴拉克被召到克林顿的小木屋里进行私人会谈。他早上4点30分结束会议返回，告诉我，克林顿再次表示，他不会带着我们的提议去见阿拉法特。巴拉克的回答是，在理解巴勒斯坦人的立场之前，克林顿不应该期望他会作出任何让步，而且我们已经知道我们很快就会达成协议。

"那么我们怎么着手进行呢？"克林顿问。巴拉克提出要效仿基辛格在"赎罪日战争"之后在叙利亚和以色列之间斡旋的做法。基辛格估量了每一方可以做什么、甲方可以向乙方提供什么作为回报，他同双方进行交谈，了解谈判当场的局限性和双方灵活变通的限度。

巴拉克对克林顿说："有些事情在没有得到公众的授权之前，我无法做主。同一件事情由我说出来与由你提出来不一样。我是当事人，有些事情我不好直截了当地说，而你可以站在第三者立场上对双方可以作出的让步进行评判和发表意见。"

克林顿回答道："我了解以色列在圣地享有主权的必要性，但我正在寻找一些东西给巴勒斯坦人，让他们可以把它当成一种成就。"

克林顿提出一个想法，即圣殿山主权归属以色列，但"监护权"由巴勒斯坦人享有。他重申了要求让巴勒斯坦人在圣殿山附近享有"类似主权"，比如游客中心或类似的东西，巴勒斯坦人可以说"这是我们的"。

巴拉克坚持说："除非我知道我们能达成交易，否则我不能再作出进一步行动。"

克林顿还谈到了我们提出的32亿美元的经济和安全援助要求。他表示，美方将向以色列提供18亿美元的援助，其余的则试图从世界其他地方筹集。他还表示，同意在以色列和美国之间开始缔结一项共同防务公约，初步的原则是，同意该条约将美国在以色列遭受导弹袭击、非常规武器的攻击以及全面战争的情况下出面干预，帮助以色列的条款纳入其中。

"关于克林顿与阿萨德的日内瓦会晤，"巴拉克告诉我说，"我对克林顿说，他没有理由觉得我把他当作白痴一样送到那里。我对他说他错了，在适当的时候我们都会看到，这是与叙利亚和平谈判进程中的重要里程碑。当重启日内瓦谈判时，我们所提交的提案将确定与叙利亚达成和平协议的界限。"

同时，美国人和我们之间的会谈继续进行，就在本—阿米和谢尔、达兰和赛义卜·埃雷卡特之间进行。在这些交谈中，本—阿米和谢尔暗示说，可以从以色列的立场出发在耶路撒冷问题上达成公平的解决方案，而埃雷卡特和达兰将此报告了阿拉法特。

7月18日傍晚，桑迪·伯格、丹尼斯·罗斯和罗布·马里建议设法达成一项不包括耶路撒冷在内的协议，维持现状，而在未来两年内，这个问题将在以巴两国都在场的情况下进行讨论。我们目前签署的协议将宣布结束冲突，至于耶路撒冷，会在协议中写明：维持现状，并且双方保证通过和平手段和谈判来解决问题。"巴勒斯坦的首都会在哪儿？"巴拉克问道。罗斯回答说："他们得宣布一个临时首都。"

我们知道阿拉法特不会接受这样一个提议，我们自己对此也有疑问。这样的协议幸存下来的可能性会很小，因为耶路撒冷的问题就像双方之间出血的脓包一样，只要它没有得到解决，就会影响其他问题的解决，甚至可能导致协议的破坏。一方面，这样一个协议将使巴勒斯坦人收益巨大，实实在在地从以色列那里获得了国家和领土。而另一方面，如果巴勒斯坦人同意的话，我们只会得到"结束冲突"这样一个结果，以及收回不大可能生效的难民返回权。为了换取这些成果，我们把再次讨论耶路撒冷问题的所有余地和资本全都耗尽。

"这个建议是非常有问题的。"巴拉克说。

巴拉克在约一个小时后与克林顿的会晤中说道，他不相信巴勒斯坦人会接受美国的提议。他表示，这是因为他们不会同意在整个耶路撒冷主权仍然归属以色列以及不清楚这个问题如何在几年内解决的情况下宣布结束冲突。

巴拉克向总统解释说，这个提议对于以色列来说也是有问题的，因为它在对耶路撒冷的控制和主权问题上造成了歧义，将这一箭在弦上的问题留给后来的谈判，而在我们手中却没有任何东西可作为与巴勒斯坦人谈判的筹码。

"以色列公众可能认为这里面有猫腻，这才导致以色列在耶路撒冷问题上大规模让步，"巴拉克对克林顿说，"在早期的这个阶段我们不能接受阿拉法特在旧城设办事处的要求，因此我们表明耶路撒冷必须维持现状。"

会议期间，巴拉克向克林顿提交了一份关于美国人提案意见的文件。克林顿在细读了这份文件之后建议道，如果阿拉法特不同意结束这场冲突，当事各方可以满足于这样一个说法，即"一切冲突都将以和平手段和谈判来解决"。

应该指出的是，多年前，作为拉宾同意与他谈判的一项条件，阿拉法特发出了一封包含类似承诺的信件。在"奥斯陆协议"中也有类似的承诺。然而，众所周知，多年来阿拉法特并没有履行他的承诺。

克林顿表示，他的印象是，阿拉法特希望达成协议，并希望事件圆满结束。"但是，"克林顿说，"阿拉法特害怕巴勒斯坦人可能会同意以色列对圣地享有主权。我试图找到一种巴拉克不必在耶路撒冷问题上作出让步，而阿拉法特也可以说他没有让步，即维持现状，并消除对耶路撒冷进行讨论引发冲突和战争的可能性。"

巴拉克说："我相信，如果我同意阿拉法特在旧城设立办事处作为维持现状的一部分，并由巴勒斯坦监管清真寺，我将无法在以色列获得支持，因为人们会把这看作今后进一步妥协的标志。"

"看看积极的一面。如果协议达成，就会有解决难民、定居点、边界、安全部署和巴勒斯坦实体的性质问题的办法，也就可以结束冲突，"克林顿说。他转而赞美巴拉克："你是以色列的伟大希望，你有机会干一番历史性的丰功伟业。"

在谈话过程中，巴拉克为达成和平协议而迈出了重要的一步，他对克林顿说："我愿意由你提出一个作为美国方面提出的建议。如果阿拉法特接受这个想法，你就告诉他估计可以说服我。这个提议就是，以色列拥有圣殿山的主权，巴勒斯坦人享有部分监管权并允许犹太人在山上祷告。在旧城区，阿拉法特将获得穆斯林区和圣墓教堂的主权。如果在与巴勒斯坦人接触的过程中发现成败都在此一举的话，那么你也可以把基督教区的主权交给他，把犹太人和亚美尼亚人居住区的主权留给以色列。外围的穆斯林社区的主权转交给巴勒斯坦人，城中心的穆斯林社区的主权将继续留给以色列，但那里将设立一个特别行政区，由以色列主权授予管理这些社区的权利。我们将建设一条交通线解决外围社区穆斯林前来圣殿山参加祈祷的交通问题，以免他们路经以色列的主权领土。

"将80%犹太人定居点居民居住、占巴勒斯坦领土总面积不少于11%的犹太人定居地区割让给以色列。此外，我们不会作为领土交换将以色列的主权领土转让给巴勒斯坦人，我们也不给予巴勒斯坦难民返回以色列的权利。我们将根据巴勒斯坦非军事国家的概念进行安全布防。今后若干年内，以色列将控制约旦河谷1/4的地区，以确保控制约旦和巴勒斯坦之间的过境点。"

巴拉克强调："我无法确认与你交谈的内容，把它当作美国的一个建议提出来吧，但不要再要求我有更多的想法和让步。我已经达到了我能够同意的最大限度了。"

很明显，听到这些克林顿非常激动，同时也非常惊讶——他从来没有想过巴拉克会走到这一步。他说："埃胡德，你是我所认识的最勇敢的人，如果阿拉法特不愿接受这个提议，那么他需要去看心理医生了！"

克林顿与阿拉法特会晤后返回住所，告诉我们，向他提出了那些重要的建议后，阿拉法特皱起眉头。不过，克林顿强调，他觉得巴勒斯坦人打算认真考虑这一提议。那时，优瑟夫·吉诺萨告诉我们，巴勒斯坦人正在准备一封信，他们感谢克林顿对首脑会议作出的努力，并表示希望回国商讨，然后于两周内返回继续首脑会议。

巴拉克说："这正是我早就担心的情况。巴勒斯坦人会把美国人所提供的建议作为已经实现的和确定的东西，而且这将是两周后继续进行谈判的新的起点。他们希望举行一系列的首脑会议，每次都是从最后一个会议结束的地方开始，这样他们就会获得越来越多的让步。无论如何我都不会同意这一点。决定必须作出，此时，此地，在戴维营！"

巴拉克继续说："我也关心巴勒斯坦人可能也会把美国人的提议放到桌面上进行讨论，说以色列人已经作了让步，而他们没有作出任何让步。这使我们处于被动地位。所以，我们现在必须回国。我正在下令为我们回国准备飞机。我们会告诉媒体，美国官员正在指责阿拉法特和巴勒斯坦人造成首脑会议的失败，巴拉克和以色列代表团也在准备回国，刚刚经历的谈判极其艰苦，表明巴勒斯坦一方是无法合作的伙伴。我们将强调，来自以色列的消息指出以色列为达成永久和平作出了一切努力，同时维护以色列的国家利益，警告反对单方暴力。"

7月19日上午，我们整理好了行李，堆在小木屋外面的草坪上，准备装上飞机。桑迪·伯格跑到巴拉克面前对他说："我认为你已经展示出了非凡的勇气！克林顿昨天与阿拉法特举行了最艰难的会晤，之后，达兰、哈桑·阿斯福尔和埃雷卡特来找我们，就我们交给他们的提议提出了12个问题，并提议对部分建议进行谈判。我们回答他们说，在他们声明接受总统的建议作为协议的基础之前，我们不会考虑他们的任何问题。我们告诉他们，如果你们答应这么做，总统会同巴拉克交谈，并说服他也接受你们的建议作为协议的基础。"

"早上2点，我们收到了阿拉法特发来的消息，说他认为，这次首脑会议有了实质性的进展，但他认为他还须回国征求其他人的意见，并在两周内返回会议。克林顿说，这是不能接受的，他表示，只有阿拉法特接受总统提出的原则作为协议的基础，才愿意继续谈判和协商。然后，早上3点30分，"伯格继续说，"我收到阿拉法特的信息，他不能接受总统的原则作为协议的基础。今天早上，我向克林顿报告，他听到消息后非常失望，打算告诉阿拉法特，他已经没什么可以为他做的了。总统还强调以色列方面非常认真和灵活，但阿拉法特必须决定是否要达成协议。"

巴拉克说："阿拉法特的策略是弄清楚我们的大部分想法和提议，这样他们可以在下一阶段谈判中以此作为起点。"他给克林顿写了一封信，感谢他的努力，并解释说，鉴于事态发展和以色列人为达成协议而作出了诸多努力，而巴勒斯坦人却什么都没做，在戴维营继续待下去已没有任何意义。

那天中午，巴拉克会见了克林顿。克林顿感谢巴拉克给他的来信，并说："我会保护你、支持你，证明你是非常勇敢的。真是太令人沮丧了！看来巴勒斯坦人害怕跨出大胆的步子。我告诉阿拉法特，他没有接受我的建议让我非常失望。我告诉他，不论是在原则层面还是个人层面上我都非常失望，因为这中断了八年来我参与的和平进程。我很失望，因为我认为巴勒斯坦人失去了一个历史性的机会，他们将来不会遇到更好的以色列政府了。你们巴勒斯坦人没有作出任何的主动行为，我希望你不会与以色列人重新回到冲突的状态。阿拉法特对我说，他非常喜欢我，并感谢我，但以色列人实际上想要的是把他们所占领的土地变成他们的主权领土，如果他同意他们这样做，就会被杀害。"

总统继续说："巴勒斯坦人非常想留下来继续协商。看看阿拉法特和我们两个人之间的区别：你我二人认为这个提案是谈判的基础，但是阿拉法特不这么认为。他必须和你争论一下，当他们说'不'的时候，他们真的意思是'是'，但有保留和疑问。阿拉法特说，在耶路撒冷问题上作出任何让步之前，他必须面对面与其他穆斯林领袖交谈，这就是为什么他想要休会的原因。我告诉他，'你不能离开——巴拉克也有需求，他也需要跟他的人交谈。一旦你们两人离开这里，事情就会泄露，就不会有机会重新开始谈判。'"

"我相信，在我们决定结束谈判之前，"克林顿建议说，"你和阿拉法特应该面对面交谈一次。我明白你不想让他利用你的口实把事情搞得更加复杂，但是倘若你不与他见面，他可以声称在峰会期间你甚至没有见过他。我必须前往冲绳，所以我们必须拟定一个我缺席期间的工作计划。我会缩短我在那里逗留的时间，并将于星期天返回。"

"我所做的远远超出了我所想的……"巴拉克说。克林顿没有让巴拉克说完就又继续说道："我们来到这里时，你的策略是把你最后的提议摆到桌面上。阿拉法特没有打算达成协议。他所想的是一场滚动的首脑会议：开一次会议，然后休息一阵子，诸如此类。事实上，直到今天，他们都没有真正倾听我们的意见，但现在他们害怕了，因为我即将离开，也许你也会离开，也不会再有更多的会议。我建议你考虑和他进行会面，我们有必要给穆巴拉克和阿卜杜拉打电话，他们可以支持阿拉法特。我告诉阿拉法特，他没有正确地解读过你和以色列的情况。"

克林顿的意思是阿拉法特不了解巴拉克在国内政治背景下面临的巨

大困难。阿拉法特不明白巴拉克是在他的联合政府开始崩溃时去了戴维营，他的政治局势是何等动荡。阿拉法特不了解以色列的民主是如何运作的，他所能看到的是，如果巴拉克是总理，就可以做任何自己想做的事情。"到目前为止，这不是一个谈判，我发现我实际上没有一个合作伙伴，"巴拉克说，"甚至在首脑会议之前我就作了很多妥协，并逐渐为以色列公众准备了更为痛苦的妥协。我们在这里谈话的每一步，都在向巴勒斯坦人靠近，相反，他们却原地不动。只要哪个部分出现松动，他们就立即改变了主意。我是不会同阿拉法特会面的。我们足够小心，并没有给他留下任何以色列或美国的文件，使他能够将其作为下一次首脑会议的基准。在首脑会议的第一天我就已经说过，我担心阿拉法特会尝试购买时间的可能性，并以更为妥协的以色列立场离开这里，将其作为下一阶段谈判的基准。事实上，他需要与我会面，把那些条件确定下来，这样他就可以说：'巴拉克给了我这个和那个。'我不会同意这样做的。我不会让阿拉法特在没有签署协议的情况下说，他从以方得到了一份有悖我对公众承诺的建议。我只能在达成协议和冲突结束的背景下解释我所作出的妥协。"

"我不能和阿拉法特见面，"巴拉克重申，"我无法接受他的德行和他的性格。如果阿拉法特在接下来的两个小时内没有对美国的提案作出积极回应，我将回以色列。这次提议的条件并不是新一轮交易的序言；如果他想要改变，我也会要求他作出改变。你认为阿拉法特因为害怕你给他施加压力可能会积极响应这个建议，但是你要知道，他更害怕作出艰难的决定。

"我理解在耶路撒冷问题上作出决定，阿拉法特需要得到穆巴拉克、阿卜杜拉等阿拉伯领导人的支持。我相信其他领导人会支持阿拉法特，会支持他对此事作出的任何决定。穆巴拉克和阿卜杜拉告诉我他们会这样做，阿卜杜拉还说，担任伊斯兰会议组织耶路撒冷委员会主席的摩洛哥国王也会支持他。只要他在耶路撒冷享有一些主权，并得到对圣殿山的监管权，阿拉法特就会得到阿拉伯世界的支持。"

"那我们接下来怎么办？"克林顿问。

"最好的办法是一直对阿拉法特施压，"巴拉克说，"如果阿拉法特提出了一个完全不同的建议，那么我就收拾行李，打道回府。在这个问题上，我无法忍受拐弯抹角兜圈子。如果阿拉法特有保留地同意建议，那么我们可以使用先前的美国提案来解决除耶路撒冷之外的所有问题。耶路撒冷将继续维持现有状态，我们将在两年后进行讨论。与此同时，我们握手言和，宣布结束冲突。"

克林顿对阿拉法特接受这种选择的可能性表示怀疑。巴拉克答复说，阿拉法特面临两个选择：作为协议的一部分，接受一个公认的巴勒斯坦国，或在没有协议的情况下，单方面宣布独立。

巴拉克说："如果阿拉法特作出单方面的决定，将大大加强以色列的政治右翼势力，几天内我就会组建一个统一政府或者进行新的选举。"

"我相信我会赢得选举，之后我将组成一个统一政府，与世界各国领导人会面，向他们展示我愿意为结束冲突而作出的努力。当他们看到我愿意为此付出多少努力，而阿拉法特是如何顽固不化，我肯定会得到他们的支持和理解。如果单方面宣布独立建国，阿拉法特就不会有任何成就。他的国家将由散落在朱迪亚和撒玛利亚地区互不连续的居住区，以及与西岸遥隔千里的加沙所组成，整个国土支离破碎，像无法连接的拼图片，没有一块土地能够把所有部分连接在一起。在这种冲突状态下，我们可以更自由地对付恐怖主义，无须再考虑谈判的因素。"

后来，回顾当时所发生的一切，巴拉克确信他能得到以色列大多数公众的同情和理解，但他没有。植根于公众的观念是，他没有努力保护以色列，而对阿拉法特过于让步。在戴维营的坚持对他来说徒劳无益，他被视为十分愿意作出宽容让步的人。

7月19日傍晚，克林顿会见了阿拉法特后，再次与巴拉克会晤。

我们大家清楚，见证真相的最后时刻来到了——阿拉法特终于要开口说话，而不仅仅是提问和表达不满。

此前，巴拉克试图通过克林顿问阿拉法特，他是否愿意根据美国的提案讨论一项包括结束冲突的永久性协议。

巴拉克告诉我们说："现在是他表明他的态度的时候了，而不是浪费时间和发现有问题时咬牙切齿了。"

在与巴勒斯坦代表团中的年轻代表的对话中，我们的印象是，达兰、哈桑·阿斯福尔和穆罕默德·拉希德认识到了美国提案的突破，如果由他们左决定，他们将以此为基础进行下一轮谈判。

克林顿与阿拉法特会晤后返回，他说巴勒斯坦人似乎让他感到害怕。阿拉法特再次声称，事实上峰会的准备工作并不充分，并抱怨说巴拉克没有同他见面。克林顿提醒阿拉法特，巴拉克已经同意给他很多，甚至在美国的提案摆上桌面之前就这样做了。

克林顿说，"巴勒斯坦人正在乞求回国，因为阿拉法特希望与阿拉伯领导人进行协商。"

我们认为，阿拉法特在戴维营同样可以进行这些磋商。事实上，他离开营地的最大原因主要是他希望逃避美国的压力和必须作出的艰难决定，以及他希望展示他认为已经从巴拉克那里获得的让步。

克林顿对阿拉法特说，他要求在两个星期后再次召集会议的请求是不可能的。在这一时刻，巴勒斯坦人表示愿意在戴维营多逗留几天，讨论耶路撒冷问题并保持势头。

巴拉克说："巴勒斯坦方面唯一发生的事情就是胡说八道。我们是大人不是孩子，我们也明白，从本质上来看，巴勒斯坦人直到现在都没有举行谈判。他把我们两个人都玩弄了。他们预先就知道，耶路撒冷问题将会在首脑会议上进行讨论。至少对你，他们应该坦白说明，他们对这个问题不会有灵活性。这就提出了一些非常严肃的问题，反映出他们对自1993年起七年来谈判的真实态度。自奥斯陆以来的所有谈判、对话和会谈都是基于这样的假设：有一天，我们将讨论一项永久性协议，我们必须在其中找到解决基本问题的办法，其中之一就是耶路撒冷。如果巴勒斯坦人无意在这件事上作出让步，就应该提前这么说，就像我们宣布我们永远不会同意巴勒斯坦难民返回以色列的权利一样。在听到巴勒斯坦人说些什么之前，我不能命令我的手下继续进行任何形式的对话。我们不会离开并在两个星期后返回，这是不可能的！"巴拉克愤怒地总结说，他并没有掩饰他的失望。不过，他并没有失去素有的冷静，他继续说道："我们与巴勒斯坦人之间的和平进程使我面临来自以色列公众的严峻的政治挑战。无论是否达成协议，他们都会说我做得太过分。因此，我不会单独就耶路撒冷的问题同巴勒斯坦人交谈，因为这是一个极其敏感的问题，他们唯一的目的就是获取让步并拿来炫耀。"

巴拉克说："如果阿拉法特对美国的建议没有作出积极回应，这意味着在过去几个月里，他一直把我们玩弄于股掌之间。"他承诺说："如果我们被迫进行战斗，至少我们要明白是为了什么而战。在阿拉法特拒绝我们的提议后，我可以在战争中团结公众对抗他。没有人可以责怪我不愿作出让步，或者没有努力避免冲突。大家都会明白，阿拉法特无法奋起直面此刻，不愿作出艰难的决定。"

巴拉克继续说到本—古里安在没有耶路撒冷的情况下建立以色列国的情况：我们赢了强加于我们头上的战争，并且我们之后获得了耶路撒冷。如果巴勒斯坦人无法决定是否以略少于阿拉法特所希望（即没有耶路撒冷）达成的条件建立自己的国家，那么，也许阿拉法特不配担任这个角色，巴勒斯坦人也不配拥有一个国家。

克林顿说，赛义卜·埃雷卡特、阿布·阿拉和阿布·马赞愿意接受他的提议，推迟讨论耶路撒冷问题，同时结束所有其他问题。

"如果我们现在离开，下个星期巴勒斯坦人会来说，他们愿意在这个建议的基础上与你谈判呢？"克林顿问巴拉克。

"我不会来参加第二个峰会！"巴拉克气愤地说道，"我不会和事实证明是恶棍的人进入同一个房间。我告诉你，我比过去任何一位总理作出的让步都要多，比将来任何一位总理要作的让步也都要多。我也可以现在就宣誓保持耶路撒冷的统一，关闭将来可能作出任何妥协的大门。"

"你确定这是你想要的结果——要么阿拉法特回复美国的建议，要么你回国？"克林顿问道。巴拉克立即回答："是的。"

克林顿抱怨说，巴拉克在整个首脑会议期间并没有和阿拉法特进行直接谈判。巴拉克再次答复说，巴勒斯坦方面甚至没有进入谈判，没有表明他们已经作好谈判准备。

克林顿坚持阿拉法特和巴拉克之间举行会晤，并再次试图刺激巴拉克："甚至没有看过阿拉法特一眼就做你所说的事，你觉得这对吗？"

"我愿与那些愿意跟我谈判的人谈判，"巴拉克回答，"我要宣布，我们在这里并没有发现合作伙伴，而是一个背叛了你我信任的玩弄把戏的人。"

克林顿试图敦促巴拉克为对话留下一个口子，并回忆一下奥斯陆的情况——以色列承认了一些巴勒斯坦人的主张。

巴拉克说："我不能对以色列公众说谎，我不打算这样做。我在这里看到，阿拉法特和巴勒斯坦解放组织无法利用历史性的机会作出决定。"

巴拉克继续解释说，"奥斯陆协议"似乎并不是最好的和最理想的解决方案。应该记住的是，当拉宾提交政府批准协议的时候，时任以色列内政部长的巴拉克投了弃权票。抛开他反对那项协议的立场不说，他是赞成和平进程的，因为这意味着要建立一个通向永久协议的时间长廊。这段时间里，双方应该和平生活，没有暴力（没有武装起义和恐怖活动），合作找到解决问题的办法。巴拉克说："在几个月之内，我们可能会面临巴勒斯坦单方面决定宣布独立，那我们就不得不战斗。我一路走来准备打破这一可怕的血腥循环，但我也不怕直面冲突。我有决心努力争取和平，但如果别无选择，我也有决心誓死战斗。"

克林顿和巴拉克之间的这次对话是在总统启程前往日本前夕进行的。克林顿非常希望在他缺席期间戴维营继续保持会谈的活力。巴拉克说完后，克林顿再次对他说："你不觉得应该直接向阿拉法特说这些话，而不是通过我传话给他吗？"

但巴拉克再次拒绝了克林顿的建议："除非有人同意你的建议并以此作为谈判最终结果的粗略大纲，否则我无法开始谈判。"

第31章

"我不想见任何人"

在整个首脑会议期间，我多次试图说服巴拉克与阿拉法特举行会晤。我告诉巴拉克，正如我所看到的，戴维营会议的主要思想就是在多国领导人的主持下进行谈判，而且他们也会直接参与其中。

我们来到戴维营，从一开始双方谈判代表——主要是巴勒斯坦方面，可以作出让步的余地所剩无几。我们非常了解巴勒斯坦方面的立场，情报官员的分析称巴勒斯坦方面将会采取强硬的立场。然而，我们还是来到戴维营，猜测只有阿拉法特愿意才会作出让步，也只有在首脑会议上，双方领导人讨论方案的所有部分之际，我们才能和盘托出，利用一切可能达成协议。现在，到了领导人作决定的时刻，我认为巴拉克和阿拉法特之间的会晤将鼓励阿拉法特进行谈判，使其立场更为灵活。我说："既然我们已经来了，你必须抓住一切机会，即使失败，但我们知道我们已经尽了全力。"

巴拉克，正如他一贯的行为方式，立场坚定，绝不妥协。

我接着对巴拉克说，只要克林顿告诉阿拉法特，美国的提议将成为未来谈判的基础，并且只要他接受这个提议，克林顿会试图说服我们不用担心巴勒斯坦方面会声称这个提议是以色列的让步。我认为巴拉克原可以直接与阿拉法特交谈：不给阿拉法特可乘之机——让他以后无法宣称，他掌握了以色列妥协的立场，并将它作为接下来谈判的出发点。

不出所料，我没能说服巴拉克。

克林顿想知道巴拉克在首脑会议结束返回以色列后有什么打算。巴拉克告诉克林顿，他将向以色列议会和公众表明，他不愿意冒险损害以色列的根本利益。他说："而且事实上，不与阿拉法特会晤，对我将大有帮助。"巴拉克继续说道："我将不得不面对一个存在各种问题的议会（在那个阶段，只有33名议员支持他），我希望你在适当时刻发表公开声明，告诉以色列公众，说以色列方面在谈判中展现出了非凡的勇气，真心希望结束冲突。但因为巴勒斯坦方面的立场，以及阿拉法特害怕作出勇敢的决定，和平的愿望未能实现。"

"我要说你们表现出具有历史意义的智慧、勇气和责任，清楚表明谁应该为危机负责，"克林顿说。

巴拉克问："就解决所有问题但保持耶路撒冷现状并将这一问题推迟到两年后再讨论的提议，阿拉法特的立场是什么？"克林顿回答道："阿拉法特认为这是一个非常糟糕的提议，因为他害怕，在这种形势下他最终会在耶路撒冷问题上一无所获。"

这次交谈后不久，巴拉克召集了以色列代表团，对他们说："美国人提出了三种建议：（1）我和阿拉法特交谈；（2）我们继续在谈判代表团之间进行讨论；（3）我们否定到目前为止所有关于耶路撒冷的建议，从头开始讨论。"

那次会议，谈判代表团所有成员悉数到场，我再次对巴拉克说，他非常有必要与阿拉法特会晤。

然而，巴拉克再次拒绝了这个主意，并再次使用他惯用的、通过谈论甜品来转移话题："如果我们一起吃些酥皮糕点，能改变什么吗？"

在谈判中，每一个细节都至关重要，包括人与人之间的温和关系以及参与者之间的直接接触。后来，人们的争议认为，巴拉克坚持不在戴维营与阿拉法特会晤，是导致谈判失败的主要原因之一。而我的看法是，鉴于首脑会议的发展走向，尽管我也建议他们两人单独会晤，但他们之间的会晤可能会让事态彻底反转，是不切实际的。

很显然，阿拉法特在首脑会议上没有根据承诺、利益、理解和内部化等要素把各种事件联系起来综合考虑。他抱着这样的心态来到戴维营：这是一个阴谋，他会落入美国和以色列设置的陷阱里。回想起来，我很清楚阿拉法特在参加首脑会议时还不够成熟，无法在蓄势待发的问题上作出影响深远的让步。他没有具备达到有勇有谋的领导能力，这才是戴维营谈判失败的核心原因。

在那个阶段，阿拉法特不愿意就永久协议的实质性问题（其中包括巴勒斯坦难民及其返回故里的权利、耶路撒冷的命运、圣殿山问题、犹太人定居点、安全部署、边界问题和即将成立的巴勒斯坦国的性质）透露其"红线"，他宁愿保持这样的局面。

事实上，戴维营谈判是阿拉法特自"奥斯陆协议"以来，第一次被要求在新的问题上作出让步，这让他无法适应。

事态发展至此，有一个问题油然而生：让他参加首脑会议是否是一个错误？我的看法是，即使在首脑会议上没有达成任何协议，但举行首脑会议很有必要。应该记住这一点，首脑会议的召开与会前发生的一切息息相关。有分析指出，峰会前谈判小组之间的所有联络已经使其筋疲力尽。此外，美国大选越来越近，克林顿离任期结束、新总统接替其职位之间的过渡期已然很近。在此期间，现任总统的权力大大降低。这些情况综合起来，让人担心与巴方的谈判停滞不前，这可能会使地区形势恶化，最后导致流血冲突。

是否需要举行一次首脑会议是基于这样的分析：只有领导人才能作出重要的让步和关键的决定，而且他们应该充分利用这种可能性。

然而事实上，阿拉法特和巴拉克之间没有举行过实质性会谈。尽管我在上文已经提过，你不能把首脑会议失败的原因归结于没有举行此类会议，我还是认为我们应该坚持这一点，并说服巴拉克，但我们没有。阿拉法特意识到，巴拉克有权超越谈判代表所作的让步。因此，让人担心的是，如果巴拉克在会议期间表现出妥协的立场，那么很快这将铭刻在阿拉法特的脑海里，让他以此作为下次会议的起点，但阿拉法特自己却没有任何让步。

我反复敬告巴拉克，他的做法不正确，他应该试着和阿拉法特会晤。我对巴拉克说："这毕竟是我们来这里的原因，到目前为止，谈判都是由谈判代表进行。我们来到这里是为了深入探讨行使行政权力的你和阿拉法特之间进行直接谈判的可能性。"然而，巴拉克继续坚持己见，拒绝与阿拉法特会晤。

巴拉克和阿拉法特进行会晤十分重要，这种会晤是为了创造机会、防止危机发生并展开亲密对话。然而，这当然不是整个事件的精髓，也肯定不会给阿拉法特带来他极度想要得到的让步。

今天，比以往任何时候都能看清楚，即使考虑到让步能让巴勒斯坦与我们之间达成协议，阿拉法特仍旧不愿为之。阿拉法特并不想因为在他看来对巴方最为重要的事情上作出让步而载入史册。他承认我们在这里的安全存在权，但他不接受以色列国是整个犹太民族的国家。如果他接受了这一点，他就知道不可能获得巴勒斯坦难民返回故里的权利。我认为阿拉法特甚至还很难承认犹太民族的存在。他承认有以色列人，也承认犹太人，但他们生活在世界各国。然而，他拒绝接受以色列是犹太民族国家的定义。

也有来自情报领域的担心，巴勒斯坦方面将开始发展双民族国家的概念：从地中海到约旦建立一个国家，犹太人和阿拉伯人一起生活。这将是一个少数服从多数的民主国家，无论如何估计人口，几年内必将是巴勒斯坦人占据多数，因此作为犹太民族以及民主国家的以色列将不复存在。所以，我认为我们必须坚持采取行动，将两个民族清清楚楚地分开。

7月19日深夜，克林顿向巴拉克讲述了他与阿拉法特的谈话："阿拉法特承诺他会竭尽全力阻止谈判失败。同意我们关于耶路撒冷的提议，你已经迈出了一大步。提议谈到城市划分以及共同拥有对圣殿山的主权，然而巴方无法参加他们对圣殿山没有主权的谈判。但是，在我的印象里，他们接受这样一个事实，即你们永远不会放弃对圣殿山主权的争夺。"

巴拉克提出："我认为唯一能使我们继续谈判的办法就是不谈论主权问题，我们抛开耶路撒冷，讨论其他问题。"巴拉克的建议是美国提议的延续，据此我们将解决其他所有问题，并声明在难民问题、边界问题、定居点和安全防务问题上没有更多的改变和相互要求，以巴冲突已经结束。然后，有可能开始实施和平协议，并继续讨论遗留问题。埃及和以色列就塔巴问题达成和平协议，也使用了类似的模式。

我认为这并不是一个很好的提议。耶路撒冷问题是根本性的重要问题，我认为让如此重要的问题悬而未决是错误的。这个问题是个潜在的导火索，可能会破坏在其他问题上达成协议，使谈判前功尽弃，不得不从头开始。

克林顿相信，阿拉法特会同意根据美国的提议进行谈判，提议包括两国方案、拒绝巴勒斯坦难民返回故里的权利、让大约80%的定居者居住在仅有5%的领土上，以及在以色列拥有主权的情况下分割耶路撒冷，在第一阶段把圣殿山的主权交给以色列，然后与巴方或第三方分享。"但是，"克林顿强调说，"阿拉法特并不接受以色列在谈判一开始就已拥有圣殿山主权这个想法。"

巴拉克同意有可能在某个时刻共同拥有对圣殿山的主权，这已经是一个重大的让步。他最初的立场是，以色列拥有圣殿山的主权，巴勒斯坦方面负责圣殿山的日常管理——正如目前的形势。这对以色列公众来说举足轻重，因为这意味着以色列的法律适用于圣殿山。例如，如果在圣殿山上发生骚乱，只有以色列警察可以进入圣殿山并负责维持秩序。正如我们所知，这种骚乱频发，并不是虚构的场景。圣殿山的形势动荡不安，现实已反复证明了这一点。

听到克林顿的最后一番话，巴拉克说，如果这样，最好不要把耶路撒冷问题留到以后讨论。

巴拉克说："阿拉法特不会放弃对圣殿山主权的争夺，我也不会。所以把这个问题留到下次讨论毫无意义。"他立即提议任命一些由美国人、以色列人和巴勒斯坦人组成的小组，讨论圣殿山问题，设法找到以巴双方都能接受的方案。

"这个方案应该就是，我们拥有主权、巴勒斯坦负责监管，"巴拉克说，"对我们而言，主权的象征意义至关重要。在巴勒斯坦方面对你的提议作出积极回应前，我不能与他们继续进行谈判。我们已经接受了这个提议，但他们还没有。只要巴方不接受这个提议，继续谈判就没有意义。如果圣殿山的问题解决了，我们不可能继续就其他问题进行谈判。"

这就是巴拉克向克林顿提出"喂食想法"的一个例子。为了表明他的决心和认真，巴拉克说："如果这没有用，明天晚上我就辞职。我将面临巨大的风险，因为阿拉法特一定会把谈判失败的原因归咎于我们。所以，为了全力以赴，我需要你的鼓励和支持。为了积极迎合巴勒斯坦，与他们达成共识，我愿意在和平进程中走得很远，而他们应为失败承担所有责任。"

在克林顿与阿拉法特会晤时，他向阿拉法特提出成立关于圣殿山的谈判小组的想法。会晤回来后，巴拉克问克林顿："阿拉法特是否接受，如果我们就圣殿山问题达成双方都能接受的方案，他就会接受所有其他谈判条件（耶路撒冷、巴勒斯坦难民返回故里的权利、边界问题、定居点、安全部署）并以此作为未来谈判的基础吗？"

"那是我从他那里了解的情况，"克林顿说，"并且我还对他说，他不应该把提议理解成你已经改变了在圣殿山问题上的立场。你所传递的信息是你愿意寻求让以巴双方都满意的方案。只有在讨论后达成协议时，你的立场才会改变。"

第二天，也就是7月20日，克林顿离开戴维营前往冲绳，巴拉克从奥尔布赖特那儿获悉，事实上巴勒斯坦方面没有同意美国提议中的其余部分。这与克林顿所暗示的恰恰相反，即圣殿山问题是谈判最大的困难，把它解决了，巴勒斯坦方面将接受美国提议的其余部分，并把以此作为未来谈判的基础。

我们想了解克林顿误导巴拉克的原因。也许这是个误会，也许克林顿试图阻止首脑会议在他缺席时失败，或者也许这正是克林顿理解阿拉法特说话的方式。

当天下午，这场戏就这样上演了，包括马德琳·奥尔布赖特、马丁·因迪克和丹尼斯·罗斯在内的美国代表团来到巴拉克的小屋，以色列方面有巴拉克、吉拉德·谢尔和我出席。

奥尔布赖特看起来太自以为是，她认为困难的气氛已经不复存在。她表示，在早上与阿拉法特会晤时，发现他和其他巴勒斯坦人愿意把他们新的想法摆到桌面上来讨论。

奥尔布赖特继续说，巴勒斯坦方面想要成立一个谈判小组来继续讨论美国提议的具体问题，意思是说，巴勒斯坦方面已经接受提议作为达成协议的谈判基础。

奥尔布莱特继续说道，我们需要讨论一下第二天的工作流程，在此之前，丹尼斯·罗斯会问我们几个巴勒斯坦方面提出的问题。在听到罗斯转述的问题后，巴拉克意识到他们所说的与克林顿告诉他的完全不同。

巴拉克从克林顿那儿了解到，巴勒斯坦方面已经接受了美国的提议，所有余下的是解决圣殿山的问题。但是从他们提出的问题来看，巴拉克意识到事实并非如此。

巴勒斯坦方面想知道，基督教圣地在耶路撒冷的地位如何；在我们主权内的西岸领土，地下水库（"含水层"）的情形如何；谁将在我们继续控制约旦河谷（12年）期间，对巴勒斯坦的建设规划负责；他们在那儿拥有哪些权力？

巴拉克在听取了罗斯代表巴方提出的问题后大为震怒，他说道："我不会回答任何问题，也不允许我的手下回答任何问题！巴勒斯坦方面现在的所作所为并非在谈判。我希望他们停止问问题，而开始回答问题，比如他们是否接受在耶路撒冷东部地区拥有次于主权的权利想法（他们在那里拥有除了规划和建设权以外的民事主权）？他们如何回应我们在大面积定居点上划入650平方公里土地的要求？他们是否同意共同管理圣殿山？此外，我想听到他们确定不会要求交换领土。我不想再有别的闹剧。我需要巴勒斯坦方面明确的答复——他们确实把克林顿的提议作为谈判的基础。"

毫无疑问，巴拉克说话的口吻表明了他的愤怒，奥尔布赖特畏缩地坐在椅子上，脸涨得通红。因迪克和罗斯开始领会他们没有意识到的问题，房间里的气氛变得紧张不安。

巴拉克说："我来这儿不是为了等着让克林顿无功而返，并提出开始谈论一般性问题，比如自由贸易区的经济制度和边界的管理制度。"巴拉克还表示，愿意就难民问题举行非正式会议。

"如果阿拉法特不对美国的提议说'同意'，我知道做什么。如果他说'同意'，我准备进行各种讨论。如果他不说'同意'，那意味着他想要得到的更多，"巴拉克说，"如果我们不能试图以克林顿的提议作为谈判的基础，巴方极端主义者的活动将会更加猖獗。我们需要从阿拉法特那儿立即得到明确的答复，否则我不会与他会晤。"

这时，奥尔布莱特设法振作起来，对巴拉克说："能提出这样的建议，你确实有勇有谋，但是你的行为却恰恰相反。一方面，你经历漫长的道路才与巴勒斯坦方面展开和谈，但另一方面，你没有作任何让步，却要求从阿拉法特那儿立即得到明确的答复，连一点回旋余地都没有。"

由此可见，克林顿并没有把巴拉克的立场告诉奥尔布赖特，她不知道如果没有阿拉法特的明确答复，巴拉克就不会继续谈判。由此也可以得知，克林顿也没有向奥尔布赖特说明最新的情况，她不知道克林顿已经告诉巴拉克，阿拉法特对提议作出了积极回应，所以如果以巴双方能够解决圣殿山问题，巴勒斯坦方面就同意把美国的提议视为对其他问题进行进一步谈判的基础。

巴拉克说："克林顿总统提出的建议超出了我能作出的让步。但是，我同意把它视为未来谈判的基础。如果阿拉法特不这么认为的话，那么就没有意义浪费时间了，而且很明确这就是首脑会议的结局。"

罗斯开始说："但巴勒斯坦方面的问题……"巴拉克打断了他："我不接受以提问的方式进行谈判。这已经是首脑会议的第八天，阿拉法特还没有开始谈判！"

这时，奥尔布赖特脸上开始露出不耐烦的表情，她说："是你想要举行首脑会议，你到底想怎样谈判呢？"

"如果我们想要达成协议，阿拉法特最好开始谈判，"巴拉克答复说，"为了让这次首脑会议取得成功，我认为我们做的比我们需要做的要多。我说我想要举行首脑会议，但并不同意在这个过程中要出卖以色列的利益。"

罗斯接着说，阿拉法特致信克林顿，他写道，如果解决耶路撒冷问题的办法似乎令其满意，那么他同意克林顿就如何解决领土问题提出的建议。

克林顿回复阿拉法特说，在那种情况下，他建议交换领土，以色列将收到9%的领土，作为回报，以方只给巴勒斯坦1%的领土。

巴拉克谈到他和克林顿之间讨论过是否成立一个解决圣殿山问题的讨论小组。巴拉克说，他知道阿拉法特不能接受在谈判初始就将失去对圣殿山的主权，因此，通过谈判来寻求解决办法是很有必要的。巴拉克说："我希望巴勒斯坦方面，作为保证，就圣殿山主权的要求向克林顿作出让步，最终，我们会找到一个非主权但仅次于主权（比如监护权）的方案解决圣殿山的问题。对此，我也向克林顿作出保证，同意割让老城的两个区给巴勒斯坦。

"我想请你们注意，如果会谈失败，阿拉法特将会为他画出一幅画：他一直在提问，最后会说他没有得到满意的答复，所以以色列要为首脑会议失败负责。

"你们必须告诉阿拉法特，只要他不对克林顿总统的提议作出回应，你们就看不到和谈前进的道路。你们要向他表明，你们不要他对未来讨论的每一个细节作出承诺，但现在希望他回答他是否接受将克林顿总统的提议作为进一步谈判的框架和基础，"巴拉克说。

罗斯说："这是巴勒斯坦方面首次在首脑会议上开始谈判，但你还没有作好准备，这给人的印象是巴拉克和美国方面还没有统一看法。"

巴拉克再次说道："他们不是在进行谈判，现在到了他们开始回答我们问题的时候了。"就这样，会议在危机四伏的气氛中结束。

整个以色列谈判小组聚集在巴拉克的住处，他告诉我们："我们遇到了危机，其实质是：克林顿总统提出了影响深远的想法，阿拉法特不想对此作出回应。我不想被视作不愿谈判的人，我希望你们继续与巴勒斯坦方面讨论诸如水资源、边界治理、经济情况和在以色列工作等一般性问题。我准备在诸如难民、安全防务、领土、定居点和边界等其他问题上开展非正式的一对一（以色列和巴勒斯坦）谈判。我想警告我们所有人，进展有危险，只要我们愿意留在这里，就可能被视为巴勒斯坦的成就，因为他们没有给出答复，而我们却留下来谈判。关于领土，请记住我们的要求是将11%—12%、面积为650平方公里的西岸土地划归我们，我们不同意交换领土，也反对巴勒斯坦难民拥有返回故里的权利。"

那天晚些时候，巴拉克告诉吉拉德·谢尔和我：尴尬的局面已经形成，来到戴维营的美国方面还不知道克林顿总统正在等待阿拉法特对于提议的答复。

在巴拉克与奥尔布赖特举行另一次会晤的当天，国务卿女士试图弄清楚早上过后发生了什么事情。巴拉克对给出的解释并不满意，但为了避免制造危机，也为了不激怒美国人，他授权谈判代表继续就与冲突有关的核心问题举行非正式会议。

"你能这么做真是太大度了，对此我非常感谢你，"奥尔布赖特说。

"我们在获悉阿拉法特对克林顿总统的想法作出答复前，不会开始取消正式谈判，"巴拉克澄清道，"我非常失望。我希望游戏规则可以改变。我没有看到这场危机消失不见，它只是被推迟了。"

在同样动荡和压抑的那天晚上，巴拉克把我叫到他的小木屋，告诉我他需要振作起来，根据已经形成的复杂局势和令人失望的事态发展，考虑并计划下一步。

巴拉克认为,克林顿为了确保他留在戴维营而欺骗了他,为此他深受伤害。他认为这是美国方面严重的信任危机,并决定采取相应的行动。他将自己封闭起来,以此来对自己的处境表示不满。

巴拉克对我说:"与我从克林顿总统那里了解到的情况恰恰相反,事态正在向着令人不快的方向发展。我从他那儿了解到的情况与他留给手下的指示有很大的区别。我认为这是一场严重的危机,当他回来,我必须考虑怎么回应。在此之前,我不想见任何人。"

他回到自己的小木屋。在未来的日子里,他把自己锁在里面,我是他与外界唯一的联系。

巴拉克自愿闭关自守两天后,奥尔布赖特决定打破这一格局。在过去几天里,她试图与巴拉克进行联系,但全部都失败了。

我接到了她的一位私人助理的电话,他告诉我,奥尔布赖特正兴致勃勃地朝着巴拉克的小屋大步走来。我立刻把这一意外告诉巴拉克,当他意识到自己不能拒绝会见奥尔布赖特时,他迅速穿上运动服和跑鞋。他吩咐我暂时顶替一下门卫的职责,在小屋门口等待奥尔布赖特的到来,并告诉她巴拉克去晨跑了。

当国务卿向我走来的时候,我像个十足的傻瓜站在门口等着她。我告诉她,巴拉克出去锻炼身体了,但奥尔布赖特仍然没有离开,郑重其事地问我:"他怎么了?"

我向奥尔布赖特解释说,巴拉克处境艰难,没有美国方面的协调和理解,他深受伤害,感到受到冒犯,而且他坚信事情不该发展到如此地步,因而他极度不愉快。由于事态的发展,他觉得需要自我反省,他要求让他独自一人,不受打扰。

很明显,我的回答不能让奥尔布赖特满意。她看起来很紧张,问道:"他是不是感到哪里不舒服?"

与后来某些人所说的相反,巴拉克并没有沮丧。在意识到首脑会议事实上与他所有的希望背道而驰,商谈失败之后,他试图从此角度考虑如何进行下一步工作。抱着极大的期望来到戴维营的巴拉克,意识到他将空手而归。

巴拉克继续闭门不出。我们把他的饭菜直接带到小屋里,那样他可以避免去公共餐厅,他拒绝与任何人见面。他要我们转告每个想要见他的人,他不想被打扰。

整个周末,我是唯一在小屋里看到他的人。我看到他写作,大部分时间阅读。他阅读报纸和两本书:一本是关于丘吉尔在第二次世界大战期间决策的书,另一本是关于本—古里安的书。显然,巴拉克试图从其他领导者身上汲取力量和智慧，他们都是在决策的关键路口找到自我的。

　　很明显，他正在经历艰难的动荡，肩上扛着沉重的担子，走在决定未来的道路上。

第32章

"阿拉法特无法作决定"

星期六晚上，巴拉克宣布结束"闭关自守"，以色列谈判小组成员全部聚集在他"道奇柳居"的后阳台。

巴拉克要求每个人汇报他们在与巴勒斯坦人会晤中所取得的进展。

以色列国防军总参谋长什洛莫·雅耐将军汇报称，在安全部署问题上，巴勒斯坦方面接受了除以色列要求的约旦河谷12年的安全控制外的所有要求，包括以色列监管约旦与巴勒斯坦的边界，防止走私被禁武器等。

优瑟夫·吉诺萨汇报称，巴勒斯坦人误解了克林顿的提议。比如，他们不明白克林顿把圣殿山的监管权交给他们的意思，不明白这个监管权与按城区分享耶路撒冷主权的区别，结果他们发现很难理解未来谈判所依据的基础。吉诺萨汇报称，巴勒斯坦方面正寻求在安全和领土问题上取得进展，但他们并没有尝试对克林顿总统的提议作出回答。

负责处理圣殿山问题的阿姆农·利普金—沙哈克说，他发现大多数巴勒斯坦人对谈判主题、"神圣"的定义以及圣殿山对犹太人的重要性都一无所知。对于难民问题，巴方坚持巴勒斯坦难民返回故里的权利得到承认。另一方面，难民委员会的俄德·伊兰认为巴方可能会在该问题上作出让步。他们表示愿意省去"权利"一词，留下"返回"一词。伊兰还指出，他认为巴方可能在其他问题上会作出让步。

在难民问题上，丹·梅里多尔没有伊兰那么乐观，他称巴勒斯坦人坚持难民返回故里的权利，不愿意接受我们提供的数字。我们的提议不是根据巴勒斯坦难民返回故里的权利，而是出于以家庭团聚为由的人道主义原因。据此，我们提供每年1000人的额度，十年累计将达到10000名难民进入以色列。

什洛莫·本—阿米称，只要巴勒斯坦方面不接受克林顿总统的想法，他认为这就是巴方为了打消这些想法而采取的策略。

本—阿米对巴拉克说："谈判的进展将取决于我们在耶路撒冷问题上取得的成果，关键问题就是圣殿山。也许你应该和阿拉法特谈论这个问题。"

我也再次告诉巴拉克，我们应该把注意力放在阿拉法特身上，因为没有他的指示，他的手下不会做任何事情。

辛贝特副局长伊斯雷尔·哈森称，在他印象里，为数众多的巴勒斯坦人准备推进安全、领土和难民问题。

难民问题谈判小组的艾亚基·鲁宾斯坦说，巴以之间就各个级别的难民问题意见都不统一。他指出，难民问题的最大症结就是黎巴嫩境内30万左右的难民。

叙利亚境内有20万难民，还有100万难民分布在西岸的难民营，100万至150万难民分布在约旦的难民营，100万难民分布在加沙的难民营。听每个人所作的汇报，看到我们中的一些人从与巴方的不同会议中得出的不同的报告，这很神奇。这表明巴方没有统一口径，而是在表达不同的立场，所有这些立场本质上都没有改变什么。但无论如何，最终的决策者是阿拉法特。

巴拉克开始作总结，显而易见，他仍然十分生气。他说："自从克林顿总统离开后，基本情况没有改变。目前为止，我们毫无保留地用完了所有的'弹药'，尽管这些都是克林顿总统牵强的想法。巴勒斯坦人拒绝回应美国人的想法，实际上揭示了他们的真实嘴脸。我将留在这里，争取在会议结束前充分利用这次首脑会议。因为在短时间内，克林顿就会在新总统上台之前进入过渡期，他的权力会被大大削弱。克林顿积极参与以巴谈判，花了七年的执政时间来试图达成巴勒斯坦与我们之间的和平协议。下届美国总统是否会在以巴问题上投入克林顿十分之一的精力还值得怀疑，如果谈判陷入僵局，情况更是如此。

"在没有试图解决以巴冲突的情况下，与巴勒斯坦人进行对抗是极其严重的错误。我们已经到达最后的关键时刻，必须确定巴方是否愿意接受约90%领土的巴勒斯坦国，放弃巴勒斯坦难民返回故里的权利，接受彻底解决耶路撒冷问题的方案。结束冲突是关键，这也是影响公众的主要杠杆。

"与巴勒斯坦人的冲突问题解决之后，我们应该结束与其他阿拉伯国家的冲突，终止反对我们的煽动行为。整个方案的一部分是在协议中实现，一部分在与美国方面的谅解备忘录中实现，一部分是在与巴勒斯坦人的口头谅解中实现。我们认为，协议应该明确，大约80%的定居者所在地区属于我们，而且我们不接受进行领土交换。我们还须讨论边界管理和隔离的含义问题，并且考虑我们撤离定居点所需的时间。整个过程应该至少持续五年。我们还有必要讨论法律问题，比如返回以色列的难民的身份问题——是居民还是公民，以及留在以色列主权领土内的巴勒斯坦人的双重国籍问题。"

巴拉克决定，克林顿一回来，他就会根据阿拉法特的回应决定是否有可能签署包含当时所有约定事项的协议，协议包括结束冲突、把未决事宜留到以后的定期谈判等内容。

7月23日，星期日，巴拉克邀请奥尔布赖特和罗斯出席会议，并告诉他们，由于事态的发展，他想对克林顿的提议作出一些变动。因为阿拉法特没有作出推动和谈进展的重要举措，也没有表示愿意作出任何让步，而作为交换他已经获得的巨大收益——巴拉克要求删除一些比较重要的提议。

美国人提议，根据"穆斯林归巴勒斯坦，犹太人归以色列"的原则，划分耶路撒冷包括旧城附近的地区的主权。旧城将被分成五个区：圣殿山、犹太区、穆斯林区、亚美尼亚区和基督教区。犹太区和亚美尼亚区的主权归以色列，犹太人通过哭墙进入圣殿山。穆斯林区和基督教区的主权属巴勒斯坦。关于圣殿山，我们提议，以色列拥有主权，巴勒斯坦拥有监管权，负责管理圣殿山。克林顿猜测，阿拉法特会接受，但并不是一开始就会接受这个提议，因为他不会不通过谈判就放弃圣殿山的主权。有人猜测阿拉法特会在其他问题上获利之后放弃圣殿山的主权。

后来的事实证明，克林顿的评估是错误的：阿拉法特在任何阶段都不会放弃圣殿山。

按照美国的提议，靠近耶路撒冷行政边界的一些偏远地区的主权也归巴勒斯坦，其中包括：瓦迪约兹、舒阿法特、谢赫贾拉、苏尔巴赫及其他地区。1967年之前建立在约旦领土上的所有11个地区将兼并到以色列主权管辖下的耶路撒冷，其中包括：吉洛、法丘、扎默雷特哈比拉、吉瓦哈米塔、拉莫特、内维亚安科夫、皮斯贾特齐夫、东塔尔皮奥特、拉莫特阿龙和哈尔霍马。

此刻，巴拉克宣布，事实上他不愿意接受并正在改变这个提议：巴勒斯坦主权只包括远离旧城区的外围地区。旧城内各区的主权不容分割，都将属于以色列，在这些区域建立一种特别制度，使巴勒斯坦人能够在以色列主权、以色列法律和以色列警察的管辖下生活。

巴拉克表示同意阿拉法特在圣殿山附近拥有一小片房屋区，并在此设立一个办事处，招待来自国外的游客。他们共同监管旧城内的圣地：建筑物内，由穆斯林—巴勒斯坦人监管；建筑以外，由以色列监管。

巴拉克说："这是我同意让步的极限，我认为对阿拉法特而言，这仍是难得的交易，因为他将获得一系列好处：至少获得了90%的巴勒斯坦领土；与以色列进行经济合作；大规模财政援助来解决难民问题及其重建问题；国际上承认巴勒勒斯坦国；获得联合国成员国的地位；通过运输走廊可以到达圣殿山附近的办事处；为使巴勒斯坦人能够很容易从他们的所在地到达阿克萨清真寺所作的特别安排等。我同意分割耶路撒冷，但这将视情况而定，在以色列议会中至少得到61名议员的赞成票才行，"巴拉克继续说道，"如果我们现在无法确定这个棘手的问题，毫无疑问以色列的民族团结政府将是替代方案。"

根据巴拉克提出的安排，以色列将结束冲突，并割让大型定居点。犹太居民留下的所有基础设施，例如房屋、道路和工业区仍然保留不动，可以让巴勒斯坦难民居住和使用。以色列的边界将得到承认，耶路撒冷真的会被"分割"。但是，耶路撒冷的绝大部分将留给犹太人，他们将据有犹太人历史上的最大区域，包括北部的吉瓦特齐夫、东部的哈杜米姆山口和南部的古什埃齐翁。

巴拉克继续说道："如果我们没有达成这样一个协议，阿拉法特的替代方案是什么？阿拉法特将在没有达成协议的情况下，宣布成立一个不会被世界承认的国家，没有人会帮助他安置难民。以色列人与巴勒斯坦人相互分开，也没有巴勒斯坦人可以在以色列工作。我们将很快宣布兼并大型定居点和整个约旦河谷。"

然后巴拉克停了下来，把耶路撒冷地图平铺在桌上给奥尔布赖特和罗斯看，说道："朋友们，过去两天我思考很久，我想告诉你们以色列不会再作更多让步！"

马德琳·奥尔布赖特缩在椅子上，面无表情。很明显，这不是她所期待的，她开口说道："你知道克林顿半小时后回来。到目前为止，我明白你想要我们敦促阿拉法特接受克林顿总统的提议，我仍然认为他的确有可能会接受这个提议。而现在你所提出的这些想法，让我们处于一个非常尴尬的境地。"

巴拉克清楚地知道克林顿总统应该在半小时后回来，他故意制造这个"事件"，是为了让奥尔布赖特和罗斯赶快告诉克林顿这些改变。

巴拉克回答道："或许这很尴尬，我赞成克林顿总统对阿拉法特施压。不过据我所知，克林顿总统之前的提议被阿拉法特否定了，所以也无须再讨论这一提议，我们已经重新调整了我们的立场。"

丹尼斯·罗斯对巴拉克的突然改变感到不安,说道:"你真的希望我们把你们的新想法告诉巴勒斯坦方面吗?"

巴拉克回答说:"是的,为什么只有阿拉法特有权不接受一些想法,还试图让我们接受他的想法呢?"

由于事情发展到这一步,罗斯无法掩饰自己的尴尬,说道:"既然这几天我们试图说服阿拉法特接受克林顿总统的想法,那么现在我们该做什么呢?"

"阿拉法特没有对克林顿总统的想法作出回应,甚至没有要求他这样做。我现在提出的建议比昨天晚上巴勒斯坦人与我们讨论时提出的建议更进了一步,我们已竭尽全力。或许如果阿拉法特上个星期接受克林顿总统的想法,我也会同意这个想法,"巴拉克说,"不过今天,从公众对谈判中泄密事件的反应来看,我知道我无法让克林顿总统最初的想法在以色列公众中通过。如果阿拉法特在一周前表示同意,我原可以在得知阿拉法特也接受这个提议的情况下,让以色列舆论接受这个提议。但是,由于阿拉法特没有同意,情况已经改变,我必须考虑这些因素。"

很明显,奥尔布赖特仍然受到巴拉克激烈言辞的影响,她说道:"总理先生,你有权按照你的想法行事——但克林顿总统现在该做什么呢?"

巴拉克回答道:"我澄清一下,推进谈判,我能力有限,我向总统明确表示,有些事情以色列国在任何情况下都不会接受,比如巴勒斯坦难民返回故里的权利以及领土交换。我建议克林顿弄清楚阿拉法特对他的提议的答复,然后我们将决定做什么。"

两个小时后,在克林顿总统的小屋"颤杨居"召开了会议。除了克林顿总统,出席会议的还有布鲁斯·里德尔、巴拉克和我。克林顿一开始就告诉我们,他在冲绳岛逗留期间参观了二战死难者纪念遗址。二战中,三分之一的岛上居民遇难,日美两国遇难者的姓名都被铭刻在纪念碑上。

克林顿说:"我们每个人都必须想到战争带来的可怕代价,鼓励争取实现和解与和平。纪念碑是战争结束的象征,也是战争带来的沉重代价的象征。冲绳岛上有许多火山作用形成的天然洞穴,岛上居民把这些洞穴用作避难所,逃避威胁要杀光他们的日本人。我和参加八国峰会的其他七位领导人交谈过,我向他们解释以色列和巴勒斯坦之间的和平协议需要花费很多钱,包括难民重置。美国准备捐出一半所需费用,并要求他们捐出另一半的费用。我印象里他们明白这一点。"

巴拉克心情沉重,他将谈话从冲绳岛转回到美国的戴维营首脑会议,表情严肃地说:"在你离开后,我发现自己处于非常尴尬的境地。

在你提出建议后不久，我就告诉你这比以色列方面可以承受的让步要多得多。至于阿拉法特，他甚至从来没有烦恼怎么回应你的建议，而且在你离开后，我惊讶地发现甚至没有人要求他这样做。

"奥尔布赖特国务卿告诉我，尽管如此，但为了继续谈判，我们应该在台下讨论你的想法。在此期间，巴勒斯坦代表团出现了包括阿布·马赞接受采访等一系列的泄密事件。结果，巴勒斯坦方面的回应变得更加极端，使得各方为取得进展而进行的任何活动都遭到破坏。巴勒斯坦方面没有改变他们的立场，他们在核心问题上甚至向后倒退。

"由于所有这些事态发展，我们发现可以通过乔纳森·施瓦兹（美国代表团的法律顾问）间接地与巴勒斯坦方面进行谈判，他正在试图找到让以巴继续进行直接谈判的方案。

"作为先决条件，巴勒斯坦方面要求全权拥有圣殿山和旧城附近的地区。在耶路撒冷问题上，我已走到任何一届以色列总理所能达到的最远边缘。

"在过去的12个月、12个星期和12天里，阿拉法特试图从我们这里获得尽可能多的让步，那样他们就可以不用遵守协议而享用这些利益。我们已经表明了我们的立场，但他们没有表明他们的立场。

"我没有看到巴勒斯坦方面有作出让步的表现，我担心的是和平进程正在朝与我想象的相反方向发展。我真诚地来到戴维营，认为在这封闭的地点召开压力重重的密集会议可以推进和平进程，但我不会不惜任何代价这么做。鉴于阿拉法特拒绝了你的提议，我必须按照已对奥尔布赖特重申过的话，调整我们的想法。"

巴拉克继续说道："我独自一人待了两天，我一直在深思。我认为阿拉法特没有抓住机会，没有回应你的提议。他在圣殿山问题上坚持己见以及戴维营会议的泄密事件，是他造成这样一个我无法接受你的建议的局面。

"我们的底线就是，大多数耶路撒冷外围地区的主权将归于巴勒斯坦，内城地区的主权归以色列（包括所有穆斯林地区）。这些地区将由地区秘书处掌管，他们将由以色列授予权力，并与巴勒斯坦圣城保持一定的联系。我愿意接受"只有一个内城地区的主权归于巴勒斯坦"的主张。旧城主权归以色列，但设立一个特别制度，让所有宗教信徒都能享受宗教自由。穆斯林区域圣殿山的主权归以色列，但附近一小片房屋区的主权归阿拉法特，那里的圣地由以巴双方共同监管。圣殿山的主权归于以色列，主要是为了阻止清真寺所在地区的地下挖掘。巴勒斯坦方面将监护圣殿山上的穆斯林圣地。所有宗教成员都可以自由进入圣殿山，以色列人有权在圣殿山上祷告。"

说到这里，巴拉克拿出了一张地图，展示给克林顿，说明成立巴勒斯坦议会的阿布迪斯村与圣殿山之间的距离要小于以色列议会和圣殿山之间的距离。这意味着尽管阿拉法特从阿布迪斯村到圣殿山很近，但以色列仍旧同意让他在附近设立办事处，使他更靠近圣殿山，更容易接近圣殿山。

巴拉克对克林顿说："在目前的情况下，这是我可以让以色列公众作出的最大让步。阿拉法特并不放弃巴勒斯坦难民返回故里的权利，如果他放弃这项权利，我也可以作出让步。这不是一个策略，而是一个简单的事实。对于巴勒斯坦人来说，这是一次公平交易，也是十分合算的交易。我建议当你与阿拉法特会晤时，用最坦诚的方式告诉他，如果不达成和平协议，就意味着会爆发暴力冲突。阿拉法特应该明白，要不现在达成协议，要不永远不会达成协议。作为同意协议的交换，他将在接下来的几个星期或几个月内获得许多好处，包括一个拥有大约90%领土并连接在一起的主权国家、可以进入邻国，以及包括自由贸易区在内的以巴合作。阿拉法特还将获得巴勒斯坦人在以色列的工作许可证、巴勒斯坦人返回巴勒斯坦国的权利、资助巴勒斯坦难民重置的大量资金以及现为以色列主权下的耶路撒冷的一部分。以色列将结束冲突，80%的定居者将继续生活在以色列将要吞并的定居点的社区内。以色列愿意用具有象征意义的和人道主义援助的方式参与难民的重置工作；巴勒斯坦难民不再有返回以色列的权利，耶路撒冷将成为全世界公认的以色列首都。

"这是把这项建议提交给阿拉法特的绝佳机会，他必须决定是要成为创造历史的领导人，是成为巴勒斯坦国的创始人，还是继续当帮派头目。"

克林顿再次与阿拉法特会晤，试图最后一次向他解释他收到的提议的重要性，如果阿拉法特愿意接受这个提议，他的意愿是多么重要、多么关键，以及所有参与者是如何处于决策的关键路口。

正如巴拉克所说，他从谈话中看出，阿拉法特已经开始表现出深入谈判的认识和意愿。克林顿说："我告诉阿拉法特，我不希望他再次向我提出1967年边界的要求，并且每次都一直给我分析联合国决议。我不想浪费时间，我告诉他不要告诉我你准备好了，除非你准备开始讨论难民问题、安全配置，以及最终的边界和耶路撒冷问题。"

巴拉克问："他有没有回答是否愿意根据你的提议进行谈判？"克林顿总统回答说："是的，他回答了。"

克林顿总统强调，阿拉法特十分尊重的美国中央情报局局长乔治·

特尼特觉得，对阿拉法特来说，实现和平的时机已经成熟。但就阿拉法特的行为以及与他谈判的结果而言，我们可以看到美国人反复不断地受中东的声明和所作的姿态蒙骗而判断失误。

的确，在那之后，美国方面和巴勒斯坦方面很快举行了多次会议。显然，阿拉法特对于克林顿完全反对巴勒斯坦人的行为作出积极回应，但是他们的立场依然坚定，毫不妥协。

7月25日午夜，克林顿和巴拉克进行了电话交谈。克林顿总统开始就说："我通常很乐观，但在我们举行的会议上，赛义卜·埃雷卡特向我承认阿拉法特无法作出艰难的决定。我要他们针对我的提议提出他们的提议，但我一个提议都没有收到。我告诉他们巴拉克是认真的，他提出了很多严肃的提议，对我的提议也发表了意见，而你们没有发表任何意见，只是说你们什么都做不到，从不说可以做到什么。

"我向他们提到这样一种可能性，也许我们可以在现阶段达成部分协议，以后继续谈判。埃雷卡坦诚实地回答道，巴勒斯坦方面不会同意这点。

"我们现在面临三种可能性：毕竟我们要达成协议，不如我们暂时搁置耶路撒冷问题，在其他问题上达成一个协议，不然，首脑会议将会失败。埃雷卡特试图与我争辩，表示巴勒斯坦人也提出了一些建议。我告诉埃雷卡特，他没有考虑到巴拉克的状况以及来自以色列右翼政治势力的严厉批评，由于戴维营会议的泄密事件，巴勒斯坦方面表现强硬，而以色列方面表现仁慈——这一态势伤害了以色列主张和平的阵营。

"埃雷卡特就快要落泪了，说道：'阿拉法特下个月就72岁了，即使我认为有达成协议的可能，他也无法作出决定。'"克林顿说："我现在非常失望。"显然，从他的语气里听出，他正开始明白对方有一堵石墙，他们没有或许从来没有打开窗户推进和谈的意图。

早些时候，巴拉克就已经听到首脑会议失败的传言，他立刻回答道："我们必须考虑如何宣布这个消息，因为显然我们不能详细说明在这里提出的想法，以免阿拉法特把这些想法作为下次会议的起点。"

为防止首脑会议失败，我们作了应急计划的准备工作，我们有必要就此发布正式的通告。

克林顿答应巴拉克，"如果事情没有改变，我将告知媒体你已经竭尽所能，而阿拉法特没有作出应有的回应。"

巴拉克开始以他特有的方式发出命令，尽管面对的是美国总统："我建议你使用以下的措辞：'以色列迈出了勇敢的一步，但我们发现没有合作伙伴。所有人都声称戴维营会议绝不会是未来谈判的起点。'"

克林顿说："你们表现得很勇敢，巴勒斯坦方面没有作出适当的回应，如果没有达成协议，那么这里所说的一切都无效，不会成为未来谈判的基础。"

巴拉克说："如果首脑会议真的失败，我们还需要你们在其他一些事情上的帮助，比如将美国的大使馆转移到耶路撒冷。我在这里承担了很多风险，由于泄密，人们知道我愿意作出多少退步，我不希望以色列公众觉得我们因为谈判而失去了一些东西，虽然事实上我们受益匪浅。承认耶路撒冷是以色列的首都可以是适当的补偿。"

克林顿和巴拉克决定让阿拉法特考虑到第二天早上，然后决定怎么回复克林顿的提议。巴拉克说："如果阿拉法特对你的提议给出最终的否定回复，那么告诉他，提出其他的建议就毫无意义了。"

克林顿问："如果阿拉法特给我回电，你认为你们两人应该会晤吗？"巴拉克回答道："也许我应该与他会晤，但是你对阿拉法特施压会更有效。如果有什么正面积极的事情发生，你们二人之间进行会晤，我不在场的话，可能性更大。"

几个小时后，丹尼斯·罗斯来到我们这里，传达巴勒斯坦方面声称不会放弃圣殿山的主权，也不接受把克林顿总统的提议作为未来谈判的基础。

显然，仍然有可能解决圣殿山问题，但是在巴勒斯坦难民返回故里的权利上，阿拉法特无法向他的民众表明他曾经考虑过这个问题。

对于阿拉法特来说，很方便将戴维营谈判失败的原因描述成由圣殿山问题所致，而不是巴勒斯坦难民返回故里的权利。否则，他必须向美国方面解释为什么他不早点给出答复。毕竟，如果就他而言巴勒斯坦难民返回故里的权利问题是谈判失败的绝对原因，而他事先知道这一点——还有什么可以让他去斟酌的呢？

圣殿山是阿拉法特的借口，是他"沉思的那些日子"的托词，尽管事实上阿拉法特从一开始就清楚地知道他不能放弃巴勒斯坦难民返回故里的权利。

另一方面，为了避免人们把他视作首脑会议失败的罪魁祸首，阿拉法特选择拖延时间，因此没有立即拒绝克林顿的提议，这其中包括废除巴勒斯坦难民返回故里的权利。

7月25日，首脑会议结束那一天的上午，所有以色列代表团成员都聚集在巴拉克的小屋。空气中弥漫着巨大的失望情绪，阿拉法特显然无法作出艰难决定，而以色列真诚巨大的努力却因此付之一炬。

在那里，我第一次得出定论：阿拉法特不是真正的伙伴，只要他统治领导巴勒斯坦人，显然就不能达成和平协议。

巴拉克在他小屋里举行的闭幕会议上说："我对在这里进行谈判的任何结果、每一阶段和每一步骤都承担最终责任。此轮谈判的结束并不是努力谋取和平的结束。在未来的几天和几个月里，和平之战将继续下去，但记住，我们与巴方之间的斗争也将继续下去。过去一两天的事态发展只是表明我们是那样的一厢情愿，甚至当我们走得很远，甚至走到每个以色列人和犹太人所能忍受的边缘，还是没有得到对方的积极回应。

"由于巴方要求将圣殿山的全部主权交给他们，因而外交过程就此停止。圣殿山是触及以色列国存在的根基，是独立的基础，它让四代犹太复国主义者克服重重阻碍，付出无数血汗，在以色列土地上建成一个主权国家。

"如果有一个能使所有以色列人民团结一致，本着意愿为国家而战的几近唯一的出发点，那就是：意识到巴勒斯坦人拒绝放弃圣殿山。克林顿提交给阿拉法特的建议意义深远，这些提议主要围绕圣殿山主权的分配问题。阿拉法特非常明确的否定回复让我们看到，作为这一篇章的结局和下一篇章的开始，这里发生了什么。"

巴拉克继续说，我们从戴维营回去后，等待我们的真正斗争是怎样的，这个斗争是关于多年来第一次在首脑会议上提出的悬而未决的问题。

在巴拉克小屋开会期间，克林顿、奥尔布赖特和里德尔参加了讨论。克林顿问巴拉克是否愿意与阿拉法特会晤，巴拉克回答道："我的人民认为我应该会晤，我就愿意与阿拉法特会晤。"克林顿总统向巴拉克展示他即将发表的首脑会议的声明草案，声称巴拉克表现出勇气和决心，而阿拉法特不见踪影，沉默不语。声明还指出，峰会为防止暴力冲突的发生以及继续进行对话付出了努力。

克林顿说："赛义卜·埃雷卡特说，阿拉法特无法作出决定，就像是瘫痪了一样。"克林顿补充说道："巴勒斯坦方面的谈判存在策略错误，那就是不要显示任何灵活性。阿拉法特已经72岁高龄，除了领导抵抗运动就从未做过其他事情。他身边都是和他一样信仰的老人。但是，还有一群愿意倾听的年轻人，他们必须得到培养。阿拉法特生活在一个虚拟世界，而非现实世界里。在我们生活的世界里，我们必须不断地作出决定，考虑不同的选择，对于巴勒斯坦人来说，这种方法行不通。这是因为他们多年来一直生活在非常强烈的迫害感之下。埃雷卡特对我说：'阿拉伯人从来没有正确对待过巴勒斯坦人。但是，在这里所发生的情况与此不同，我们对以前从未解决的基本问题进行了真正的讨论，甚至改变了我们的立场（他们立场的变化表现在他们同意以色列保留7%

的领土，以及旧城的两个城区的主权归以色列）。'"

克林顿继续说道："对于巴勒斯坦方面来说，这是具有历史意义的首脑会议，因为这个会议迫使他们处理最敏感的问题，并对这些问题进行内部辩论。"

巴拉克说："巴勒斯坦方面应该接受你的提议。就连阿拉伯领导人都愿意接受这个提议，支持阿拉法特。我得到的情报信息告诉我，他们愿意接受这个提议。"

克林顿问："你现在该怎么办？一方面，在政治圈里生存，你必须足够强大，但另一方面，你不应该扼杀巴勒斯坦内部之间现在已经开始的和平进程。你们以色列人习惯作决定，但巴勒斯坦人在这里经历了非常艰难的内部辩论。"

巴拉克说："我担心巴勒斯坦人将会得到一个教训，任何不作决定的人都会得到回报，但这绝对不能发生！"

克林顿说："我同意你的观点。"巴拉克继续说道，"我们应该清楚地知道，这里提出的所有想法都已不复存在，因而不能作为下次会议的基准。

"现在，阿拉法特将在他计划首先要实现的事情上做文章：他摸清了我们所能作出的让步的极限，而他本人不仅没有作出任何让步，而且通过在耶路撒冷问题上的强硬态度来加强他的地位，却让我承担了巨大风险。毕竟，我本可以参加民族团结政府，等待着正在渐渐逼近的以巴冲突。现在我必须迅速采取行动，否则我的政府将会垮台。只要明确看出，作为自由世界的领导人，你的判断能够阻止巴勒斯坦人用我们在会谈中所表达的愿意来反对我们，我就能够采取行动挽回局面。"

巴拉克再次要求克林顿考虑将美国驻以色列使馆转移到耶路撒冷的可能性。"这将向巴勒斯坦方面发出一个信息，"巴拉克说，"只要他们困在自己的立场上，他们失去的就会越来越多。另一方面，这向世界各地的以色列人和犹太人发出一个信息，即美国实际上支持以色列用巨大的让步为代价来实现和平的意愿。"

克林顿总统说："我在会议闭幕词中会说，和谈还未结束，我们会继续下去。我还会说，如果巴勒斯坦人单方面宣布建国，美国不会承认这个国家，并将美国驻以色列大使馆搬到耶路撒冷。"

错失良机的沉重感笼罩了那一天。我们觉得，我们最终触及了矛盾冲突最痛苦激烈的五个方面：耶路撒冷、难民、定居点、边界和安全部署。我们本着极大的善意来到戴维营，诚心诚意地讨论这些问题，促进有关双方之间的协议。但我们非常失望地发现，巴勒斯坦方面不愿意深入讨论这些问题。

基于包括情报信息在内的许多信息来源，我们意识到在未来的几个月里，我们可能会面临艰难困境与血腥的巴勒斯坦起义。

我认为，为了实现稳定，应该继续谈判。在阿拉法特对所有提供给他的建议作出反应之后，并且在我们意识到他不是和谈伙伴之后，我们除了继续谈判，没有什么可以期待的。

期待能有一个突破，期待能消除在这些核心问题上的分歧，是当时的一个遥远梦想——可惜今天仍然如此。

不过，我仍然认为，我们这代人已经可以实现与巴勒斯坦人的和平共处，只要巴勒斯坦人解决包括战胜哈马斯、重新控制加沙、坚决打击恐怖主义、结束煽动和使所有武装组织缴械等内部问题。我认为，在将来某个时刻，巴勒斯坦人会意识到，他们面临的只有两种可能性：以巴之间的形势恶化将导致严重的暴力冲突，或作出重大让步进入和平时期。

以色列方面将必须接受沿着以色列国，在朱迪亚、撒玛利亚和加沙地带的大部分领土上将有一个独立、毗连和非军事化的巴勒斯坦国。两国之间的未来边界将以1967年6月4日的界线为基础进行必要的领土和安全调整。边界是以色列靠近绿线的主要定居点，以色列人必须同意进行领土交换。

以巴双方必须按照这样的原则，接受耶路撒冷的解决方案：阿拉伯地区主权归属巴勒斯坦、犹太人地区主权归属以色列，在圣殿山和旧城建立一种特别制度。

巴勒斯坦人必须接受这一事实：以色列是犹太人的民族家园，并且巴勒斯坦难民没有返回故里的权利。

我过去认为，这种谈判一旦失败，以色列必将采取单方面行动，这将导致与巴勒斯坦方面完全分离。为此，有必要将零星孤立的定居点转移到"绿线"附近以色列主权管辖下的大型定居区里。以色列将继续控制西岸约35%的地区，其中包括占该领土20%的约旦河谷，该地区将被宣布为军事活动的安全区。现有的定居点仍然保留原地不动，但不会建造新的定居点。以色列将吞并包括大型定居点在内的另外15%的领土。强大有效的护栏和重重路障将以色列（包括定居者）和巴勒斯坦分开，以色列将完全控制出入以色列领土的人员。

今天，在我们试图单方面与加沙地带分离后，我意识到以色列无法在西岸实施这一步骤。除非作为宣布以巴冲突结束的永久协议的一部分，否则以色列无法撤出居住在零星分散的定居点的6万多居民。

在布满荆棘、充满艰辛的和平道路上，每位领导人都必须勇敢坚毅、审时度势、高瞻远瞩，拥有展望未来和超越现在有限边界的能力。

巴拉克拥有这些品质，并在戴维营充分地表现出来。与主流观点相反，巴拉克没有撤回意义深远的提议，因为民意调查显示，公众还未准备好在圣殿山问题上作出让步。巴拉克改变主意，是因为他意识到阿拉法特无法成为永久协议的伙伴。

巴拉克来到戴维营，确实打算与巴勒斯坦人达成协议。参加首脑会议并不是想成为"第一个收拾烂摊子的人"，也不是为了揭露阿拉法特的真面目。巴拉克来到首脑会议，是为了全面应对问题并解决问题。首脑会议也确实使阿拉法特的真面目暴露无遗。

巴拉克十分清楚，在首脑会议上核心问题将首次摆在台面上讨论，他已经为此作好准备。回想起来，我们知道首脑会议是在一些非常敏感的问题上主导以色列舆论的重要里程碑。以色列公众第一次明白，为了迎接和平的到来，我们必须放弃西岸和加沙的大部分领土以及部分耶路撒冷的主权。以色列公民的行为可以找到证据：以色列公众忍耐、理解并接受阿里埃勒·沙龙总理执行的从加沙脱离的行动。除了当地的定居者和普通的右翼支持者，没有发生骚乱和全国抵抗行动。

巴拉克高瞻远瞩，他清醒地意识到，没有让步就没有机会推进和平进程。巴拉克这么做，表现了其历史洞察力、政治勇气和领导才能。

巴拉克来到戴维营是根据他的分析，以色列可以看到正在靠近我们的巨大冰川，这座冰川承载了形势恶化的消息——除非我们与巴勒斯坦人的关系有了积极的突破。

考虑到目前的形势，巴拉克面临三种选择：一是避免采取任何戏剧性的行动，作好准备应对恶化的形势；二是为充分利用达成永久协议的机会，参加领导人首脑会议；第三个选择是（根据"奥斯陆协议"）执行第三阶段撤军，按巴勒斯坦人的要求，除了定居点和军事基地，放弃包括朱迪亚、撒玛利亚和加沙剩余领土在内的额外领土。所有这些仍然在临时协议的框架内、在永久协定之前达成。以色列的解释是，如果真的实施第三阶段撤军，以色列将决定提供给巴勒斯坦人的领土大小和位置，而不是巴勒斯坦人声称的所有剩余领土。

尽管首脑会议的结果众所周知，但我当时认为，现在依然认为，当巴拉克决定去戴维营时，他作了正确的选择。

首脑会议结束后，我们回到以色列，感到缓慢拖沓的谈判仍将持续一段时间，因而能够延缓暴力冲突的爆发。据估计，由于没有执行第三阶段撤军，或者另一种可能是和平协议没有签署，暴力冲突就会爆发。

然而，尽管这些预测并不令人激动，尽管我们很早就已经为这种可能性作好了准备，阿克萨群众起义还是让我们大吃一惊。或许是因为我们对不发生暴动寄予了巨大的希冀和真诚的愿望，这次暴动的发生让墙上写下的协议黯然失色。

令人吃惊的不是这次事件本身，而是暴动扩散到了以色列国，有以色列籍阿拉伯人参与其中，而且持续了很长时间。

从戴维营回来后的一个主要变化就是单方面行动的进程，即我们与巴勒斯坦人之间的地理分离。

第一阶段，建造人造悬崖，让巴勒斯坦车辆难于进入以色列领土。同时，在车辆容易渗透的地方，刚性壁垒的建设得到了指令和资金。将我们与巴勒斯坦人隔离的计划也开始执行：规划隔离设施的路线，包括隔离墙、巡逻道路、路障和警告设施。这项工作首先从民用设施开始，如沿线定居点的用水、用电和交通基础设施的建设。

时至今日，我们已经快要完成隔离设施的建设，沿着与西岸1967年前的边界，建造了长约700公里的隔离墙。隔离墙的建成使在西岸发起的、针对以色列的恐怖袭击事件明显减少。

我们期待着，有朝一日，当和平降临、边界划定，隔离墙将被拆毁。

柏林墙已经向世界证明：多年的分离之后，敌意和战争可以被几台推土机摧毁。

让我们祈祷这里会发生同样的事。

第33章

离开权力中心

2001年大选，埃胡德·巴拉克被阿里埃勒·沙龙击败后，我和他进行了详谈，试图说服他担任沙龙政府的国防部长一职。我很高兴看到埃胡德听取了我的意见，他将接受这个职位。然而，几天后，当他宣布他已经改变决定，拒绝进入国防部，并且退出政坛进入商界时，我十分惊讶。

我当时认为，并且今天依然认为，巴拉克犯了一个错误。当时是2001年，以色列仍然面临着巨大的挑战：第二次巴勒斯坦大起义（阿克萨群众起义）已经导致以色列有很多受害者，伊朗核威胁持续发酵，恐怖主义一刻都没有消停，而巴拉克是出任国防部长这一职位的最佳人选。我还认为，他决定暂停工作将损害工党的恢复能力，如果他将来决定重返政坛，对他来说会更加困难。我认为，2001年大选后的事态发展，证明了我的想法是正确的。

阿克萨群众起义持续升温，而以色列国防军却没有重视预备役军人，许多预备役部队都未经训练。真主党的势力就在我们的眼皮底下增长到构成危险的地步，并且伊朗继续努力得到核弹。

几年后，在2006年爆发的第二次黎巴嫩战争期间，我们得到了惨痛教训：自满的后果以及忽视预备役部队的作战训练和作战准备，让我们付出了沉重的代价。

巴拉克发现自己很难重返政坛，第一次尝试重新竞选工党主席，却以失败告终。阿米尔·佩雷茨击败本雅明·本—埃利泽和西蒙·佩雷斯，赢得了那次竞选。

巴拉克辞职后，我结束了政治安全局局长的任期，希望在这个有趣、高强度、疲惫的任期后短暂地休息一下。不到两个星期，我被任命为库尔金属有限公司的董事长。这是以色列在该行业的龙头企业之一，皮尼·奥斯勒内现在是这家公司的董事长，他是我的一位多才多艺的挚友。这一职位为我打开了进入工商业界的宽广大门，让我为之着迷。

2002年的一天，内坦亚学院校长兹维·阿拉德教授打电话问我们能不能见个面，我欣然同意。会面时，阿拉德和戴维·阿特曼博士向我提出在内坦亚建立战略研究中心的想法，包括招募埃胡德·巴拉克进入研究中心。

我接受了这个挑战。我在担任库尔金属公司董事长的同时，完全志愿参与这项工作。我担任研究中心的主席，聘请了我的好朋友摩西·阿米拉夫博士担任首席执行官。后来，来自伦敦的犹太慈善家特雷弗·斯皮罗为中心提供了可观的捐助，他和我一起担任联合主席。我们决定，这不是一个常规的学术中心，而是一个发挥实际作用的学术中心，我们不是将就着做研究和报告，而是试图协助管理和解决世界各地的冲突。我们选择"战略对话中心"这个名字，不久之后，中心成立。我们得到了来自内坦亚学院的帮助，学院分配了一些教授和研究人员，鲁文·彼达祖尔博士被任命为该中心的学术主任，我们开始步入正轨。

2003年3月，在第二次海湾战争（伊拉克战争）爆发后一个星期左右，我们在纽约华尔道夫酒店举行了第一次研讨会，讨论反恐战争。参加会议的有印度尼西亚前总统阿卜杜勒·拉赫曼·瓦希德、瑞典前首相卡尔·比尔特、美国联邦调查局前局长路易斯·弗里、美国中央情报局前局长詹姆斯·伍尔西，以及埃胡德·巴拉克和我。研讨会引起了很大的关注，之前默默无闻的内坦亚学院顿时名声大噪。

2003年6月，我们在内坦亚学院举行了题为"伊拉克战争后的路线图——前景与风险"的大型研讨会。参加会议的人员还有：苏联前总统米哈伊尔·戈尔巴乔夫、印度尼西亚前总统阿卜杜勒·拉赫曼·瓦希德、南非前总统弗雷德里克·德克勒克、埃胡德·巴拉克、日本外务副大臣茂木敏充、德国前情报部长贝恩德·施米德比鲍尔和美国中央情报局前局长詹姆斯·伍尔西。

我们还举办了一些其他的研讨会；派出了由前外交部总干事兼驻土耳其大使阿隆·利尔博士率领的代表团前往塞浦路斯，与土耳其裔塞浦路斯人和希腊裔塞浦路斯人进行对话，帮助解决这里多年的冲突。

研究中心设立执行委员会，邀请诸如米哈伊尔·戈尔巴乔夫、弗雷德里克·德克勒克（南非最后一位白人总统）、阿卜杜勒·拉赫曼·瓦希德、贝恩德·施米德比鲍尔、埃胡德·巴拉克、哈桑王子（约旦）、路易斯·弗里、詹姆斯·伍尔西、桑迪·伯格等名人政要为委员。

2005年拉宾遇害十周年纪念日，我们在内坦亚学院举行了一次大型专题研讨会，约旦前首相阿卜杜勒·萨拉姆·马贾利博士、穆巴拉克总统政治顾问奥萨马·巴兹、法国前总理利昂内尔·若斯潘，以及来自七个国家的外长和其他许多人士与会并发表演讲。

后来，在我志愿担任中心主席的五年任期结束后，约西·捷安特教授接替阿米拉夫博士担任中心首席执行官。

我担任库尔金属公司董事长大约有两年时间。我非常享受我的工作，觉得这份工作非常有趣。物质条件得到改善，生活舒适轻松，但由于以色列社会面临的各种问题，我觉得没有休息的时间。我感觉需要重新给自己找份工作，那样可以用我的经验作出贡献，因而我决定回归公共活动。

2002年底，第16届议会的选举决定提前举行。这是一个艰难动荡的时期：几乎每天发生的恐怖袭击导致许多以色列人丧生；2001年9月11日，"基地"组织在美国领土上发动恐怖袭击，导致世界贸易中心大楼倒塌，五角大楼损坏，四架客机坠毁，夺走了数千名美国人、以色列人和其他国家公民的生命。

在工党初选候选人报名截止前的一小时，我来到位于希望区的工党总部，注册成为候选人。我没有从政经验。在作这个决定前，我和许多从政经验丰富的人交谈来征询意见，他们告诉我，我正在犯一个错误。我在工党成员中没有立足点，我不是他们庆祝活动中受邀请的客人，没有与他们同甘苦共患难的经历，之前也没有与积极分子、计票员和选民们建立人际关系。因而我被告知，尽管担任过国防军少将、拉宾的军事秘书、巴拉克的办公室主任和摩萨德局长，我获胜的机会仍很渺茫。然而，包括埃胡德·巴拉克和奥弗尔·平内斯在内的其他人，以及之后的工党秘书都鼓励我行动起来。

初选定于九天后举行，据说要在短时间内进行有效的竞选。我为我该做的事情辩论，因为正如前面所提到的，我既没有任何从政经验，又没有政治关系。幸运的是，我招募了一群有才能、办事高效的年轻人来帮我。他们在报纸上看到我决定竞选，主动联系了我，并开始工作。九天里，我的足迹遍布以色列，无数次出现在积极分子和选民面前。工党初选时我是第8名。在增加了预留席位后，我是第13名。

我当选为第16届和17届议会的议员，共五年半的时间。我是外交与国防委员会、财政委员会和院务委员会成员，还担任了外国劳工委员会等其他委员会的主席。担任议员是我的使命，而不是一份普通的职业，我全力以赴，努力推动解决许多问题，其中一些问题甚至成功得以解决，如加快隔离墙的建设、增加对加沙恩维洛普镇的保护措施，并解决以色列国防军残疾士兵和遗孀的权利等诸多问题。我领导了关于建设隔离墙的游说、关于以色列国防军士兵的游说、关于以色列国防军残疾士兵的游说以及保护斯德洛特和加沙恩维洛普镇的游说。

我和阿甫夏洛穆·维兰议员（"梅雷兹党"）一起促成了《预备役军人法》的颁布。该法在以色列历史上第一次规定了预备役部队的选派，国防军高级官员对预备役军人的管理、责任和权力，以及预备役军人的服役报酬和补贴。我参与了成功将选举门槛提高到2%的提案活动，尽管我试图把比例提高到2.5%，但没有成功。同样，我没能通过《公民服役法案》——为不在以色列国防军工作的人提供替代服役渠道，主要是针对少数民族、极端正统派和因为医疗或其他问题而被拒绝服役的人。

2006年，第二次黎巴嫩战争爆发，这是对真主党袭击以色列国防军巡逻队的反击。袭击事件中，三名巡逻的士兵被杀，被绑架的两名士兵埃胡德·戈德瓦塞尔和伊利达·雷吉夫后来也被杀害。

我认为政府决定强力反击真主党是正当合理的。不过，在战争开始时，我就在秘密讨论会和公开场合说，我们的目标应该是让真主党付出巨大的代价，应该采取大规模使用火力的方法，同时避免大规模的地面攻击。我很了解黎巴嫩，凭着多年在打击恐怖主义方面积累的经验，我很清楚征服黎巴嫩南部会导致许多以色列士兵伤亡，却不能达到结束火箭弹袭击的目标。

以色列政府犯了错误，没有接受黎巴嫩总理福阿德·西尼乌拉在开战后第一个星期发出的停火请求。

这场战争暴露了以色列许多不足之处。由于政府制定的目标过了宏大，争论了三个星期都没有作出决定——是仅仅使用火力，还是用几个师的力量来征服南黎巴嫩。在联合国安理会最后确定了停火细节后，政府才决定开始地面行动，以色列国防军被要求在60小时内抵达利塔尼河。而在前三个星期的战斗中，以色列国防军只前进了8公里。

很明显，这个决定是错误的：停火将在几天内生效，地面攻击不可能取得任何重大成果，庞大的军队不可能在60小时内到达利塔尼河。

在议会外交与国防事务委员会举行的有总参谋长、国防部长和总理参加的军事行动讨论会上，我试图阻止这次行动，但却没能成功——我出现在各大电视节目和广播频道上，努力说服他们相信这是一个可怕的错误。正如前面所提到的，以色列国防军发起了地面行动。整场战争中牺牲的战士大约有三分之一是在最后几个小时内丧生的——以色列国防军无法成功完成这次任务。

还有其他原因导致战争的失败：预备役部队多年没有经过训练，他们没有为这次任务作好准备，丢失了许多装备，而且，他们接到的频繁被更改的任务根本没有考虑集中有效地使用兵力。

2008年6月底，因为三个主要原因，我提出辞去担任了五年半的议员一职。第一个原因是，我要求奥尔默特总理在维诺格拉特委员会（该委员会负责调查以黎冲突期间以色列政府和军方在决策和指挥方面的问题——译者注）公布全面报告后立刻辞职，因为他要对第二次黎巴嫩战争的失败负责。我认为，他应该对政府决策失误以及决定参战的后果负责，并且他应该以身作则，而不是解雇国防部长、总参谋长、北方司令部指挥官和两名师长。众所周知，奥尔默特拒绝辞职。

第二个原因是我认为工党必须在维诺格拉特报告公布后从联合政府退出，而且不得成为继续担任总理的奥尔默特的安全网和生命线。我在这件事上与巴拉克进行了多次交谈，并多次公开地表达了我的意见。尽管巴拉克在工党领导人的竞选期间，承诺在维诺格拉特全面报告公布后立即辞职，但他选择留在政府。我主张让奥尔默特辞职，或者让工党从联合政府退出，但是我的努力没有成功。我认为在这种形势下，我必须"践行自己的信条"。

第三个原因是我发现不少政治家的道德标准正在丧失殆尽，个人榜样正在逐渐消失，个人前途和政治考虑正越来越多地起主导作用，许多人认为他们在议会中的地位比他们的思想意识更有吸引力、更有价值。而我不想继续留在那里。

在我将要辞职的时候，以色列与加沙的哈马斯政权达成了临时停火协议。但以色列政府犯了一个错误，他们没有利用短暂的停火时机尽可能多地保护在斯德洛特和加沙的恩维洛普镇的以色列家庭。

2008年12月27日，在斯德洛特和加沙恩维洛普镇遭受八年的火箭弹和迫击炮袭击后，以色列国防军发动"铸铅行动"严厉打击哈马斯。这次行动是正当合理的，制定的任务是可以实现的：不是为了推翻哈马斯及其政权，而是尽可能地重创哈马斯并造成哈马斯尽可能多的人员伤亡。这次以色列国防军表现不错，重拾了在第二次黎巴嫩战争中部分丧失的信心。

"铸铅行动"后是平静时期，但在加沙，恩维洛普定居点的安全形势开始恶化。2012年11月14日，以色列国防军再次向哈马斯发起了军事行动——针对哈马斯军事派别指挥官艾哈迈德·贾巴里的"防卫之柱"行动，目的是加强以色列的威慑力，严厉打击哈马斯和其他恐怖组织；

严重破坏其火箭装置，减少对我们前线平民家庭的袭击。

这次行动主要是向恐怖分子开火，不包括地面入侵。"铁穹"火箭弹防御系统非常有效，拦截了射向以色列的数百枚火箭弹。

11月21日，军事行动以宣布停火而结束。

再一次，平静时期没有持续很久，2014年7月8日，以色列国防军发起"护刃行动"。这次行动持续了50天，于8月26日结束。在这次行动中，以色列国防军加强了空中行动，其飞机摧毁了许多目标。这次行动还包括几个旅级战队有限的地面进攻。

在确定哈马斯在挖掘攻击通道，以及其中的一些人已进入以色列境内的威胁后，以色列国防军才决定发动地面入侵。这是一个严重且紧迫的威胁，有必要摧毁这些通道。

"护刃行动"持续了太长时间，并且情报传送到战斗部队时出现错误。然而，情报方面最大的错误是军事和政治决策层未能正确地评估哈马斯的作战意愿和进行长期战斗的准备。

另一个错误是上级未能充分了解地道的危险系数。在13名恐怖分子通过地道渗入以色列之后，军事和政治领导层才意识到必须发动地面攻势，来摧毁数十个用来发动袭击的地道。

尽管"铁穹"系统拦截了735枚火箭弹和迫击炮弹，尽管以色列国防军进行了强有力的袭击，哈马斯直到行动的最后一天都在继续发射火箭弹。

此后，该地区局势平静得令人紧张，虽然偶尔也有"流氓"组织活动的侵袭，而哈马斯由于担心以色列国防军的反击，试图停止对以色列的袭击。

自从伊斯兰世界爆发了一系列的革命运动以来，世界变得不那么稳定和安全。以区域秩序为基础的阿拉伯民族国家遭受破坏，一些国家正在经历居民民族认同的蜕变过程。起义是对社会和经济不满的表现，并把三种现象推向前台：穆斯林公民成群结队地走上街头来推翻旧政权；社交网络用来发展并实现革命；恐怖组织在崩溃的单一民族国家的背景下显著壮大，实力更强。

这些恐怖组织是伊斯兰教的极端派系，其目标是：在现存世界的废墟上建立一个将以《古兰经》（伊斯兰教法）为依据的伊斯兰哈里发国，并将主宰世界。

以色列面临的威胁的性质已经改变：不是大规模的军队，而是周围恐怖组织的威胁，包括黎巴嫩和叙利亚境内的真主党，叙利亚境内的"伊斯兰国"（ISIS）、努斯拉阵线、"基地"组织等恐怖组织，西岸的恐怖主义巢穴，以及西奈半岛的"伊斯兰国"和加沙地带的哈马斯等圣战组织。

当前的威胁要求我们用不同的方法加以应对和解决。收集关于恐怖主义的准确情报非常困难，因为这个威胁难以捉摸、难以识别，并且难以打击。

因此，我们需要一年到头、一天到晚、每个小时、每个地方打击恐怖主义，需要不断开展主动追击敌人的持续斗争。

尤为严重的是，除了许多伊斯兰国家的公民，欧洲国家、美国和其他西方国家的穆斯林公民也自愿加入恐怖组织，尤其是"伊斯兰国"的行列。

数千名来自西方国家和成千上万名来自伊斯兰国家的"圣战者"正在叙利亚和伊拉克战斗。

欧洲现在正面临巨大的危险。这些恐怖分子将带着战斗经验重返他们的家园，并高度积极地进行恐怖袭击，杀害异教徒并传播伊斯兰教哈里发的理想。

在法国和比利时已经发生了类似的袭击事件，数个欧洲国家的安全部队已经试图防止从叙利亚和伊拉克回流的恐怖分子策划更多的恐怖袭击事件。

打击恐怖主义的战争需要基于实时准确的情报、持续待命的特种部队和精确致命的武器。

这是一场漫长而艰苦的战斗，需要巨大的耐心和坚定的决心。没有一个参与恐怖活动的人可以逍遥法外，我们必将打击从策划者到实施者整个指挥系统。

以色列制定了"针对性打击"办法，将结合精确的实时情报与可使用的最高作战能力。

网络情报已经成为至关重要的组成部分。我们需要在短时间内从一个包含无限信息、网站和网络的巨大空间里挖掘并提供相关信息。由于敌对分子有能力也试图渗入我们的网络系统获取信息，使计算机系统和通信瘫痪，因而防御措施也变得至关重要。

没有财政资源，恐怖主义就无法活动。资金是来自世界各地的穆斯林社区的慈善募款，但最终却流入恐怖组织之手。中断资金来源，防止资金流入敌人的手中至关重要。

第34章

以色列的未来何在?

我人生的42年都奉献给了公共事业。其中大部分时间在以色列国防军和摩萨德致力于保护以色列人民和国家；在任职国防部、多次在总理兼国防部长办公室工作期间，促进维护国家利益；作为第16届和17届议会议员，参加议会和公共活动。

以色列国于我而言极其珍贵，并且我祈祷以色列人民真正拥有一个可以安静生息的国家，他们应该拥有比世界上任何一个国家都多的和平。

以色列国面临着困难复杂的挑战，其中一些关乎生死存亡。

以色列政府要改善包括教育、福利、扶持偏远地区、打击政治腐败、争取与我们的敌人和平共处、打击恐怖主义、阻止伊朗获得核能力等重大问题。

以色列社会多元化显著：长住居民和移民、宗教和非宗教人士、城市市民和农业定居居民、富人和穷人、犹太民族和少数民族以及那些从世界各地返回以色列的"大流散"犹太人后代，他们经过以色列这个熔炉融合为单一社会。增强我们的生存和发展能力并加强经济、文化和安全的关键，在于我们的社会凝聚力、公民的国家归属感、为共同利益努力的意愿以及各阶层人民之间的相互联系。我们必须确保社会凝聚力不会丢失，在我们最需要它的时候、在整个民族必须应征入伍保卫我们祖国的时候，它将成为我们依靠的力量。

当前的以色列社会已经开始产生裂痕，社会凝聚力正在开始削弱。贫富之间的巨大差距无法容忍。以色列国家仍在努力地妥善安排一波又一波来自原苏联地区和埃塞俄比亚的100万移民。

极其惭愧的是，以色列拥有大约180万贫困线以下的人口，其中一半是儿童。犹太公民和少数民族之间的差距几乎无法缩小。贫困家庭的儿童被教育机构驱上街头，这导致他们走上犯罪和暴力的道路。以色列社会已经变得极端暴力，老人遭到殴打抢劫，人们因为琐碎之事而被谋杀，已经到了不可思议、无法容忍的地步。所有这些迹象都表明，以色列社会身患重病。

政府的主要挑战是应对并解决这些问题。

我们必须明确教育是以色列的重中之重。优先发展教育意味着增加预算、提高教师地位、建立更多的教室，使每个班级的学生人数不超过28人，教育重点放在价值观上，而不是关注成就以及追求成绩。

我们应该教导的价值观是：热爱人民和国家；尊重整个历史长河中犹太民族的历史文化遗产；关爱他人；耐心宽容地对待异族人和不同信仰的人；根据正确的道德标准行为处事；提供方法区分是非，明辨邪恶；奉献社会的本质是我们融入这个社会；必须帮助弱势者和弱势群体；教育人们讲真话；提供独立学习的方法；鼓励创意思维；等等。

无论经济状况如何，每个人都必须接受教育。通过改进后的现代化教育体系，我们可以解决社会中的大多数问题，并让越来越多的人摆脱贫困，拥有生产力，作出贡献。当伊扎克·拉宾决定将教育置于国家议程之首时，他在教育上投入的预算最多，甚至超过国防预算。拉宾意识到，只能通过优质的教育来确保我们的未来，承担预期的安全风险，除此之外，别无他法。但从那以后，教育预算已经枯竭，到2014年，政府拨给的教育预算大约只有国防预算的三分之二。

经济计划必须为教育目标和社会目标服务：缩小贫富差距，为弱势群体、大屠杀幸存者、残疾人、病人、老人和贫困家庭提供足够的养老金。

我们必须创造许多就业机会，减少失业率，提高最低工资标准，鼓励本地和外国投资者在这里而不是在那些拥有廉价劳动力的国家建立工厂。以色列应该成为世界高等教育和科技的中心，这一点是可以实现的。我们必须向获得诺贝尔奖的犹太人寻求帮助，说服他们为以色列奉献一两年的时间。他们在教育、研究、科技领域的贡献巨大，可以极大地促进以色列在这些领域的发展。

落在18岁孩子们身上的负担是不平等且不公平的。只有70%的合格人员被招募到以色列国防军。除了德鲁兹人、切尔克斯人和贝都因人，绝大多数少数民族和极端正统派以及有身体缺陷的人免服兵役。当年戴维·本—古里安决定免去耶什华学生的兵役时，他们只是少数。后来，根据"信仰摩西五经便是他们的职业"这一原则，犹太教极端正统派教徒免服兵役，使没能应征入伍的人数急剧上升，2014年占到役龄总人数的11%。对于服务国家的人，承担如此扭曲和不平等的负担是没有正当理由的。

近年来，极端正统派已经开始应征以色列国防军。这个过程受到欢迎，但入伍人数很少。我们也正在见证穆斯林阿拉伯人和阿拉伯基督徒志愿参军，这也是非常重要的一步，但也只是沧海一粟。

为没有加入以色列国防军的人员建立国民义务框架也是必不可少的：年轻人，或许未来的年轻妇女也将参与国民义务机构——主要在其社区内服务。因此，我们可以把年轻人分配到教育、社区中心、医院辅助人员、交警等岗位。

国民义务将授予类似服兵役的权利，其最大的优点是让未服兵役的人感到他们在以不同的方式服务国家，从而为增强国力和公众福祉作出了贡献。

我们的政治制度需要改变。

政府体系很不稳定，几乎每两年就要建立一届新政府，没有长远的国家愿景，没有战略和多年的工作计划。我支持改变政治制度。

首先，选举门槛必须提高到5%。因而，小党派将会消失，议会就会少一些小党派，政府的联盟可以建立在少量党派的基础上，这样可以稳定下来，减少小党派对执政党权力的牵制。

另一个变化是一半的议会议员是在区域选举中产生。以色列将分为60个选区，每个选区选派一名议会代表。这种变化会促使选民和当选官员的联系更加密切，并鼓励在现行制度下没有机会当选的有才华的年轻人进入政坛。其余的60名议会议员的选举将与今天通过政党和全国选举的方式一样。

我们不能放弃和平。我们可能无法与巴勒斯坦和其他国家和平共处，但是我们必须反复尝试，决不绝望。我们有责任阻止下一场战争，但如果战争逼近我们，就尽快以坚决明确的方式赢得这场战争。

如果以色列不再和巴勒斯坦人重启和平谈判，我们很可能会陷入与哈马斯的另一轮武装冲突中，并可能在西岸爆发另一场起义。

这样的形势可能会点燃北部边界的战火，导致以色列被迫在三条阵线上作战。我们必须竭尽全力阻止下一场战争。

现任总理、第四次当选的本雅明·内塔尼亚胡的"无为而治"政策可能会使中东局势恶化，甚至进一步损害我们的国际地位。

外交进程的缺席可能导致"一个国家，两个民族"的局面，约旦河与地中海之间未来可能只有一个阿拉伯国家。这将是犹太国家的终结。

"阿拉伯和平倡议"首先得到阿拉伯联盟22个国家通过，然后得到全部57个伊斯兰国家的赞成。根据这一倡议,这些国家宣布他们选择和平,并意识到以阿冲突是不能通过战争解决的。

这些极为重要的声明表明,阿拉伯世界对待以色列的方式有深刻的战略性改变。

以色列被要求从各方前线撤回到1967年6月4日的界线。然而,各方同意边界还有调整的余地。西岸和加沙地带将建立一个巴勒斯坦国。以巴双方将通过协议来解决难民问题。"阿拉伯和平倡议"中没有提及"巴勒斯坦难民返回故里的权利"。东耶路撒冷将成为巴勒斯坦国的首都,而回报就是阿拉伯国家视冲突已经结束,这同样也是以巴两国共同的主张。

伊斯兰国家将与以色列达成和平协议,而且该地区所有国家的安全将得到保证。

我坚信这是一个不容错过的机会!

中东已经形成新的形势。埃及在阿卜杜勒·塞西的领导下,将穆斯林兄弟会和哈马斯视为必须消灭的敌人。

温和派国家——埃及、沙特阿拉伯、约旦、巴勒斯坦民族权力机构和海湾国家——将伊朗视为致命威胁,视恐怖主义为必须消灭的最大威胁。

由沙特阿拉伯领导的逊尼派与伊朗领导的什叶派为争夺穆斯林世界的霸权而展开的斗争正在日益加剧,并达到历史新高。

这场斗争通过中间国叙利亚和也门来传达各方意见,伊朗支持也门胡塞武装,而沙特阿拉伯支持也门当选总统。

这种形势奠定了以色列和温和派阿拉伯国家共同的战略远景。在我看来,以色列应采用"阿拉伯和平倡议"作为谈判基础,并增加以下内容:

(1)巴勒斯坦难民不能依据其返回故里的权利返回以色列。那些希望返回以色列的难民将返回巴勒斯坦国。

(2)建立一个国际赔偿基金,补偿被阿拉伯国家驱逐的巴勒斯坦难民和犹太难民。

(3)边界将以1967年6月4日界线为基础,进行必要的调整。以色列将吞并大约7%的西岸领土,其中包括靠近隔离护栏的主要定居点。以巴将以1:1的比例进行领土交换。在耶路撒冷,犹太人居住区主权归属以色列,阿拉伯人居住区主权归属巴勒斯坦。旧城将作特殊安排,犹太区和亚美尼亚区主权属于以色列,另外两个区的主权属于巴勒斯坦。

(4)圣殿山的主权归属上帝,或者以巴共同拥有其主权,或者搁置其主权问题。伊斯兰圣地将由瓦克夫管理，犹太人圣地将由以色列负责。该协议是区域性协议，其主要内容是与巴勒斯坦人的协议。以"阿拉伯和平倡议"为基础的谈判将允许立刻开始加沙地带的重建工作。

以色列没有放弃和平的资本，因此，我们必须在"阿拉伯倡议"和"以色列倡议"的基础上进行反复尝试。

在区域谈判中，我们必须基于两国方案与巴勒斯坦人分离，必须给这个谈判过程一次机会。

以色列国不是一个"自私自利的国家"，我们是国际大家庭的一员，在地球村的现实下，中东地区的事件可以影响到许多遥远的国家和民族。美国将继续领导世界，我们与美国人之间的关系是以色列安全战略的基石，是我们生存能力的重要因素。我们必须继续培育和发展这些特殊关系。朋友之间可以有争论。美国和以色列之间已经产生了争论，但我们必须记住，除了独立自主，掌握自己的命运外，还要努力维持与美国的联盟，并保持强大。

欧洲的影响力正在与日俱增。欧盟、北约和开放的欧洲市场是当今地球村的强大力量。发展与欧洲的关系，加入欧洲市场，加强与欧盟和北约的关系，将赋予以色列国力量，服务于我们的切身利益。

俄罗斯、中国和印度是拥有增长与发展潜力的经济大国。我们的外交关系必须特别努力，在以色列和这些国家之间建立越来越多的合作桥梁。

与埃及和约旦和平共处是以色列国家安全战略的一个非常重要的部分。虽然和平不如我们想的那般温暖，但必须保护它免受一切伤害。我们必须培养与约旦和埃及的关系，就与巴勒斯坦方面的谈判和他们进行磋商，并且与他们保持联系。我们与其他阿拉伯和伊斯兰国家建立联系后，仍旧要保持与他们的紧密关系。

我们必须继续鼓励移民前来以色列定居。公民是我们最重要的资源。来自世界各地的犹太人应该已经将以色列视为他们的家园，而不仅仅是一个灾难降临时的避难所。我认为，以色列国的存在以及移民回到以色列是犹太复国主义者愿景的本质。

当各项条件更好的时候，当有了和平或至少持续多年的平静时，我们就可以把越来越多的资源从安全转移到教育、工业、福利和偏远地区。但我们不能自欺欺人——即使我们获得渴望已久的和平，也需要强大的以色列国防军和优质的安全服务。这些将始终保证国家安全和独立，保证不违反和平协议并继续保持稳定。

犹太民族拥有巨大潜力。以色列在很多方面可以成为盛放的花园和世界领导者。我确信在和平或长期平静的状态下，在稳定的政治制度下，我们可以发展经济，并取得比目前更大的成就。我们可以成为世界上最发达的国家和主要经济体之一。此外，我们可以开发生活的各个方面，并迅速取得比我们以往任何成就都要伟大的成就。

我们受命必须留给我们子孙后代一个没有政治腐败、没有暴力，政府体系稳定的美好国家；一个竭尽全力阻止下一场战争的国家，但如果战争逼近，我们就义无反顾地赢得胜利；一个谋求和平，将公民及其权利、生活水平和教育水平置于核心地位的国家。

以色列国是在大屠杀中遭到纳粹及其同党毁灭的犹太社区残骸之上建立起来的，我们排除万难赢得了独立战争。除了为独立和发展作斗争外，我们有能力建设一个先进的社会，并在许多领域取得前所未有的成就。

经过两千年的流亡生活，我们重回故里，并将永远留在这里。

结语

　　在我服役期间，我失去了多位挚友、长官和士兵。战斗发生的地方和全国各地的军事公墓浸透着逝者的鲜血。一排排的坟墓那么长，那些为人民、为国家献出生命之人被安葬在那里。

　　我们能够独立自主，我们能够继续在此生活，首先要归功于那些倒下的士兵。他们冲进地狱烈焰，牺牲了自己最珍贵的生命，以色列因而能够继续生活在安全之中，未来也许还会享受全面和平。我们也要感谢那些在他们一生中继续忍受战争创伤和恐怖的受伤和致残的战士。

　　我的家人给予我巨大支持和无限关爱。尤其是我亲爱的妻子托瓦，她全力支持我，独立抚养我们的五个儿子。由于几乎所有这些年里我都是"在场的缺席者"，她独自承担了母亲和父亲两种角色。如果没有她的默默付出，我一生中获得这些成就是不可能的。

　　我们的五个儿子——欧麦、尼尔、通亚、罗伊和毅太，都是优秀的小伙，才华横溢，聪明睿智。我们家族比大多数家族更为亲近，这也多亏了托瓦。我们的儿媳非常好，十分忠实。我们有四个孙子——利奥尔、阿迪、塔米尔和多列夫，还有两个孙女——他玛和玛雅。我的孙子孙女是全世界最可爱、最聪明的孩子。今天，当我伴随着他们成长，我明白，没有贴身陪伴我自己的孩子们成长发展，我错过了什么。

　　我的一切归功于我的家人，我愿意为他们做任何事情，我深深地爱着他们，为他们以及他们的成就感到无比骄傲。和我一样，他们相信，为人首要的是忠厚本分、公平合理、慷慨大方、敢作敢当，勇于表达观点并坚决捍卫自己的想法。他们明白有必要为社会作出贡献并促进社会进步，他们身体力行，用他们的实际行动树立榜样。

　　我承认，我和托瓦、孩子们以及孙子孙女们在一起的日子是我最快乐的时光。

　　这本书开始写的是，在我的领导下，摩萨德特工试图暗杀当代阿拉伯恐怖主义的一位领导人；结尾是对未来的展望，指出以色列国面对的巨大挑战，表达我们将很快实现全面和平的祝愿。

在这个国家，我们的生活在这些极端之间不断变化。

我在这个国家出生、长大，并且不止一次地准备为它牺牲我的生命。成年后的大部分日子，我陪伴这个国家度过血腥的低谷时期和辉煌的巅峰阶段。作为总参突击部队的一名年轻士兵，作为一名指挥官带领队伍加入战斗，作为我们国家进程中最重要、最感人、最难熬的十字路口的亲历者，我都是这么做的。

我已经体验过一位战士在战争和战斗中的勇气，也感受过对和平的希冀。在这两者中，我总是偏爱后者。我愿意倾尽所能恢复和平愿景。我从未放弃过梦想，希望让我的子孙后代有机会生活在我出生和成长的那个国家，而且是一个和平繁荣的国家。在这个国家，孩子们的笑声将取代导弹引信的声音，全家一起度假将取代预备出征；在这个国家，亲爱的妈妈将不再害怕阵亡信使前来敲门带来噩耗；这个国家将与其他邻国和平共处，共同繁荣。在这里，与恐怖主义和暴力作斗争，以及对阵亡战士的丧亲之痛，再也不是日常生活的一部分，而是一段遥远的历史记忆。

伊扎克·拉宾总是喜欢用一首摘自"祈祷亚托姆"（送葬孤儿的祈祷）的诗结束他关于和平问题的大部分演讲，这首诗是融入了这片土地的故事，代表着每一位犹太祈祷者内心的渴望。让我也用这首诗给我这本书画上句号：

> 他使和平高于一切，
> 他以他的怜悯使我们和平相处，
> 也使他所有的以色列人民平安幸福，
> 阿门！

附录一

　　1995年拉宾总理与叙利亚总统阿萨德一致同意的关于和平总体目标的"非正式文件"。关于文件形成过程，详见第150页。

AIMS AND PRINCIPLES OF THE SECURITY ARRANGEMENTS

AIMS

　　1) The most important priority is to reduce, if not, eliminate the danger of surprise attack.

　　2) Prevent or minimize friction on a daily basis along the boundary.

　　3) Reduce the danger for large scale attack, invasion or major war.

PRINCIPLES

　　1) Security is a legitimate need for both sides. No claim of security, or a guarantee for it, should be achieved at the expense of the security of the other side.

　　2) Security arrangements should be equal, mutual, and reciprocal on both sides, with equal [in cases of geographic difficulties being approached or addressed as follows] particularly insofar as geography and difficulties with geography are concerned, being as follows:

　　The purpose of the security arrangements is to ensure equality in overall security in the context of a state of peace between Syria and Israel. If, during the negotiations on security arrangements, it appears that the implementation of equality in principle insofar as geography is concerned with regard to a particular arrangement is impossible or too difficult, the experts of the two sides will discuss the difficulty of this particular arrangement and resolve it either by modifying it (which includes supplementing or subtracting from) or by mutually agreeing to a satisfactory solution.

　　3) The two sides acknowledge that security arrangements should be arrived at through mutual agreement and, as such, should be consistent with the sovereignty and territorial integrity of each side.

　　4) Security arrangements should be confined to the relevant areas on both sides of the boundary between the two countries.

2) security arrangements should be equal, mutual and reciprocal on both sides with equal particularly insofar as geography is concerned. In The cases of geographic difficulties being addressed as follows:

10/5/95

附录二

1999年11月12日罗纳德（罗恩）·劳德给美国总统比尔·克林顿的信，信中描述了以色列与叙利亚达成的协议。详见第174页。

RONALD S. LAUDER
SUITE 4200
787 FIFTH AVENUE
NEW YORK 10153

The Honorable William J. Clinton
President of the United States
The White House   November 12, 1999
1600 Pennsylvania Avenue
Washington D.C. 20500

Dear Mr. President,

It appears that some misunderstandings have arisen regarding some of the issues we discussed in our last meeting. In order to be of assistance in clarifying these matters, I have meticulously reviewed all the records of the hours we spent in those intensive five weeks of meetings about relations between Syria and Israel during the summer and fall of 1998. I would like to share with you the last positions of both sides which reflect where our efforts ended.

While great progress was made, the talks were left at a crucial juncture and were not completed because the security zones between Syria and Israel could not be finalized until a map of the June 4, 1967 line was provided by Israel.

During the process, there was much discussion and exchanges of views and, as you can well imagine, the two parties were very far apart on some issues. However, as the talks proceeded, most of those differences were narrowed and real progress on many previously unresolved issues were made.

As I mentioned to you, some of the points dated August 29, 1998, that I shared with you in our previous meeting, were never accepted by Syria. In subsequent visits, we reached agreement on the points attached in the letter. I believe these points still need to be finalized by defining the security zones on both sides of the border.

I am also sending you the points that were agreed to by both sides on September 12, 1998, in the hope that they will assist you and your Administration in your pursuit of a lasting peace between Israel and Syria. I am ready to further clarify any remaining questions in regard to my efforts and to do all that I can to assist you in obtaining the goal we share of peace between Israel and her neighbors.

Sincerely,

Ronald S. Lauder

Treaty of Peace Between Israel & Syria

Israel and Syria have decided to establish peace between them. The peace will be based on the principles of security, equality, respect for sovereignty, territorial integrity, and the political independence of both. The Parties agree to the following provisions:

1. Israel will withdraw from the Syrian land taken in 1967, in accordance with Security Council Resolutions 242 and 338, which established the right of all states to secure and recognized borders in the "land for peace" formula, to a commonly agreed border based on the line of June 4, 1967. The withdrawal will be effected in three stages and completed over a period of 18 months with normalization implemented during the third stage and declaring an end to the state of war during the first phase of withdrawal.

2. Due to the existing agreements between Syria and Lebanon, the two tracks should go simultaneously both in solution and in signing peace agreements between Syria and Israel and Lebanon and Israel.

3. In the framework of the peace process, Syria and Lebanon with other parties will discuss paramilitary activities across the borders with Israel with the aim of finding an appropriate solution.

4. The adoption of the paper reached between the parties during previous negotiations on [Aims and Principles of Security Arrangements] including the establishment of demilitarized zones of limited forces on both sides.

5. In the case of a pressing need for ground early warning station it is agreed that:

    a. EWS can remain on Mt. Hermon for a duration of 10 years after total withdrawal: five years followed by a yearly extension for another five years upon agreement by both sides for a total of 10 years.

    b. It will be an American-French facility under their total auspices and responsibilities.

6. Peace to comprise of diplomatic and normalized relations including the opening of embassies and various agreements about peaceful relations provided that it is done according to laws and regulations.

7. The issue of water is to be addressed by Syria and Israel according to international laws and norms including the development of new water resources.

8. Syria believes that the achievement of a just and comprehensive peace will solve a lot of problems in the region in the forefront of which is the achievement of real and lasting peace between Syria and Israel.

12 Sept.1998

译后记

2017年3月30日傍晚，我接到了一个来自北京的电话，电话那一端是五洲传播出版社的高磊先生，他邀请我承接翻译一本关于以色列的书，时间为三个月。据高先生所言，他找到我是因为我曾译过《五千年犹太文明史》。不错，我是译过那本约25万字的书，但我用了一整年的课余时间，而这次要求我在三个月内完成约35万字的翻译，这让我望而生畏，担心完不成、翻不好。

高先生说，这是一本传记，难度可能要比上一本小，但接与不接，我踌躇不定。正在犹豫不决之际，我想起日前参观了上海犹太博物馆，博物馆介绍了现代犹太人与中国人的特殊关系，同时也展示了犹太民族的沉重和久远的历史。犹太人风雨兼程一路走来，艰辛曲折的道路和坚忍不拔的意志，令观者无不为之动容。这是一部关于中东和平进程的回忆录，展示的是当代犹太人所经历的大事件。让更多的国人了解这些事件，翻译此书是一个机会，这让我消除了推辞的理由。

于是，我去电常熟理工学院找我原来的同事和学生颜丽娟，邀请她合作。颜丽娟副教授响应积极，我们便接下了这项任务。

自此，我又开启了"起早待晚"模式，用一则英文谚语描述，"两头烧蜡烛"，除去上课、开会、坐班答疑以及必要的休息，所有的空余时间全部用于翻译，清晨4点半起床，午夜12点休息。当然，其艰辛程度与犹太人所经历的苦难程度相比，实在是微不足道。随着翻译的进展，中东和平进程逐步展开，以色列人、巴勒斯坦人、约旦人、叙利亚人、黎巴嫩人以及美国人为和平进程所付出的艰辛努力以及所克服的艰难险阻跃然纸上。翻译越接近结尾，我越觉得应该感谢五洲传播出版社，感谢高磊先生给了我们这次深切了解当代犹太人的机会。

翻译期间，我们得到了诸多方面的支持和帮助。我的翻译专业硕士生周宝航、姚慧敏、武凯凯同学作为练习为我们提供了部分章节的初译稿，北京外国语大学阿拉伯语学院的孟炳君老师审阅核对了检索中的阿拉伯和以色列人名以及文中的阿拉伯和以色列地名的翻译，上海海事大学外国语学院擅长汉语的钱敏芳老师、常熟理工学院人文学院孟伟副教授分别通读审阅了1—15和16—34章的汉译文，修改别字，通顺病句。在此，一并向他们表示衷心的感谢。

一如中东和平进程，尽管有那么多的人倾注了那么多的精力，和平还是没能如愿，我们的翻译也只消除了第一个"完不成"的担心，第二个"翻不好"的担心仍旧悬在那里。尽管我们付出了努力，也得到了诸多的帮助，但由于时间和精力，尤其是才智和能力的限制，谬误和疏漏在所难免，诚望读者与行家批评指正！

蔡永良

2017年7月4日于旧金山